よみがえる神戸

危機と復興契機の地理的不均衡

デビッド W. エジントン 著
香川貴志・久保倫子 共訳

海青社

Reconstructing KOBE
The Geography of Crisis and Opportunity

by

David W. Edgington

traslated by

Takashi KAGAWA, and Tomoko KUBO

Cartographer: Eric Leinberger

© UBC Press 2010.
First published 2010. By UBC Press.
(ISBN978-0-7748-1757-8, pbk)
Translated version published 2014. By Kaiseisha Press.
(ISBN978-4-86099-293-4)

日本語での出版に寄せて

　この度、拙著『よみがえる神戸——危機と復興契機の地理的不均衡——』が日本で出版される運びとなりましたことは、私にとりまして無上の喜びです。表題が示しますとおり、本書が描き出そうとしたのは、1995年に起こった阪神・淡路大震災からの復興に向けて、神戸が歩んだ軌跡です。日本の皆様に、海外の研究者の視点から描かれる神戸復興の様子に興味を持っていただければ幸いです。また、本書が、2011年に発生した東日本大震災からの復興に向けて、東北地方が歩むこととなる復興の軌跡を理解するための基礎的な資料となれれば、著者としてこれ以上望むべきものはありません。ご察しの通り、いま私は東北地方において、その復興への歩みを調査しているところです。東日本大震災がマグニチュード9.0を記録した地震と津波とによって引き起こされた未曾有の災害であったことは言うに及びませんが、北米西海岸のカスカディア地帯においても近未来に同様の災害が起こると予測されています。そして私の居住するカナダのバンクーバーもこの地帯に含まれています。環太平洋火山帯に属するカスカディア地帯では、約500年に一度の頻度で、今回の東日本大震災と同程度の地震が発生しています。カナダのブリティッシュ・コロンビア沿岸部は、AD1700年にマグニチュード9.0の地震を経験しており、リスク分析分野の研究成果によれば今後50年以内に同様の地震が起こる可能性は約30％に上るとされています。もはや、大地震が起こるのかどうかを議論している場合ではないのです。いったいいつ起こるのか、そしてどのようにそれに対処するのかが問題とされているのです。このような問題意識に立つとき、阪神・淡路大震災と東日本大震災から日本が復興する過程は、対岸に居住する我々、つまりブリティッシュ・コロンビア州の危機管理にかかわる部門や災害対策にあたる公的機関および民間企業にとって、大変重要な証となることは明らかでありましょう。

　末筆ながら、本書の翻訳および出版に携わった香川貴志、久保倫子の両氏、ならびに海青社のみなさまには心より感謝を申し上げます。

David W. Edgington
2013年5月、バンクーバーにて

序　文

　しかし不思議なものですね、地震というのは。私たちは足もとの地面というのは堅くて不動のものだと、頭から信じています。「地に足をつける」という言葉もあります。ところがある日突然、そうではないことがわかる。堅固なはずの地面や岩が、まるで液体のようにぐにゃぐにゃになってしまう。

　　　　　　—— Murakami, H. 2002. *After the Quake*.（村上春樹『地震の後で』）

　荒廃した景観は、稀有で切望されるもの、つまり開発計画が書き込まれるのを待つだけの白地図を、都市計画家たちに提示します。でも、それは実のところ、純然たる白地図ではないのです。そこには、既存の所有権の境界線、せめぎあう利害関係、そして生き残った者たちの記憶が重なり合っているのです。

　　　　　　—— Olshansky, R. 2002. "Planning for Disasters"
　　　　　　（オルシャンスキー「災害のための計画」）

　私は長い間、阪神大震災に続く神戸の復興の話（6,000を超える生命の損失、200,000軒を超える家々を破壊したエピソード）を語りたいと思っていました（神戸市および阪神地域は **図0.1** を参照）。神戸の復興についての私の最初の論文は、地震の直後にEdgington（1998）、Edgington, Hutton and Leaf（1999）として世に問いました。災害が1995年1月17日の早朝に起こったとき、私は京都（大震災の被災地域の北東側末端の都市）で家族と一緒に暮らしていました。私たちが暮らしていたアパートは、振動し大きな音を立てました。その直後、京都が震度5の地震（後に地震の規模をマグニチュード7と発表。気象庁発表値はマグニチュード7.3／訳者注記）を経験しており、震央が神戸に近い淡路島付近だったことがラジオで発表されました。被災地への電話は寸断され、ニュースが破壊の詳細を伝え始めるまで少しの間がありました。その日、神戸とその周辺の地面は、疑いなく「液体と同じくらい粥状」になりました。

　震災からちょうど10年後、私は勤務先のブリティッシュ・コロンビア大学

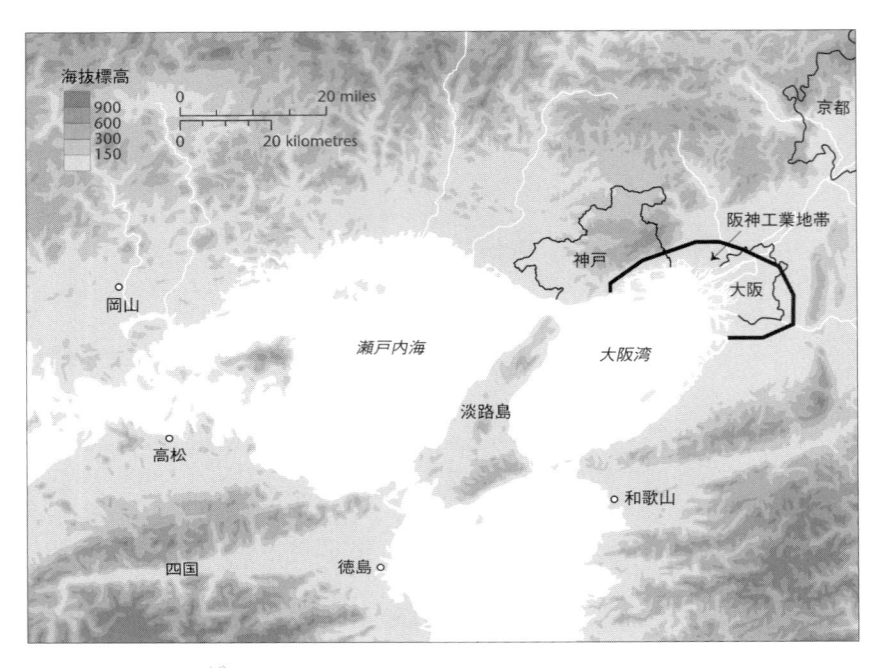

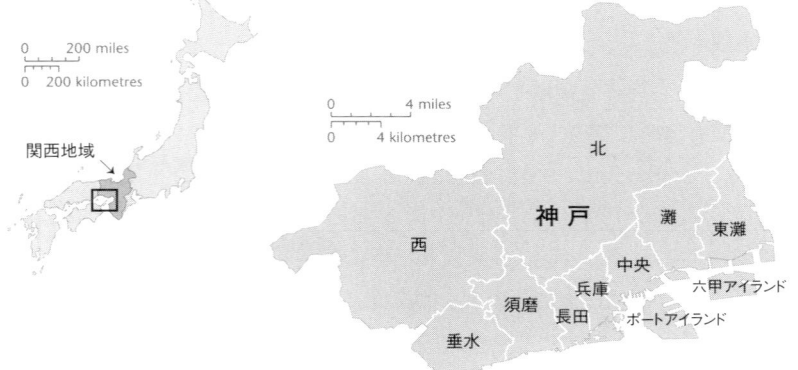

図 0.1 日本における阪神地域の位置、および神戸市の行政区分
資料：Fujimori(1980)による。

からサバティカル(研究有給休暇)をもらい、再び家族と一緒に京都で暮らすことになりました。阪神大震災の10周年記念祭が2005年1月に催され、その1カ月の間、神戸で開かれた国連の主要会議において、阪神大震災や他の災害

図0.2　神戸市の中華街「南京町」(2005年)
写真：D. W. Edgington

についての議論が交わされました。これらの記念祭には、偶然にも2004年のボクシングデー(12月26日)に東南アジアを襲った地震と津波が暗い影を落としました。その後、2005年8月末に、ハリケーン・カトリーナは、生命と器物の大きな損壊を、ニューオーリンズとミシシッピ湾岸全域にもたらしました。2008年の災害ニュースの中では、ミャンマーに壊滅的な被害を及ぼしたサイクロン・ナルギスが注目されます。また、大地震が中国南西部の四川省を襲いました。これら全ての大災害の心象は、日本の阪神地域の復興を徹底的かつ系統的に検証しないといけないという私の確信を再び呼び覚ましました。復興への努力については、阪神大震災10周年記念行事が適切なまとめを提示しました。この本で私は、復興が何を達成したのかを明らかにしたかったのです。

今日の神戸では、新しいオフィスビルやマンションが、地震で破壊されたビジネス街や郊外の近隣地区に点在しています。2005年1月、初めて神戸を訪れた者は、あの日の早朝の地震で都市の大部分が瓦礫の山と化したことを想像できませんでした。震災10年後、阪神地域の人口は大地震前の水準まで回復しました。また、南京町の中華街などの見どころを訪ねて、日本中からの観

光客が神戸へ集まるようになりました(図0.2を参照)。しかし、華やかな外面、そして全てがうまく運んでいて通常に戻っているという公式見解とは裏腹に、神戸市と周辺自治体は困難な将来に直面していました。神戸はその物理的な復興を誇りにできますが、問題の多くが残されました。たとえば多くの生存者は、まだ神戸市がほとんど壊滅状態であった頃に社会福祉事業を要求しました。

阪神・淡路大震災(別称で神戸大震災)に関する多くの調査は、建物被害、地震の強さ、そして緊急的な復旧作業について報告しました。それに対して私は、とりわけ損害を受けた近隣の再開発や地域経済の回復などの長期的な再建について研究します。阪神・淡路大震災のような災害は、それらが生じた時には典型的に相当なメディアの注目を浴びますが、それに続く数カ月から数年の間に、地域や人々に何が起こるでしょうか。そして、その何かが起こるとき、人々はどのようにコミュニティを再建し、いかに生活を回復するのでしょうか。

長期的変化とそのインパクトは、しばしば発展的な研究が求められるために、徐々に記録されなくなります。この研究は、1995年から2005年の間に神戸で行なわれた現地調査、そして神戸の都市計画家、コンサルタント、様々な分野の学者や政府職員に対して私が試みたインタビューに基づくものです。そこでは、1995年の地震が誘発した土地利用変更、都市の統治や景気回復と関係する諸問題に注目します。私は、地震の後の神戸市都市計画局のプランナーたちの目的、目的達成に向けて準備されたステップ、そして復興10カ年計画の実行、これらに照準を合わせて「危険」と「契機」の2つのテーマを調査します。そして私は、神戸における従前の状況の影響、地震のインパクトについての地理学的な特徴、政府による措置の様相、そしてコミュニティの反応、これらを理解するために災害の文脈に由来する枠組を援用します。

神戸の復興の全てを研究することはできません。つまり、健康や医療の問題、そして緊急的援助対応と長期的復興の両方を手伝うために災害後に集ったボランティアの幾多の役割について、この研究ではほとんど触れていません。加えて、この研究の対象が、個人レベルではなく総体として近隣地区や都市を見据えた復興の影響に限られていることに留意してください。被災者が経験した痛みと苦痛は、この本に反映されていません。神戸の高齢者に山ほど突き付けられた悲惨さを記録するための試みは、この本ではしていません。彼らの多くは

最も脆弱な人々であり、彼らは大災害によって傷を負い続けています。それに対して、神戸の地震から2005年の初頭までの回復に関する私の研究は、その間の大きな出来事、特に政府や地方自治体が果たしたものや、それらと地元住民との関係に注目します。このテーマについての一般的な文脈で示唆されるように、この本では災害を受けての復興計画の本質的な難しさを明らかにします。都市の長期的な復興の大部分は、緊急的な災害救助や災害除去の準備と関係がないので、そのような問題（本質的な難しさ）が生じてしまいます。とりわけ被災者を落ち着かせるには素早い対応が大切ですが、都市を復興するための計画立案は一層重要です。たとえば、被災者用仮設住宅を建設することは比較的素早く容易に行えるでしょう。しかし、活気に満ちたコミュニティの再建はそう簡単には運びません。冒頭で引用したOlshansky (2002) の記述に注意すると、災害後の復興に際して、大きな契機と難題の両方が都市計画家に突き付けられます。そして、これらがまさに神戸にあったのです。

　この研究で私は次のことを主張します。つまり、地震とそれに続いて発生し神戸の数カ所を破壊した火災は、都市計画家たちがそれまで触れられなかった地区再建の機会、そして斬新なインフラ整備事業に向けた政府資金を保証する契機となったことです。神戸市と兵庫県は、阪神地域を若返らせる長期的な計画を発表しました。「フェニックス計画」と総称される一連の計画は、神戸が競争相手に対して先行できるよう大志を抱いて計画されたものです。これらの計画は注目される市街地開発の契機となりました。しかし、それらは（少なくとも最初は）市民によって取り組まれました。彼らは、まだ地震による衝撃を受けており損失を悲しむ状況にあったうえ、傷付きやすく将来に脱力感すら感じていました。このように、神戸の都市計画家たちは、広範におよぶ地域に根差した協議プロセス（日本では「まちづくり」と呼ばれ知られています）を通じて、コミュニティの信頼を取り戻さなければなりませんでした。

　私の研究は、日本の都市再開発への特別な方法ゆえに、破壊された近隣地区の再建に関する都市の裁量が、当初から部分的にとても不足していたことを示しています。また、その分析は、復興結果や回復率が神戸の内部で地域的に際立って異なっていることも示しています。したがって、この災害とその余波のもつ様々な「地理的不均衡」を理解しなければなりません。地震に続く数年

の間、鍵となる「象徴的インフラストラクチャ事業」(震災記念館や新空港のようなもの)は、都市再建の重要な部分となりました。また、これらの大半の事業は順調に完了し、10年の再建期間の終了までに運用を始めました。しかし、設計と実行のいずれにおいても、地域経済の長期的な改善といかに関係させていくのかが不明瞭なのです。

全体として、この研究では、日本のモデルに特有の文化的特性を指摘しつつ、復興の最中で神戸が直面した問題の多くを明らかにします。定義される全ての災害は、しばしば局所的であると言われています。それでも私は、阪神・淡路大震災、そして続いて立案された復興計画から他の日本の都市(そればかりかより一般的に、世界中の他の国々の災害の多い地域)が多くの教訓を学び取れると信じています。それらの教訓は、この本の最終章でまとめられます。とりわけ、阪神・淡路大震災に関する研究は、一方では神戸、他方ではバンクーバーやBC(ブリティッシュ・コロンビア)州のフレーザー川下流域の間に、多くの比較対象を示唆します。また、たとえばバンクーバーと神戸は、ともに約150万人の人口を擁する港湾都市であり、どちらも地震を誘発する断層の上や近くに位置しています。両都市は液状化(地震の後の地盤沈下)に見舞われる広い地域を抱えており、両都市ともに古い建造物と新しい建造物が混在しています。こうした理由で、私は、神戸の経験が私自身の暮らすコミュニティにおける災害準備に活用されることを望んでいます。とりわけ、神戸からの教訓は、大災害からの復興は非常に長期的な過程であり、地震の後における都市の復興は地震が起こる前から考慮され立案されるべきであることを示唆しています。この方向付けは注意深く考えられるべきです。大災害への緊急的対応を計画するだけでは十分ではありません。

最後に4つの技術的な注を記します。第一に、邦貨(円)は1995年に急旋回しました。具体的な為替相場を示すと、1995年1月の1ドル＝99.77円が、3月には1ドル＝83.69円に高騰し、同年の年末には1ドル＝105.75円に下落しています。したがって、地震時の損害額や復興費用の相対的な米ドル価値は概算であると理解してください。

第二に、日本人の名前は、西洋の言葉で発表されたものが英語式で記載されているケースを除いて、日本式の順(姓・名の順)で記しています。

第三に、日本語の言葉が、英語の出版物に付けられた日本の名前のような場合以外では、慣習的なローマ字表現の長音符号を付けていますが、英語の著作で一般的にみられる東京、京都、神戸などでは、長音符号を施していません。

第四に、この研究のデータは、その記述をした時点——2006年末のものです。

災い転じて福となす
　　　　　——古いことわざ

図0.3　「危機」という漢字が持つ意味
上の文字は漢字で「危険」の象徴である「危うさ」を意味し、下の文字は「契機（機会）」を象徴している。
資料：Hadamitzky and Spahn (1981)

「危機」という中国の表意文字は、2つの別個の文字からなっています（**図0.3**）。最初の文字は「危険」を示していて、もう一つの文字は「契機（機会）」を指します。本来の直訳は、危険な場面ということです。しかし、私たちは危機に直面している時こそ、危険と契機（改善の機会）の両方を認識する必要があります。危険を見出すことは簡単で、契機を見つけるのは困難です。でも、危険と同じように契機も探してみようじゃありませんか。

　　　　　——神戸の地元計画家とのインタビュー、1995年・夏

私は、我々市民、行政そして市議会の間の緊密な協力のもと、現在の難局を克服して「アーバンリゾート開発計画」をうまく促進することができれば、

人々が誇れる都市として、そして世界中の人々から真に愛される都市として、あたかもフェニックス（不死鳥）のように、神戸がよみがえるだろうと堅く信じています。

　　　　　　　——神戸市長 笹山幸俊『神戸市復興計画』序文、1995年6月30日

謝　辞

　この研究を行っている間、私は神戸や他の日本の都市に拠点を置く幾多の人々からのお力添えをいただきました。行政機関の職員や地域で活躍しておられる都市計画家の皆さまは言うに及ばず、日本における研究仲間も私を調査現場に案内し、情報や考えを共有してくださいました。なかでも私は、佐々波秀彦(元・立命館大学)、林　清隆(元・名古屋市都市計画局)、渡辺俊一(元・東京理科大学)、矢野桂司(立命館大学)、T.フェルナンデス(国際防災研修センター[神戸])の各氏に大変お世話になりました。また勤務先のブリティッシュ・コロンビア大学の同僚であるT.ハットン、M.リーフ、そしてS.チャンの各氏には、原稿、セミナー、会議などで示唆に富んだ有益な助言をいただきました。加えて、ブリティッシュ・コロンビア大学の大学院に在学していたK.エノキド、T.キタザワ、K.マツモト、E.ヤスイの各氏には、この研究に対して大変な助力をいただきました。この研究を進めるための財政支援は、カナダ人文学・社会科学会議助成(課題番号：410-2005-0050)に加えて、ブリティッシュ・コロンビア大学の日本研究基金とハンプトン研究助成から得ることができました。また、ブリティッシュ・コロンビア大学の日本研究センターからは、この本の執筆に際しての文献収集に資金的支援をいただきました。さらに、京都の立命館大学国際関係学部では、私の2004年から2005年までのサバティカルの際、日本滞在の宿舎を提供していただきました。3名の匿名校閲者の皆様からは、この本の最初の原稿に対して非常に有益な助言をいただき、不備を修正することができました。ただ、不備や誤解が残っているならば、それは私の責任です。最後に私は、この本の出版にあたって多くの助力を惜しまなかった、ブリティッシュ・コロンビア大学出版会のM.ピッツ、M.ブランドそして編集スタッフに心からの御礼を申し上げます。

よみがえる神戸
危機と復興契機の地理的不均衡

| 目　　次 |

目　次

日本語での出版に寄せて 1
序　　文 3
謝　　辞 11
図表一覧 16

第1章　序　　論 21
　　　　本書の構成 35

第2章　地震と都市復興 37
　2.1　被災後の復興にかかわる諸問題 37
　2.2　日本の都市計画と行政 49
　　　　本章のまとめ 58

第3章　神戸と阪神地震 59
　3.1　地震までの神戸 61
　3.2　危機をめぐる地理的不均衡 74
　　　　評　　価 102

第4章　復興計画の策定と復興への対応 103
　4.1　日本政府の行動 103
　4.2　地方自治体の行動 116
　　　　評　　価 129

第5章　反対運動、住民参加、そしてフェニックス計画 131
　5.1　住民による反対運動 133
　5.2　市の対応とまちづくり計画の起こり 137
　5.3　フェニックス復興計画 140
　5.4　日本政府による事業の見直し 148
　　　　評　　価 152

第6章　近隣地区における事例研究 155
　6.1　神戸市西部の新長田地区の場合 157
　6.2　神戸市東部の森南地区の場合 190
　　　　評　　価 206

第7章　象徴的事業と地域経済 ... 211
　7.1　象徴的事業のための資金提供 ... 212
　7.2　神戸の経済、および小企業の苦境 ... 218
　7.3　ケミカルシューズ製造業 ... 224
　7.4　新たな産業や企業の誘致 ... 229
　7.5　神戸空港と神戸市の負債 ... 233
　　　評　価 ... 239

第8章　結　論 ... 243
　8.1　復興10カ年計画は成功したのか？ ... 246
　8.2　神戸の復興には主に何が影響したのか？ ... 256
　8.3　危機と復興契機の地理的不均衡 ... 258
　8.4　日本の都市のための教訓 ... 262
　8.5　世界の都市のための教訓はあるか？ ... 266
　　　結　語 ... 267

付　録
　A　阪神地震後の神戸における10年間の復興年譜（1995～2005年） ... 271
　B　政府による救援と回復の手立て（1995年） ... 280
　C　地方自治体による主な復興活動（1995年） ... 283

注　釈 ... 286
文　献 ... 313

日本語ターム小辞典 ... 339
索　引 ... 341

訳者あとがき ... 347

図表一覧

※図表の名称は紙幅の関係で本文中のものと若干異なって表記していることがある。

序　文
図 0.1　日本における阪神地域の位置、および神戸市の行政区分 4
図 0.2　神戸市の中華街「南京町」(2005 年) 5
図 0.3　「危機」という漢字が持つ意味 9

第 1 章　序　論
図 1.1　神戸とその周辺地域における激震地域の分布と震央 22
図 1.2　神戸とその周辺における震災被害 22
図 1.3　神戸を襲った地震による火災 23
図 1.4　神戸市須磨区、長田区、兵庫区で生じた大火災の類焼範囲 24
表 1.1　阪神地震によってもたらされた被害の全体像 25
図 1.5　地震と火災で被害を受けた建造物 26
表 1.2　神戸市の行政区別にみた地震による被災者と損害の分布状況 28
図 1.6　阪神地域における死者と被害の状況 29
図 1.7　性別・年齢別にみた神戸市における死者の内訳 30
図 1.8　行政区別にみた神戸市の住宅滅失 31
図 1.9　住宅建築年別にみた神戸市の住宅滅失 31
表 1.3　阪神地震で生じた損害の修復に必要な見積額（兵庫県域）......................... 32

第 2 章　地震と都市復興
図 2.1　Kates and Pijawka(1977) による災害後の復興プロセス 38
図 2.2　災害からの復興計画策定の過程を理解するための枠組み 44
表 2.1　日本の都市開発事業や街区改良事業における「都市計画」と「まちづくり」のアプローチの違い 55

第 3 章　神戸と阪神地震
図 3.1　神戸と六甲山地 60
図 3.2　1870 年代の神戸 60

図 3.3	神戸市における産業港湾地域、住宅・商業地域、六甲山地地域の分布	62
図 3.4	地震に先立って神戸市で改善が指示されていた地域	65
図 3.5	ポートアイランド、六甲アイランド、ハーバーランドの各計画地域	67
図 3.6	神戸市長田区東尻池町5丁目における狭隘路と長屋の分布	70
図 3.7	被災した神戸市内の狭隘路	71
表 3.1	神戸市の行政区別にみた地震前の状況：人口、就業、住宅の特徴	72
図 3.8	学校への緊急避難のようす	79
図 3.9	兵庫県における避難者数の推移（1995年1〜8月）	80
図 3.10	避難所の分布と避難者数（1995年1月）	81
図 3.11	東灘区における住吉公園第二仮設住宅事業	84
図 3.12	仮設住戸の間取り計画	85
図 3.13	中央区における仮設住宅	85
表 3.2	阪神地震後の神戸における仮設住宅の分布状況	88
表 3.3	兵庫県内の仮設住宅で生活する被災者の諸属性（1996年）	90
図 3.14	兵庫県における仮設住宅から恒久的な公営住宅への移動	91
表 3.4	阪神地震後の兵庫県における住宅再建のための3カ年計画	93
図 3.15	神戸市における着工住宅の所有形態（1993〜2005年）	94
図 3.16	行政区別にみた神戸市の住宅着工件数（1993〜2005年）	95
図 3.17	1998年度における神戸市の公営住宅計画の位置	96
図 3.18	垂水区における新築の大規模高層住宅による郊外公営住宅事業（2005年）	96
表 3.5	神戸市の行政区別にみた公営住宅供給の地理的分布と住宅移転率	97
表 3.6	行政区別にみた神戸市の人口変化（1995〜2005年）	100

第4章　復興計画の策定と復興への対応

表 4.1	阪神・淡路大震災に関連して1995年に施行された法律	105
図 4.1	1948年施行の災害救助法が適用された地方自治体	106
表 4.2	1994年度および1995年度の第一次・第二次補正予算	107
図 4.2	震災復興予算の内訳（1994〜1995年度）	108
表 4.3	1948年の災害救助法のもとで阪神・淡路大震災の被災者に施された政府認可のサービスの実例	109
図 4.3	阪神地震後の復興における国と地方自治体の責任分担	114
図 4.4	1970年制定の建築基準法第84条が適用された6地区の分布	119
図 4.5	神戸市の公式広報誌「まちづくりニュース」（JR新長田駅再開発を示す）（1995年2月）	121

図 4.6	神戸市が支援した主な再開発事業の分布	122
図 4.7	神戸市において復興地域に指定された3種の区域の概念図	123
表 4.4	阪神地震による特別措置の対象となった8つのブラックゾーン	124
図 4.8	ブラックゾーン、グレーゾーン、ホワイトゾーン	125
図 4.9	神戸市における被害と復旧の状況(1995～2000年)	128

第5章　反対運動、住民参加、そしてフェニックス計画

図 5.1	神戸市役所における抗議行動(1995年3月)	135
図 5.2	神戸市におけるまちづくり組織の分布(2000年)	138
表 5.1	神戸市におけるまちづくり組織の概要(1998年)	138
図 5.3	地域に根ざしたまちづくりニュース「きんもくせい」(1997年)	141
図 5.4	兵庫県と神戸市の復興10カ年計画における全体的な到達目標	142
表 5.2	兵庫復興計画の予算の概要(1995～2005年)	143
表 5.3	神戸市復興計画で選定された17の象徴的事業(1995年6月)	145
図 5.5	神戸市メリケンパーク内の「震災メモリアルパーク」(被災桟橋)	150
図 5.6	HAT神戸事業による「人と防災未来センター」(2005年)	150

第6章　近隣地区における事例研究

図 6.1a	新長田地区の歴史地図(1899年・明治時代)	158
図 6.1b	新長田地区の歴史地図(1924年・大正時代末期)	159
図 6.1c	新長田地区の歴史地図(1967年・昭和時代)	160
図 6.2	長田区の狭隘路に面した住宅(2005年)	163
表 6.1	新長田北地区の土地区画整理事業の概略	164
図 6.3	新長田北地区	166
図 6.4	土地区画整理の原理	170
図 6.5	共有権あるいはコミュニティ住宅の原理	172
図 6.6	長田区北野田地区において適用されたコミュニティ住宅の原理	173
表 6.2	新長田北地区の復興にかかわる年譜	174
図 6.7	新長田北地区における空閑地(2000年)	176
図 6.8	区画整理後の新長田北地区(2005年)	177
表 6.3	新長田南地区都市再開発事業の概要	178
図 6.9	地震前の新長田南地区における土地所有境界と混在した土地利用	179
図 6.10	JR新長田駅南口の駅前広場(2005年)	180
図 6.11	神戸市による新長田南地区の再開発計画	182

図 6.12 1969 年の都市再開発法のもとで土地所有権の交換を適用するに
 　　　 際して必要な手続き 183
図 6.13 新長田における高層集合住宅(2005 年) 184
図 6.14 新長田アスタタウン(2005 年) 186
図 6.15 新長田再開発計画で建設された高齢者住宅(2005 年) 188
表 6.4 新長田南地区都市再開発事業の年譜 189
図 6.16 東灘区森南地区、(a)震災前と(b)震災後、(c)森南町の 3 つの丁目 191
図 6.17 JR 甲南山手駅と駅前北口広場(2005 年) 193
図 6.18 神戸市が 1995 年 3 月 17 日に提示した森南町区画整理の原初計画 194
表 6.5 森南地区土地区画整理事業の概略 194
表 6.6 森南地区における復興の年譜 195
図 6.19 1997 年から 1999 年にかけて修正された森南町の計画 201
図 6.20 森南町における「ポケットパーク」の一例(2005 年) 203
図 6.21 森南町における街路の改善事例(2005 年) 204

第 7 章　象徴的事業と地域経済

図 7.1 神戸市のイルミネーション事業「ルミナリエ」(2004 年 12 月) 215
図 7.2 HAT 神戸の土地利用計画 216
図 7.3 HAT 神戸に建設された高層住宅(2005 年) 217
表 7.1 神戸経済への損害(1995 年) 220
図 7.4 JR 新長田駅南側の腕塚地区の仮設市場「パラール」(1998 年) 221
図 7.5 神戸市および周辺地域における諸産業の復旧状況(1994～2006 年) 223
図 7.6 「靴のまち長田」のデザインショールーム(2005 年) 228
図 7.7 ポートアイランドにおける神戸医療産業開発事業の第二ステージ 231
図 7.8 日本の諸都市の負債状況、(a)2001 年、(b)2006 年 234
図 7.9 2006 年に開港した神戸空港 236
図 7.10 神戸空港における LCC スカイマークの飛行機(2007 年) 238
図 7.11 兵庫県における復旧情勢(1994～2005 年) 240
表 7.2 神戸市および日本の他の主要都市における失業率(%) 241

第 8 章　結　　論

図 8.1 行政区別にみた神戸市民の地震前の居住地(2004 年 11 月現在) 244
図 8.2 神戸市の復興 10 カ年計画における部門別の達成率 246
図 8.3 神戸港における輸出入の状況(1990～2006 年) 249

図 8.4　2005 年になされた研究結果による個人レベルでの復旧評価 251
図 8.5　新長田地区における狭隘路(2005 年) 255
図 8.6　神戸市における復興計画の次元 257
表 8.1　行政区別にみた神戸市の社会経済的な指標(1991～2006 年) 259
表 8.2　日本の都市における災害に弱いコミュニティについての議論で
　　　　重要な要素 264

第1章 序　　論

　被災地の復旧と復興を促進する目的は、正常な生活に戻る被災者を援助すること、将来の災害抑止に向けて設備を整えること、そして地域社会の安全に焦点を合わせた基礎的開発計画を実行することにある。災害に続いて起こるコミュニティにおける社会活動の衰退に配慮すれば、復旧と復興の取り組みはできるだけ速やかに、そしてできるだけ円滑に実行されなければならない。
　　　　　　　　　　　　　　　　　　── 日本政府『日本における危機管理』

　1995年1月17日の午前5時46分に、およそ1分間にわたって、リヒター値[1] 7.2の強さで揺れ続ける強大な地震が、西日本の阪神地域を襲った。震央は、活気ある港湾都市として知られる神戸に極めて近かった。神戸は東京から直線距離で南西へ約430 km (250マイル) の位置にある。そこを襲ったこの地震は、第二次世界大戦後に日本の市街地を強烈に揺らした最初のものであった。震源は、神戸の中心から約25 kmの位置にある淡路島付近で、その深さは地表から14 kmだった (図1.1を参照)。阪神・淡路巨大地震 (以下では阪神地震と記す)[2] は、日本で最も繁栄した貿易港のうちの一つである神戸に対して甚大な損害を与え、耐震構造の高架高速道路や高層ビルを倒壊させ、地下鉄のトンネルまで崩壊させた。鉄道の線路や橋梁は変形し、家屋や商業建造物は破壊され、多くの場所 (図1.2を参照) で火の手が上がった。

　数分内に都市のさまざまな部分が炎に包まれ、残骸に覆われた (図1.3および図1.4を参照)。病院も地震の被害を受け、災害による人員不足に圧倒された。警察官と消防士自身が地震の影響を受け、警察署や消防署に知らせるにもそれができない状態にあった。警察や消防には支援を求める絶望的な要請が殺到した。炎の嵐は、プロパンガス、家庭用品、そして小さな工場で保管されていた化学薬品によって勢いを増し、木造家屋を飲み込んで、神戸の中でも古い近隣地区の路地を通って広がった。逃げようとした住民は、大火災、倒壊した建物や瓦礫によって、逃げ道が妨げられているのに気付いた。燃えさかる炎の轟音

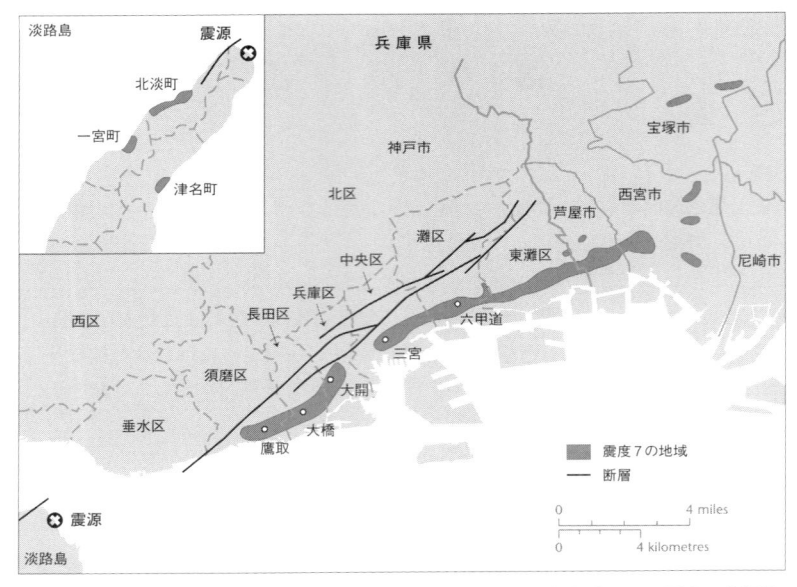

図1.1 神戸とその周辺地域、阪神地震の震央、および日本の気象庁による震度7を記録した兵庫県の諸地域と淡路島

資料：Taniguchi(1995a)

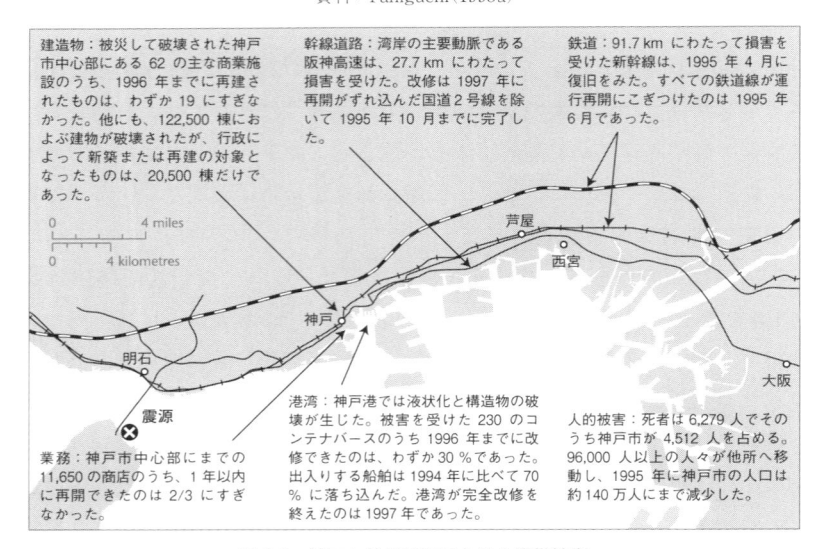

建造物：被災して破壊された神戸市中心部にある62の主な商業施設のうち、1996年までに再建されたものは、わずか19にすぎなかった。他にも、122,500棟におよぶ建物が破壊されたが、行政によって新築または再建の対象となったものは、20,500棟だけであった。

幹線道路：湾岸の主要動脈である阪神高速は、27.7 kmにわたって損害を受けた。改修は1997年に再開がずれ込んだ国道2号線を除いて1995年10月までに完了した。

鉄道：91.7 kmにわたって損害を受けた新幹線は、1995年4月に復旧をみた。すべての鉄道線が運行再開にこぎつけたのは1995年6月であった。

業務：神戸市中心部にまでの11,650の商店のうち、1年以内に再開できたのは2/3にすぎなかった。

港湾：神戸港では液状化と構造物の破壊が生じた。被害を受けた230のコンテナバースのうち1996年までに改修できたのは、わずか30%であった。出入りする船舶は1994年に比べて70%に落ち込んだ。港湾が完全改修を終えたのは1997年であった。

人的被害：死者は6,279人でそのうち神戸市が4,512人を占める。96,000人以上の人々が他所へ移動し、1995年に神戸市の人口は約140万人にまで減少した。

図1.2 神戸とその周辺における震災被害

資料：UNCRD(1995)とフィールドワーク

図1.3　神戸を襲った地震による火災
写真：神戸市役所提供

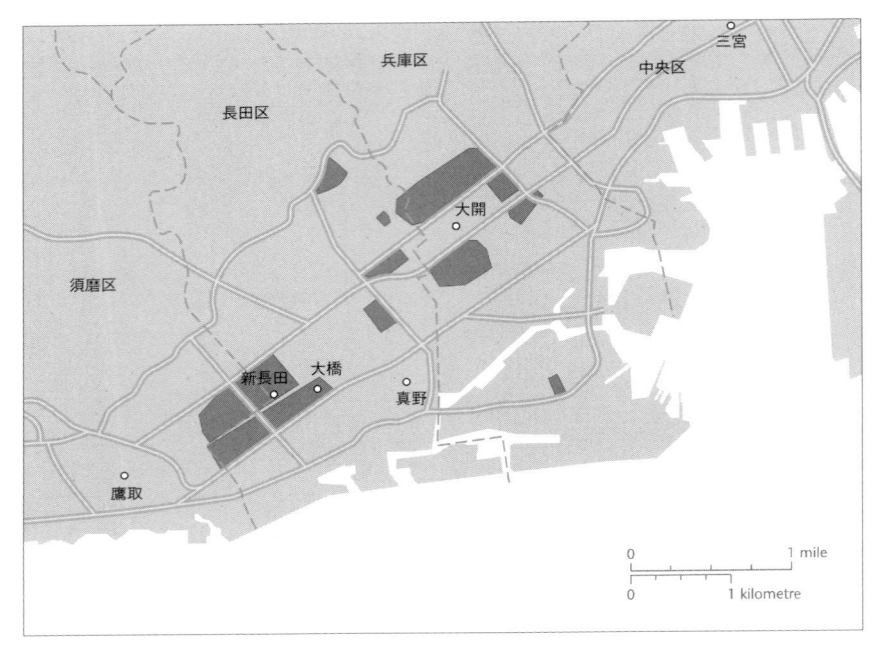

図 1.4　神戸市須磨区、長田区、兵庫区で生じた大火災の類焼範囲
資料：Nagano（1995）

は、倒れた家の中で逃げ遅れたまま閉じ込められた大勢の年老いた犠牲者の叫び声を包み込んだ。消防隊員は故障した送水管の圧力が下がり、なす術がなく立ちつくしていた。興奮した乗り物が殺到して道路は通行不能になり、各所で警察が救助を試みる妨げとなった。そして、震動と炎を生き残った人々は、公的避難場所の多くが被災して破壊されているのをあちらこちらで発見し、行方不明になった家族や助けを求めて通りをさまよった。間に合わせの避難所が駐車場や利用できるオープンスペースに設けられた。

　東京をはじめ世界の人々は、ヘリコプターや小型飛行機が火災と建物被害の最初の映像を中継するやいなや、破壊の場面に釘付けとなった。1 日目の残りの時間、火災の黒煙は、傷付いた地域の多くを覆い、夜の帳が下りると炎の帯が空に向かって伸びた。死者の数は時間を追って増え、真夜中までの死傷者は、1,590 人の死者、1,017 人の行方不明者と報じられた。

表 1.1 阪神地震によってもたらされた被害の全体像

被害の内訳	損害数
被災者	
死者総数	6,279
神戸市内の死者	4,512
行方不明者	2
負傷者総数	41,527
重傷	1,819
軽傷	25,029
微傷	14,679
避難者	
神戸市内の避難所数[1]	599
神戸市内の避難所利用者[2]	236,899
住宅損壊状況	
全壊	100,282
半壊	294,158
合計	394,440
住宅以外の建物損壊	
公的建造物	549
その他の建造物	3,126
火災による消失	294
交通機関の損害	
一般道及び高速道路の損害箇所	9,413
・阪神高速3号神戸線、5号湾岸線高架橋が落下	
・多数の場所で鉄道が損壊	
・ポートアイランドと六甲アイランドへの交通が遮断	
・ほとんど全てのコンテナバースと埠頭が使用不能	
生活基盤設備	
電気　　　　全市域で不完全	
電話　　　　25％不通	
水道　　　　全市域で供給ストップ	
工業用水　　全市域で供給ストップ	
固形廃棄物　全ての施設で稼動不能	

注1) 最多時：1995年1月26日
　2) 最多時：1995年1月24日
資料：消防局提供データ（Taniguchi, 1995bによる）、および神戸市提供データ

　最初の数日までで、地震による死者は6,000人以上（神戸市だけで4,500人以上）に達し、約40,000人が怪我をした。犠牲者の多くは、倒壊した木造家屋の中で圧死した人々だったが、加えて約390,000人が自宅を失った。地震によって発生した300程度の火災は、約100 haを焼失させ、さらに約400 haに大きな損害をおよぼした（表1.1を参照）。図1.5の中の写真は、地震による破壊の実例を示している。

　都市のライフラインと公共施設の破壊が広範囲に及んでいたため、地震から

図1.5 地震と火災で被害を受けた木造家屋、アパート、高速道路、商店街
写真：神戸市役所提供

生きのびた者は、翌日から数週間にわたって困難に直面した。政府は、阪神地域の130万人に水が無く、845,000の世帯でガスが止まっており、260万の世帯が停電したままで、193,000の世帯は電話が通じず、そして主な公共交通機関、道路、高速道路、そして病院や診療所は使えないと発表した（City of Kobe 2005a）。

地震がもたらした木造家屋や建造物の損壊は、1923年の関東大震災を除けば日本の歴史上で最悪の事態だった。被害を受けた家屋などの総数は約400,000件に達し、100,209件が全壊、107,074件が半壊、183,436件は部分崩壊であった。また、阪神地区内で5,864戸が全焼した（Taniguchi 1995b）。なかでも被害が大きかった東灘区では60,000人以上、長田区では35,000人以上が家を失った（**表1.2**を参照）。都市の建物ストックの約15％が地震で失われ、そして同様に高い割合で、中心部では木造を主とする約82,000戸の家屋が失われた（"Kobe House" 1995; "About" 1995）。

図1.6は、地震による阪神地域の死者と損害を総合して示したものである。この図をみると、建物と生命の損失は、神戸市だけにとどまらず、淡路島の北部、そして海岸に面した兵庫県内の他の都市、さらに大阪湾に接する大阪府西部にまで及んでいることが明白である。それでもなお、神戸市の大きな負担は明らかであった。神戸市が被った大災害の最も特筆すべきものの一つとして、死者の多くが高齢者であったことがあげられる（**図1.7**を参照）。犠牲者の過半数は60歳以上で、そのうちの60％近くが女性だった。公式報告によると、高齢者が多く死亡した原因の一つとして、若い人々の多くが地震災害をあまり受けなかった郊外に居住しており、激しい震動に襲われた地区に多くの独居高齢者、特に独居高齢女性が居住していたことが述べられている。そして、これらの被害が甚大であった地域の住宅の多くは、第二次世界大戦前や終戦直後に建設された安普請であった。**図1.8**と**図1.9**は、住宅の損失を行政区別そして建築年別にみたもので、こうした見解が傍証される。総合的に観察すると、市内のインナーサバーブに位置する長田区が、1965年以前に建てられた住宅の約半数を損失するという大きな苦難に直面したことを読み取れる。

死傷者と損壊した建物だけでなく、阪神地震は重大な経済的影響を及ぼした。地震が起こった時、神戸の経済は既に苦悩の最中にあった（Uchida 1995）。つま

表 1.2　神戸市の行政区別にみた地震による被災者と損害の分布状況

	インナーシティの行政区						郊外の行政区			全域
	西 側			東 側						
	兵庫区	長田区	須磨区	東灘区	灘区	中央区	垂水区	西区	北区	
死者	55	919	401	1,471	933	244	25	11	12	4,571
避難者										
避難所数	96	79	69	120	74	90	41	16	29	599
宿泊者	26,300	35,347	21,067	60,700	35,000	35,172	6,926	1,777	2,348	222,127
日中利用者	26,300	55,641	21,728	65,859	40,394	39,090	4,747	1,787	2,360	236,899
損壊住宅										
全壊	9,533	15,521	7,696	13,667	2,757	6,344	1,176	436	271	67,421
半壊	8,109	8,282	5,608	5,538	5,675	6,641	8,890	3,262	3,140	55,145
消失家屋										
全焼	940	4,759	407	327	465	65	1	0	1	6,965
部分消失	15	13	9	15	13	9	2	0	0	80
半焼	46	61	20	19	94	22	5	1	2	270

注) 行政区の境界は、図1.1を参照。震災の被災者は1995年12月26日、全壊及び半壊家屋は1995年11月20日、全焼と部分消失と半焼は1996年1月2日にまとめたもの。全壊家屋とは、建物の構造物(壁、柱、梁、屋根、階段)が被災当時の価値で半分以上の損害を受けたもの。半壊家屋とは、同じ基準で損壊部分が20％以上、50％未満のもの。各々の行政区の数値は最大値を示した時点のものなので、それらの合計値は神戸市全域のものに一致しない。
資料：City of Kobe(2005a)

り阪神地震は経済的破局を促したといえる。地震がもたらした荒廃は、地域内の個人の生計と弱体化した基幹産業を分裂させた。このことは、とりわけ建造物の被害が最悪だった神戸で顕著だった。公共財と私財の損壊は、この地に広がる工場地帯で通常の年に生産される工業製品のおよそ半分の金額に及んだ(Walsh 1996)。地震保険に加入している法人や個人はほとんど無かった。実際、大部分の損害は無保険だったが、その加入率をみると東京の16％に対して、神戸のそれはわずか3％に過ぎなかった。このことは地震保険で完全に回復できる損壊が全体の10分の1にも及ばないことを意味していた。大部分の人々は自宅や町工場の再建コストを思ってうんざりした。結局、最終的な被害総額は約9兆9,000億円(1995年における年初の為替レートによると993億米ドル)と見積もられたが、これは日本の私財や公的なインフラストラクチャの資産総額の1％近くに相当した(**表1.3を参照**)。それは、明らかによろめいてしまうような金額で、兵庫県予算の約6年分に匹敵するものであった(Shiozaki, Nishikawa, and Deguchi 2005)。確かに、地震によって生じた損害は、あらゆる地方自治体が負うことのできる能力を超えていた。結果的に、破壊された建物

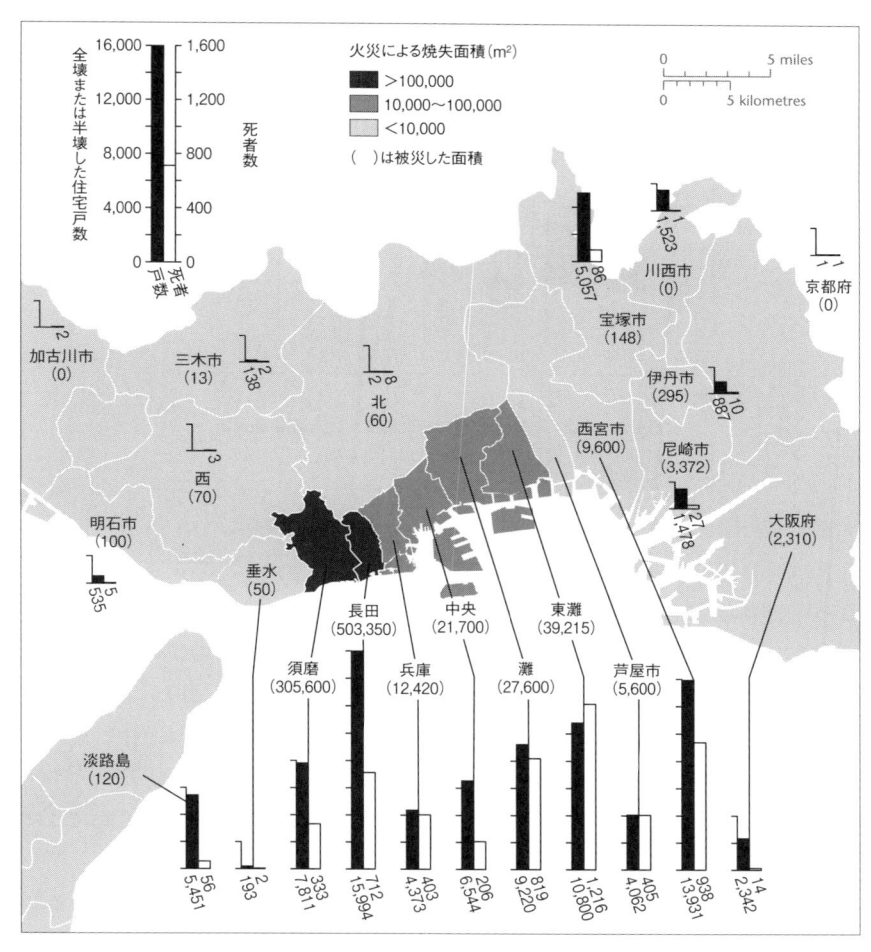

図 1.6　阪神地域における死者と被害の状況
資料：神戸市役所提供の資料による

　や設備の回復は、行政に対して恐ろしい戦いを挑んだことになる。[3)]

　この本では、阪神地震後の10年における神戸の復興について考察し、主な日本の都市を再構築するための取り組みに対する政府の反応を年代記的に記述する。阪神地震は、国の歴史を紐解いても、都市計画に関する最大の復興事業だった。こうした大規模開発の複雑さを理解するために、筆者は土地利用変更、

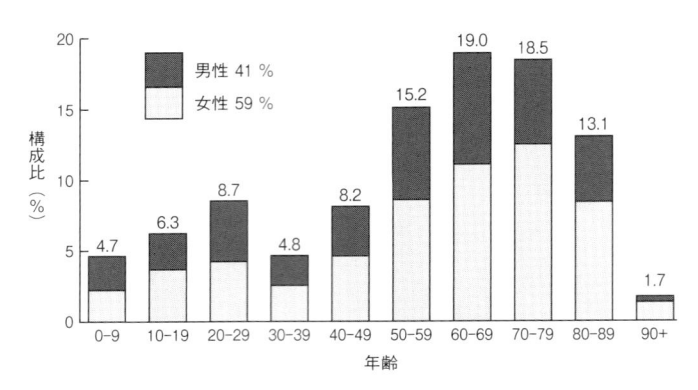

図 1.7 性別・年齢別にみた神戸市における死者の内訳
資料：神戸市提供資料による。

土地所有の問題、そして景気回復を研究した。この研究は、古くなった近隣地区を再建し都市の再活性化を図る地方自治体の都市計画家たちに有用な、危機と復興契機の地理的不均衡に注目する。本研究において提起される重要な疑問は次のとおりである。つまりそれは、復興期間において、どの程度に危険な状況が緩和され、そして都市形態についての環境改善がなされたのか、という疑問である。さらに、その復興は一様に達成されたのか、あるいは一様でない結果に至ったのかという疑問である。

筆者は、災害を契機にして神戸の都市計画家たちが大胆な行動を始めたと考える。それは、著しく傷ついた地区を有意義に改良し、かつインフラストラクチャ再建に向けた政府資金を申請するという行動である。しかし、計画策定プロセスと計画案は複雑で、しばしば論争の的になっていて、地理的に不均衡だった。筆者による分析結果は、以下に列挙する主に4つの要因にまとめられる。すなわち、神戸の震災前の状況、災害の地理的不均衡、トップダウン型で柔軟性に欠ける日本の計画立案機構、そして地域コミュニティからの反作用、以上の4点である。

東京に本拠を置く日本政府は、とりわけ損害を受けたインフラストラクチャの初期再建に必要な国家レベルの資金調達において、都市の初期的復興に大きな役割を果たした。他方、神戸市や兵庫県は、日々の地域復旧の管理に直接責

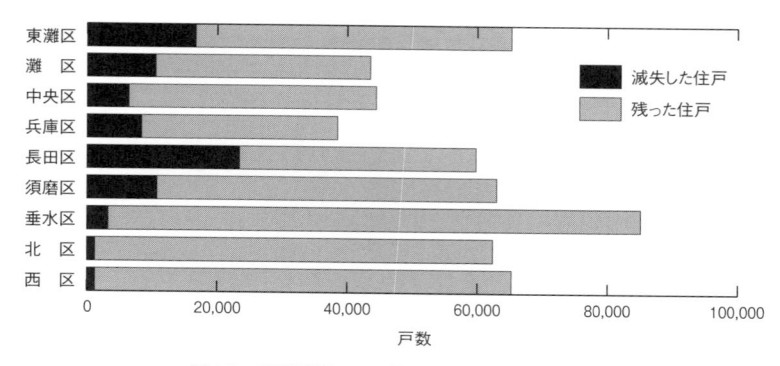

図1.8 行政区別にみた神戸市の住宅滅失
資料：City of Kobe(2005b)

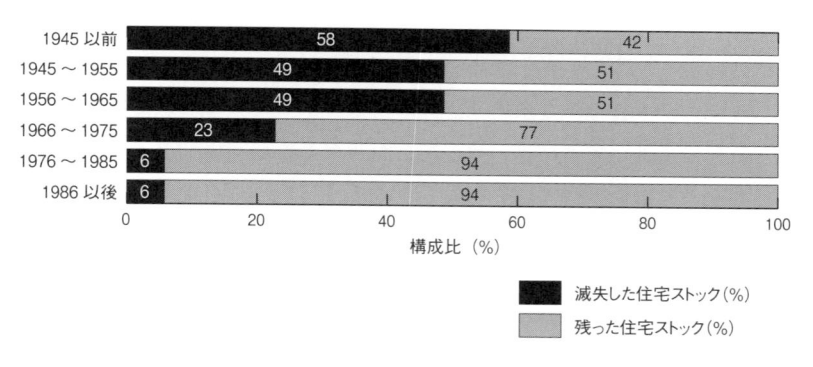

図1.9 住宅建築年別にみた神戸市の住宅滅失
資料：City of Kobe(2005b)

任を負う地方行政機関であった。直接的な危機に対処することに加え、神戸市と兵庫県は地震の後すぐに本質的な都市再生綱領を発表し、1995年夏には包括的復興計画を公表した。これらの計画は、資金調達に関して政府に提出された復興計画の大変長いリストと同じく、回復と再建のための長期目標や基本原理を織り込んだものであった。神戸市と兵庫県は、震災被害の大きさを考えれば、地域が完全に復旧するまで長い時間を要し、再建計画と事業が完遂されるには少なくとも10年以上の期間がかかると判断した。それゆえ、2005年の年頭に催された大災害10周年記念行事は、神戸の再建を評価するのに時節を得

表1.3 阪神地震で生じた損害の修復に必要な見積額(兵庫県域)

損壊の種類や場所	必要見積額(10億円)
建物(住居用建物)	5,800.0
鉄道	343.9
高速道路	550.0
公共構造物(道路と公園を含む)	278.4
港湾施設	1,000.0
埋立地	6.4
教育施設	341.7
農林水産業施設(市場や漁港を含む)	118.1
医療保健及び福祉施設	173.3
ゴミと衛生関連の施設	4.4
上水道	54.1
ガス及び電気	420.0
電信及び放送施設	120.2
機械と設備	630.0
公共施設(たとえば市役所・役場)	75.1
合計	9,915.6

資料：Ogawa and Nagano(1995)

ていたといえよう。様々な政府系機関の計画や政策を検証し、成功や失敗の経験についての小括をするには、その記念行事は好都合な区切りとなった。

　ある都市の災害後の復興が長期的な取り組みであることを最初に強調しておく価値は高い。したがって、この過程のあらゆる査定には中途評価が必要である。多くの研究が阪神地震の震動と工学的局面に焦点を定め、ごく初期の復旧に着目しているが、神戸の長期的な復興を分析した研究はほとんど無いのが実情である。[4] 事実、災害や災害管理について一瞥してみると、大地震の影響を受けた市街地の長期的な再開発に関する問題の、その折々の考察が目立つ。また、英語圏外にある文化圏では、災害からの復旧についての研究が少ないのが現状である(Chang 2001を参照)。今日に至るまでの筆者の目的は、特別な事例研究に焦点を定めて、継続された神戸の復興計画の過程を全てにわたって記録することであった。これらは特定の近隣地区における再建、そして都市の経済復興に関係がある。筆者の神戸での現地調査で蓄積された経験的な資料は、災害後の復興計画における一般的な文脈、そして日本の市街地開発や都市政策上の個別的な事例の双方の枠組みに位置づけることができる。

　震災後の10年の間に神戸で起こった主な変化を解明するために、筆者は神戸市と兵庫県の官僚、コミュニティリーダー、そして地元の都市計画家との個

人面接を通じて情報を収集した。さらに、ネット上のサイトを検索し、公文書の分析も施し、また日本の新聞を改めて調べた。この研究の重要なアプローチの一つは、神戸の復興計画にみられる考えや計画開始を促した原動力、加えて計画遂行の難しさを生み、計画遂行に際しての強制執行をもたらす局面を究明することである。これらの問題を扱うため、筆者は地震に先立つ神戸市の都市計画や開発、危機が都市計画家に対して提示した様々な選択肢、さらに地理的不均衡を呈する災害、以上の3者を検証する。この研究において、筆者は、管理者としての行政と市民の関係だけでなく、地方の都市計画家と日本政府との間に震災の後で発達した関係性について特段に注意する。

　被災地域を筆者が初めて訪れたのは、1995年1月の地震から数えてちょうど2週間後だった。その後、筆者は神戸を何度も訪れたが、それによって都市の再建がどのように進んでいるかを観察でき、都市計画家が直面している問題や復興契機を洞察できた。次章以下では、それらのプラスとマイナスの両面について触れる。地震の後の復興の道程が完全に円滑であった、あるいは完璧に成功したと異論を唱える者はいないはずである。10年を経た年末、物理的復興は、貧困な市内西部地域にある一部のコミュニティを除いて事実上完了していた。しかし今日に至っても、経済や社会の回復はいまだ途上段階にある。

　一般論として筆者は、神戸が災害によって急遽新たな開発契機を得た利点と、厳密過ぎる日本の都市計画モデルによる制約の間に挟まれたと考える。これらの要素は、都市がいかに素早く再建できるか、都市計画家たちは都市の安全性を改善できるか、他に実行できる改善策は何か、また（もし何かあるならば）市内で最も整備が遅れたコミュニティに対して何ができるのかなどをあぶりだした。

　伝統的に日本の都市計画は、再建に向けていくぶん標準化の方法を重視してきた。それは、全国一律に課された規則のためである。さらに、大規模な復興事業は政府予算の案件とされてきた。これら一連の要素は神戸における復興プロセスでも支配的であった。日本の都市計画システムは、インフラストラクチャの修理や置き換えのための資金保証のように、ほとんどの場合に確実性という長所を持っている。逆に主な短所をあげると、柔軟性の不足、そして地方自治体がもつ裁量の少なさということを指摘できる。震災後の神戸を改善した

いと熱望している地元の都市計画家たちは、とりわけ傷付きやすく脱力感にさいなまれている市民や中小零細企業経営者たちが経験した挫折に対する、国家レベルでの震災後の再開発に向けた取り組みが柔軟性に欠けていることに気付いた。市民の信頼を勝ち取るために、神戸市の行政官たちはまちづくり協議会（市民参加型の地域計画組織）によってコミュニティの理解を得なければならなかった。そして、その過程では、日本で使われてきた従来の都市計画策定プロセスが変更された。本研究では、初期に生じたいくつかの後退にもかかわらず、10 年の復興計画の中で実行に移された大計画の大半が 2005 年の初頭までに履行され完成したことを示す。しかし、こうした達成にもかかわらず、都市行政は批判に直面し続けた。これは、多くの新規計画（特に神戸沖の新空港建設に組まれていた支出）、生存者や中小零細企業のための福祉事業に十分な予算を組んでいないこと、さらに長期市債の問題などが理由であった。

　神戸市の復興計画に対する筆者の解釈は、復興計画が 2 つの概念、すなわち「危機の地理的不均衡」と「復興契機の地理的不均衡」から説明できるというものである。「危機の地理的不均衡」というたとえは、空間的な関係性が、大災害に続く特に社会的・経済的ストレスに対して、どれだけ頻繁に原因となるかを指すものである。神戸市内において「危機の地理的不均衡」の観点に立つと、被災や犠牲者の双方を生じた箇所が鮮やかに地域的偏在を示していた。これらの明瞭な空間的・社会的な様相は、復興の過程で多くの緊張をもたらしたが、それらは、初期における自宅喪失者たちを収容する仮設住宅をどこに建設するかという課題であり、それに続く公営住宅の準備や民間による投資についての課題でもあった。これらの実践による強制執行は、行政側が立てた計画や復興活動に対する地元住民の怒りを増幅した。危機についての固有の地理的不均衡は、神戸で多くのコミュニティを分解した。

　二番目の「復興契機の地理的不均衡」というたとえは、都市を再建しているときに都市計画家が災害を活用する傾向を指す。神戸市の場合は、こうした復興契機が都市のより古いインナーシティを再開発するために使われた。この復興契機は、復旧の間、日本の他の都市と比較して優位に立てるよう新しい経済的インフラストラクチャを構築するためにも活用された。この点では、神戸市職員の反応は、ほとんど常に再建のことを「これまでよりも良い都市を

つくる」と話すあらゆる他の都市職員の反応と似ていると見なすことができる(Haas, Kates, and Bowden, 1977, xv)。

　危機と復興契機の地理的不均衡が神戸市内でどのように現れたのかを実証するために、筆者は災害の復興について、2つのタイプの事例研究を通じてかなり詳細に考察する。一番目は、神戸市の新長田地区と森南地区における地域限定的な近隣地区の更新を主に扱ったものである。二番目では、神戸市や前市長・笹山幸俊(在任期間：1989～2001年)に支援された、経済回復や広範囲におよぶ「巨大事業」に着目する。これらの事例研究における異なった分析スケールを活用して、筆者は大災害に直面した日本の都市計画システム、そして国の最重要港湾の一つや発達した市街地の再建に向けた取り組みの有効性(あるいは無効性)を解明する。

本書の構成

　本研究は、地震と大災害の後の都市復興に関する文脈の整理を伴う第2章で始まる。ここでは、都市計画と開発への日本型アプローチを浮き彫りにする。他方、より一般的な西洋の文脈は、大災害の後の復興が複雑で多面的な問題であることを示す。その問題とは、あらゆるレベルの政府(国～地方自治体)は緊密な共同作業を求めてくる存在であり、市民社会(つまり地域の住民や事業所)の場合と同様に民間部門からの関与も求めるというものである。これとは対照的に、日本の都市計画を整理すると、それは全国立法と官僚の介在によって運用され、明らかに特異なアプローチであることがわかる。筆者の研究は、神戸の地震後の復興や長期的な再機能化において、日本型モデルが重要な役割を果たしたことを明らかにする。第3章では、地震に襲われる前の神戸の状況とその際立った特性を明らかにする。さらにそこでは、地震のインパクト、地震で生じた損害、そして都市の復旧や復興過程の諸相が吟味される。更にこの章では、特殊な「危機の地理的不均衡」が1995年の地震に続いてどのように現れたのかを明示する。第4章で筆者は、地震の後の初期に国や地方自治体によってなされた神戸の復興に関わる戦略を考察する。またこの章では、地震によるいくつかの意外な結果とともに、震災直後において地元の都市計画家によって活用された復興契機を指摘する。第5章は、被災した近隣地区の再開発に関する

都市計画に対してなされた市民達の抗議、そして地方自治体がいかにしてそれに対処したのかを扱う。加えてこの章では、長期的復興の「フェニックス計画」の主な構成要素を考察する。

　第6章および第7章は、震災後の10年に都市の再建がどのように進んだのか、利害衝突や諸問題の出現はいかなるものであったのか、そしてこれらが（部分的であれ）どのように解決されたのかについて精査する。事例研究は、第6章では神戸市の新長田地区と森南地区において近隣住区レベルでなされ、第7章では復興の象徴の一部として築かれた巨大計画を都市レベルで取り扱う。第8章は、他の日本の都市、ひいては災害の危険を秘めた世界の多くの地域に資するために、神戸の経験から学ぶことのできる教訓について論評することで本研究の結びとする。特にここでは、なぜ他の日本の都市が震災復興のために事前に計画を立て始めなければならないのか説明する。また、震災直後から10年に及ぶ復興期間になされた主な事業の年表は付録Aに整理し、国家と地方自治体が震災後にとった措置は同Bと同Cにまとめた。

第2章　地震と都市復興

　ある都市が被災し、その後復興に至るまでの過程には、共通して認められる規則性が存在する。そのため、ひとたび発生した災害について理解し、さらに今後発生する事態を予測することも決して困難なことではない。だからこそ被災直後、役人たちは「この都市を災害以前よりも良いものにする」と意気込むのである。しかし、災害が現実のものとなった時、どのように復興がなされるのだろうか？

　　　　　　——J.E. ハース, R.W. ケーツ, and M.J. ボウデン編著,『震災後の復興』

2.1　被災後の復興にかかわる諸問題

　地震などの自然災害に関する研究は、地理学や都市計画のほか、社会科学などの領域でも行われているが、その関心は主にこの種の自然災害の及ぼす社会経済的影響に向けられてきた[1]。このような研究に用いられる一般的な手法のひとつとして、個人およびコミュニティがいかに影響し合い自然災害に対応するのかを分析するものがある（Carr 1932; Barton 1969）。この手法は以下の4領域、すなわち災害被害の軽減、有事への備え、災害発生直後の対応、被災後の復旧・復興について分析を行うものである（Petak 1985; Raphael 1986; Waugh and Hy 1990; Lindell and Perry 1992; Smith 1996; Hewitt 1997; Federal Emergency Management Agency 2000; Tierney, Lindell, and Perry 2001）。このうち被災後の復旧・復興についての研究蓄積は他の領域と比較して限られているが、被災した都市の復興に関する研究は重要な意義をもつものであるといえる（Drabek 1986; Geipel 1991; Comerio 1998; Godschalk et al. 1999; Chang 2001; Olshansky 2005 などを参照のこと）。以下では、被災後の復興にかかわる一般的な研究テーマについて述べる。

被災後の復興に関する研究のモデルおよび手法

　本章の冒頭でも引用した通り Haas et al.(1997, xv) は、被災後の復旧・復興の

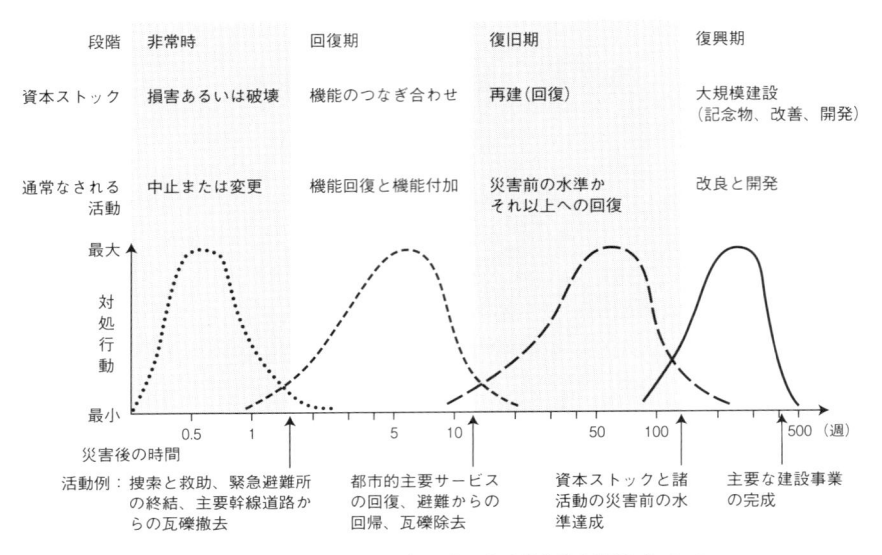

段階	非常時	回復期	復旧期	復興期
資本ストック	損害あるいは破壊	機能のつなぎ合わせ	再建（回復）	大規模建設（記念物、改善、開発）
通常なされる活動	中止または変更	機能回復と機能付加	災害前の水準かそれ以上への回復	改良と開発
活動例	捜索と救助、緊急避難所の終結、主要幹線道路からの瓦礫撤去	都市的主要サービスの回復、避難からの回帰、瓦礫除去	資本ストックと諸活動の災害前の水準達成	主要な建設事業の完成

図2.1　Kates and Pijawka (1977) による災害後の復興プロセス
資料：Kates and Pijawka (1977)

過程には「共通して認められる規則性が存在する。そのため、ひとたび発生した災害について理解し、さらに今後発生する事態を予測することも決して困難なことではない」と記している。これは、被災後の復興に関する研究を代表する古典的文献の一つであるが、これらの研究は、古くは1906年に発生したサンフランシスコ地震、近くは1972年にサウスダコタ州のラピッドシティを襲った洪水に至る多様な災害事例を検討した結果である。こうした一連の研究蓄積の中で、Kates and Pijawka (1977) は、被災後の復興過程を概念化している。これによると、被災後の復興過程は4つの段階を徐々に遷移していくものであるが、4つの段階には明瞭な区分が存在するわけではない。つまり、災害直後の非常時から、ライフライン等の復旧を経て、避難先からの帰還が進み震災前の状態にまで回復する段階に至り、最終的には都市開発をともなう復興の段階へと移行するとするものである（**図2.1**）。災害直後の非常時（災害直後）は災害発生後の数日間程度を指し、そこでは不明者の捜索や救助が行われる。そして、ライフライン等の復旧が進む段階（回復期）は数週間におよぶ場合が多く、水道、ガス、電気といったライフラインを復旧し、災害により影響を受けた商業、工

業、居住などの都市機能をつなぎ合わせて修復する期間である。避難先からの帰還が進み震災前の状態にまで回復する段階(復旧期)はさらに長く数カ月間続く。この時期には工場や住宅が元の場所に戻ったり、経済活動や人口が被災以前の状態まで回復したりする。そして、最終段階となる都市開発をともなう復興の段階(復興期)になると、被災以前よりも都市の機能が発展・向上し、災害の追悼・記念事業が行われることも多い。このように、一都市の復興が完了するまでには数年間を要するのであるが、Kates and Pijawka(1977, 13)は、復旧の目安として、都市の人口が被災以前まで回復し、雇用や住宅その他のサービスが整った状態を挙げている。図2.1をみても、復興の全段階が終了するには500週間、つまり約10年かかり、最初の3段階についてはそれぞれの前の段階の約10倍の期間を要するとされているが、最後の復興期についてはこの限りではなく、復旧期の約半分の期間を要するのみとなっている。

　一見すると復興の過程には明確なパターンや規則性のようなものが存在し、どんな災害であっても最終的にはコミュニティの再生という一様の結末に至るように思われる。しかしながら、復興の過程はより複雑なものであると指摘する研究者が存在する。その例として、Hogg(1980)とNeal(1997)が挙げられる。彼らは、4つの段階が区分できるものであるとしても、ほぼ同時期的に発生するものであると結論づけた。

　時系列に関する詳細な議論がどのようなものであれ、都市計画家らが被災後の復興過程で直面する課題は、被災地域の土地利用や環境などをいかに更新し向上させるかというものであろう。都市計画家が関わるのは、先述のKates and Pijawkaモデルでいうところの復興期にあたるが、都市開発を行う際に来るべき災害に耐えうる都市づくりが求められることを忘れてはならない。一例として、震災後の被害状況を踏まえて、将来的に地震被害が想定される地区には住宅や商業の用途地域指定を行わないよう、都市計画に関連する法律を改正したものがある(Smith 1996)。この他にも、災害地域を扱った研究史を振り返ると、災害によって被災地域に思いがけない好機(都市開発や経済発展など)がもたらされた例は枚挙にいとまがない(Friesma et al. 1979; Dudasik 1982; Cuny 1983; Ellson, Milliman, and Roberts 1984; Rubin 1985, 1991などを参照)。Geipel(1982, 16)は、大震災のような稀な災害を契機として、将来起こりうる災害に耐え

られる都市づくりの方法が提案されてきたことを確認している。さらに彼は、被災後には被災以前よりも制限や障害なく自由に都市計画を実施する機会が与えられるとも述べている。しかし、この場合、都市計画家には市や地域全体を見通す包括的な事業計画を作成する猶予は与えられないばかりか、あまりに複雑な再建案に困惑し苦悩することもしばしばである。一方で、住民は、被災以前の都市の状態や事業計画に沿って復興が進められると期待するため注意が必要であるという (Geipel 1982, 180; Olshansky 2002)。こうした都市計画の失敗例の一つが、1974年にオーストラリア沿岸の都市・ダーウィンを襲ったサイクロン・トレーシーによる災害である。甚大な被害を受けたダーウィンの復興計画を模索する都市計画家たちは、ダーウィンをより安全な内陸部へ移転させようとした。しかし、政治家の反対にあったことや、他地域へ避難した住民が想定よりも早く帰還したことなどから、ついにこの移転計画が実行されることはなかった (McKay 2004)。

　被災地の復旧・復興が地域に与える利益は大きく、これが被災地域の都市基盤を底上げする機会となることは疑う余地のない事実である。1995年の阪神地震の被災地たる神戸もこの例にもれず、復興の過程で都市発展の好機を得た。そしてこの本の主題は、この神戸が手にした好機以外のなにものでもない。ところが、先述のダーウィンや他の無数の事例を挙げるまでもなく、こうした新たな再開発の機会は必ずしも十分には活用されていないのが現状である。しかしそれはなぜであろうか？　その要因のひとつとして、都市基盤や近隣地区を改良する場合に、社会経済状況の複雑さを想定していない手法が用いられているということが挙げられる。その結果、そうした計画は頓挫することを余儀なくされるのである。Haas, Kates, and Bowdenらによる復興過程のモデルをみても、やはり社会経済状況の複雑さは考慮されてこなかった。Mileti (1999, 220-230) も、被災後の復興は単に物質的な復旧の過程としてではなく、復旧・復興に関する意思決定を取り巻く社会的な過程としてみなされるべきであると述べている。また、長期的に社会経済状況が回復する過程は、多様なコミュニティが再建していく過程と同一視される傾向があるが、これらは一度崩壊した建造環境の再建と移転とを含むものであると考えるべきであろう。

　このようなアプローチを拡大させたHayashi (2003) は、被災後のコミュニ

ティの再生は相互に分かちがたく依存しあう3つの要素、つまり物質的、経済的、社会的な要素が回復してこそ達成されると述べている。これは大震災が都市に与える影響は、破損した道路やインフラストラクチャの修復といった表面的な損害よりもはるかに大きいということをも意味している。つまり震災は、住宅や雇用、健康、コミュニティ、福利といった社会経済的な問題の全てに重大な影響を与えるのである。そうだとすれば、生存者に送られる経済的援助なども復旧の過程に影響することとなる。同様の理由から、Quarantelli(1989)は被災地に分配される資源に着目している。彼は、Haasらのグループによる先行研究が、被災後の復興過程に起こる複雑な問題や葛藤を十分に掴み取れなかったと断じている。被災地の復旧・復興について、「共通して認められる規則性が存在する。そのため、ひとたび発生した災害について理解し、さらに今後発生する事態を予測することも決して困難なことではない」とは必ずしもいかないのである。加えて、被災後の復旧・復興計画の策定にあたっては、政治・文化・社会的な立場を反映して多様な意見が出されるため、計画の優先順位を決定することすら至難の業となる。そこで、Quarantelliは、地域レベルで足並みをあわせた復興計画が策定されなければ、復興は遅々として進まないと警告する。特に、大震災のように被災地域が広域に及ぶような災害からの復興には、地域レベルでの合意形成が重要となる。実際、先行研究の多くは、被災地域の多様性、つまり同じ社会にあってもコミュニティや地区によって復旧の過程をどのように経験し復興していくのかには差異が認められるということを見逃しがちであったと言わざるを得ないだろう。全く、その実態は多様なのである。そして、この地域的な文脈、地域の多様性こそ地理学が貢献しうる重要な要素であると言えよう(Bolin 1994などがこの主張を裏付ける好例である)。

　復興のモデルに関する研究の多くは、分析の対象時期を被災後に定めて進められてきた。ニューヨークで起こった"9.11"のテロ攻撃を例にとると、テロという不幸な出来事からいかに都市が回復していくのかに報道の主眼が置かれていた(Ockman 2002; Rozario 2005; Vale and Campenella 2005)。また、大災害を経験した都市の回復力(resilience)に焦点があてられることも多い。地震などによって被災した地域が大規模に放棄された事例は稀である。震災によって建造物等の物質面が破壊されても、コミュニティは生き残り、崩れた住宅などから

出た瓦礫が片付いた後には生存者が震災前と同じ場所に戻って地域の再建にあたる傾向があることが確認されている(Alexander 1993; Mileti 1999)。しかしながら、復興とは変化を含む過程であり、再建されたコミュニティとて被災以前と同じものではないのである。都市そのものも変化するであろうし、都市の空間構造や経済状況もまた同様に変化すると考えるのが妥当であろう(Massard-Guilbaud 2002)。

これまでに述べてきたとり、Hassらの提唱するモデルに対しては、批判が多いことを認めざるを得ない。しかしながら、被災後にコミュニティが回復していく過程を分析する上で、議論の始点とするには有用なモデルであることもまた確かである。よって、被災後の復興過程を示した**図2.1**を、本書の後半においても再度検証する[2]。

被災後の復興過程に影響する諸要素

災害が起きた後、被害や破壊が広域に及ぶことを抑えるためにも、政府はコミュニティの回復と再建を急ぐべきである。しかし、被災後の復興計画を定める際に、どのような要素を重視するべきであろうか？ 自然災害によって被災した都市を再建する方法については、その質や速度を上げるための方策が多方面から研究されている。その一部には、災害そのものの特性についての研究、つまり災害の規模や災害の種類によって影響を受けた範囲の差異を検証した研究が含まれる。また、災害が起こった地域の特性と被害状況との関係に着目した研究も盛んであり、これには地域の地形条件などの自然地理学的要素、住宅地の分布、政治や都市計画をめぐる状況、経済再建にむけた地域の経済的な資源の状況、被災したコミュニティの変化に対する脆弱さ、などの視点から被災地域の特性を検討するものが含まれる。これらに加えて、復興が成功するか否かは、指導者の性質や政府の意思決定に大きく依存することも述べておかねばならない。既存研究の成果を要約すると、被災後の復興は大変に複雑な過程であり、地域のもつ要素がどのように復興過程に影響するのか、そして具体的にどのような成果をもたらすのかなどの詳細を前もって的確に予測することは不可能であるといえる。

こうした複雑な復興過程を分析するため、本書では4つの部分からなるフ

レームワークに基づいて神戸での事例研究を行った(**図2.2**)。復興計画の質を高め、復興過程を成功に導くためには、制度的・社会的側面、そして自然環境や地域構造などの状況を分析することが不可欠である。よって、以下のような視点から神戸市の事例を検討する：(a)震災以前の自然環境あるいは経済や人口などの社会的環境、(b)災害の地理的な特性とその分布、(c)都市の再機能化に向けて政府や関係各所がとった行動、(d)復興後の都市計画やその想定される成果に対するコミュニティの態度。このフレームワークは、被災後の復興に関する研究の基盤となる成果であるKates and Pijawka(1977, 1)に基づいて作成したものである。この中で、被災後の復興過程に影響する要素として以下が挙げられている：(a)被災状況、(b)復旧に向けて利用可能な資源、(c)被災以前からの一般的な傾向、(d)復興の先導者、都市計画や各組織の様子。神戸の事例でも、これらの要素は全て重要な役割を担っていたが、神戸の復興の過程と成果を理解する上では、とりわけ地域の地理的条件および地域コミュニティの果たした役割が重要であった。そのためこの詳細についても後述する。

　それでは、**図2.2**を用いて本書が取り扱う問題を示すこととしよう。第一点目には、被災後の社会経済的な課題は、被災以前からある地域の自然環境や社会経済状況とは不可分であることが挙げられる。この被災以前から地域に存在する要素には、被災以前に実施されていた都市計画も含まれる(**図2.2**の要素1：「震災以前の自然環境あるいは経済や人口などの社会的環境」を参照)。さらに、浸水していない市街地域や地震を引き起こした地層の上に立っていた住宅などの居住地域のパターンは復興計画を策定する上で重要な指針となる。また、被災地域の人口構成や経済基盤などの条件、そしてその根底に流れる地域の社会的、経済的な潮流が被災後の復興過程を分析する上で重要であることも、多くの既存研究によって裏付けられている。Alexander(1993)は、経済不況や人口構造の転換などの地域が元々抱えていた問題が、震災を契機として加速度的に進行する可能性があることを指摘している。反対に、災害を機に経済発展を遂げた例もあり、1871年に大火事の発生したシカゴ、1906年に地震と火災に見舞われたサンフランシスコなどはその代表であり、被災を契機として地域経済が飛躍的な成長を遂げている(Miller 2002)。また、高齢者や身体障害者、マージナルな集団(少数派の民族集団など)などが居住する被災地域(もしくは自然災害

1. 震災以前の自然環境あるいは経済や人口などの社会的環境
    自然地理学的環境と市街地分布
    政治的および計画的環境
    経済的および人口的構造と傾向
    コミュニティにおける弱点の不公平さ

2. 災害の地理的な特性とその分布
    災害の強さ
    地理的な結果（分布）

3. 都市の再機能化に向けて政府や関係各所がとる行動
    復興予算
    政府の役割
    NGO（時にNPO）の役割
    政府・自治体間の関係
    土地利用と建築に関わる規制

4. 復興後の都市計画やその成果に対するコミュニティの態度
    業務グループと市民の財政難
    土地所有権に関わる影響
    コミュニティにおけるリーダーシップ
    個人的ボランティア

図2.2　災害からの復興計画策定の過程を理解するための枠組み

などにより影響を受けやすい条件を有する地域）に着目した研究もなされている。多くの研究により確認されていることだが、一般的なコミュニティと比較して、社会的弱者の多く居住するコミュニティは被災後の復旧段階で負の影響を強く受けやすい（Blaikie et el. 1994; Hewitt 1997; Tierney, Lindell, and Perry 2001）。1976年にイタリア共和国のフリウリで発生した大地震を研究したGeipel（1982, 166）によると、大地震のように広域が影響を受ける自然災害では、必ずしも全体が平等に被害を受けるわけではなく、不利益を被りやすい特定の集団が存在するという。「あらゆる社会経済的集団は、被災前後で変わりなく社会的な立場を享受するように運命づけられているようだ。富めるものは富めるものとして、貧しいものは貧しいものとして、被災後にもそれ以前と変わらず同じ立場であり続ける（Kates 1977 より引用。Kamel and Loukaitou-Sideris 2004 も参照のこと）。」2005年にハリケーン・カトリーナの被害を受けたニューオーリンズでは、カトリーナからの復興の過程で、市内に居住する民族集団ごとの不平等や格差が問題となった（Birch and Watcher 2006）。阪神地震からの復興過程においても、

神戸市は地域に居住する高齢居住者の対応に苦慮している。これは、高齢居住者の数が多いことに加え、彼らの多くが震災で住宅を失っていたためである。

さて、本書が取り扱う第二点目の問題に移ろう。復興に影響する諸要素のうち、被害の密集度合いと地理的な分布パターンは、被災後の復興過程を形作るものであると同時に、これを複雑にするものでもある（**図2.2**の要素2：「災害の地理的な特性とその分布」を参照のこと）。震災以前の地域構造と災害自体の特性を反映して、地域によって不均衡に被害を受けるため、結果としてパッチワークのように不統一な復旧が進められることとなる。では、何を優先して復興期における資源の配分がなされるべきであろうか（Prater and Wu 2002; Schwab et al. 1998; Tierney, Lindell, and Perry 2001）。Rossi, Wright, and Weber-Burdin（1982）は、被災地の復興過程では、政治に対する疑念が常に生じやすいと指摘する。たとえば、「政府は、再建に必要な資源をどの場所に分配するべきか？」という問いが疑念を生じさせる起因となる。さらに災害によって重篤な被害を受けた時や、将来的に同様な災害があった際に想定される被害状況について地域内でばらつきがある場合、復興計画に関係する葛藤や衝突はより顕著なものとなる（Bolin and Stanford 1998）。神戸の場合をみると、震災によって最も重篤な被害を受けた地域は、市西部のインナーサバーブに細長く分布している。これは、細い街路と木造住宅が密集する地区であった（なお、神戸市は、この地域の復興に関わる特別予算を組んでいる）。

第三点目として着目すべきことは、被災後に重要な役割を果たし、さらに復興を成功させるための鍵を握る政府（および役人）とNPOの存在である（**図2.2**の要素3：「都市の再機能化に向けて政府や関係各所がとる行動」を参照）。まず、政府は、都市インフラおよび主要な公共機関の復旧・再建を主導的に行う役割を担っている。スムーズな復興が進むか否かに強く影響する要素としては、復興財源と復興に必要な諸資源が利用できるかどうか、政府や市政などの諸制度の実施状況（保険制度の運営状況なども含まれる）、復興計画や都市計画の修正、再建に関わる法整備などの技術的な諸問題などが挙げられる（Haas, Kates, and Browden 1977; Rubin, Saperstein, and Barbee 1985）。政府からの相応の資金提供がなければ、個人や中小企業が単独で被災した建造物の再建や復旧を行うことはほぼ不可能である。それだけでなく、被害に対して十分な保険金が

支払われない場合、個人や民間企業を被災以前の状況に戻すために必要となる、瓦礫等の除去や住宅および生活の再建にかかる資金も不足してしまう。一方、NPO は個人やコミュニティが回復する際に大きな助力となる（Anderson and Woodwrow 1989; Samal et al. 2005; Ozerdem and Jacoby 2006）。この他、被災後の復旧に関する基本的な研究テーマとしては、政府がいかに復興の士気を高めるような象徴的な道標を示すのかというものが挙げられる。かつてシカゴ（1893年）およびサンフランシスコ（1915年）が万国博覧会を誘致したように、復興のシンボルとなる機会を設けることが、復興そのものの促進につながる場合もあるのである（Vale 2006）。

また、市などの地方自治体が、どの程度復興計画に関する権力や意思決定権を発揮することができるのかという点も重要な課題となる（Drabek and Hoetmer 1991; Pelling 2003）。Kates and Pijawka（1977, 20）によると、政府や地方自治体などの関係主体が被災した地域コミュニティに関する情報を的確に収集できるか否かは、復興の過程を左右する決定的な要因になるという。復旧の初期段階においては、長期的な復興を見据えた戦略的な意思決定が、地域レベルで早急になされなければならない。しかし、このとき関係主体は、地域内での復旧や建物の再建をどのように調整するべきか、また、都市インフラの再建や新たな都市開発を進めるために既存の法律を改正すべきなのか、といった次々とわき上がる疑問に対して、長期的な都市の在り方を見据えながらも短期間で意思決定を行わなければならないのである。神戸市における復興・再建の過程は、日本の都市計画の手法に対する挑戦であったともいえるだろう。

国と地方の関係性も重要な課題の一つである。組織間の関係は、被災直後の非常時から長期的な復興期に移行する段階で必然的に変化するものであり、それ以降の過程においては関係性を見直しながら新しいルールやネットワークを形成することが求められようになる（Gillespie et al. 1993; Gillespie and Colignon 1993）。さらに、被災後の復旧・復興の各段階において、組織間や自治体・政府間での構造的な問題が噴出するために、復旧の過程は酷く複雑なものとなる。また、この地方自治体と政府との関係、そしてそれをとりまく環境から生じた課題を詳細に分析すると、その様相は国によって異なることがわかるだろう（Alexander 1993）。アメリカ合衆国の場合、災害時に必要とされる資源

はFEMA(the Federal Emergency Management Agency 連邦緊急事態管理局)を通じて配分されるのが通例である。しかしながら、Stratton(1989, 159)はアメリカにおいては、連邦以外の自治体の役割が重要であることを指摘しており、州および地方の自治体は、連邦政府の指示を実行するための手足となるだけではなく、被災後の復興政策を実行する創造的かつ力強い役割を担うものであるとしている(May 1985; May and Williams 1986 も同様の指摘をしている)。対照的に、日本政府と地方自治体の関係は伝統的に中央集権的であり、この特性は神戸の復興にも大きな影響を与えていた。

神戸の復興過程を理解するためのフレームワークのうち、第四番目の要素となるのは、地域コミュニティの対応や、コミュニティと政府(および地方自治体)との関係である(**図2.2**の要素4:「復興後の都市計画やその成果に対するコミュニティの態度」を参照)。被災後、地方の政治家や企業体の中には、他地域のライバルを出し抜きたいと考え、有力な政治家や中央政府、あるいは大手の金融関係者との不正な取引に手を染めようとする者もあらわれる(Gepiel 1982, 1991)。Godschalkら(1999)によると、マイアミは1992年にハリケーン・アンドリューに見舞われたが、被災後に行われた都市開発の内容は、将来的なハリケーンの被害を軽減するためのものというより、むしろ被災地域の経済発展に重きを置いたものであった。この他にも、アメリカの研究事例として、災害が経済計画に与える影響について検証したものがある。Cochrane(1997)は、ハリケーン・アンドリューの被害を受けたマイアミ、1994年のノースリッジ地震によって被災したロサンゼルスの経済状況を分析し、これら2つの都市の経済発展は被災後の復興計画によって成し遂げられた部分が大きいと述べた。これらに関連する本研究の主たる疑問は、復興によって地域経済が発展し、神戸の再編成が進んだのか、というものである。

これまでに述べたこと以外にも、復興への住民参加、再建計画と土地の所有権との関係、個人ボランティアや地域リーダーの役割などに対して関心が寄せられている(Olshansky 2005)。一例を挙げれば、社会科学の分野では、再建が成功するには地域住民の役割が不可欠であるとの指摘がある(Berke, Kartez, and Wenger 1993; Mileti 1999)。政府による支援は産業界に集中しやすく、地域のボランティア団体への支援がおざなりになったり、地域ボランティアがコ

ミュニティの再生に寄与しているという事実を見過ごしたりすることも少なくない。Rossi, Wright, and Weber-Burdin（1982）は、被災地域の復興には多様な方法が考えられるが、できるだけ早く元の場所で生活や事業を再開したいという地域の要望を正確にくみ取ろうとすると、被災地域の多くは葛藤せざるを得ないと述べている（Oliver-Smith 1991 も参照）。被災後の都市開発を再開するスピードや規模についての意思決定は、平常時に戻すことと将来起こりうる災害を予防することとのバランスをとりながらなされるものである（Foster 1980）。権力とコミュニティとの関係は大変デリケートな問題である。そして、神戸もまさにこの問題に直面したのであった。

　地方自治体の対応は規格化されたものであり、特定のコミュニティや事業の要求を十分に反映しうるものとはいえない。このため、復旧過程は葛藤と幻滅とで特徴づけられてしまうことも多々ある。被災地の復旧・復興には、地域のリーダーや地方の役人によって地域の要望がくみ上げられることが不可欠である。しかし、これが被災以前から存在していた政治的課題、もしくは利益団体間の競争を表面化し、助長してしまうこともある（Tierney 1989）。Geipel（1982）によると、再機能化の過程では住民の不満が生まれやすいが、これは役人が復興事業に対する被災住民の希望や要求をとらえきれないことが原因だという。特に、住宅が倒壊、全焼、または流出してしまった住民を避難所等へ一時的に避難させるような場合、一連の過程はより複雑なものとなる。たとえば、一時避難せざるを得ない場合に、住民は彼らの社会的慣習や文化に合致した環境や、建造物、付き合い方を避難先でも維持したいと願うものである（Shaw and Goda 2004）。Olshansky（2005）は、Haasら（1977）の研究では復興過程への住民参加や双方向のコミュニケーションの重要性を十分に捉えきれなかったと指摘している。被災直後の住民参加は意思決定を遅らせる可能性を有しているが、住民参加によって地域の状況に合った復興計画の策定が可能になるなどのメリットもある。神戸における住民参加の事例研究は、後ほど詳細に紹介する。

　以上の成果をまとめると、被災後の復興過程は災害の種類に関係なく複雑で多面的なものであり、これまでに述べたような諸問題を容易に解決する術はない。Awotona（1997, xix-xx）は、「建造環境の再建は、社会文化的、経済的、技術的、環境的、さらには管理運営に関わる長期的な相互作用の賜物である」と

述べている。また、多くの研究者が災害が起きる前に有事に備えた復興計画を想定しておく必要性に触れているが、この課題に関しては、本書の最後に再度検討することとする。ここまでに、一般的な法則に関してある程度の共通見解が示されてきたとはいえ、被災後の効果的な復興に関する多くの側面は未だ十分に理解されているとはいえない。復興期には莫大な人的・物質的な資源を準備せねばならず、さらに援助や建造物の再建、経済再建に関連して政局が錯綜することなどから、緊急かつ混迷を極める状況となる。そうして復興の過程はさらに複雑さを増すのである。それ以上に、あらゆる復興の過程は地域や時代、文化的背景によって多様であり、逆にいえばそれらを考慮した復興計画が策定されなければならないし、復興成果に対する評価もこれを考慮してなされなければならないだろう。神戸の事例は、日本の都市計画や被災地域における復旧の実践を踏まえて検証されるべきものなのである。以下では、大震災への日本政府の対応と大震災発生後の都市復興の手法を概観する。それによって、日本の自然環境、社会や政治文化の特性と、日本固有の都市計画や都市開発のモデルとが相互に影響しあっていることが理解されるだろう。

2.2 日本の都市計画と行政

日本の都市災害に対する脆弱さや被災後の復興に関する独特の手法を理解するために、日本社会が直面する課題を以下に挙げておこう。第一点目に、日本は環太平洋火山帯上に位置するため、地震の影響を受けやすいことを忘れてはならない(Case 2004)。また、都市部に人口や経済活動が集中していることもあいまって、災害が深刻化しやすい状況にあるといえる。加えて日本の都市には、オープンスペースなどの土地利用上の余裕が少なく(Mather, Karan, and Iijima 1998)、都市中心部、特に人口集中地区[3]においては、土地利用は複合的であり、住宅用地に商業および産業的施設が併設されることが通例であるという特性をも有している。島国日本が度重なる災害とそこからの復旧・復興の歴史を重ねてきたことはよく知られている。日本は大火や震災、戦争を経験し、その度に早急に都市の復興を遂げてきたのである(Hein 2005)。

第二点目に、日本においては個人単位もしくは市場主導で被災後の復旧がなされてきたという伝統があり、公的な補助に関してはかなり保守的であること

が挙げられる。そのため、「復興」という用語は日本社会において特別な意味を有している。日本のシステムでは、政府は「復旧」についてのみ責任を負う伝統がある。つまり、被災した道路や都市インフラの再建など、被災以前の状態に回復するための行為は政府主導で行われる。対照的に、「復興」は長期的な復旧・再建の過程を示すものであり、震災以前の状態よりも被災地域の改善を図るという意味合いを示唆するものである(Maki 2006, 1)。復興の段階では、政府による支援は全くないか、あったとしても限定的であるのが通例である。政府の主たる目的は、被災した都市インフラの早期復旧であり、コミュニティの再生は他人任せであるといっても過言ではない。十分な規模の復興関連予算が充当されるという状況下で、被災後の都市再開発が順調に進展し、将来的に起こりうる災害への対策についても補充されてきた。将来的な災害被害を緩和するために行われた再開発の好例としては、東京都江東区の隅田川沿岸の防波堤が有名である(Sumida City 1991; Tokyo Metropolitan Government 1995; Kumagai and Nojima 1999)。しかしながら、神戸の大震災が起きる前には、人的な復旧および長期的な復興に対して意識がむけられることは稀であったと言わざるを得ない[4]。

　Furukawa(2000)は、阪神地震以前の防災関連法案おいて、以下の4つの分野に焦点があてられることはなかったと述べている：災害による被害軽減対策に関する責任の所在、災害被害緩和のための包括的かつ体系的な対策の推進、経済的資源の用意、災害後に非常事態宣言を行うための手続きに関する規定。全体として、防災関連法案の焦点は災害による被害の緩和と予防に置かれていた。地震への備えとしては、免震・耐震構造の建築手法の確立などに主眼が置かれていた。つまり、日本は、実際に地震が起きた際の対応については包括的な手法を確立してこなかったのである。Murakami(1996, 11)によると、「地震への対策は、工学技術に終始し、他の領域にまで拡大することはなかった」という。さらに、日本では住宅や商業施設の震災被害を補償する地震保険の整備も遅れていた。これに加えて、政府から被災者へ直接支払われる補償金も十分なものではなかった(日本の保険制度に着目した以下の研究を参照 Okuno 1995; Comerio 1997, 1998; Palm and Carroll 1998)。

　関東大震災(1923)後の帝都復興計画は、ミニマリスト(小さい政府)の手法

によって被災後の復興がなされた数少ない成功例のひとつである(Koshizawa 1996 を参照)。地震発生直後、後藤新平率いる政府の都市計画団は、震災が近代的な首都建設の好機となり、再建計画によって国家の威信と先進的な公共政策を対外的に示すものとなると信じた。そのため、新平らによる被災後の都市復興計画では、被災していない地域をも含む東京市全域が都市計画の施行区域に指定され、公園緑地の新設、河川の改良、道路の拡幅、運河や幹線道路などを含む新たな交通網の建設が行われた。主要道路 47 本は 22 m から 44 m へ、その他の道路 100 本は 11 m から 22 m へ拡幅された。震災から 5 年後の 1928 年に全ての計画が終了する予定であった。後藤新平の眼には近代都市・東京の構想がはっきりと見えていたことであろう。後藤新平は都市計画予算として約 30 億円と国家予算の 3 倍以上にあたる額を要求した(Seidensticker 1990)。

　これほどの巨大な復興計画を前に、激しい議論が巻き起こったことは言うまでもない。Schencking (2006, 833) は、東京の復興に関連した政治家たちの動向について「好機を目前にして、チャンスを逃すまいと議論を戦わす様子はあたかも競技場のようである」と評している。国会だけでなく、東京市民も復興計画に関する議論に熱中したという。最終的には、計画の規模が大きすぎるとの結論に至った。新平は市を南北に横断する高速道路 (200 m 幅) の計画を立てていたが、長さ幅員ともに縮小しての計画採択となった。この他にも、道路拡張や用地取得計画などが国会審議の末に棄却された。これは、国内の他地域と比較して東京に対する予算が多すぎることが懸念されたためである。既存の街路パターンはそのまま残されることとなったが、公園の新設や道路拡幅計画の一部は当初の計画通りに実施された。都市近代化の夢は完全には成しえなかったものの、新平の手によって首都東京の再建がなされたことは言うまでもない。しかし、皮肉にもそれから 20 年も経たない間に、東京は大空襲によって再び焼土と化したのであった(Guillain 1981)。1920 年代、東京は震災からの再建を達成し、これによって都市デザインにもある程度手が加えられた。また、約 25 万人が土地区画整理事業(詳細は以下で述べる)によって移動させられた。震災後には、都市計画区域に占める道路面積の割合が増加し、さらに政府によって 3 つの公園が隅田川周辺に新設された。東京の再建に加えて、東京と隣接する横浜市の再建をも監督する帝都復興院が設けられた(Seidensticker 1990;

Arnold 1993)。1923 年の関東大震災以来、地震が発生した 9 月 1 日は「防災の日」に定められ、地震発生時や火災を想定した避難訓練や救出活動演習が実施されている(Hadfield 1991, 44)。しかし、これらの訓練の多くは「集団で行う魔除け」とでも言うべき象徴的な行事に過ぎず、災害発生時を想定してコミュニティにおける対応を訓練するような実質的な役割を果たす例は稀である。

　日本の復旧への取り組みを特徴づけるものの第三点目は、現代日本の政治経済状況に関係するものである。高度経済成長期の日本は、過度な経済成長神話に全精力をささげた。欧米都市の水準に追いつこうと、都市インフラの整備が急務とされた。こうした中で、生活の質(Quality of Life)や社会的な側面がないがしろにされたことは想像に難くない(Edgington 2003)。政府にとって、大規模な公共事業は、経済成長や空間整備の手法であるだけではなく、国家の威信にかかわる重要事項でもあったのである。こうした文脈で頻繁に使われる用語に「土建国家」というものがある(McCormack 2001)。日本の都市が欧米都市に後れをとっている点として住宅面積や居住性が指摘されるようになって久しいが、一方で工学や交通機関の発展は目覚ましく新幹線などは世界でも有数の功績といっても過言ではない。また、日本の開発モデルにおいては、政府と地方自治体間の協力・協調関係について、独特な制度を有していることも忘れてはならない。中央の省庁が強い統制力を有して地方自治体を動かす仕組みがみられるのである。

　近年では、地方分権に向けた動きに代表されるように、政界再編が進行しつつある[5](Tanimura and Edgington 2001; Edgington 2004; Hein and Pelletier 2006)。阪神地震が起きたのは、都市計画への住民参加という概念が日本社会に浸透し始めた時期であった。とはいえ、住民参加のモデルとなる成功事例は未だ存在しなかったし、被災後に従うべき対応の手順も確立してはいなかった。都市計画法においても、政治主導での議論や計画策定に関わる意思決定がなされることが推奨されており、この分野への住民参加が進むための素地は十分には整っていなかった。一方で、多くの都市は住民参加を実行するための努力を始めていたが、これは住民たちが一方的に都市計画の意思決定がなされる伝統的な手法に対して反旗を翻し始めていたことに起因するものである(Hein and Pelletrier 2006)。

阪神地震以来、防災や復旧に関する議論は、都市計画の分野で急速に重要性を増している。地方自治体が防災計画を策定する際には、多様な分野にまたがる問題を包括的に扱い、長期的なビジョンをもった開発計画が模索されるようになっている。公共サービスや経済開発、都市インフラを充実させようとする開発計画は、少なくともリップサービス程度にはなされてきた。これらの計画は 10 年周期で見直されるのだが、震災が発生した時、神戸市は次期の包括的都市計画を策定するための最終段階にあった(Beaumann 1998)。この詳細については、次章で述べる。

　第四点目の特徴として挙げられるのは、日本国民が基本的に政府に対して大きな期待を持っていないことである。日本では伝統的に自己回復を是とする文化を育ててきたため、大災害のような場合でも政府に多くを要求しない傾向がある(Ozerdem and Jacoby 2006)。神戸においても 1995 年の大震災後には「我慢」や「仕方がない」という言葉があちこちで聴かれた。こうした背景から、きたるべき災害被害を緩和することに関しても、公的部門に期待することは少ない(Farrell 1995)。対照的に、欧米都市においては同様の大災害が起きた際、住民は政府や公的部門に大きな期待と要求をするものである(Dynes and Tierney 1994; North 2000)。逆に、日本においては、政府や地方の諸機関が住民からの要望を聞く必要性に迫られることは稀である(Jun and Wright 1996)。これは、日本においては行政と住民との対話が十分に発達していないためであると批評されることが多い(Schwartz and Pharr 2003; Pekkanen 2006)。日本における都市計画制度では、形式的に住民参加を要請しているのが実情である。Barrett and Theriwel(1991)は、高速道路や空港の建設の際に行われる地元の環境負荷に対する査定の過程を分析し、地域住民がこれらの過程に参加することを義務付ける法律は抜け穴だらけで大変緩いものであると指摘した。これらの事業は根本的に専門技術者や技術官僚主導で行われる仕組みになっている。

　コミュニティの再生に関する日本の特徴について第五番目に挙げるのは、日本社会の均質性である。北米やヨーロッパの都市と比較して、日本では最下層階級にあたる都市住民の割合が低い。とはいえ在日韓国人や外国人労働者などの社会的なマイノリティに属する人々を巡る問題は深刻である(Weiner 1997 を参照。不適切な記述が含まれたため訳者の判断で一部削除)。戦後日本における

興味深い変化としては、老朽化した住宅に居住する高齢者が継続的に増加していることが挙げられる。詳しくは3章で述べるが、神戸には地震発生以前から高齢者とブルーカラー労働者に特化した地区が存在した。この地区の住宅は、1960年代以前に建設された木造住宅が多く、賃料が安いものの、旧建築基準法に則って建築されたために現行の建築基準法の基準を満たしていないものが目立った。そのため、この地区において確認された地震とそれに付随して発生した火災による被害は、神戸市内の他地区よりも大きかった(Beaumann 1998; Wisner et al. 2004)。これに加えて、日本の都市においてホームレスが増え続けているという問題も無視できない。Wisner(1998)は、東京や大阪のような大都市において大災害が起きた際、ホームレスが被害を受けるリスクが高まっていると指摘している。

　日本の都市計画を語る上で最後の特徴となるのは、欧米と比較して公的資金による都市開発が多いということである(この点に関しては、Shapira, Masser, and Edgington 1994; Sorensen 2002などが好例となるので参照のこと)。日本の都市計画事業は、都市問題に対応する方法によって2つに大別される(**表2.1**)。一つ目は「都市計画」であり、明治期(1868-1912年)に日本政府が欧米都市の水準に追いつこうと採用した方式に起源をもつ手法である。都市計画は、階層的(トップダウン)でお役所的な形式主義に彩られており、政府や地方自治体の都市計画関連部署が中心となって大規模な都市インフラの整備事業を進める。都市計画に含まれる事業としては、工業団地の造成や湾岸部での埋立事業などが挙げられる。都市計画は、欧米諸国と肩を並べるために政治や軍事、経済上の基盤を強化しようとした富国強兵政策の下で生まれたものであった(Samuels 1994)。一方で、二つ目の手法は「まちづくり」である。これは住民から行政へとボトムアップ式に進められるものであり、地域のアメニティを充実させる小規模な事業や、地域住民からの要望に応える事業に適応されるもので、住民参加によって担われる要素の大きい手法である。まちづくりの概念の中で、地域密着型の事業としては、コミュニティ資源を流動的にし、地域住民のボランティアによって進められるものがある。地域ボランティアは、小規模な都市の美化運動や街区改良事業などを実施する際に重要な役割を担う(Hein 2001; Evans 2002; Funck 2007)。都市政策においては、まちづくりは未だ限定的に利

表2.1 日本の都市開発事業や街区改良事業における「都市計画」と「まちづくり」のアプローチの違い

都市計画	まちづくり
・トップダウン型の計画 ・大型インフラストラクチャ事業 ・経済基盤開発主体の事業 ・国家の法律に基づいた規制 ・海岸部の用地使用、工業コンビナート、空港、テレポート開発、その他大型事業などを含む計画が典型	・ボトムアップ型の計画 ・コミュニティ主体の事業 ・既存市街地への追加的改良 ・非公式の規制とデザイン・ガイドライン構想 ・区画整理の一部活用 ・住宅地での工場の規制、地域の建物デザインの統一、生活道路の拡幅、地域公園の供給、防災対策、他の地域アメニティ事業などを含む計画が典型

資料：Evans (2002); Hein (2001); Sorensen (2002); Watanabe (2007)

用される手法であり、都市計画が大半を占める。Sorensen and Funck (2007) は、住民が主体となったまちづくりに関する事例研究を行ったが、このなかには震災後の神戸において行われた活動も含まれている。

日本において、既存市街地を改良するために採用される手法には、公的補助によって行われる土地区画整理事業と、交渉・協議の末に行われる都市再開発事業とがある。これらの手法を公的主体による事業と同列に扱う事は出来ないが、それはこれらの事業の成功が開発地域内の土地所有者との交渉いかんにかかっているからである。土地所有者との交渉は水面下で進められることも多い。事業に伴う土地収用（欧米では土地収用は一般的な手法である）に対しては、住民の反感が強いことが示されているが、これは戦後の開発において政府とコミュニティとの意識の不一致が極端にメディアで取り上げられてきたことの影響が大きいように思われる。一例を挙げると、1960年代に重工業の拡大に反発した自然環境保護を訴える地元団体による抗議運動、1960～1970年代初頭に東京国際空港の建設に反対しておこった成田闘争（千葉県成田市）などがある（Apter and Sawa 1984）。成田の場合、政府が空港の立地を決定する際に、地元農家の意見を十分に聞かなかったことが闘争の発端であったといえる。その結果、執拗な反対運動が繰り広げられることとなり、左派の活動家たちと警察との闘争に発展した。1974年の開港以降も、用地収用に応じない農家がいることから、第二滑走路の建設が進まず、成田空港はいつでも混雑している。（その後、第二滑走路は2009年10月に供用が開始された／訳者注記）

成田闘争の記憶が強烈であったことや土地収用のハードルが高いことに加えて、1980年代には地価が高騰したため、市街地のはずれに宅地等を造成したり、都市インフラの改善を行ったりすることを主たる事業内容として、日本の土地区画整理事業と都市再開発が発展してきた。これらの技法は、細かな土地をある程度の規模にまとめ、それに境界を引きなおすものだが、土地所有者の所有面積は事業の施行後に縮小する。このようにして生まれた余剰部分の土地を買収・収用するのである。改良事業の目的は、道路の拡幅と直線化であり、これにより災害などの際に緊急車両等の通行が容易になる。さらに、近隣公園として都市にオープンスペースを供給すること、災害時の避難場所を供給すること、学校や公共施設を設置することなども事業の目的に含まれる。土地区画整理事業については、個人所有の土地が事業後に狭くなるという問題があるため、議論の余地があることは言うまでもない（Doebele, Matsubara, and Nishiyama 1986）。さらに、これらの事業を複雑にしているのは、欧米と比較して日本の場合には、公的機関が強制的に土地を購入することが困難であるという事実である（Kotaka and Callies 2002）。成田での失敗例や、伝統的・文化的な要因もあり、都市インフラの改善計画が行われる地区の土地所有者は、同じ場所に居残り続ける権利を主張する場合が多い。日本における都市再開発事業は、政府主導で強引かつ強制的に行われるものではなく、相談や交渉の末に地域の合意に基づいて意思決定が行われるものである。

　パリやロンドン、ニューヨークの都市開発においては、計画区域内にある個人の所有地については大胆な用地買収がなされてきた（Fainstein 1994）。対照的に日本では、コミュニティの開発に関わる用地買収については長期的に交渉を重ねる必要があり、土地区画整理事業は大変慎重に進められることが通例である。よって、既存市街地を整備する際には、地元住民が地域で長期的に生活できるような用地取得の方法が模索される。また、これらの事業は、自治体が比較的安価にオープンスペースを創出し、都市インフラを改善すること可能にすることから、自治体側のメリットも大きい。しかしながら、このような事業を行うには、長期にわたって粘り強く地域住民との合意形成を行う必要がある。つまり、土地区画整理事業は地元の自治体が主導権を握って進めるものであるにもかかわらず、開発区域に関係する地元の土地所有者の合意・協力がな

ければ成功しえないのである。彼らが事業の目的や内容に納得してはじめて事業が成立するのだ（日本の都市再開発事業についてさらなる詳細を知りたい場合は、Archer 2000; Fukami 2000; Sorensen 2000 を参照[6]）。

　本章の最後に、災害に関連した公式な法律において、救助活動や避難所の開設を早急に行う事が最重要視されてきた事実を強調したい（Shaw and Goda 2004）。このため、国家や自治体レベルでの被災後の中長期的な復興計画に関する組織作りや、復興計画の実行に関する公式な手順が示されてこなかったからである。1995年1月に発生した阪神地震は、日本が戦後初めて経験した地震による都市災害であり、地震以降に神戸で起きたあらゆる出来事は例外だらけとなり場当たり的な意思決定を行わざるを得なかった。被災したコミュニティをいかに再建させるのか、被災地域全体の産業や商業をどのように再生させるのかといった課題については、参照すべき先例などはなく、その都度意思決定する必要があった。日本政府が被災後の復旧に関連する法律を策定していなかったため、神戸の再建や社会経済的復興に関する明確な行動方針は示されていなかったのである。

　震災直後、うんざりするほど多くの、そして重要な課題が噴出することとなった。広域的な復興に関する予算はどこから捻出するのか？ 日本政府はどのように介入すべきか？ 地方自治体は被災後の復興計画をいかに進めるべきか？ 神戸市は震災以前の状態に戻されるべきなのか、それとも震災以前とは異なった状態を目指すべきなのか？ 復興はできるだけ短期間になされるべきか、それとも市が包括的な復興計画を立てるための猶予を与えるべきか？ 再建を進める際の最優先事項とは？ 土地区画整理事業など既存の都市計画の手法で十分に対応できるのか、それとも他の方法を模索するべきなのか？ 現行の建築基準法で既存不適格となる住宅に居住していた住民が震災で住宅を失った場合、被災前と同じ場所に同様の構造で住宅を再建することを許可してよいのか？ 地域住民や中小企業の意見はどのように取り入れるべきか？

　これらの課題は、被災後の復興段階ではどこでも起こりうる一般的なものである。そのため、本章の前半で示してきた先行研究においても、これらの諸問題はすでに議論されていた。阪神地震が起きた後、政府と地方自治体とで都市計画部門を担当する役人はこれらの重要な課題と向き合う必要性に迫られた。

1995年の大災害から、神戸は広大な未知の領域に立ち向かうこととなったのである。そして、これは神戸だけでなく日本全体が立ち向かうべき問題でもあった。

本章のまとめ

本章では、被災後の復興に関する研究課題を整理し、神戸における被災後の復興過程を分析する本書の研究的枠組みを提示した。本書の研究枠組みは4つの要素から成り立つ：被災以前の状況、大震災の特性、政府の動き、そしてコミュニティの対応である（**図2.2**を参照）。神戸市の復興計画とその戦略、近隣地区の再生過程に関する事例研究、経済開発などを検証していくなかで、神戸の事例を一般化するためにもこの研究枠組みは有効である。また、本章においては、神戸における被災後の復興過程とその結果を理解するための基本的な条件となる、日本の独特な都市計画の特性を示した。日本が他の国と比較して独特であるのは、市や県などの自治体がそれぞれに防災計画や災害時の対応計画を定めている点である。しかしながら、政府や自治体による被災コミュニティの再生に向けた支援はごく限られたものである。また、日本社会の文化的背景による影響も大きい。

さて、ここからは神戸市の地域的特性に着目してみよう。次章では、神戸市の地理的特徴を踏まえた被害の分析を行うともに、被災後の復興過程に影響した地域の環境や状況を検討する。では、1995年の震災以前に行われてきた神戸市の都市開発を記述し、被災後の復興計画を地域的、文化的文脈に当てはめることから議論を始めることとしよう。

第3章　神戸と阪神地震

　神戸が地震に直接襲われたというニュースは、とりわけその被害の凄惨さと同時に、神戸でさえ見舞われ得るということで、日本の至るところに多大な影響を及ぼした。日本では過去1,500年の間、地震の記録が残されてきたが、そこには神戸が直接地震に襲われたという記録は無く、そのことでこの都市は地震に関しては安全であるというイメージが持たれていた。
　　　　　　──梶　秀樹UNCRD（国連地域開発センター）ディレクター

　神戸は心に訴えかけるさまざまな魅力に満ちた都市である。これらの魅力には、神戸が世界有数の港町であることや壮観な自然環境を備えていることが挙げられる。神戸は背後に六甲山系を控えている（**図3.1**を参照）。絵のように美しい街路があり、気候は比較的穏やかである。位置的には日本列島の中央部にあり、新幹線を利用して東京から約3時間半（当時の「ひかり」での所要時間／訳者注記）の行程である。1995年の地震の前、およそ550 km^{2}の神戸市域には約150万人の人々が暮らしていた（City of Kobe 1992）。この都市の港湾は地域経済の中心であるが、それは日本政府が1868年に外国に向けて開港した港であることによる（**図3.2**を参照）。商業の中心（ハブ）として、また東西の重要な文化交流の場として機能するように、神戸はその港を改善し開発してきた。このことは神戸を訪問する人々に人気のあるコスモポリタンの芳香を与え、神戸よりも古くから近くにある京都や大阪とは全く異なった雰囲気を醸し出すことになった。神戸は、外国人の歓迎に努め、国際交流の促進を図った。その結果、神戸市には、多くの外国企業の事業所だけでなく、オランダ、インドネシア、フィリピンや韓国などの領事館がある。そうした神戸の性格は、たとえばカナダアカデミーやノルウェー学校などを招致することにもつながったし、この都市を訪れる外国人は神戸に好感を持ち、そこが生活しやすい場所であるという意見の一致をみる。
　神戸港は現在でも神戸市によって運営されており、20世紀に発展を続けた

図 3.1 神戸と六甲山地
写真：神戸市役所提供

図 3.2 1870 年代の神戸
資料：神戸市立博物館所蔵の情景画

ことは、製鉄、造船、ゴム生産、機械工業など多くの港湾関連産業を都市経済の主要分野に成長させた。同様に、神戸市は多くの貿易商社や銀行を引きつけた。より近年になって、神戸は、阪神地域やそれよりも広い西日本の中心である関西地域の主要商業都市である大阪への通勤者の住宅地域を多く築き上げた。なお、関西地域には1,500万人を超える居住者がいる(Noh and Kimura 1990)[1]。

地震に先立つ20年程度の間に、神戸市の経済は工業港湾都市としての起源から成熟し、成長のペースが以前よりも緩慢になった。さらに、日本の他の都市と同様、1990年代の神戸市は高齢者の比率が高い自治体となった。たとえば、1990年データでは神戸市の総人口の11.5％が65歳以上の高齢者だったが、その5年後の地震に襲われた年における高齢者の割合は、日本社会の急激な高齢化を反映して、高齢者の比率が13.5％に上昇した(Asian Urban Information Centre of Kobe 2003)。

本章では、神戸市の歴史、そして都市開発への特殊なアプローチについて考察する。その考察は、復興過程において重要であると判断された多くの地理的不均衡を、阪神地震がいかに生み出してしまったのかについて明らかにするものである。

3.1 地震までの神戸

地理学的にみた神戸

神戸を地理学的にみることは、1995年の地震の影響を理解するうえで重要である。あらゆる分析意図や研究目的に関わって、神戸には性格の異なる3つの地域が存在する(**図3.3**を参照)。第一は、港湾および工業地域が海岸に沿って存在するが、かなり大きな2つの人工島(ポートアイランドと六甲アイランド)もこの地域に含まれる。この地域の西部では、工場と木造家屋が海岸付近で密集している。第二は、神戸の北部分に位置する六甲山系の両側で、神戸市の人口の約20％、面積では約70％を占める。南麓は高級住宅地域である。第三に、これらの間を帯状に、住宅、小工場、商業活動の混在する地域が展開するが、その長さは約30km、幅は約4kmに及ぶ(**図3.3**を参照)。地震の時、ほとんどが旧来のアーケードスタイル(商店街)である地元近隣ショッピングセンターを含み、中央部の一角に展開するブルーカラーが多い工場地帯の西部で、多くの

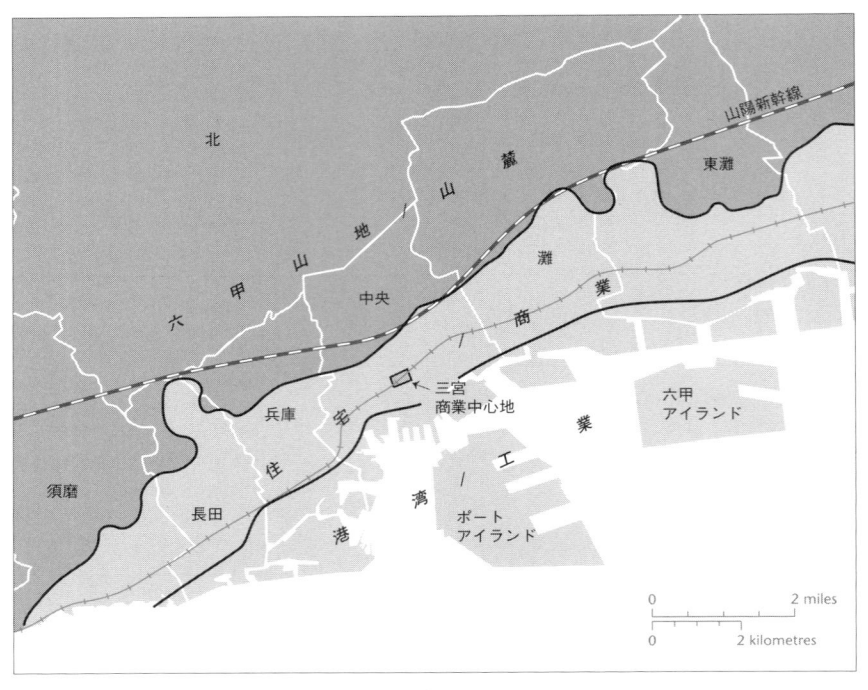

図3.3 神戸市における産業港湾地域、住宅・商業地域、六甲山地域の分布
資料：神戸市の用途地域図に基づき著者作成

人々が暮らし働いていた。ここ、市内西部に位置する長田区(既出の**図1.1**を参照)では、ケミカルシューズ(合成ゴム靴)を作る小規模工場が、著名な地場産業へ発展していた。第二次世界大戦の終結から間もない頃、この産業は多くの朝鮮半島生まれの人々や彼らの子孫を雇用した(Kim 1995)。他方、神戸市の東部は、勤労の場が少ない住宅地として開発された芦屋市(**図1.1**を参照)に隣接して、ホワイトカラーを主とする郊外にある。市内東端の住宅から、多くの人々が近隣の大阪にあるオフィスでの仕事に通勤する。さらにこの地区は、市内西部にある土地利用が混在した郊外とは全く異なる環境を呈し、そこでは総合大学や単科大学が散在している(City of Kobe 1992)[2]。

神戸の地方自治体システム

　日本の地方自治体システムのもとで、神戸市は9つの行政区を擁している（**図1.1**を参照）。神戸市は、日本の47都道府県（県は、市町村を統括する地方自治体）のうちの一つである兵庫県の中心的な地位を占めている。1956年、神戸市は「指定都市」（政令指定都市）として特別な地位を得た。政令指定都市になったことで、神戸市には自らを含む兵庫県と同じ政治的立場と行政責任が与えられた。したがって、神戸の市長は東京の政府に対して直接対話ができる権限を持っており、日本のより小さな地方自治体の首長と異なり、神戸市長は兵庫県知事を通じて政府とやり取りする必要はないことになる。神戸市は指定都市なので、その行政当局は、政策、計画や資金調整について、それぞれの所轄省庁と直接交渉することができる。実例を示すと神戸市の都市再開発局は、資金調達や諸規制の管理について、国土交通省（2001年までは建設省と呼ばれた）に直結している。それにもかかわらず、神戸市は全体として兵庫県の社会・経済構造に埋め込まれているため、その開発政策を兵庫県の方針にしたがって実施するよう求められる。しかし兵庫県知事（地震の時の知事は1986年から2001年まで在任した貝原俊民）は、神戸市に指図をしないし、神戸市が兵庫県内で最大の自治体であることもあり神戸市を無視することもできない（CLAIR 2004を参照）。

初期の計画

　1995年の地震の前に神戸市とその周辺地域は、晩夏から秋に日本を襲う台風のような、より小さいながら顕著な災害を既に多く経験していた。とりわけ阪神地域は、神戸、芦屋や西宮（六甲山系と大阪湾の間の細長い地域一帯）の各都市が集中豪雨の後に地すべりを発生させた1938年に、重大な洪水に苦しんだと判断できる。神戸の建物の約70％は、その時に被害を受けた（Koshizawa 1995）。神戸市当局は包括的な復興計画を作成し、兵庫県と歩調を合わせてそれを実行するための支援を政府に対して活発に陳情した。しかし、国はそのとき戦時下にあり、神戸市とその郊外を再建するために捻出できる資金がほとんど無かった。事実、その際に政府が率先して実施した唯一の事業は、六甲山系から大阪湾に注ぐ河川の改良をごく一部で実施することだった。一方は大阪湾

岸を通り、他方は山麓を通る東西方向の2本の幹線道路(幅員16 m)、および北部の山岳部を通過する都市バイパスの計画は、新しい中央公園を作る計画とともに提案されたが、相応の資金が無いとの理由で延期された。

　第二次世界大戦が終わった1945年、神戸、芦屋と西宮の大部分がアメリカの空襲によって破壊されていた。それゆえに、これらの都市は、再び自らの関心を復興計画に向けた。1946年3月、神戸市は、戦後の復旧と改善のための最初の長期的マスタープランを公表した。その最初の計画には、新しい通りと公園の計画や緑化計画と同時に、2,100 ha(その当時の都市化された地域の約70％)におよぶ地区の不規則な所有地境界線を合理化する事業が含まれていた。都市計画家たちは、これらの事業へ従来の都市計画(区画整理)の手法を適用したと思われる。結局、国と地方自治体は、大阪と神戸を結ぶ3本の東西幹線道路を完成させ、加えて多くの都市公園を拡張したり造成したりした。幅70 mにおよぶ2本の緑地帯は、災害の際に洪水と火災を同時に阻止するとともに、都市の環境を改善するもので、2 kmの間隔を空けて北から南へ、山から海へと川沿いに築かれた。幅100 mの壮大な大通りは、緑地帯と同じ目的で新生田川と都賀川の間の市街地のために提案された。しかし、これらの事業は、再び政府資金の不足のため、1950年代に中止された(Koshizawa 1995)。その結果、1940年代に爆撃を免れたインナーシティ地区は、緊縮財政策とアメリカ占領軍が最初に課した公共支出への制限の犠牲となった。なお、アメリカの占領軍は、1951年まで日本に駐留した(Hein 2003; Ishida 2003)。

　1960年代の神戸市における区画整理は、東部の行政区(中央、灘、そして東灘の各区)内の郊外的地域の街路と同様、三宮の中心業務地域の多くについても再編成した。この当時の神戸市の都市計画は、古い木造家屋が狭苦しく密集した神戸市西部にあるインナーエリアの行政区が火災に弱いと判断した。長田区と兵庫区の一部では、地域コミュニティが相互に、あるいは神戸市の都市計画家たちと協力することができなかったため、神戸市はこれらの地域の区画整理計画を諦めた(Nishikawa and Murahashi 1999)。図3.4は、1945年以来、神戸市において改善を指定された地域を示したものである。ここでは、戦災を受けた地区、極度の人口集中や急激な経済成長ゆえに再編成を必要とする街区であると神戸市が推測した地区が優先的に指定されている。これらの地域は、神戸

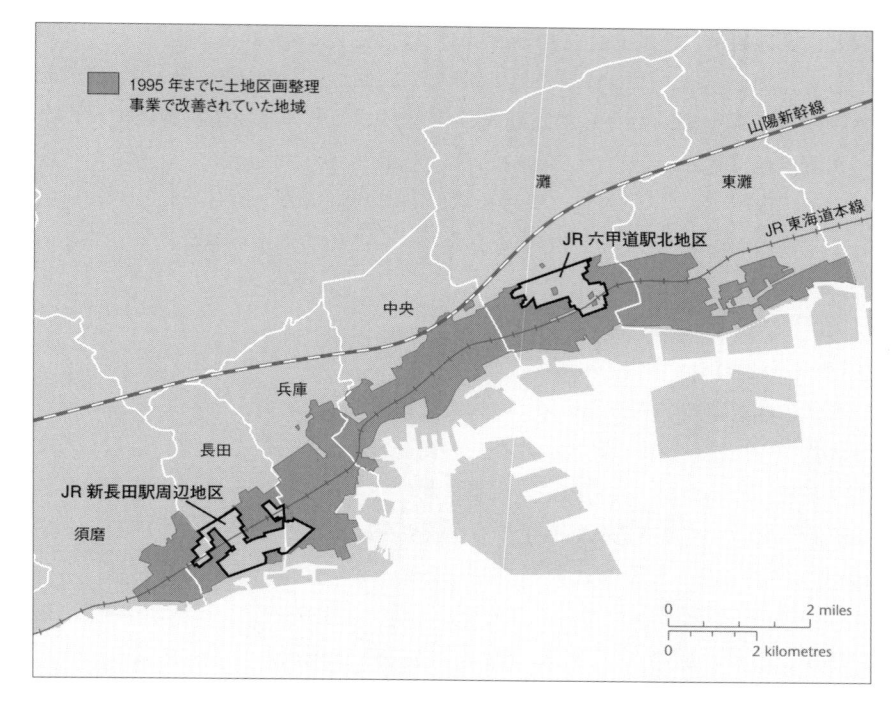

図3.4　地震に先立って神戸市で改善が指示されていた地域
資料：神戸市作成の計画図を一部改変

市の大部分をカバーしている。長田区のJR（当時は国鉄／訳者注記）新長田駅周辺地域（同様に神戸市東部のJR［当時は国鉄／訳者注記］六甲道駅北地区）は、あらゆる改善計画の欠如が明らかだった。

　戦後の災害緩和の点からすれば、全ての計画の意図や目的における主な関心事は、台風が引き金となって起きた氾濫と地すべりの可能性だった。

　それに比べれば、神戸市は、古く狭い街路からなる市内西部の長田区や兵庫区の改善への必要性に優先度をほとんど置かなかった。両区は、平屋や2階建てのブルーカラー労働者が暮らす住宅の集中、そして狭隘な街路によって特徴づけられたが、それは地震の時まで残っていた。狭隘な街路の多くは、幅がちょうど4mで、電柱やテレビアンテナでさらに矮小になるため、消防自動車や他の緊急車両の進入が妨害される。こうした状況が、1995年1月の阪神地

震と火災の結果、壊滅的な被害を呼んでしまうことになる。

　さらに神戸市は、国際貿易の急拡張時代における港湾施設の陳腐さと同様、地理学的にみた制約の一般的な問題、すなわち工業の発達を視野に入れた際の工業用地不足に着目した(Kobe Ports and Harbors Office 2005)。1970年代と1980年代の安定成長期の間、自らの都市計画と開発の点から、むしろ神戸市はより創造的な都市としての評判を確立した。この特別な立場は、全く異なる2つの次元を持っていた。

「株式会社神戸」

　まず、頻繁に用いられている「株式会社神戸」(Kobe Inc.)という言葉に反映されるように、神戸市は精力的な公共の開発者となった。これは、もちろん陳腐な表現であったが、経済成長の促進に向けて官民一体となってまい進する様子を特徴付けた「日本株式会社」という表現を援用したものである(Ishinomori 1988)。神戸市も、また官民両部門の力を組み合わせた。市街地開発は日本の戦後の経済の高度成長期中に進歩した。しかし、1970年代の終わりまでに神戸市は、港湾周辺の「煙突産業」(製鉄と造船)が成長周期を終えたこと、神戸市の経済の将来展望は再考が必要なことに気付いた。地震前の15年ほどの間に、神戸市はそのイメージを工業港から「アーバンリゾート」に向けて変えていく歩みをとったが、これには日本の他の都市からの観光客を市内の歴史的建造物や魅力的な施設へ惹き付けるための取り組みへの着手を含んでいた。さらに、それは消費とサービスを指向する新しい産業(たとえばファッションや会議ビジネスなどの産業)への経済の再構成を伴った。この戦略は、重工業や小規模工業に長らく依存した日本の都市では特殊なものと映った(Fujimori 1980)。

　それと同じ頃、長らく神戸市長を務めた宮崎辰雄(在任期間：1969-89年)の体制は、港湾設備を拡張し、加えて新しい民間部門による開発のためのスペースを創出するためにベイサイド開発計画と六甲山系の新工業団地を含む多くの大規模計画を実施した。この全ての中で最初に完成したのが、ポートアイランドだった(図3.5を参照)だった。これは、高層住宅、商業区域や公共施設を含む都市基盤と広い港湾のために開発された、約480 haの人工島である。この事業は、同じ年に開催され多額の利益をもたらした「ポートピア」と呼ばれる万

3.1　地震までの神戸　　　　　　　　　　　　　　　　　　　　67

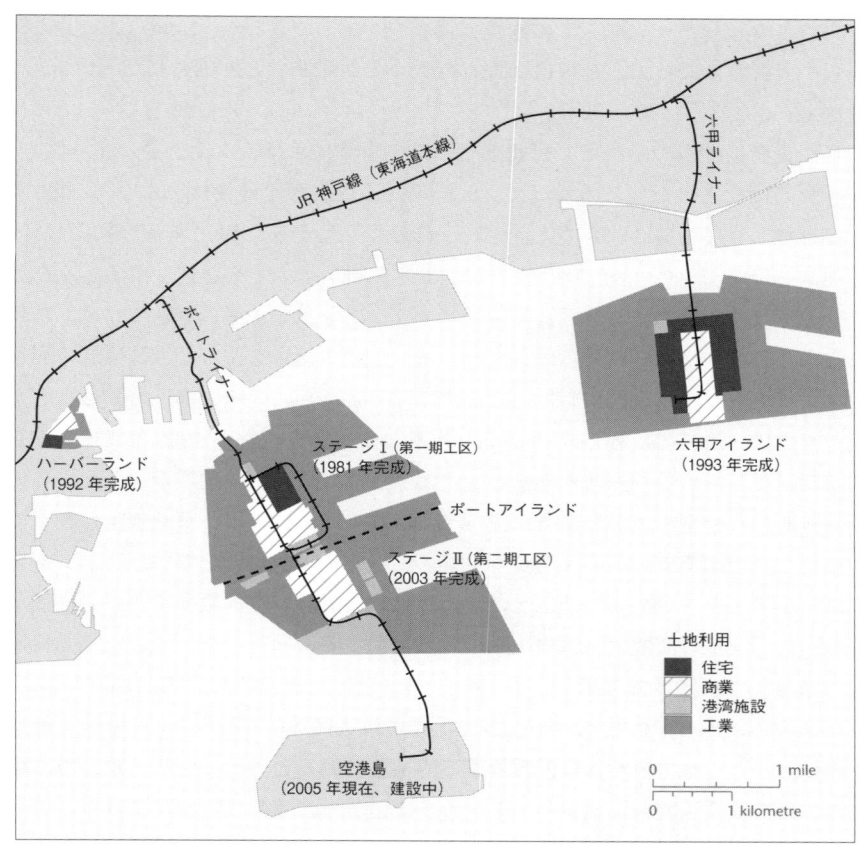

図3.5　ポートアイランド、六甲アイランド、ハーバーランドの各計画地域
資料：神戸市発行の地図とデータをもとに著者作成

国博覧会を通じて一般に知られるようになった。その後、1992〜93年に、神戸市は別の人工島である六甲アイランド(580 ha)、そしてウォーターフロント地区を再開発してハーバーランドを完成させた(**図3.5**を参照)。これらの場所を開発する際、神戸市は大阪湾に島を造成するために、六甲山系から土砂を移動させる大規模事業を行った。ポートアイランドの第二期工区(390 ha)は1995年には未完成であり、さらに南側に人工島を築いて神戸空港を開港させるという計画はまだ作成中であった(**図3.5**を参照)。同時に、新しい産業・住宅地区が、

内陸とウォーターフロントの両方に造成中であった（City of Kobe 1992）。これらの大計画によって、神戸市は日本有数の公的開発者と評価された（Miyamoto 1996a）。

　株式会社神戸の手法は、民間部門の都市事業における土地需要が続く限り、財政的に成功した。この状況は、戦後の経済成長や土地投機によって 1980 年代の終わりまで確かに存在した（Wood 1992）。しかし、1990 年代の初頭以降、加熱した経済（バブル経済）は地域レベルでも国レベルでも急速な冷え込みをみせ、それが六甲アイランドとポートアイランドを激しく襲った。これは、神戸市がこれらの事業を成し遂げるため、主にドイツ通貨を使った外国債券の発行によって自己資本を拡張していった点で、ことさらに問題であった。こうしたやり方は、為替のため 1980 年代には有利に働いたが、円が 1990 年代に安定した時、これらの負債返済が高額なものとなった。さらに、地震が起こるまでの数年間で、地価の下落と同時に進行した日本の景気後退は、公的資本の投下で整えられた開発計画への民間資本投資の促進を一層困難にしていた。それゆえ、ポートアイランドの第二期工区の多くは、地震の時、事前販売でまだ売れ残っていた。同様の問題は、六甲山系の北に展開するニュータウンにおいて神戸市が開発した住宅地でも生じ、多くの住宅が売れ残っていた。Hirayama（2000）によると、地方債償還割合が当該自治体の歳入の 20 ％を超過する場合、日本のほとんどの地方自治体は財政危機に直面しているとされている。神戸市の場合、地方債償還割合は地震の 1 年前に既に 22.5 ％に達していた。これが、神戸市の 1995 年の震災への反応に影響を及ぼすことになった。つまり、神戸市は財政の保全を渇望し、そして復興に向けての政府補助金を要求することになる（第 4 章を参照）。

「まちづくり」の初期の試み

　創造的な計画家としての神戸市に関する別のイメージは、市民参加を重んじることにある。これはしばしば「神戸システム」あるいは「神戸方式」と呼ばれたが、それは市民との協調が技術立国「日本」の例外的なものに映るからである（Kodama 1996）。この手法は、神戸市が市民の声を聞くために、1970 年代初頭に始めた実験である。これらは「市長への手紙」や「市民の提案」を含んでい

た(City of Kobe 1992)。地区レベルでは、神戸市は「まちづくり」として知られる地域密着型の計画を主導する近隣地区を支援した。たとえば、長田区真野地区は、1970年代における過密、産業公害や都市荒廃に対する地域密着型の解決努力で名を馳せた(Evance 2002を参照)[3]。

　大部分が成功した真野地区の実験に続いて、1981年に神戸市は、地域住民が地元の環境に関わる懸案の解決に向けて先導的な役割を果たせるという、より一般的な条例を市議会で通過させた。ここでいう懸案とは、同じ街区で住宅と工業が混在する場合、環境悪化を正す場合、過密を阻止する場合などで希求されてきた課題である(Kawamura, Hirohara, and Yamashita 1996)。1990年代の初頭、真野地区は国内のどこよりも地域計画を先駆的に進めた。たとえばそれは、住宅と工場の建設、街路の幅、地区公園の配置、そして地域環境のより一般的な質の確保などに関する規則の作成であった。密集し荒廃した他のインナーシティの諸地区は、市役所の助言や指導も参考にしつつ自らの地域の再生計画を立案するようになった。その結果、神戸市は都市計画の過程で住民が積極的に関与するまちづくり協議会(市民参加型の地域計画組織)を促進する日本で最初の都市となった(Sorensen 2002)。ここで注目しておくべき点は、神戸市のまちづくり計画が、既に地震の前に都市行政と住民組織の協調関係を基盤として存在したことである。のちに筆者が第5章で論じるように、こうした地域住民グループとの協働による先行経験が、阪神地震からの復興に向けて神戸市がとった方法において、結局は決定的に働いたと判明する。

総合計画と「インナーシティ問題」

　しかし、神戸市の地震前の都市計画(とくに地域住民との協働において特殊でない日本の他都市の計画と比較して)の別の側面は、総合計画の遂行にあった。これは1970年代にスタートし、全国立法のもとで全ての地方自治体に課せられるものだった。戦後で四番目に該当する神戸市で最新の総合計画であった「マスタープラン(神戸市基本計画全訂集)」は、地震の数日前の1995年の1月早々に策定された。この総合計画は、1995年から2010年までの間に実行予定の神戸市の事業と開発計画を整理したものだった(Kawamura, Hirohara, and Yamashita 1996; 2003年5月に実施した神戸市企画調整局企画調整部総合計画課長

■ 幅員4m未満の街路　　　Ⓟ＝駐車場

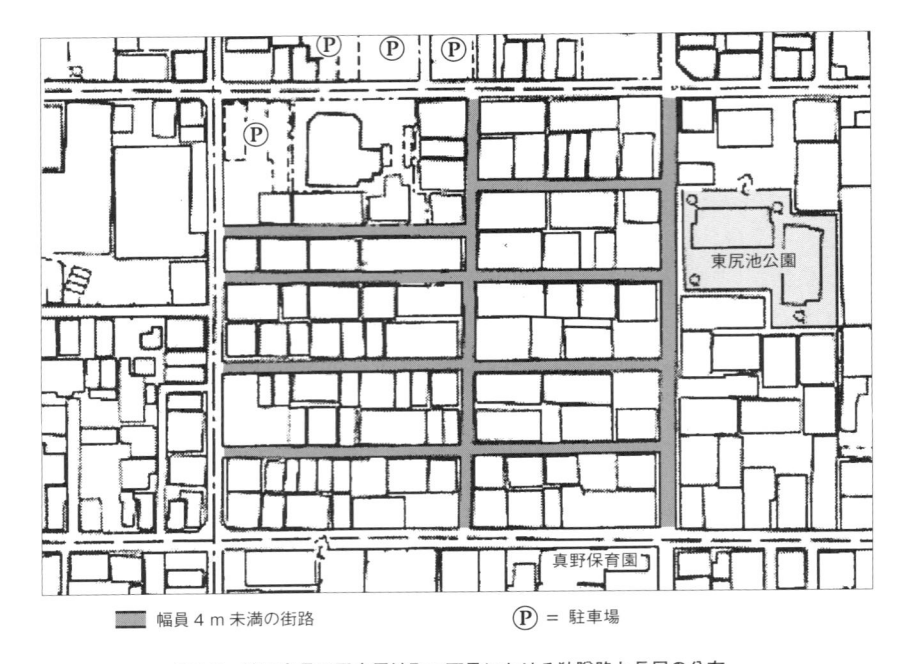

図3.6　神戸市長田区東尻池町5丁目における狭隘路と長屋の分布
資料：Kinmokusei International Project(1999)において作成された地図に基づく

の本荘雄一氏へのインタビューによる）。しかしながら、新旧のマスタープランの遂行に使われる包括的方法であったにもかかわらず、その手法は災害からの数年間に現れた数々の挑戦に対処するには不適当であると判明した。神戸市にとっての特別な問題は、1940年代における連合軍の爆撃から焼け残った、インナーシティの住宅地の数カ所における持続的な環境悪化だった。おびただしい数の老朽住宅を建替えるインナーシティ事業に欠けているのは、日本の全ての主要都市が持つ弱さであった。神戸市特有の事例としては、市域西部のインナーエリア（とりわけ長田区と兵庫区；**図1.1**を参照）の大部分が、まだ1950年代やそれ以前からの古い木造家屋の密集地域であったことを指摘できる。また既に述べたように、古い木造住宅は、消防車や他の緊急車両が進入できない僅か数メートル幅の標準未満の狭隘路に面して建ち並んでいた（**図3.6**と**図3.7**を参照）。

図 3.7 　被災した神戸市内の狭隘路
写真：神戸市役所提供

　インナーシティの環境は、1970年代以降に神戸市が垂水区、西区、北区（**図 1.1 参照**）に造成した新しい郊外行政区の環境よりも劣っていた。郊外の住宅団地は入念に計画されていて広かったため、それらは既存の中心市街地から多くの若い家族を吸引し、それがインナーシティの人口を減少させ高齢化を促した（Hirayama 2000）。1990年代までのこうした神戸の北部郊外への人口移動は、コミュニティ活力や経済的繁栄の全面的な衰微と同様に、中心地区に残留した高齢者の比率が高いことによってインナーシティの「グレー化」を決定づけた。都市計画家たちが注目した問題（ただ、ほとんどが有効に作用しなかった）には、都市の周縁地域での住宅開発地に人口移動が生じたことによって商業的投資の地域移動が生じ、インナーシティ居住者の雇用機会の減少が含まれていた。
　このことは都市内に多くの社会資本を残したが、その例として十分に活用されていないインナーシティの商店や学校があげられる（1996年7月に実施した神戸市震災復興本部総括局国際部国際課の友金宏一氏へのインタビューによる）。

表3.1 神戸市の行政区別にみた地震前の状況：人口、就業、住宅の特徴

(単位・%)

	インナーシティの行政区						郊外の行政区			全域
	西 側			東 側						
	須磨	長田	兵庫	中央	灘	東灘	垂水	北	西	
人口増減(1980〜90)*	17.2	−16.5	−6.0	0.8	−8.9	3.9	44.7	20.5	—	8.0
65歳以上人口比率	9.7	16.4	18.8	13.5	14.2	10.8	9.5	9.3	7.9	11.5
ブルーカラー就業率	24.7	34.3	28.2	20.6	2.2	22.3	24.2	23.5	26.9	25.1
賃貸住宅居住者率	5.0	16.4	18.8	13.5	10.1	6.8	5.4	3.8	3.5	6.9
賃貸住宅ストック率**	19.6	38.0	46.5	44.9	46.9	35.3	19.0	10.1	15.3	29.6
外国人人口率	2.5	6.9	1.8	7.3	2.4	1.3	1.0	0.9	0.6	2.4

注) 行政区の境界は図3.3を参照。
* 1980年時点で西区は垂水区の一部であった。
** この欄の賃貸住宅には中高層住宅が含まれない。
資料：1990年国勢調査報告

表3.1は、地震発生時で最も新しかった1990年国勢調査による神戸市内の9つの行政区における人口の概況を示したものである。この表を観察すると、この国勢調査に先立つ10年間の人口減少率の点から、インナーシティの長田区や兵庫区が1位ないしは2位を記録しており、これら2つの行政区は高齢人口比率（総人口に占める65歳以上人口の比率）、賃貸住宅居住人口率、そしてブルーカラー労働者の比率や外国人人口率（日本において特定の世代にみられる）でも1位ないしは2位になっていることが読み取れる。

神戸は多くの方法を駆使して、こうしたインナーシティ衰退の状況に歯止めをかけようとした。行政側が土地を保全することができたところでは、コミュニティ活力の修復とともに、荒廃したインナーシティ地区の更新を促進する追加手段が試みられた。新しい店舗やレストランを備えた神戸市によるハーバーランド事業は、ウォーターフロントの製鋼所や他の重工業が閉鎖された余剰跡地で実施された成功事例の一つである（**図3.5**を参照）。神戸市は、可能な限り常態的に、若い世帯がインナーエリアの住宅に転居できるようローンと補助金のシステムを駆使して、インナーエリアの住宅供給に励んだ。全般的な手法は、こうしたインナーエリアを生活しつつ働ける、より魅力的な場所にすることだった。不運にもいくつかの課題、すなわち劣悪な木造住宅、不規則な土地家屋の所有関係、狭隘な街路、そして古い工場敷地が住宅に接近していることを含む申し送りは、ほとんど解決できないようにみえた（前出の本荘氏へのインタビューによる）。

後日談になるが、神戸の都市計画家たちは恐るべき過ちを犯した。それは単純にこの地域に大地震が起こることを予想しなかったことであり、その結果として、戦後一連の総合計画は、広範囲での災害緩和、修復や復興のためのプログラムの方法をほとんど含んでいなかった。既に述べたように、1995年までに襲来した最も大きな災害は、台風とそれが引き起こした高波、小河川の氾濫、そして六甲山系からの地すべりであることがわかった。第二次世界大戦後の阪神地域におけるほとんどの災害緩和策は、治水・治山事業の促進を求めていた。すなわちそれらは、河岸や斜面に沿った私的・公的な開発計画に対する規制と監督の強化である。梶 秀樹(Kaji 1995)は、本章冒頭で引用した著作の中で、過去1,500年前後の間に日本で記録された地震のうち、直接的に神戸市を襲った地震は無く、それがすなわち「地震に対しては常に安全な都市というイメージ」を醸成したと述べた。何人かの地震学者が日本の測定値で震度7に相当する6～7階級の地震が神戸に近い場所で生じるかもしれないとの警告を出していたが、神戸市の災害準備は主に台風に対してなされた。加えて神戸市は、開発が容易な北部郊外の行政区、海岸に沿って開墾された人工島へすさまじいエネルギーを注ぎ込んだ。しかし、そのエネルギーは、工場や住宅が密集したインナーシティに対して注ぎ込まれなかった(あるいは注ぎこまれることはない)。まもなく本書で触れるように、都市の中心部に位置するそれらの地区は、地震が最も強い打撃を加えたところだった。

　上の記述は、地震に先立って神戸に存在した状況の概略を示したものである(**図2.2**の第1因子)。第二次世界大戦の焼夷弾による被害のほぼ50年後に、神戸は再び廃墟と化した自らの姿をみた。今回の災害は、戦争がもたらした破壊とは異なった、自然による完全に不規則なものだった。しかし、半世紀前の出来事に立ち返ると、神戸市は新たに再生するための絶好の機会に立っていることに気付いた。神戸を再建するために何をなさねばならないか？　どのように再建しなければならないのか？　誰がそれを再建し、そのコストはどの程度を要するのか？　更なる将来展望に復興計画を位置付けるために、新しい計画は今まさに災害の範囲やその衝撃を考慮して立案されるであろう(**図2.2**における第2因子)。より正確に記すと、本章の次節では、地震に続くいかなる事業が長期的復興に影響を及ぼしたのかについて考察する。

3.2 危機をめぐる地理的不均衡

阪神地震は、約 700 平方キロメートル(約 275 平方マイル)の広域にわたって、また約 400 万人(何千もの在留外国人を含む)に影響を及ぼした。神戸では、地震損害は約 10 兆円(1,000 億米ドル)にのぼり、およそ 10 万人を都市から追い出した。[4] しかし、少し先で述べるように、都市の物理的な配置だけでなく、神戸市とその周辺地域の社会的特性に起因して、危機を及ぼした特徴ある衝撃は被災地域の中で広域にわたり多様であった。さらに、災害が地震後いかに展開したのかを正確に反映して、震災復興の契機や挑戦の多くが形作られた。

筆者の分析は、地理的不均衡と空間的関係が、3 つの重要な側面を通じて神戸の危機に巻き込まれたことを解明する。すなわち、第一は地震が最初に与えた衝撃と自然環境との相互作用の特徴、第二は大災難に対する人類の脆弱性の空間特性、第三は復興過程そのものの特別な諸相、これらが重要な 3 側面である。

本節では、災害の衝撃の議論から始めて、上に記した筆者の主張を明確にする。続けて、国や地方自治体による初期の修復と支援努力を精査する。これは前出の Kates and Pijawka による模式図「非常時」に基づいている(**図 2.1** を参照)。筆者が用いる題材によって、1995 年 1 月 17 日の地震や火災がいかに厳しいものであったか、それによって災害の犠牲者たちがどのように生じたのかが解明される。また、この報告では、緊急避難所、住宅の新築、都市への新たな投資に関する官民両部門による均一でない震災対応を明らかにする。最後に、災害そのものに続けて、神戸市における人口損失と回復について論じる。

災害をめぐる地理学的特徴：地震と火災

まず地震は、震動が最大であった地帯が都市中心部と完全に一致した点で神戸を襲った「完全なる嵐」といえる(**図 1.1** を参照)。そして、神戸とその近郊の自然地理学的特性が、地震直後の混乱を助長した。確かに、ほとんどの建物破壊、一部損壊、生命の損失、そして災害後の住宅喪失によって引き起こされた社会的混乱は、25 × 3 キロメートルの南西から北東に伸びる「震災の帯」に沿って生じた。[5] この狭いリボン状の地帯は、神戸市内で最も都市化した地域に

一致し、市内の人口の80％が居住し、その人口密度は1km²あたり約6,800人に及んだ。周辺地域（神戸市周辺の芦屋市や西宮市、そして大阪市や京都市）も地震の影響を受けたが、破壊と犠牲者が著しかった地域は、西側の須磨区から東側の東灘区にかけてであった（**図1.1**を参照）。これらの地区は約7,000haにおよび、1995年時点で神戸市全域の13％の面積を占め、この地域では神戸市全域の約半数の人々が暮らしていた（City of Kobe 1995b）。

　神戸の地理的な特徴は、東日本と西日本とを結ぶ輸送動脈が都心部の狭い回廊を通り抜けなければならないところにある。地震が海岸と平行する地域に激しい損害をもたらしたため、多くの鉄道と高速道路の輸送手段が破壊され、地域輸送ネットワークは分断され、地域コミュニティを孤立させた。さらに具体例をあげると、東西を結ぶ阪神高速道路の崩壊は救援部隊の主な輸送動脈を奪い、救援活動を混乱に陥れた。大災害の際に、この高速道路が被災地域へ援助や物資を輸送するための主要災害対応路線として使われることになっていたからである。さらに、人工島への新交通システムと連絡橋が破壊されたため、ポートアイランドと六甲アイランドは、本土から完全に分断された。輸送手段の崩壊は、コミュニケーションや救援物質の配達を厳しく引き裂いた。すぐさま援助が必要な地震直後に結果としてそれが遅れたことは、地域住民の憤慨を増幅させた。生活必需品が行きわたらない中、生存者たちは不便さを強く感じることになった。通勤者も、買物客も、そして学生も、地震によって移動手段を完全に奪われてしまったのである（Asano 1995[6]）。

　地震とほぼ一致して数分以内に、ガス漏れのため約100箇所で火災が発生した。これらの主なものは、2階建ての木造住宅が密集した長田区、東灘区、そして市域西部の須磨区で発生した[7]。これらの地域は、まさに第二次世界大戦中に空爆を受けず、旧来の状態が残っていたところであった。これらの地域は、40年後の予期しない地震による大災害を運命付けられたかのように残存していた。また、これらの地区は、1950年代と1960年代に人口増加を経験したが、街路は拡幅されず未改良の状態のまま残された。その結果、約82haの市街地が地震直後に発生した炎に舐め尽くされた（Nagame 1995および**図1.4**を参照）。密集したインナーシティに動員できた消防車や消防士の数は、全く不適当なものであったし、地震によって水道設備は切断されており、消火栓から出せる水

は不十分だった。それ以上に、消防士と救急車の救援サービスは、厳しい交通渋滞の中で身動きがとれず、到着が著しく遅れてしまった。1月17日の天候が穏やかだったことは確かに幸運であった。仮に風が強かったなら、火災の炎は一層早く広がっていたであろう（Murakami 2005 を参照）。

非常時の段階

　地震直後の数日間、多くの懸念が国や地方自治体の危機管理業務に対して投げかけられた。さらに日本国民の土木技術に対する信頼は粉砕された。この不安は、神戸の大地震に備えた準備が明らかに不足していたこと、港湾設備だけでなく高速道路や橋を含む重要なインフラストラクチャの広範にわたる損壊であらわになった。さらに批判は、急を要する救助や回復の時期に、行政側が混乱を極めたことに向けられた。確かに、日本の犯罪組織であるヤクザが、被災者に対して食物その他の物品を届けたという点で市役所の役割を果たしたことがあった（Sato 1995 や Terry 1998 を参照）。

　しかしながら、筆者は研究の焦点を危機への即時型対応よりも災害後の長期的な復興に当てる。公的な配慮についての初期の様相はあまり意味を持たない。つまり、こうした行政側の当座の対応について考察すると、往々にして行政側の管理や災害後の復興計画を否定的に認識してしまうからである。具体的には、地域住民は、救助作業のために自衛隊（SDF＝米国国防軍に相当する）を展開させる場合、それに遅れが生じれば政府を激しく非難するであろう。地震の深刻さについての内部報告書は、東京にある政府に届くのが遅れたうえ、政府は災害の規模を大きく誤算した。事実、当時の首相（村山富市、在任期間1994〜96年）は、当初の2時間、東京の自宅におり、そこで地震に関する公式の情報を得ることはなかった（付録Aを参照）。自衛隊は、さらに4時間ものあいだ被災地に急送されることがなかったうえ、最初に派遣された隊員はわずか170人に過ぎなかった。4日目までに、約14,600人の自衛隊員が救助と救援の仕事に従事するため被災地に派遣されて、その展開は急上昇をみた（Soeya 1995）[8]。

　神戸市と兵庫県の両地方自治体もまた酷評された。その主なものは、交通渋滞を回避するための重要な緊急輸送経路についての即時指令をとらなかったこと、地震後の火災と闘うための水の不足、そして地震の被害を受けてい

ない近くの自治体から消防隊を呼ぶ素早い手立てを持っていなかったことなどである。神戸市の消防や救急の業務に携わる多く隊員自身が、様々な方面で災害の影響を受けており、数日のあいだ職務に就けなかった。地震の被害者の目には、追加的に増える死傷者は、異なるレベルの自治体間の不適切な応答や協調不全によって生じたように映った(Fukushima 1995)。国家当局の様々な努力は、対応が遅いうえに悪く同調しているとしてマスメディアから広く非難された(Nakamura 2000)。日本は地震後の初期段階で国際援助の受け入れを拒絶したが、その受け入れを単独で管理できないことを認めたくない政府による拒絶は虚栄の行為と見なされた(Nishimura and Chiba 1995)[9]。

　批評家たちは、日本のトップダウン型の政治経済や中央集権的な官僚機構によって、地域の事情を反映して有効に作用する緊急サービスや人員配置が妨げられたと主張した("Many" 1995)。たとえば、1960年代の初頭の災害関連立法によって確立された法律の下では、地方自治体は政府に緊急支援を要請しなければならなくなったが、非常事態を証明することさえできれば、簡単に緊急支援を受け取れるとされた。この過度に官僚的な過程が神戸で重大な遅れを引き起こした。つまり、倒壊家屋の瓦礫の中を素早く探索する十分な救援隊が得られていたなら、多くの生命を救うことができたかもしれない(Terry 1998)。政府自身の地震に関する研究によると、犠牲者の70％以内が1月17日の朝に生じ、その一部は国や地方自治体の反応の遅れで死に至ったとされている(Tierney and Goltz 1997)。言うまでもなく、こうした初期の大失敗は、神戸市の行政管理に対する一般の人々の信頼を失墜させることになった。[10]

　対照的に、より肯定的な文脈では、地震の被災者たちは不運に対してどのように禁欲的に対峙したのかが、大衆紙の紙面を多く飾った。破壊行為や略奪はほとんど発生しなかったうえ、地震直後から何千人ものボランティアが献身的に行動した。確かに、神戸市はNGO(すなわち民間組織、ときにはNPO、あるいは非営利組織と呼称される)やボランティアがうまく活動するには病んでいる状態だったが、多くの者が緊急事態にある神戸を助けようと自主的にやって来た。しかし、まだ被災地は彼らを迎える構造にはなかったのである(Kusachi 1995; Hamano 1995; "Three Months" 1995)。

地理学的にみた地震被災者の特徴

　災害の二番目の特徴として、被災者がどこに住んでいたのかを明らかにしなければならない。もし脆弱な人々が自身の生活領域にいれば、地震が単なる災害に過ぎないことは自明の理である(Cannon 1994; Wisner et al. 2004)。しかも、その脆弱性は不安定さになり得る。この原理は、「危機の地理的不均衡」という主題を通して最も鮮明にできる。つまり、このことが自然地理学的・社会地理学的に極めて不同な神戸の状況をいかに反映しているかということである。もう少し具体的にみれば、地震による壊滅的な衝撃がいかに分布したのかだけでなく、災害の危険性や結果が都市内部でどのくらい不均一に現れたのかを解明しておかねばならない。したがって、いきなり生じた損害に耐えて残った住宅や他の社会基盤(たとえば一部の輸送経路や港湾)にみるように、ある地震の分析結果は、災害や危険が神戸市内では明らかに不均衡に現れたことを示している。他の多くの研究で指摘されているように、自然災害の犠牲者は政治的・経済的に恵まれない高齢者、若者、身障者、貧困層などであり、彼らに対して選択的に損害を与える傾向をもっている(Hewitt 1997)。筆者は、神戸における被災者は実質的に高齢者が多かったことを既に述べたが、高齢者は災害に襲われたときにとりわけ脆弱な存在であると特筆できる(Miyamoto 1996a, 1996bも参照)。[11]

　表3.1で行政区別に示した国勢調査データの分析は、被災者の分布をより正確に表現している。この表によると、既存市街地にあたる長田区と兵庫区(これらは地震や直後の火災によって甚大な被害を受けた)は、高齢人口比率と賃貸住宅居住人口率が市域全体の平均よりも高い傾向にあったことがわかる。たとえば、1990年の長田区では、居住者の16.4％は65歳以上の高齢者であり、兵庫区におけるその数値は18.8％であった。両者の数値は、神戸市全域の平均である11.5％より高く、郊外に位置する垂水区、北区や西区における割合をほぼ2倍した数値に達する。

　Hirayama(2000)は、神戸市の社会地理学的な特徴をより明確に述べている。彼の研究は、地震の前の時点で、神戸市の郊外在住者と市街地在住者との間に、明瞭な収入の差があったことを示している。たとえば、神戸市内の西部に位置する兵庫区の世帯の42％、長田区の39％は、年収が300万円(米ドルで3万ド

図3.8　学校への緊急避難のようす
写真：神戸市役所提供

ル)未満であったが、この数値が郊外に位置する西区では20％未満だったことと比較すれば著しく高い比率である。さらに、インナーシティ在住の多くの高齢者の支払い家賃は大変安く、そうした彼らが住宅損壊によって非常に大きな被害を受けることになった。またHirayamaによると、地震の被災者である60歳以上の人々は、家賃月額が20,000円から30,000円(米ドルで200ドルから300ドル)くらいの安い家賃の木造アパートや長屋で暮らす傾向にあったと報告している。要するに、地震によって追い出された者の多くは、神戸市の西部に位置するインナーシティの低家賃で荒廃した住宅で暮らす高齢者(年寄り)であった。まさに地震の顕著な特徴の一つは脆弱性の不均衡な分布だった。後に議論するように、長田区や他の西部に位置する行政区に住む著しい数の年老いた被災者たちは、低家賃の公営住宅を作ることや個々人の居住の復興に向けた基金を創設するなど、神戸市に何とかして特別なサービスを提供してほしいと求めた。また、地震によって立ち退きを余儀なくされ衝撃を受けた高齢者のための福祉や医療支援も大切なことである。

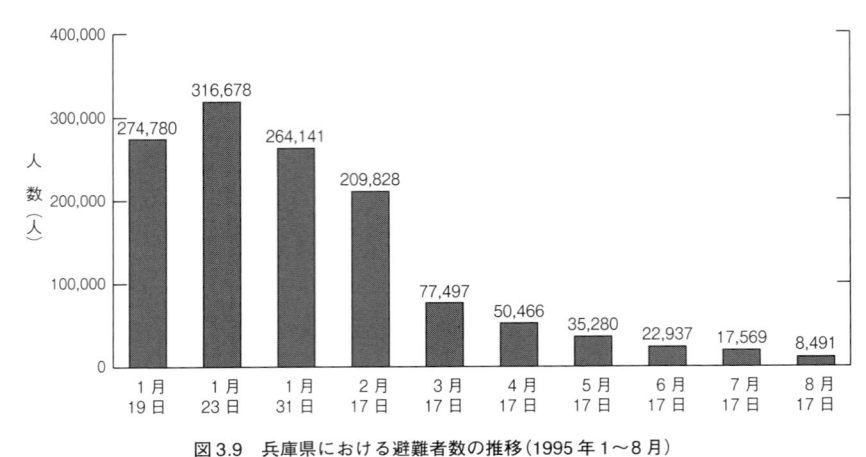

図3.9 兵庫県における避難者数の推移（1995年1〜8月）
資料：Hyōgo Prefecture Government（2005a）

　生存者は、地震のあとの数時間以内に公立学校、市庁舎、病院、コミュニティセンター、体育館や児童公園に避難した（**図3.8**を参照）。全部で約32万人の人々が自宅を失い、安全な場所を求めて公園や学校に避難したが、そこは往々にして寒く、余震の衝撃や心配が無くなることはなかった。さらに悪いことに、広い範囲にわたって電気・ガス・水道の供給が止まり、電話線は中断され、地域の人々は飲料水が不足する中で非常に困難な状態で暮らすことを強要された（Hyōgo Prefecture 1996a）。携帯電話やインターネットはまだ普及しておらず、旧来の電話回線の損壊は、日常生活の特段に厳しい妨げとなった。

　公的に指定された100程度の緊急避難所はすぐ満杯になり、被災者達は自らが公園、緑地や駐車場に張ったテントで暮らし始めた。**図3.9**は、地震の約7日後の1月23日時点で、316,000人以上が阪神地域のいたる所で自宅から撤退せざるを得なかったことを示している。公的な避難所（**図3.10**を参照）へ移された被災者の地理的不均衡は、その大部分が神戸市内にあることで、このことを如実に示している。地震から数日後、多くの被災者が後に非難されることを承知で半壊した自宅に戻ることを決意した。自家用車など個人的な輸送手段を使える人々は、阪神地域の外側に避難するため、できるだけ早く被災地域を去った（Hay 1995a, 1995b, 1995c）。235,000人以上の避難者は、主に小中学校を活用

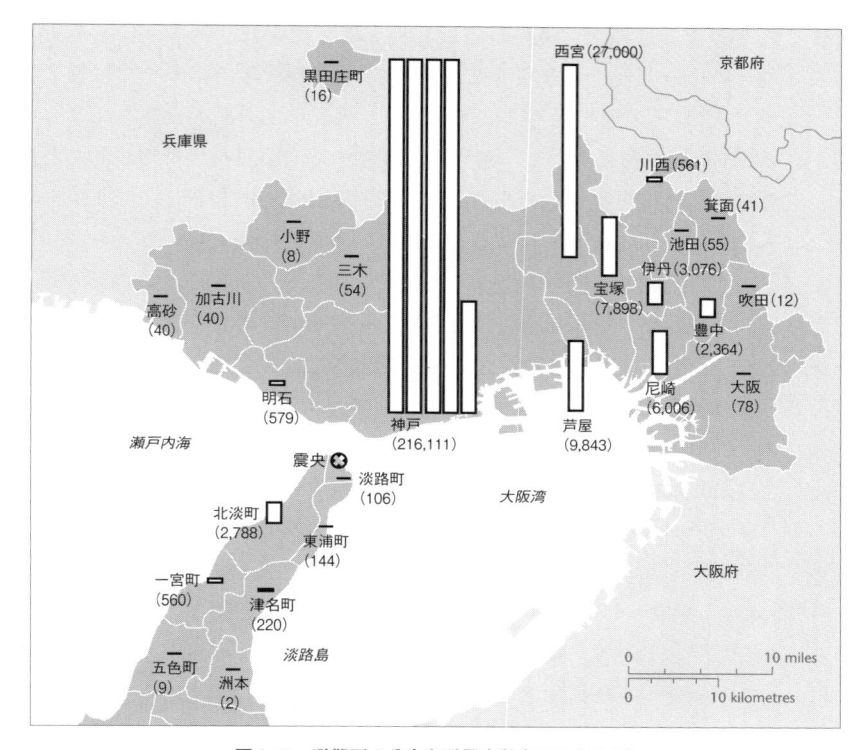

図3.10 避難所の分布と避難者数(1995年1月)
注)避難者数は毛布の枚数で計算している。
資料:神戸市が集計した統計による

した神戸市内の緊急避難所で暮らしていた。学校の校庭や公園に張られたテントの中で暮らす者もいた(**表1.1**を参照)。適切な寝具も無いまま、床や畳の上で寝食する狭苦しい状態が延々と続く避難所生活は、電気や上下水道などの命綱となる社会基盤復旧の遅れが引き起こす憂鬱や不便から精神的疲労に発展し、とくに高齢者を苦しめた。[12]

復旧プロセスと仮設住宅の地理的不均衡

　災害の三番目の特徴は、神戸における緊急的な救援、そして地震被災者用の仮設公営住宅の準備に関するものである。この期間は、KatesとPijawkaによる図における「非常時」と「回復期」の部分に相当する(**図2.1**を参照)。災害

に続く最初の数カ月の主な優先事項は、地上の瓦礫を取り除き、自宅を失った人々のために仮設住宅を建設することだった。1995年の年末までに個人住宅(これらの一部分)の建て替えは加速し、主な公営住宅計画の立案も始まった。第4章では、復旧準備について一層詳細に議論する。震災後の最初の年に、道路、港湾や社会資本を復興し再生するために国家予算16兆円(1,620億米ドル)がつぎ込まれたことは特筆に値する。これらの事業には優先権が与えられ、迅速なペースで諸施設の回復をみた。

　立ち退きを余儀なくされた地震被災者は、そうしたいのは当然のことであろうが、学校や公園に設けられた緊急避難所を去って、災害前に住み慣れた家に帰ることを切望した。しかしながら、こうした動きは、地震被害を受けたコミュニティの中に新たな住宅建設を要求することになる。このことは、言うは易く行うは難しという類のものである。最も大きな問題は2点あった。すなわち、第一は神戸で災害保険金を引き出せる者はほとんどいなかったこと、そして第二は被災者に融資と補助金を与えるための公的機関(米国FEIVIAやSBA＝中小企業庁に類似したもの)が少なくとも地震直後には適切なところに存在しなかったことである。既に指摘したように、日本の災害後の再建手法は、一般的に公的な社会資本を修繕することであり、個人は特に住宅や所得援助について自助努力で自らを回復するというものであった。したがって、政府が1995年前半にとったスタンスは、復興のためのいかなる現金援助もその分配を拒絶することだった。たとえ、地震後の大規模荒廃やすぐに生じた需要と明らかに齟齬があったにせよ、政府は現金分配の代わりに災害救助法の条件に基づいて「現物支給」(仮設住戸を意味する)を選択した。

　したがって、痛んだ家屋をすぐに修理しないといけない一方で追加収入が得られない状況に直面して、自宅を失ったものの生き残った働き盛りの人々は、住宅の修理や建て替えのための追加ローンを必要としていた。こうしたローンは、基礎的な日用品を買うための資金、さらに既存の住宅ローンを返済することの他に必要なものだった。高齢の被災者にとって、破壊された自宅を建替えるために追加資金を借りる行為は、収入がなく、そして(あるいは)担保を持たないがために、通常は論じるに足りないものだった("Kobe Seeks" 1995)。土地は所有していたが資産がほとんどなかった被災者、あるいは民間所有の賃貸住

宅で生活していた被災者の多くは、自宅を再建するどんな可能性も放棄することと、それに代わる公共企業体の居住支援に頼ることを強要された。より若くて、なおかつ（あるいは）自身の土地を所有していた生存者は、往々にして一層安全が確保されており、公共施設を必要とせず、災害後1～2年のうちに自宅を再建し始めた（前出の本荘氏へのインタビューによる）。

神戸市の市議会は、その威信にかけて、住宅再建にローンによる資金が必要な居住者への負担を認識し、少なくともローン負債を残したまま自然災害によって失われた家屋に対しては、住宅再建のために必要なローンを国家非常事態救援資金で負担するという提案をした。この訴えは、東京にある政府によって拒絶された。その理由は、納税者から徴収した金銭（税金）は、特別かつ良く理解された必要性を抜きにして、私財の復興に使えないし使うべきではないというものであった。[14] このような国家資金の事情の中、神戸市は阪神・淡路大震災復興基金（これについては後で詳述）から独自の低金利金融計画を設けた。個々の住宅所有者に加えて、とりわけ分譲マンション全体の居住者が建物の修理を決議した後、上記の独自ローンは他に修繕のための資金を得られずにいた居住者たちに届いた（"Kobe Seeks" 1995）。

しかし、政府の度量の狭いスタンスにもかかわらず、神戸の災害救済の重要な部分には、家を失った全ての人々に仮設住宅供給を行う公共企業体が含まれていた。災害救助法の下では、地震、火災やその他の災害で自宅を失った全ての人々が仮設住宅を無料で利用できるようになるだろうと長年考えられていた。[15] それゆえ神戸では、地震直後に緊急避難所に住むことを強いられた何千もの人々が、1995年のうちに仮設住宅で暮らすようになった（"Kobe 'Close'" 1995）。この仮設住宅の多くは、兵庫県や神戸市が供給した平屋建のバラック型の集合住宅だった。これら大半の集合住宅は、ちょうど2室の部屋からなり、その床面積は約26平方メートルだった（図3.11、図3.12を参照）。ごく簡単に想像できるように、これらの仮設住宅は短期間で築造されたもので、夏季には暑すぎ、梅雨時には屋根を打つ雨音が騒々しく、長期的な居住に適したものではなかった（Kanaji 2005、図3.13を参照）。

神戸の仮設住宅計画は、非常に困難で注目すべき問題であることがわかった。急いだことは批判的にみられたが、このような大規模な計画を遂行するための

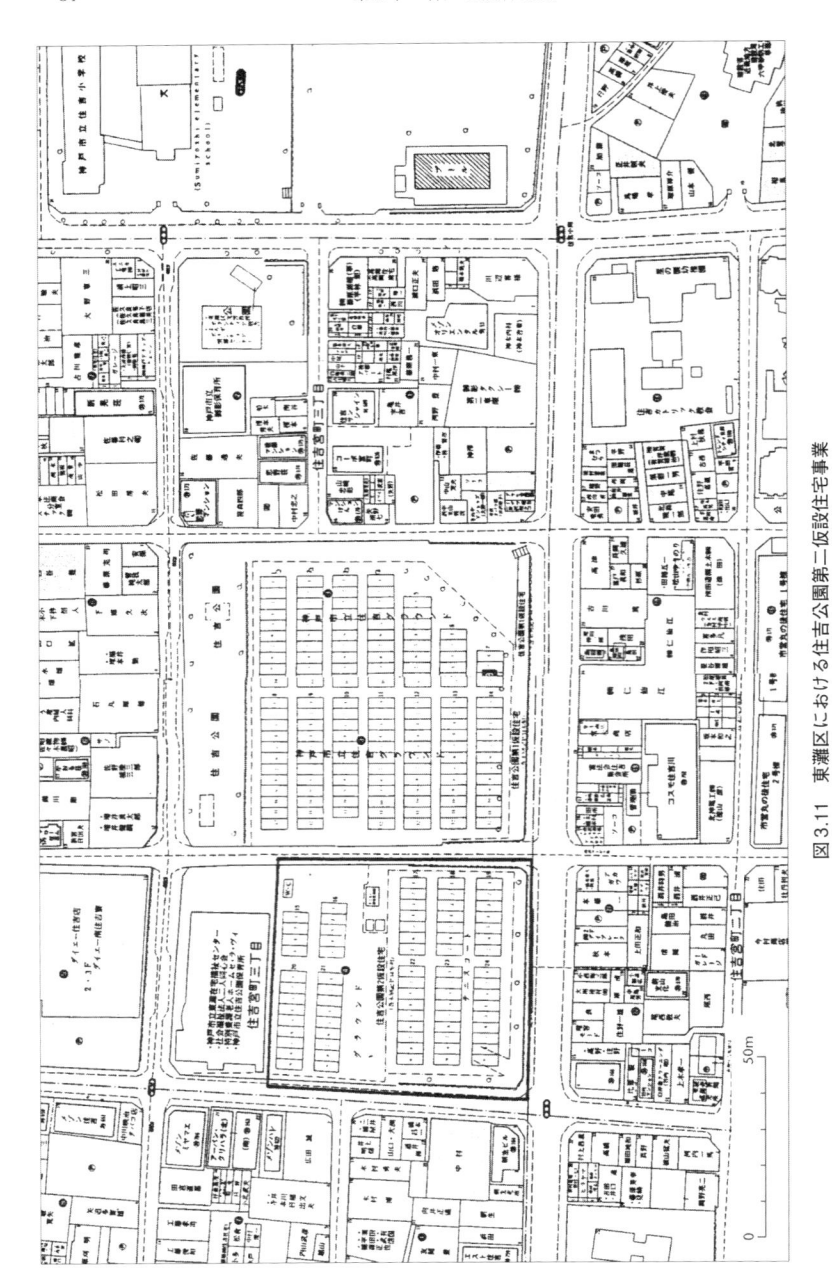

図3.11 東灘区における住吉公園第二仮設住宅事業
資料：佐々波秀彦教授から著者が得た計画図による

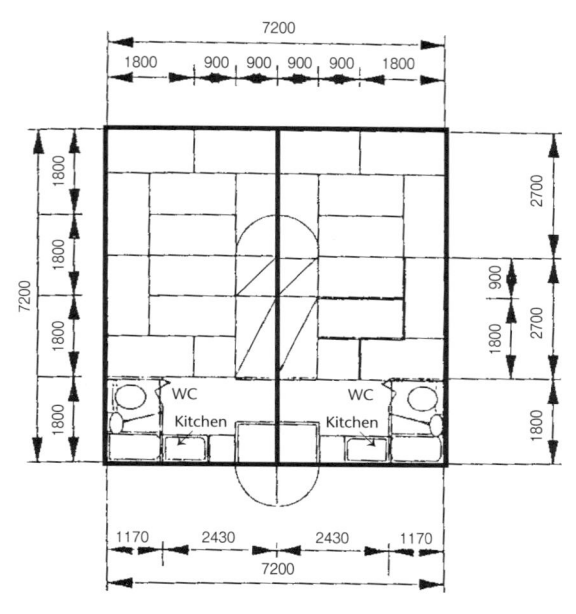

図 3.12　仮設住戸の間取り計画
注）単位はミリ。ここでは隣合って2戸の住戸が示されている。
資料：Shiozaki（1996）

図 3.13　中央区における仮設住宅
写真：神戸市役所提供

標準処理手順はなかった。仮設住宅の位置を建設適地の狭い神戸市内で検証する必要があったうえ、仮設住宅は都市難民のために輸送されて組み立てられた。阪神地域中の約149,000戸の家屋が地震によって修理では間に合わない被害を受けたため、政府は48,500戸の「仮設住宅」（被害を受けた戸数の約3分の1）を建造し管理するのに十分な資金を地方自治体に割り振ることを決定した。その準備は地震の2日後にスタートし、1995年3月末日までに、最初の30,000戸が建設された。残りは、民間の建設会社とともに国や地方自治体の協力によって8月（地震後7カ月）までに完成したが、この中には兵庫県外の1,000戸以上も含まれている（Jo 1995; Kanaji 2005）。

既定方針が欠如したまま、神戸市内の学校へ避難している被災者たちは、抽選によって仮設住宅へ転居できる機会を与えられた。さらに、仮設住宅の一部は、高齢者、無力な人々、両親を失った震災孤児などのために留保してあった（Beaumann 1998）。この割当ては公平に見えるかもしれないが、それには2つの不運な結果をもたらした。第一に、被災者の出身コミュニティにはほとんど注意が払われなかったため、多くの人々が見知らぬ人と仮設住宅で隣同士になり、これが既に確立しているコミュニティの分解に結びついた。このことは、近隣との結びつきの維持を通じた仮設住宅での支援網の「自然な」形成に反しがちであった。第二に、いくつかの仮設住宅群がほとんど単身高齢者と単身身障者で占められてしまったことである。Takagi（1996）によると、1995年の神戸市全域における高齢人口比率は約14％であったが、仮設住宅における高齢人口比率は約30％以上に達していた。この大きな計画によって、非常に多くの高齢者が仮設住宅に移動したが、その移動先は多くの場合、旧来の市街地から離れた場所であった。多くの高齢被災者たちが一種の「カルチャーショック」を受け、病気になる者や意気消沈した者もいた。仮設住宅において一時的な調停は自由であったが、一時的なコミュニティの形成は居住者と運用者の双方にとって骨が折れるものだった。こうした一時的なコミュニティにおいて、公的なカウンセリングやホームヘルパーの提供のための特別予算が講じられていなかったため、多くの問題が生じた。こうしたニーズに応えるため、NGOと同様にボランティアも、仮設住宅で暮らす人々が連帯感を促進できるように最善を尽くした（HIC 1996）。

仮設住宅プロジェクトをどこで実施するかは、特に難しい問題だった。その際立った一つの理由は、仮設住宅を建設するのに適した公有地を密集市街地から探り出すのが非常に困難だったことである。とりわけそこでは多くの地震被害が生じており、多くの人々がホームレスになってしまった。神戸市の仮設住宅は公有地に建造する必要があった。なぜなら仮設住宅が私有地に建造された場合、厳密な法解釈の下では、「私財に関わる開発のために政府の補助金を投入することは許されない」と東京の中央官庁が規定していたからである。さらに政府は、私有の土地が仮設住宅に使用されれば、(不要な段階になってから)仮設住宅を出て行くように頼んだ際、居住者が仮設住宅を出て行くことを拒めば、必ずや問題が生じるであろうことを懸念した(Kanaji 2005)。

しかし、神戸には他の日本の都市にはほとんどない誇り得るユニークな資源があった。それは、まだ開発途上にあった六甲アイランド、そして六甲山系の北側の郊外にある将来の開発のために残された公有地である(**図3.3**を参照)。これら両方の地域は、仮設住宅に利用可能な場所であったので、政府は適切な数の仮設住戸をそこで供給した。政府の政策によって、またインナーシティに近い場所に公有地が不足していたため、神戸市と兵庫県は六甲山系の北側や西側にある郊外で全体のおよそ半数におよぶ仮設住宅を供給したが、そこは電車やバスで少なくとも都心から1時間を要するところであった。これらの遠隔郊外の仮設住宅での生活は、(当時はまだ)都心への交通が貧弱であったことを含め、遠隔ゆえに大変に不便であった。仮設住宅で暮らしていた人々は、自分たちが仕事、買い物や健康に関わるサービスから隔離されているのをしばしば感じた。プレハブ住宅には、ポートアイランドや六甲アイランドに建てられたものもあれば、インナーシティの公園、そして高校の野球グラウンドのような公共空間で供給されたものもあった(HIC 1996)。

表3.2は、1995年に神戸で建設された仮設住宅の分布状況を示したものである。都市全体を通じて、その不均衡な分布が明らかである。地震によるダメージが非常に深刻であった中央部の市街地における仮設住宅の供給は、全壊または半壊した家屋のわずか4.3％にしか及ばなかった(長田区では全壊・消失家屋全体の2.2％しか準備されなかった)。例外は、都心に近い人工島である六甲アイランドとポートアイランドの空き地における仮設住宅計画だった。しかし、

表3.2 阪神地震後の神戸における仮設住宅の分布状況

行政区 (地区)	仮設住宅の 戸数(A)	崩壊または 消失戸数(B)	居住できない 住宅戸数(C)	充足率 A/B(%)	充足率 A/C(%)
インナーシティ地域					
東灘区	1,793	24,320	14,624	7.4	12.3
灘　区	986	21,571	12,942	4.6	7.6
中央区	696	18,292	11,623	3.8	6.0
兵庫区	654	16,882	10,869	3.9	6.0
長田区	647	29,144	19,821	2.2	3.3
須磨区	385	9,860	6,199	3.9	6.2
(小計)	5,161	120,069	76,078	4.4	6.9
その他の都市地域					
六甲アイランド 　(東灘区)	2,090			(16.0)	(26.6)
ポートアイランド 　(中央区)	3,100			(18.9)	(32.7)
北須磨	1,740			(21.6)	(34.3)
垂水区	2,308	1,081	1,128	213.5	204.6
(小計)	9,238	1,081	1,128	(11.9)	(18.7)
郊外地域					
北　区	5,838	457	481	1,277.5	1,213.7
西　区	8,941	545	523	1,640.6	1,709.6
(小計)	14,779	1,002	1,004	1,475.0	1,472.0
神戸市総計	29,178	122,152	78,210	23.9	37.3
神戸市外	3,168				
全体合計	32,346				

注) 行政区の境界は図3.3を参照。( )内の数値は、「その他の都市地域」の仮設住宅戸数を当該行政区(インナーシティ地域)の仮設住宅戸数に加えて全体の仮設住宅戸数を算出し、それをB欄またはC欄の数値で除して充足率(%)を導出したもの。
資料：Kuroda(2005)

　人工島に建てられた仮設住宅を含めても、中心地域における仮設住宅の準備割合は約32％にしかならなかった。さらに、神戸市のインナーエリアにおける仮設住戸の準備割合は、全壊または半壊家屋総数の総計の6.8％であった。他方、2つの郊外行政区(北区と西区)での準備割合は、これらの地域で被害を受けた家屋のほとんど1,500％に達した。確かに、これら2つの区で合算した仮設住戸の数は、7つの都心行政区の合計数を上回った。
　しかし、他方で意外なこともわかった。それは、神戸の中心から遠くに位置している非常に多くの仮設住宅のうち5,000戸近くが、1995年の年末まで入居希望者を得られず空室のままで、資源の重大な浪費が判明したことである。逆説的にみれば、地震の後の神戸には必要以上の住宅が存在したといえる。た

だ、被災者たちが多くの仮設住宅は職場から離れていると考えたため、入居希望者を集められない仮設住宅が多く生じた。こうした状況は、とりわけ神戸市のインナーシティに位置する商店主やケミカルシューズ工場の経営者、中小零細企業の一般職員に当てはまった。事実、市民と行政側のコミュニケーションで断絶があった。つまり、仮設住宅をどのあたりで優先的に供給するか、あるいは市民が仮設住宅についてどう考えているのかについては、当局はほとんど認識しないまま仮設住宅の建設を進め、不便な場所に仮設住宅を建設した。位置の遠隔性、そして交通利便性の欠如のため、遠隔地の仮設住宅は都心へ通勤して仕事をする者にとっては厳しい住環境だった。かくして地震による経済的な影響が大きくなった。こうした事情から、多くの生存者たちは、強制的に移動させられるまで、地震後の年内いっぱいにわたって都市公園や緊急避難所にとどまることを選択した。("Down" 1995; Nakamura 1995a; "Kobe Seeks" 1995; *Yomiuri Shimbun* 1996; Murakami 2000a)。

　仮設住宅計画のさらに深刻な問題は、この事業で何人もの高齢者が受けた極端な孤独であった。「高齢者や身障者のように弱い人々に対しては可能な限り早期の救援が必要である」という論理は、こうした極限状況では公正なものと思われた。しかし、実際のところ、損害を受けた生存者は、往々にして復興の槌音がやまない市街地から都市の外縁部にあたる郊外地区への移動を余儀なくされた。それは彼らが従来受けてきた支援の源から離されてしまうことを意味した。神戸市の中心部から離れて北部の北区に位置する、おびただしい数の大規模な仮設住宅群は、居住者が地域コミュニティの感覚を育むには難しい環境だった。たとえば、兵庫県は郊外の16カ所で約4,400戸を建設し、さらに都心から離れた場所に1,000戸の仮設住宅を建てた(Kuroda 2005)。高齢者が友達や家族との交流を楽しめた長田区や須磨区の近隣地区は、ものの見事に粉砕されてしまった。困難な状況下で多数の者を生活させることになり、より貧困な人々が孤立させられてしまった。1995年の年末までに、200人を超える65歳以上の独居高齢者が、彼らが暮らしていた仮設住宅で死んでいるのを発見された。病気、栄養失調や自殺によって死に絶えて長いあいだ発見されなかった人々の死を指して、後に「孤独死」という用語が作られた(Karasaki 1995; Kadoya 2005)[16]。

表3.3 兵庫県内の仮設住宅で生活する被災者の諸属性（1996年）

項　目	構成比(%)、全体を100％とする
年齢と性別	70歳以上：19.3％、60〜70歳：22.7％、65歳以上で独居の者：21.4％、男性：44.9％、女性：50.8％、性別未回答：5.2％
世帯年収	100万円未満：29.3％、100〜200万円：23.1％、200〜300万円：17.2％、300〜600万円：18.2％、600万円以上：6.9％、未回答：8.3％
主な収入源	年金：36.9％、給与：33.6％、自営：6.2％、生活保護：3.4％、その他・未回答：19.8％
地震前の住宅	自己保有：27.4％、民営借家：45.0％、公営借家：9.5％、その他・未回答：18.1％
地震前の月額家賃	2万円未満：16.1％、2〜3万円：23.9％、3〜4万円：15.9％、4〜7万円：16.4％、7万円以上：3.6％、未回答：24.1％
仮設住宅からの転出予定	転出計画あり：7.1％、転出計画無し：92.9％
恒久的な住宅の希望	公営借家：68.3％、持ち家：16.3％、その他・未回答：15.4％

注）調査は1996年2〜3月に実施。調査対象：42,668世帯、回答率：37.1％
資料："Bleak..."(1996)

　こうした仮設住宅が建設された後、コミュニティスペースと支援サービスを提供する施策が講じられることもあった。1997年には、高齢者がグループでの余暇や社会活動を楽しめるコミュニティスペースだけでなくエアコンも提供するための特別予算が組まれた（筆者が1997年6月に東灘区の住吉公園第二仮設住宅を訪問した際のフィールドノートによる）。

　仮設住宅群で多くの問題点が明るみになったにもかかわらず、1年を経た時点で、より良い住宅、より恒久的な住宅に移る見通しを持っている避難民がほとんどいないことがわかった。兵庫県は、1996年に神戸市内外の仮設住宅で暮らす42,000世帯以上の家族を対象にした分析結果を公表しているが、それによると全世帯の70％の年収が300万円（3万米ドル）に満たず、60％以上の世帯主が65歳以上の高齢者で、半数以上の世帯主が独居者であることがわかる（表3.3を参照）。そのような寒々しい情勢に直面して、国や地方自治体は、長期助成金によって大量の公営住宅を供給する他に取るべき戦略がなかった。[17]

　1970年に施行された建築基準法の下で、神戸の仮設住宅での居住は2年間に限られ、それ以降の被災者は、より恒久的な住宅へ移動することを期待され

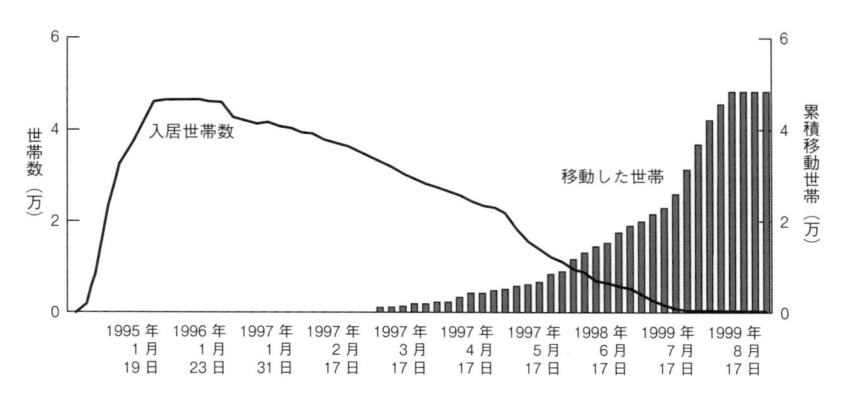

3.2 危機をめぐる地理的不均衡　　　91

図3.14　兵庫県における仮設住宅から恒久的な公営住宅への移動（1995〜1999年）
資料：Hyōgo Prefecture Government（2005a）

た。恒久的な住宅への移動とは、自らの資金で建て替えた住宅もしくは公営住宅に転居することである。しかし、長期的な公営住宅計画の立案が遅れたことにより、かつて家賃の安いアパートで暮らしていた貧しく年老いた人々は、その後3〜4年にわたって仮設住宅での生活を強要された。公営住宅プログラムは、建設適地の安全を確保することの難しさのために期待されていたよりもはるかに遅れて始まった。その建設が実質的に進むまで仮設住宅にいる多くの人々は、他に暮らす場所のあてが無かった。なぜなら、彼ら（の多く）は無収入で、仮設住宅は家賃が不要だったからである。1997年の後半、仮設住宅で暮らしていた多くの人々が新築された公営住宅や他の場所へ移動し始めた。しかし、多くの仮設住宅が取り壊されたり再移動した1998年から1999年にかけての年末年始でさえ、仮設住宅で暮らしていた生存者たちは、彼らに提示された一層恒久的な公営住宅の不適切さに気付いていたため、自発的に仮設住宅を去らないケースが多発した。彼らが入居できる住宅は六甲山系の北、はるか離れた場所にあったため、そこへ移動することを拒んだのである。つまるところ、公営住宅への入居が可能になった時、多くの被災者が仮設住宅を去ることを強いられた（Johnston 2000a）。

図3.14は仮設住宅から恒久的な公営住宅への移動を示している。この図は、実際、多くの人々が災害の数年後まで、まだ仮設住宅に住んでいたことを明示している。およそ半分の生存者世帯（約23,000世帯、もしくは平均世帯人員数か

ら概算して約60,000人)が、震災の3年後にあたる1998年前半、まだ標準以下の仮設住宅に住んでいた。神戸にあった最後の仮設住宅は、地震から5年後の2000年にようやく解体された(付録Aを参照)[18]。仮設住宅で暮らす人々の比率が低下したことで、仮設住宅に残っている人々を移動させることは問題であるとわかった。神戸市は仮設住宅の空室が増え、居住者がいなくなった仮設住宅群を閉鎖するとともに、仮設住宅団地を統合するために居住者を移動させ始めた。仮設コミュニティを一層強固にしていくことで高齢者を支援するような、強い社会的結合の形成に成功した仮設住宅群の居住者は、その発展的刷新を期待した。しかし結局、神戸市や他の公共住宅機関が建設した恒久的な公営団地に生存者を割り付けるために、再び抽選システムが用いられた。その結果、仮設住宅でようやく構築されたコミュニティも、行政側の抽選システムの気まぐれによって再び分裂してしまった(Watanabe 2001)。

移転型復興と公営住宅の地理的不均衡

災害の四番目の特徴として、より恒久的な公営住宅や持ち家の配置があげられる。これは、KatesとPijawka(1977)による図(図2.1を参照)では「復旧期」過程において生じる。1995年における仮設住宅供給に続いて、政府は、神戸市が1995～1997年度をカバーするように作成した「震災復興住宅整備3カ年計画」への資金提供に合意した。この計画は、地震によって失われた約82,000戸の住宅を建替えて、神戸市や兵庫県内のいたるところに恒久的な新しい住宅を建設していこうとするものである。公的資金補助を伴う私的賃貸住宅市場によって約8,200戸の住宅供給が決定され、総数の半分以上は様々な公的住宅機関によって直接提供されることになっていた。結局、この全ての目標水準が1998年3月までに達成された。皮肉にも初期計画の目標をはるかに超過して12万戸以上の新しい住宅が緊急3カ年計画の終了時までに建てられたのである。2005年までに建設された新しい住宅の累積数は、222,000戸以上と見積もられた(City of Kobe 2005b)。低家賃住宅が全体の約56％におよぶ、こうした高層共同住宅の形態をとる新しい住宅のほとんど全てが、住宅供給公社と民間部門の開発業者によるものだった(表3.4を参照)[19]。

地震の後の神戸市における新設住宅着工件数を表現した図3.15は、地震前

表3.4 阪神地震後の兵庫県における住宅再建のための3カ年計画

(a) 1995年の原初計画

住宅の種類	戸数
公営	10,000
神戸市営	7,500
兵庫県営	2,500
民営賃貸住宅	10,500 [1]
神戸市内	7,500
神戸市を除く兵庫県内	3,000
再開発事業で供給された住宅	4,000
公的な事業体が建設した住宅	15,900
住宅・都市整備公団	12,900
神戸市住宅供給公社	2,000
兵庫県住宅供給公社	1,000
持ち家	31,600 [2]
合計	72,000

(b) 1996年の修正計画

新規に打ち出された案	戸数	神戸市内の戸数
公営住宅	16,000	10,500
上質な民営賃貸住宅	6,900	5,700
再開発関連の住宅	4,000	
準公営住宅	13,500	
（住宅・都市整備公団、		
神戸市住宅供給公社）		
持ち家	31,600 [3]	
合計	72,000	

注1) 神戸市による家賃補助あり．
　2) うち4,600戸には公的な建築資金補助あり．
　3) うち4,600個には公的な建築資金補助あり．
(a) の資料：Takagi(1996)
(b) の資料：City of Kobe(2003a)

の数年と比較して、1995〜1997年における新設住宅着工件数がほぼ3倍に増加したことを示している。データを観察すると、ほぼ半分以上におよぶ物件が賃貸住宅で、その大半が公的部門または民間部門のいずれかによって建設された共同住宅であることがわかる。**図3.16**は、神戸市、特に東灘区、灘区そして中央区から東の行政区で、ほとんどの新しい住宅ストックが造られたことを明示している。この図の中では示していないが、居住地として人気のある東の行政区で供給された新しい住宅の多くは、公営住宅ではなく民間ディベロッパー（行政の補助金が投入されることもあった）によって開発された。

　全体的にみて、東灘区のような東の行政区であり余る新築住宅ストックと西

94　第3章　神戸と阪神地震

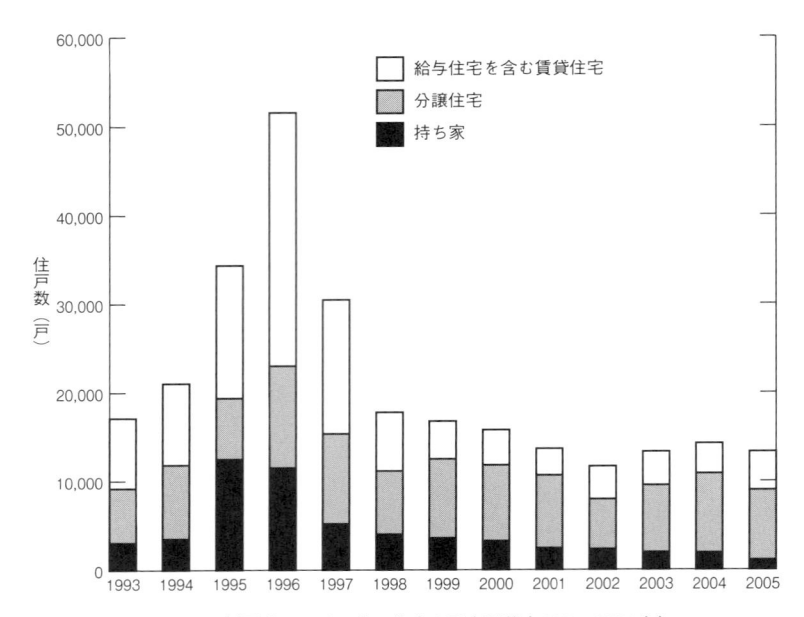

図3.15　神戸市における着工住宅の所有形態（1993〜2005年）
資料：City of Kobe（2005b）、City of Kobe（2006）

　の長田区で相対的に不足した新築住宅ストックとの間には、著しい需給ミスマッチがある（図1.8を参照）。この迅速な再建をみる期間の後に、神戸市における年ごとの新築住宅数は、地震前の平時の水準まで回復した。すなわち、地震によって破壊された住宅の大半は2000年までに建替えられた（図3.15および図3.16を参照）（City of Kobe 2005b）。

　公営住宅計画の位置を示した図3.17によると、その多くは西区、垂水区や北区のような外部の郊外に位置したことがわかる（図3.18に示した郊外公共住宅団地の写真も参照）。仮設住宅の場合がそうだったように、行政側の公営住宅プログラムは貧弱なものとして受け止められた。事業の開始が遅れたことに加えて、これら新しく恒久的な公営住宅群の地理的な配置が特に問題だった。仮設住宅計画（の仕上げ段階としての公営住宅建設）において、その建設場所についての深刻な需給ミスマッチがあった。それは、神戸市、兵庫県や住宅・都市整備公団（HUD）が公営・公団住宅の建設場所を六甲山系の外側の郊外地域や湾

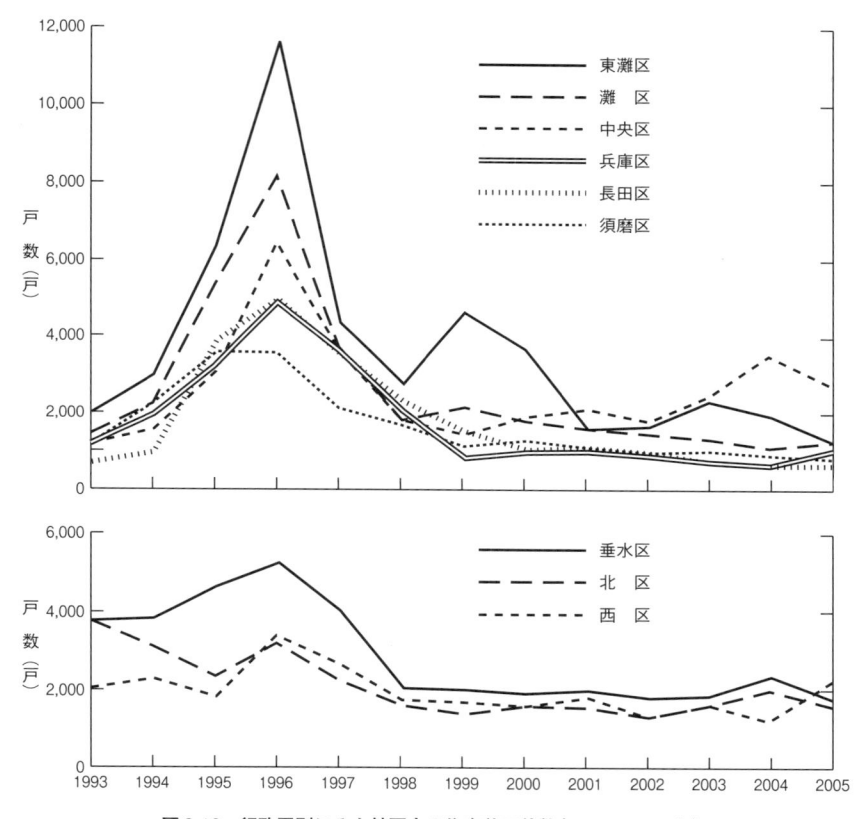

図 3.16　行政区別にみた神戸市の住宅着工件数（1993〜2005年）
資料：City of Kobe（2005a）、City of Kobe（2006）

岸埋立地に設定したためである。他方、仮設住宅で暮らしている被災者たちは、主に古くからのインナーシティでの生活再建を希望していた（Hirayama 2000）。神戸市は、1995年から1999年の間にまだ仮設住宅で暮らしていた被災者たちに、もし公的な住宅補助が必要ならば六甲山系地域もしくは湾岸の新開発地域に移動する必要があること、つまり従前の居住地である長田区や都心行政区へは戻ることができないと多くの被災者に伝えた（"Kobe's Recovery" 2000）。

表 3.5は、1998年までに神戸市で建設された公営住宅の地理的不均衡を示すことで、被災者の要求が生じた背景に迫るものである。この表によると、神戸

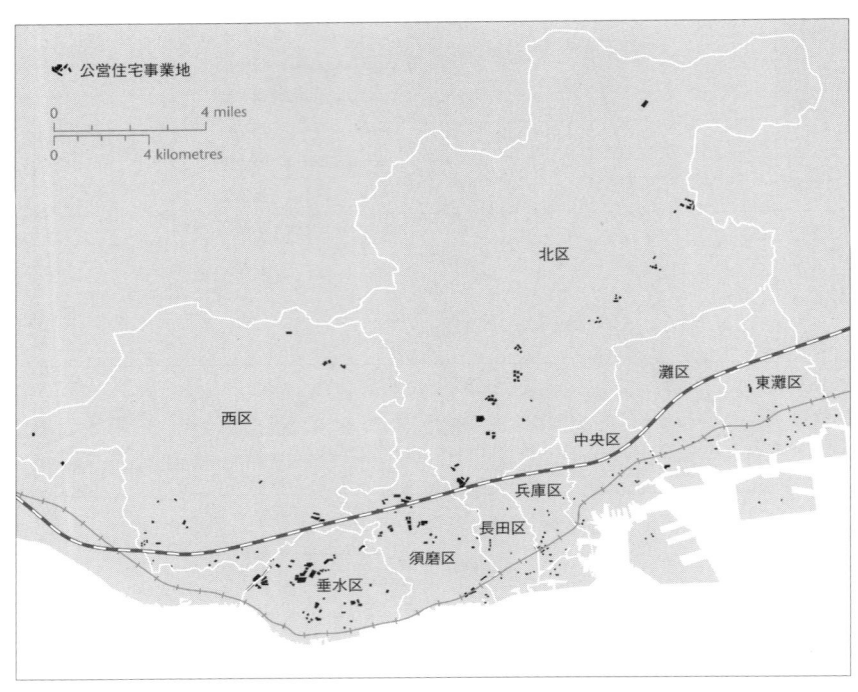

図3.17　1998年度における神戸市の公営住宅計画の位置
資料：神戸市のデータによる

図3.18　垂水区における新築の大規模高層住宅による郊外公営住宅事業（2005年）
写真：E. Yasui氏提供

表3.5 神戸市の行政区別にみた公営住宅供給の地理的分布と住宅移転率

	インナーシティの行政区						郊外の行政区			全域
	西側			東側						
	須磨	長田	兵庫	中央	灘	東灘	垂水	北	西	
破壊された住宅数[1]	10,761	23,301	7,984	5,964	10,050	16,174	3,094	1,955[6]	—	77,283
破壊された木賃住宅[2]	4,958	11,711	3,181	1,568	4,124	3,402	1,131	413	154	30,642
低家賃公営住宅[3]	1,771	1,934	2,002	2,924	1,982	1,823	2,659	1,153	1,999	18,247
着工戸数[4]	9,543	13,355	12,401	13,720	17,848	23,231	8,882	22,756[6]	—	121,736
復興率[5]	88.7	57.3	155.3	230.0	177.6	143.6	287.1	1,164.0[6]		153.6

注) 行政区の境界は図3.3を参照.
1) 地震の後に崩れた建物も含むが,公営住宅は含まない.
2) 古い木造賃貸住宅
3) 神戸市営もしくは兵庫県営
4) 公営と民営の合計
5) 「着工戸数/崩壊戸数」
6) 北区と西区を合わせた数値
資料:Kinmokusei International Project(1999)に掲載のデータによる

市や兵庫県が直接的に供給した低家賃公営住宅の31.8％が郊外区(垂水区,北区,西区)にあり,31.2％がより古い市街地西部の行政区(須磨区,長田区,兵庫区)にあることがわかる.表面的に見ると,これは神戸市のあらゆる地域での相応に平等な分配だったように見えるかもしれない.しかし,少し注意深く見ると,地震で破壊された住宅と公営住宅計画の地理的ミスマッチが簡単に見出せる.**表3.5**は,地震と火災によって破壊された住宅の54％以上が既存市街地西部の行政区で生じ,一方の郊外行政区で破壊された住宅はわずか6.5％であったことを示している.新しい低家賃公営住宅と,地震や火災で破壊されてしまった,より低家賃の木造長屋(単一家族向けの連棟式住宅)や木賃(共同炊事場やトイレを持つ一層古い共同住宅)との間の地域的な不一致は,より明らかだった.つまり,こうした住宅の64％以上が神戸市の既存市街地西部の行政区にあった.事実,公営住宅の地理的な位置は極端にバランスを欠いており,その分布は都心部のコミュニティからの来住者たちに厳しい不便さを与えた.地震の多くの被災者(とりわけ須磨区や長田区から来た者)が,未知なる外部の郊外に位置する公営住宅へ強制移住させられたのである.仮設住宅と公営住宅計画との間で異なる地理的不均衡によって,生存者たちは神戸における修復計画が根本的に不当なものであるとの認識を持つことが大切であると気付いた.第4章で検証されるように,遠隔地の住宅に居住する多くの被災者たち

の孤立は、市民の間の不信感や落胆に公共企業体を対峙させることになった("Legacy" 2001)。

　下河辺　淳氏(政府の阪神・淡路復興委員会の委員長)は、この問題を検討し、日本の首都である東京と神戸において、人々の自宅への愛着と近隣との重要な類似性を導き出した。彼は、東京では大半の居住者が生計を立てるために日本各地から1945年後に転入してきたと推論した。したがって、おそらく彼らには、近隣への特別な愛着がほとんどないと考えられた。対照的に、神戸の人々は、はるかに移動性が低く、それゆえに彼らは、にわか作りのコミュニティを一層大切にした(Shimokobe 1996, 51)。「我々は、古い居住地からはるかに遠方に離れて元来のコミュニティとの接触を失った人々が、新しい住宅への移動に一致してうなずけないという異議をしばしば耳にした」(Shimokobe 1996の前出箇所)。確かに、神戸市のインナーエリアの多くの高齢者は50～60年間にわたってこれらのより古い行政区で暮らしており、彼らは地震の前には、そこから立ち去る計画を夢に描くことなど無かった。地震の後、彼らにできることは、元来のコミュニティが再建されるか、公営住宅に身を任せるまで、仮設住宅で待機することだけだった。長田区や都心行政区の中で暮らしていた無数の人々は、地元の小さな商店や工場で働いていたが、それは他の都市や神戸市内の他の場所で仕事を見つけるのが難しかったからである。彼らは単純に動けなかっただけなのである。こうした彼らに比べると、より若い人々やその家族は、災害の後にどこに住むのかについてより柔軟で、損害を受けた地域から新しい郊外住宅地へ自ら移動した。

　したがって、政府が規定した住宅復興の全般的なモデルは、人々が必要に迫られて最初は公的な避難所へ移動させられ、続いて仮設住宅、そして最終的には公営住宅へ移動するというものだった。しかしながら、Hirayama(2000)は、神戸のために立案された住宅復興戦略が次のように偏向したと主張した。一方では、高齢者や低収入の居住者のようなグループは、公的に提供された避難センター、公的な仮設住宅、そして最後に恒久的な公営住宅計画の世話になり、他方では、政府が他の全ての生存者のための自助的な政策を進めた。災害後の都市修復に公的補助を行うことへの政府の長年にわたる抵抗により、当初は破壊された家すべての再建に向けて財政援助を行うという提案は無かった。公営

住宅(特に低所得世帯のための家賃補助金を持つもの)の割当てについて、その優先権は神戸市内の仮設住宅群にまだ住んでいる者に与えられた。地震によって神戸市から離れた被災者で、民間の賃貸住宅もしくは友人や親戚の住宅で生活している人々は、「自己支援できる者」と見なされ、もう住宅を必要とする被災者ではないと分類された。したがって、神戸へ戻りたかった人々のうちの多くは、公営住宅計画(に関わる資金)から全く援助を得ることができなかった。

　地震で失われた建物を建替える、あるいは私的・公的住宅へ資金提供する、政府のこうした3年計画の保証とは別に、神戸市は新しい設備の建物を支援する独自の歩調をとった。これには、復興事業を促進するための住宅情報センターの基盤づくり、家をなくした人々に便宜を図るための民間アパートの借り上げ、収入が低い地震生存者へ補助金(阪神・淡路大震災復興基金によるもの)も使った融資を行うことが含まれていた(第4章を参照)。1997年には、従来評価されていた標準以下世帯の健康・医療・福祉に関する事業を改善した神戸市の新しい計画は、高齢者からの要求に特別な注意を払っている(本荘氏へのインタビュー:City of Kobe 2005b)[20]。1998年の初夏には、神戸市の都心から東の方角に、かつての湾岸工業地域を利用したHAT(ハッピーアクティブタウン)神戸計画の一部がオープンしたことが特筆できる。ここには、1995年の地震で苦難を受けた人々のための公営住宅も併置された(第7章を参照)。これは、ある面で住宅供給と都市内で生じた損害との間の地理的不均衡を助長することにもなった。

人口減少と回復に関する地理的な特徴

　地震後の危機の地理的不均衡について最終的に重要なのは、災害後の人口減少の地理的不均衡、そして神戸の人口水準が回復した度合いである。地震前における神戸市の人口は約150万人と見積もられており、人口は1年あたり約10,000人の割合で増加していた。地震の後に生じた被災地域からの人々の即時撤退は、人口の劇的な減少となって現れた。地震による死者と負傷者の数とは別に、55,000人以上が地震後の数週で兵庫県から転出したと推測された("Kobe's Population" 2004)。職場の広範囲の混乱や閉鎖、そして仕事の損失により、この人口減少は1995年の暮れまで続いた。たとえば、1995年10月に実施された国勢調査では、神戸市の人口は地震直前から約10万人減少し、142

表 3.6　行政区別にみた神戸市の人口変化（1995〜2005 年）

	(a)国勢調査 1990.10.01	(b)推計人口 1995.01.01	(c)国勢調査 1995.10.01	(d)推計人口 2005.03.01	回復率(%) (d)/(b)
(A)インナーシティの行政区					
西側　須磨	188,119	188,949	176,507	172,090	91.1
長田	136,834	129,978	96,807	104,113	80.1
兵庫	123,919	117,558	98,856	107,497	91.4
東側　中央	116,279	111,195	103,711	114,634	103.1
灘	129,578	124,538	97,473	126,983	102.0
東灘	190,354	191,716	157,599	203,182	106.0
(B)郊外の行政区					
垂水	235,254	237,735	240,203	223,590	94.1
北	198,443	217,166	230,473	225,529	101.4
西	158,581	210,530	222,163	242,260	115.1
神戸市全域	1,477,361	1,529,365	1,423,972	1,519,878	99.4

注）行政区の境界については図 3.3 を参照。
資料：国勢調査報告および City of Kobe（1995a）から引用したデータ

万人まで落ち込んだ（表 3.6 を参照）。

　ゆっくりとはいえ、神戸市と阪神地域の人口は、1995 年以降に全体として回復し始めた。震災 10 周年の記念日に兵庫県は、阪神地震地域に指定された自治体（災害救助法のもとで指定された 10 市 10 町）の人口水準が完全に回復をみたと発表した。事実、より広い阪神地域の人口は、6 年以内に地震前の水準に回復を始めていた。しかし、この人口回復は、全く平等に生じたものではなかった。表 3.6 は、地震前の 1990 年から地震後 10 周年にあたる 2005 年までの神戸市における人口変化の分析結果を示したものである。この表は、2005 年時点の神戸市のインナーシティ西部（須磨、長田、そして兵庫の各区）では、人口水準が地震前のそれにまで回復していないことを示している。このことは、地域的な不釣り合いが復興過程においても継続していたことを物語っている。

　修復におけるこの空間的な不釣り合いは、部分的に個人の住宅再建の相対速度、そして公営住宅計画のやや遅いスタートが原因であった。とりわけ、新しい私邸の需要は、大阪側の芦屋市や西宮市に隣接して比較的裕福な世帯が居住している東灘区などの市域東部に最初は集中した。[21] これら東部の主にホワイトカラーから構成される近隣は、多くの新しい住宅が 1995 年と 1997 年の間に高層マンションまたは核家族向け住宅のいずれかの形態で建設された。その理由の大部分は、高額所得世帯の存在、そしてディベロッパー側の住宅需要が

高い(つまり大阪への通勤距離がより近い)地域という判断が働いたためである。Hirayama(2000)によると、これら東部にある行政区(東灘区と灘区)での住宅は、1996年の半ばまでに多かれ少なかれ修復されたと記録されている。Makino、Itō and Katoh(2006)は、中心部の中央区と同様に東部行政区(東灘区と灘区)は神戸市外からの転入者を迎え入れてきたのに対し、西部行政区の兵庫区、長田区や須磨区、そして北部行政区の垂水区や北区は、神戸市内の他の行政区から転入してきた人々の割合が高いと述べた。

より低収入で大部分がブルーカラーの長田区を含む市内西部の行政区では、住宅建設ははるかに遅かった。市街地の西部では、新しい住宅供給が、災害の3年後にあたる1998年でさえほとんど停滞していた。Chang(2001)やChang and Miles(2003)は、地震後にみられた修復に関して空間的な不釣り合いを明らかにしている。それによると、古い近隣への投資や住宅開発は、新しいエリアよりも遅れた。破壊された住宅の再建に関して鮮明に現れた地理的格差の結果、神戸市のインナーシティ、とりわけ長田区の人口は、地震の前の傾向である「空洞化」を踏襲した。このことは、コミュニティサービスだけでなく、買物や地域産業においても多くの崩壊に結びついた。

表3.6に戻って分析を施せば、人口回復の状況が地域的に不同であったことがわかる。つまり、市内の東西の行政区の間における差異、郊外とインナーシティの行政区の間における差異が明瞭である。つまり、地震の後に多くの新築アパートが東灘区で建設されたことを受けて、2005年までに東灘区の人口は6％の増加をみた。同じ期間に西区では15％、北区では3％の人口増加が生じているが、それはこれらの地区において大規模な公営住宅団地が建設されたためである。確かに、神戸市における急速な郊外化は、1995年の地震による永続的な遺産のうちの一つになるであろう。人口増加は、2005年までに市域中心部の中央区やそれに隣接する灘区でも生じた。他方、地震直後に大規模な火災に苦しんだ長田区の人口は、2005年までに地震前の人口の80％にしか回復していなかった。同じ10年の期間にわたって、市街地西部に位置する兵庫区と須磨区の人口は、約9％の減少をみた。当然ながら、これらの一層古く豊かでない行政区は、地震の前にでも人口減少傾向にあった。たとえば**表3.6**によると、長田区は1990年から1995年にかけて約6,900人の居住者の減少を経験

していることがわかる。地震に続く地域の住宅再建の遅れは、人口の継続的な減少を助長し、それは長田区において生活力のあるコミュニティを再建する際の足かせとなった。第5章において著者は、土地区画整理事業を含む地域計画の手続きが、この地区の復興と人口回復を多くの面で阻害したことを示す。

評　　価

　本章中の研究素材は、図2.2によって示される本研究の枠組に立脚して、どのように評価することができるであろうか。第一に著者は、地震の直接的な衝撃、地震直後の非常時、そして回復期に影響した多くの重要な必須条件（要因1）を指摘できた。これらは、神戸の自然地理学的、社会地理学的な地域差を含んでいたが、とりわけその差異は、被害が大きかったインナーシティと外側の郊外地域との差、また裕福な市域東側と古くてブルーカラーのコミュニティが卓越する市域西側の顕著な差異であった。仮設住宅や恒久的な公営住宅を建設する用地が欠乏していることを付帯した、神戸市の高密度市街地開発は、都市のインナーエリアの特定地区において素早い再建ができないという「危機の地理的不均衡」を生むことになった。後の章において著者は、地域に根差したまちづくり計画のような神戸市における他の前提条件が、長期にわたる復興問題への返答をどのように形作っていったのかを示す。さらに、問題を抱えた神戸市の産業構造や増加する都市負債は、復興計画の中でつかまれた折角の契機に影響を与えた。たとえば、神戸市の行政当局は、雇用を伸ばす新しい形態へ都市を変えていくために、その開発に関わる資金提供を政府に依存した。

　第二に、地震それ自体の性質は、損害や居住者に対する即時的な救援の不同な進め方に結びついた（要因2）。その分析を通じて、著者は、被災者、仮設住宅や恒久的住宅、民間投資や人口回復、それぞれの不均衡な分布を指摘した。これらの結果によると、Geipel（1982）の、災害は「大きな平衡装置」でなく、常に既存の不均衡を助長するものであるという広い概念が、さらに強化されるであろう。この脈絡において、阪神地震は、神戸市のより裕福な東部の行政区と主にブルーカラーからなる西部の行政区との間にみられた構造上の不均衡を、悪化させたようにみえる。

第4章　復興計画の策定と復興への対応

　神戸市が策定した復興計画は、災害に強いまちづくりを主たる目的として、グリーンベルトの建設や、地域における防災拠点および避難所の策定などが盛り込まれた。しかし、これらの複雑かつ野心的な目的を達成するための過程や資金などの具体的な方針が示されることはなかった。阪神・淡路復興委員会委員長を務めた下河辺淳は、何をすべきかではなく誰が復興計画を実行し責任をとるのかが問題であると述べている。つまり、誰が関わり、誰が資金を出すのかが計画の出発点なのである。

——C. イーディー,『8 カ月後の神戸』

　阪神地震によって甚大な被害を受けた後、日本政府や地方自治体はどのように対応したのであろうか？ 本章では、震災後1年間に策定された神戸市復興計画を検討するが、これには震災直後の復旧に関するものと長期的な復興計画とが含まれている。また、対象とする時期は、Kates and Pijawka (1997) が示した復興過程のモデルにおける「復旧期」から「復興期」にあたるものである。本章においては、復興計画の策定過程、そして日本政府と地方自治体との関係性に焦点をあてて分析を進める。なお、本書巻末に掲載されている付録Aは、この時期に行われた復興関連の出来事をまとめたものである。

4.1　日本政府の行動

　地震発生直後に適切かつ早急な対応をとることができなかったことへの反省から、日本政府は神戸の長期的復興計画策定に強く関与することとなった。地震発生直後に日本政府がとった対応については本書巻末の付録Bを参照いただきたい。震災時における政府による対応の例をあげると、1961年に制定された災害対策基本法に基づいて、政府は地震発生から1週間を経てようやく「重篤な災害」であると宣言し、被災地域の復興や再建のために最大限の資金を用意すると暗に示した[1]。これによって神戸市は震災からの復興計画策定に関して

中心的な役割を担うこととなり(詳細は後ほど議論する)、一方で政府は経済的支援と再建に向けた低金利ローンの提供などに集中することとなった。

　被災者救済のため、官僚たちは震災緊急措置に取りかかった。例をあげると、大蔵省(現・財務省/訳者注記)は、被災者が1994年に支払った税金を払い戻すほか、阪神地区の国有地を仮設住宅の建設地として活用する案などを提言した。厚生省(現・厚生労働省/訳者注記)は、被災者の生活支援のため20万円の短期的な融資を始め、さらに通商産業省(現・経済産業省/訳者注記)は、中小企業再建のために低金利ローンを導入することを検討し始めた(Shinmura 1995a)。地震発生からわずか10日にして、8名からなる神戸市震災復興本部が設立され速やかな復興に向けた動きが始まった。さらに、専門家と一般市民からなる神戸市復興計画検討委員会が早急に招集され、神戸市における建造物の復興計画の地図化などが行われた。神戸市は、復興の優先順位は3月末までに、そして長期的な復興計画は6月までに定めるとした(Moriguchi 2005)。

　地震発生から2週間後の2月2日には、日本政府によって阪神・淡路大震災からの復興に関する基本計画が発表された("Government Will", 1995)。基本計画に基づき、被災状況の調査に関しては政府から独立した組織に引き継がれ、その代わりに政府は内閣総理大臣・村山富市を筆頭に建設大臣、運輸大臣ら内閣閣僚からなる震災復興対策本部を設置した。[2]

　地震発生から1カ月後の2月16日、諮問組織として阪神・淡路復興委員会が設立された。これは地方自治体の役人や産業界の要人、都市計画の専門家らによって組織されており、内閣総理大臣に復興の優先事項を報告する役割を担うとともに、被災地域への支援と復旧を行うための具体的な方策を検討することを重要課題としていた。[3] そして、1995年2月末までに、被災地域における瓦礫撤去に対する支援の方針や、復興のための10カ年計画、地震による住宅問題への対応についての提案を提出した。[4] 前章で述べたとおり、住宅については、3年間に72,000戸を建設する計画が策定された。さらに、委員会からは、被災した建造物を早急に撤去することや、瓦礫に含まれるコンクリートを砕いて神戸湾岸地域の修復や復興に再利用することも提案された。先述のとおり、神戸湾は国内有数の港湾機能を有していたため、神戸のみならず京阪神地域の経済を再興するためにも神戸湾を筆頭として港湾地域を復興させることは最重要課

表 4.1　阪神・淡路大震災に関連して 1995 年に施行された法律

no.	法律の名称	主轄官庁	閣議決定	制定	施行
9	地方税法の一部を改正する法律	自治省	2/17	2/17	2/20
10	災害被害者に対する租税の減免、徴収猶予等に関する法律の一部を改正するための法律	大蔵省	2/17	2/17	2/20
11	阪神・淡路大震災の被災者等に係る国税関係法律の臨時特例に関する法律	大蔵省	2/17	2/17	2/20
12	阪神・淡路大震災復興の基本方針及び組織に関する法律	首相官邸 国土庁	2/17	2/22	2/24
14	被災市街地復興特別措置法	建設省	2/17	2/24	2/26
16	阪神・淡路大震災に対処するための特別の財政援助及び助成に関する法律	国土庁 関連省庁	2/24	2/28	3/1
17	阪神・淡路大震災に対処するための平成 6 年度における公債の発行の特例等に関する法律	大蔵省	2/24	2/28	3/1
18	平成 6 年度分の地方交付税の総額の特例等に関する法律	自治省	2/24	2/28	3/1
19	阪神・淡路大震災に伴う許可等の有効期間の延長等に関する緊急措置法	総務庁	2/24	2/28	3/1
20	阪神・淡路大震災を受けた地域における被災失業者の公共事業への就労促進に関する特別措置法	労働省	2/17	2/17	3/1
25	阪神・淡路大震災に伴う地方公共団体の議会の議員及び長の選挙期日等の臨時特例に関する法律	自治省	3/3	3/8	3/13
31	阪神・淡路大震災に伴う民事調停法による調停の申立ての手数料の特例に関する法律	法務省	3/7	3/10	3/17
42	阪神・淡路大震災に伴う法人の破産宣告及び会社の最低資本金の制限の特例に関する法律	法務省	3/14	3/17	3/24
43	被災区分所有建物の再建等に関する特別措置法	法務省	3/14	3/17	3/24
48	阪神・淡路大震災の被災者等に係る国税関係法律の臨時特例に関する法律案の一部を改正する法律	大蔵省	3/24	3/24	3/27
49	地方税法の一部を改正する法律	自治省	3/24	3/24	3/27

資料：National Land Agency(2000)

題の一つとみなされた。1995 年 3 月から 10 月にかけて、復興委員会はさらなる再建に関する提案と方針をまとめた。つまり、港湾施設の完全復興、雇用創出による地域経済支援、医療・福祉サービスの早急な再開、復興 10 カ年計画の基本概念、優先的復興プロジェクトの選別などに関して提案したり方針を示したりした(Shimokobe 1996)。

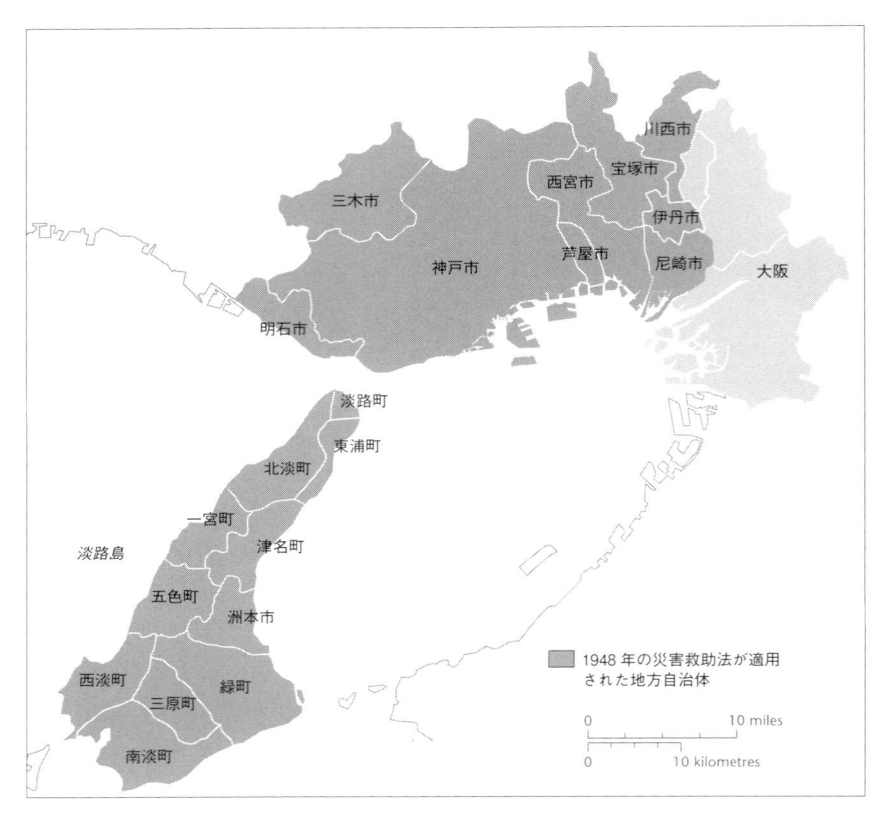

図 4.1　1948 年施行の災害救助法が適用された地方自治体
資料：HERO（1996a）

法整備と経済的問題

　日本政府による震災対応は、さらに前進した。たとえば、地震発生後3カ月のうちに政府は、16の法律を新規に成立、もしくは改正させて震災復興支援の道筋を示した（**表4.1**を参照）。被災者への税金免除、失業者への就業支援として再建事業を利用すること、阪神地域において1995年に実施される予定であった地方選挙の延期など、一連の法整備は多岐にわたるものであった。このほかにも、2月から3月にかけて被災地域を対象とした法律が多数成立した。具体的には、被災した地域の自治体に対する経済的支援、社会保障費の地方負

表4.2　1994年度および1995年度の第一次・第二次補正予算における阪神・淡路大震災関連の予算

1995年2月28日に国会の衆参両院を通過した1994年度第二次補正予算		(単位：10億円)
歳　出	災害関連救助費	141.0
	ゴミ処理費	34.3
	公共事業費	54.4
	施設復旧費	91.3
	融資（小規模事業所ローンなど）	11.9
	その他	30.0
	地方交付税	659.4
	合計	1,022.3
歳　入	税金	602.0
	税金以外の収入	34.3
	その他	385.0
	（地方債）	(1,590.0)
	（建設国債）	(779.4)
	（特別国債＝赤字国債）	(810.6)
	合計	1022.3
1995年5月19日に国会の衆参両院を通過した1995年度第一次補正予算（阪神・淡路大震災関連のみ）		(単位：10億円)
歳　出	被災者保護費（融資、見舞金）	47.3
	ゴミ処理費	128.2
	公共事業費	1,077.0
	融資（小規模事業所ローンなど）	122.5
	その他（福祉施設、医療施設への補助金）	54.3
	合計	1,429.3
1995年10月18日に阪神・淡路大震災関連として衆参両院を通過した1995年度第二次補正予算		(単位：10億円)
政府総額		778.2
建設省分	回復法（旧来の状態に戻す）	25.1
	改修法（旧来の状態を改善）	521.2
合　計	3回の補正予算	3,229.8
	1994年度予算予備費からの拠出	14.8
	1995年度予算公共事業費からの拠出	130.0
	震災関連支出の合計	3,380
		(3.4兆円)

資料：Ogawa and Nagano (1995) および Research Institute of Constructionand and Economy, Ministry of Construction (1996)

担分の削減、中小企業や自宅が被災した住民に対する経済支援などである（**表4.1**に示した、災害救助法が適用された地方自治体が対象となる）。また、これらの法律は、重篤な被害を被った地域において、建造物が無秩序に再建されないように調整する役割ももっていた。

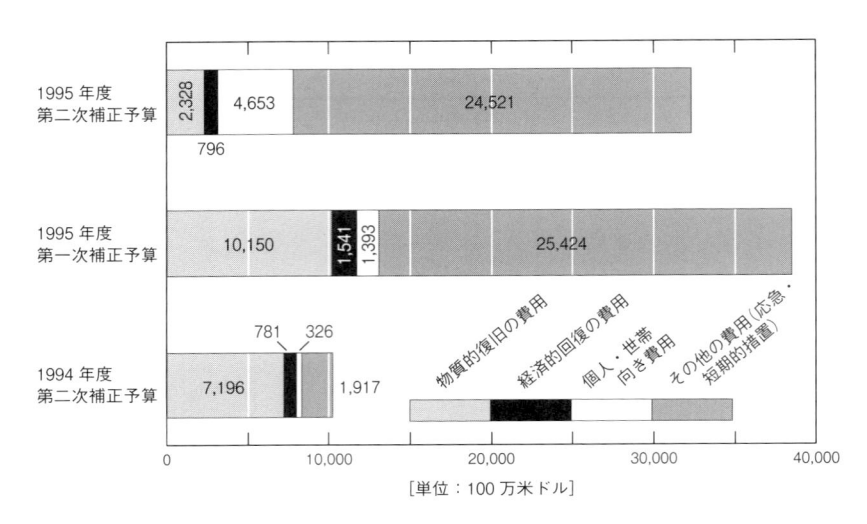

図4.2 震災復興予算の内訳（1994〜1995年度）
注）当時の為替レートは1米ドル≒100円
資料：Hayashi（2006）

約3.4兆円にのぼる特別経済支援を含む震災関連法案は、阪神・淡路大震災に対する特別の財政援助及び助成に関する法律に基づいて策定されたものであった（**表4.2**を参照）。本法律の予算を確保するため、日本政府は1994年度第二次補正予算を成立させた。国庫は1990年代の経済不況ですでにかなりの痛手を負っていたが、第二次補正予算の成立によって約9兆円が予算に上乗せされることとなった。このうち、約1兆円が神戸およびその周辺地域の再開発事業費として計上された。1994年度のうちに、この予算は破損した道路の修復（横転した高速道路など）、神戸湾の復旧などに利用された。[5] **表4.2**をみると、これらの予算は国債および地方債によって賄われていることがわかるが、増税ではなく国内の主要銀行との協力によって予算を確保しようとしたわけである（Ikeya 1995）[6]。

1995年1月に提出された1994年度の補正予算案は、1995年2月に衆議院・参議院の両院を通過し成立した。そして、政府は同月に1995年度の第一次補正予算案を作成し、これに復興関連予算、災害対策費用、地震以外の災害への対策費用などの支出を含めた。この巨額の予算案は、その使途が多岐にわたる

表 4.3 1948年の災害救助法のもとで阪神・淡路大震災の被災者に施された政府認可のサービスの実例

地震による被災者へのサービス
生命保険ならびにその他の保険
・簡便で迅速な償還(保険金の支払い)
・特別な納付金の一時的な延期
・地震保険非加入で火災保険にも加入していなかった者のうち 　　地震による火災を受けた場合、最大300万円の支払い
金銭をめぐる解決手段
・地震による不渡り手形の「支払い不履行」や「取引停止」に備えた金銭的な執行猶予
失業保険の特別給付
・事業所が被災したことが原因で解雇された従業者への失業保険の給付
税金の減免
・確定申告期限の2カ月延長、および1年の納税猶予
・1995年度所得税の減免
住宅ローン
・返済中の住宅ローンの最大1.5％の金利低減
・返済中の住宅ローンの一時的な返済猶予
・住宅再建のための住宅ローン金利の3％までの抑制
災害復興ローン
・中小企業金融公庫、国民金融公庫、商工組合中央金庫による低金利ローン
見舞金
死亡(世帯主):500万円
死亡(世帯主を除く家族):250万円

資料:Shiono(2000)

こともあって国会での審議に時間を要することとなったが、最終的には1995年の5月に両院を通過した。約2.7兆円に上る予算案のうち、約1.4兆円が震災復興予算にあてられた。震災復興関連予算には、震災によって家族を亡くした被災者に支払われる見舞金(見舞金は、補償金とは区別されるものである。補償金の詳細は本章の後半で述べる)、震災瓦礫等の処分にかかる費用、公共事業に関する予算などが含まれた。1995年度の第二次補正予算は総額で約3.2兆円となったが、1995年の10月に成立した。このうち、1.5兆円は被災地域における建築費用を賄うものであった。つまり、都市インフラの復旧、被災者および地元企業への免税、そのほか神戸および阪神地域の復旧にかかわる対策のために、日本政府は3.4兆円を用意したことになる。

しかしながら、この予算に関して2つの問題点があると言わざるを得ない。第一には、日本政府が示した復興関連の補正予算は(最終的に3兆円超)、大蔵省(現・財務省／訳者注記)による年間の予算をゆうに超えている。しかしなが

ら、これは神戸市および兵庫県がそれぞれにまとめた復興計画(被災した都市インフラおよび民間建築物の再建や自治体独自の「特別プロジェクト」を含む)を遂行するために必要な金額(推計で約15兆円)には到底及ばないのである(この詳細は第5章を参照)。

第二の問題点は、政府が策定した予算における使途の優先順位に関係するものである。予算の使途を箇条書きにして検証するのは困難であるが、日本政府は過去の政府が災害発生後にとってきた手法を踏襲して公共の都市インフラ再建に主眼を置いたため、生活の再建には意識を向けていなかった。**表4.2**をみると、補正予算の主な使途は、港湾機能と公共交通機関の復旧、仮設住宅の供給、瓦礫の撤去、公営住宅への補助であることがわかる。復興関連予算を分析したHayashi(2006)も同様の結論を得ている(詳細は**図4.2**を参照)。1995年度の第二次補正予算は例外であるが、日本政府の担ってきた責任の多くは物質的な復旧と経済的な回復にあったといっても過言ではない。つまり、日本における災害からの復興計画策定のメカニズムからもわかるように(詳細は2章を参照のこと)、日本政府による経済支援の大半は、都市の基盤となるインフラストラクチャの復旧(上下水道や医療施設など)、港湾部の再開発などのような地域産業の回復につながる事業、道路や交通網などの都市設備の復旧に利用されていたのである[7]。

日本政府による被災後の復旧に対する経済支援において画期的であったのは、まず、公営の仮設住宅建設に関する費用や、住宅再建などのために個人が利用できるローンの提供が含まれていたことである。これらの支援策は、災害救助法における条項から抜け落ちている部分である(災害救助法の中で日本政府から直接的に被災者に対して行われる経済的支援策については、**表4.3**を参照)。日本政府が今回に限って柔軟に対応したことについて疑問を持つ方もおられるだろう。識者のなかには、1995年が総選挙の年であったことがこの背景にあったとするものもある。つまり、政府与党であった自由民主党と当時連立を組んでいた日本社会党(1996年からは社会民主党／訳者注記)は、神戸地域に手厚い経済支援を行うことで政治的な支持を得ることにつながると考えたのだという。こうして、低金利の住宅ローンや地元企業向けローンなどの経済支援が行なわれることとなった。また、将来的には首都東京が大地震によって被災すること

も想定されることから、神戸地域の復興によって経済支援策等の先例を作っておきたいとする意向が働いたために、日本政府が早急に支援を拡大したとする意見もある。日本の首都が巨大地震に見舞われる可能性が高いと予測されてから15年あまりが経過していたため、日本政府が復興の過程と経済支援との関係を詳細に検証しようとしたのだという見方もできる(立命館大学・政策科学部佐々波秀彦教授へのインタビューによる、1996年6月実施)(Hadfield 1991 も参照)。

　一見すると日本政府の支援は寛大であるように思えるが、地震によって受けた損害を補償するための現金支給など、被災者個人に対する経済支援は依然として含まれていなかった。都市インフラの復旧、公営住宅、住宅再建のための低金利ローンなどに対する早急な経済支援とは対照的である。災害救助法に則り、政府は直近の家族を震災で亡くした遺族に対して少額の「見舞金」を支払っただけであった(**表4.3**を参照)。日本赤十字社や他の団体からの義捐金を除くと、地震による被災者の多くは、被災した住宅や店舗を修復するのに必要な資金を十分に得ることはできなかったのである[8]。ましてや、地震によって突然収入を得るすべを失い、失業保険に頼らざるを得なくなった人々に対する支援が十分でなかったことは言うまでもない。第2章で述べたとおり、こうした態度は、日本において長い時間をかけて共有されてきた、損害は公的機関ではなく個人や企業によって賄われるべきであるという考え方を反映したものである。つまり、個人の土地に残された瓦礫は公的資金で片づけるべきであるけれども、個人の生活再建を支援するのは政府の役割ではないと考えられていたのである。生活再建支援は阪神地震の被災者にとって最重要事項であったにもかかわらず、「日本国民は全て平等に政府によるサービスや支援を受けるべきである(Igarashi 1996, 124)」とする暗黙の鉄則に反するとみなされた。それゆえ、被災者は甚大な損失を受けたにもかかわらず、特別な援助を得ることはできなかった。

　さらに、生活再建支援に関して柔軟な対応ができなかった例をあげると、国籍や資格認定に関する問題も見逃せない。地震発生直後の緊急救済策は、日本国籍を有する被災者で、就労収入を得ていたり、一定の財産を有していたりするもののうち、将来的にも就労継続の意欲を有している人などが対象とされた。救済策は、より逼迫した状況にあるはずのこうした条件を満たせない人たちに

は適用されなかったのである。日本国籍を有さない人々が仮設住宅に入居を希望した場合は、条件などを考慮してその都度審査された（"Police" 1995; "Care" 1995; "Kobe Housing" 1995; Igarashi 1996）[9]。

こうした悲惨な状態のなか、仮設住宅に居住する被災者の窮状はさらに悪化した（第3章を参照）。1995～1996年に仮設住宅に居住した被災者の多くは一向に生活再建が進まない状況を悲観して自殺に追いやられたという。総計すると、2年間で約200人が仮設住宅内で孤独死していた（CGAEC 2000）。

このように厳格な法律に基づく日本政府の対応を補うために、兵庫県と神戸市は1995年の4月に、日本銀行が保証し日本政府の支援を受ける形で阪神・淡路大震災復興基金を設立した。この基金の目標は、日本政府の支援策でカバーできない、被災者の生活や地元企業の活動を再建するための手助けをし、商業や生産活動を復活させることにあった。復興基金の総額は、9,000億円に上り、兵庫県がその3分の2、神戸市が3分の1を負担した。復興基金は1995年の4月から10年間継続した（City of Kobe 2005aを参照）。民間銀行は、県と市に対して長期のローンを提供した。また、日本政府も復興基金と同程度の基金を設立し、業務不履行に陥らないよう補助した。次第に、本基金から得られた利益は、神戸市内で新規に住宅を購入するためのローンや中小企業の再開などの再生事業に対しても使われるようになっていった[10]。

阪神・淡路大震災復興基金の目的には、中小企業が抱えるローンの支払いを軽減させることも含まれていた。さらには、商業地区の再建や個人による新規の事業を支援するための補助も行われた。ゆうに3,000以上の企業や個人が長期の低金利ローンの融資をこの基金から受けることとなった。政府は既存の法律に基づいて復興支援をせざるをえないため、政府による支援の枠から外れてしまう数多くの復興事業がこの基金によって賄われたのである（井上一郎氏、財団法人阪神・淡路産業復興推進機構HERO、企画管理部・企画調整課課長へのインタビューによる、2003年11月実施）。阪神・淡路大震災復興基金は、財務省（現・大蔵省／訳者注記）が行う復興支援を補う目的で設立されたため、厳格な意味での公的基金とはみなされなかった。こうした経緯から、日本政府はこの基金が行う活動については黙認する姿勢をとっていた（太田敏一氏、神戸市震災復興本部総括局、復興計画推進部・総合計画課主幹へのインタビューによる、1996

年6月実施)。1996年には兵庫県も1兆円の特別予算を割り当てて、震災によって失業し求職中の人や失業保険を失効した人に対する支援を行った。この融資は一人当たり最高100万円で3％の利子で行われた(HERO 1996a)[11]。

復興計画

被災地を再機能化するための予算が十分ではないことや、救済措置を受けるべき被災者の認定に困難が生じていたことに加えて、被災地の復興計画や復興事業を誰が進めるべきかという問題が日本政府と自治体の間に持ち上がった。阪神・淡路復興委員会の助言をもとに、日本政府は、復興事業は地方自治体によって実行されるべきであるとの判断を下した。こうして、兵庫県と神戸市は復興事業の実行に関して大きな責任を持つことになったのである。この決定の背景には1990年代に広く受け入れられていた「地方分権」の精神があったと考えられる(Jun and Wright 1996)[12]。阪神地震の際、地震防災に関する責任は国土庁(現・国土交通省／訳者注記)が負っていたわけだが、政府が災害時に担う役割と同様の責任を担う機関はごく限られていた(Yoshiyama 1995)。他省庁の要職との兼任人事がなされていた国土庁(現・国土交通省／訳者注記)は、長期的な都市計画に主眼を置く傾向が強かったために阪神地震のように緊急性の高い事態に対応することには長けていなかった。そのため、政府は首相を筆頭に震災復興対策本部を設けてこの大震災に対応した。ここで特筆すべき事実は、政府主導の復興組織に属するメンバーたちが震災復興対策本部や関連省庁に対して異議を申し立てたことである。これは、「より小さな政府を目指す行政改革の流れに反する(Shinmura 1995a, 2)」という理由からであった。

神戸市と兵庫県は、復興事業の目的と内容をそれぞれが主体的に決定し、その後必要となる予算を得るべく政府に対して決定事項を報告することとなっていた。この取り決めと災害対策基本法とに従って、神戸市は震災直後に独自の災害対策本部を設置した。それは地震発生から9日後の1月25日のことであった。神戸市長を長とする神戸市の災害対策本部は、復旧の過程を監督し、調整する役割を担っていた。兵庫県も同様に独自の復興対策本部を1月30日に設立しており、それは県内各所の復旧活動を調整することや、神戸市の復興事業と共同で事業にあたることを目的としていた(Ogawa and Nagano 1995)。日本

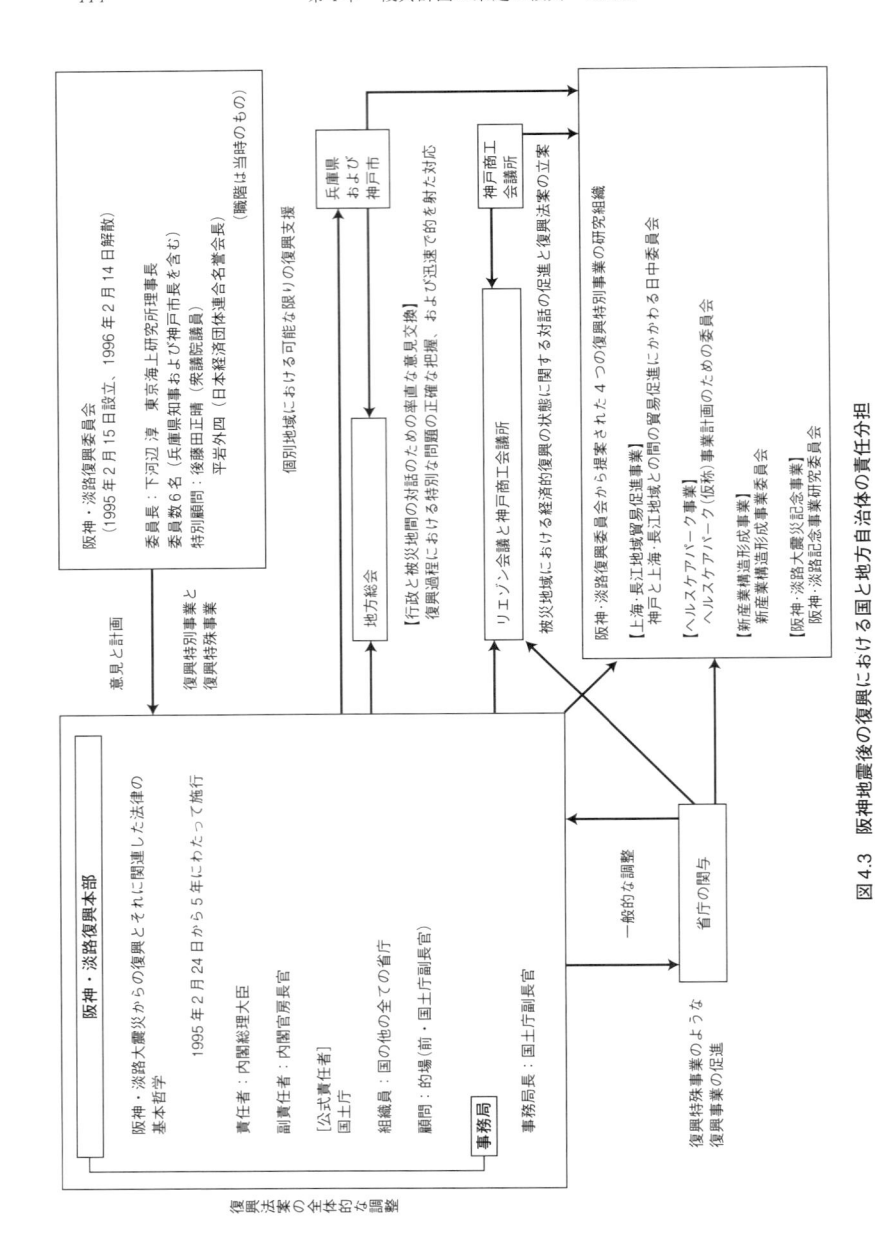

114　　第4章　復興計画の策定と復興への対応

図4.3　阪神地震後の復興における国と地方自治体の責任分担

資料：National Land Agency(2000)より引用

政府は、復興の過程を中央集権的に進めることを好まず、兵庫県および神戸市もこの方向性に賛同していた。兵庫県と神戸市は、被災地域の復興のために特別法によって対応することや特別な経済措置を講じるべきであることなどを提言した。これらは、年度ごとに各省庁が予算を振り分ける既存の手法とは対をなすものであった。つまり、予算の確実性を高め、予算に関する意思決定を短期間で行おうとしたのである ("Deregulation" 1995)。

結果として、予算や復興の計画は、折衷案とならざるを得なかった。**図4.3**は、復興過程における日本政府と阪神圏の自治体との機能分担を示したものである。国家レベルの阪神・淡路復興本部は、1995年2月に設立され5年間にわたって内閣総理大臣の管理下で運営され、兵庫県や神戸市からの要望を伝えるべく設立された阪神・淡路復興委員会の意見を重用していた。阪神・淡路復興委員会は、復興事業に関して提言を行う権限を与えられた組織であった。政府の対策本部は、復旧および復興にかかわる業務について関係省庁間の調整を図る役割も担っていた。結局、復興事業は従来の予算執行の手続きに則り、関係省庁による予算案の承認に依らざるを得なかった。阪神・淡路復興委員会が1996年2月に解散されると、政府の対策本部は、地方自治体と神戸市の商工会議所、優先的復興事業に携わる業界との間の連絡役として機能した。また、それは事業遂行の監視役でもあった。

図4.3を一見すると、震災後の復興に関して政府は実質的な役割を果たしたようにも見える。しかし、別の見方もできる。まず、東京を拠点とする政府は、神戸の再開発を国家の優先的事業に位置付けることを好まなかった。対照的なのは、1970年代の筑波研究学園都市の建設や、1980年代に始まった関西文化学術研究都市計画である (Edgington 1994; Dearing 1995)。今回の場合、比較的莫大な国家予算が神戸市や兵庫県内の被災地域の再建のために分配されたとはいえ、基本的には地方自治体が現地での事業計画などに責任を持つべきであるという考えが背後にあった。実際、**表4.2**が示すように、1994年度の第二次補正予算によって、特別分配金が関係自治体にまわされ、震災後の復旧と長期的な復興にかかる予算の不足分が補てんされた。

次に、各省庁は直接的に復興に関わったものの(たとえば、国道や他の施設の復旧など)、省庁の垣根を越えて対応せねばならない問題に対して、関係省庁

が協力して対応したとはいえなかった。省庁の垣根を越えずとも、同じ省庁にあっても異なる部門にまたがる問題に対して共同で取り組むことが叶ったのかは、甚だ疑問である。日本においては、政府の財政計画やこれに付随した法規が分野、部門ごとに細分化されているため、これらの垣根を越えて意思決定を行い協力して取り組むことは困難である (Murphy 1996)。たとえば、厚生省 (現・厚生労働省／訳者注記) は学校の体育館などに避難した被災者への支援を行い、その後1995年前半に被災者を仮設住宅へ移動させた (第3章を参照)。しかし、被災者に向けた定住用住宅の建設は建設省 (現・国土交通省／訳者注記) の管轄となった。こうした管轄の違いは、仮設住宅での運営や入居者支援の方法と、定住用住宅へ移動してからのそれとで一貫制を欠く結果となり、優先的に移動させるべき被災者の選定に関わる問題にも影響を及ぼすこととなったのである (Igarashi 1996)。

4.2 地方自治体の行動

付録Cは、1995年に神戸市が独自に行った復興計画を時系列的に示したものである。詳細について明らかになっていることも多いが、神戸市が地震発生後の1年間に行った復興事業は3つの段階によって構成されていた。第1段階：再建を成功させ、都市復興に係る資金を管理するために重点復興地域を選定する。第2段階：被災地域において道路を拡幅したり他の再建手法を再検討したりすることを鑑み、住民参加を限定する。第3段階：長期的な復興計画の策定に向けた準備期間である。本節においては、地元自治体 (主に神戸市) が採用した具体的な手法を検討し、再建を規制したり復興の優先地域を策定したりすることの重要性を確かめたい。神戸市は、24の重点復興地域を策定したのだが、後述する通りこれらの地域が市内の被災地全体に占める面積は必ずしも大きくはない (被災状況については図1.1を参照)。

重点復興地域の指定

地震発生直後から、神戸市は被災状況を把握し復旧の道筋を定めようと努力していた。被災状況を概観すると、多くの住宅が崩壊し市内全域に被害が広がっていること、重篤な被害を受けた地域は中心市街地、特に西部に集中して

いることなどが明らかとなった。先述の通り、重篤な被害を受けた地域は古くから市街地化し、狭い道路が密集し、空き地や緑地などのオープンスペースが少なく、再開発などによって街区を改良する機会にも恵まれなかった地域であった。当時の笹山幸俊市長の意向もあり、市はこのような西部のインナーサバーブで再開発を行うとした。市長就任前、笹山市長は長きにわたり市の職員として都市計画に携わり、都市計画総局長を務めたこともある(第二次世界大戦後に市の再建に携わった人物でもある)。

老朽化した神戸西部地域では、1945年以降、都市インフラやオープンスペースの改良が行われてこなかった(第3章を参照)。そのため、市長や事務官らが、震災復興に乗じてこれらの不良街区を良好な地区に変えようと考えたのは驚くべきことではない。道路を拡張しオープンスペースを設けるための土地区画整理事業が早急に計画された。オープンスペースは将来緊急事態が発生した際に、人々が避難する場所としても機能するであろう。このようにして、災害に強い市街地の創造が目指されたのである。

「復興契機の地理的不均衡」という表現は、まさにこのような場面を表そうとしたものである。つまり、市西部のインナーエリア(他の地区も含めて)が新たに計画の対象地となり改良の好機を得たこと、そしてこの開発は都市計画家たちが待ち望んだ国家予算を利用して行われるのである。さらに言えば、いかなる事業をしようとも、公共予算は限られているため、国家や地方自治体から与えられる予算を重点復興地域に注力するよう導くべきであると考えられたのである。これによって、民間による復旧事業が市全体に広がることを期待していたのである(本荘氏へのインタビューによる)。

1995年1月20日の夜、建設省(現・国土交通省／訳者注記)の職員が東京から神戸市役所に到着した。地方自治体が復興に関わる責任の大部分を負うべきであるとの政府の方針を踏まえて、以下の2点が話し合われた。土地区画整理事業を行う場合、その対象地域を国の法規に則って設定するべきか。個人が所有する土地に対して国の予算で都市再開発事業を行うことは、長期に及ぶと思われる復興計画において推進されるべきなのか。端的に述べれば、都市再開発よりも急進的な手法である土地区画整理事業が限定的に採用されたのである(本荘氏へのインタビューによる)。

1月23日には、神戸市から重篤な被災地域のうち、優先的に復旧すべき地域の草案が提出された。市街地のうち350 haがその対象となったのである。これに含まれる地域は、包括的な手法を用いて新たな都市計画を行い改良されることとなるのだが、つまり土地区画整理事業もしくは都市再開発のいずれかの手法によるものであった(第5章を参照)。火災の拡大を防ぐために高速道路は拡幅され、また同様に緊急車両の通行を容易にする目的で多くの道路が拡幅された。水道管や電線は地下に埋設され、これによって将来の災害時に被害を受けにくいように工夫された。また、小さな公園を設けて、災害が発生した際に近隣住民が避難できるようにした。これらの重点復興地域を設けて復興の過程を統制しようとする都市計画上の試みは、神戸市の長期的な復興計画の創始期を特徴づけるものである(矢島利久氏、神戸市都市計画総局再開発部再開発課計画係長へのインタビューによる、2005年3月実施)[13]。

民間による再建行為の制限

初期の審議に基づいて、神戸市の都市計画総局の職員らは休みなく働いた。長期的な復興計画策定に向けた動きは、地震発生後2週間のうちに開始されたことになる。復興計画がまとまるまでは、無秩序に住宅等を再建することが厳しく制限された。予備的に行われた被災状況の査定に基づいて、とくに7つの重点復興地域での再建方法が検討され、1995年の2月1日に公表された。これに続いて、1970年に制定された建築基準法の84条に基づいて、市は神戸市街地の6地区、延べ233 haを建築制限区域(建築基準法第84条は被災市街地における建築制限／訳者注記)に指定した(**図4.4**を参照)[14]。個人や事業主などによる再建を制限することや、個別地区における復興計画の草案(市道や新しいオープンスペースの設置計画も含まれていた)は、神戸市の公式な広報誌である「まちづくりニュース」の紙面を通じて2月19日と23日に公表された。地震発生後数週間という混乱を極める状況ではあったが、広報誌は可能な限り市全域に配布された(City of Kobe 1995a, b)(**図4.5**も参照)。

市が選定した6地区は、地震後に発生した火災によって荒廃した地区で、以前から建造物の老朽化が進んでいたインナーシティである。このうち例外的であったのは、神戸東部に位置する森南地区と六甲道駅の周辺であるが、これら

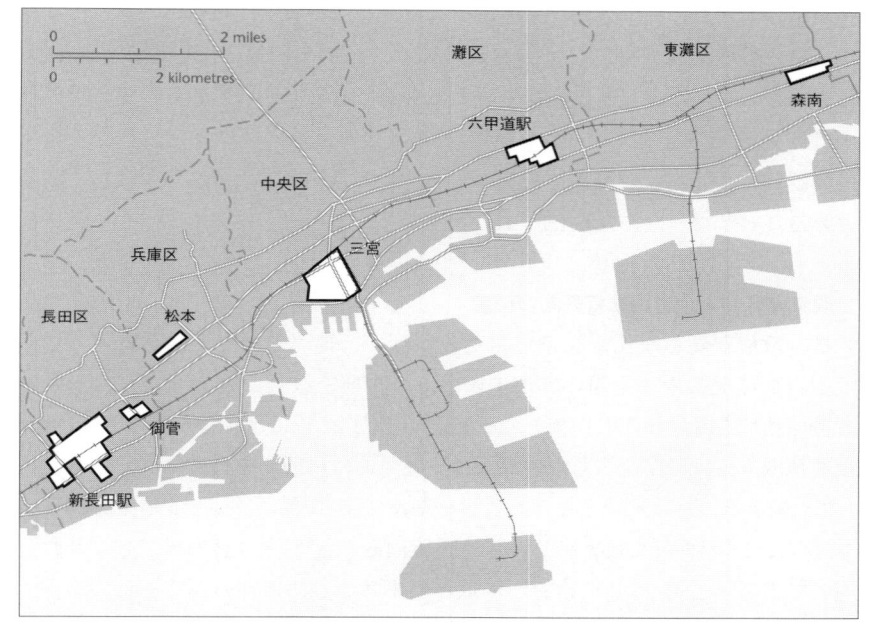

図 4.4　1970 年制定の建築基準法第 84 条が適用された 6 地区の分布
資料：Kinmokusei International Project（1999）より引用

も被害の大きな地域であった（**図 4.4** を参照）。地区の選定は建設省（現・国土交通省／訳者注記）と共同で行われ、建築基準法第 84 条に則り 1 カ月程度をめどに、被災した旧市街地における建造物の再建行為に制限を設けることを目的としていた。個人や事業主による再建を制限するために、神戸市独自の復興や被災地区の改良計画の策定に割かれるべき時間が奪われたことになる。1995 年 2 月 17 日に、神戸市は被災市街地における建築制限の期間を延長することを発表した。続く 3 月 17 日には、市の都市計画総局によって 6 つの再建地区が定められ、土地区画整理事業もしくは都市再開発のいずれかの手法によって地区の再建が進められることとなったのである（付録 C を参照のこと）。

　神戸市は個人や事業主による被災地区での再建行為を制限したが、一方で日本政府は阪神大震災後に策定された法律の一部として、大震災後に建造物の再建を制限する法律を 2 月に国会へ提出した（**表 4.1** を参照）。1995 年 2 月 19 日、

神戸市は、新たに制定された被災市街地復興特別措置法に基づいて神戸市震災復興緊急整備条例を制定した(付録Bを参照)。この条例は、建築基準法第84条で定められていたよりも広範囲を対象とすることを可能にするもので、神戸市のほぼ全域(西部と北部の郊外を除く)が被災復興促進区域に指定された。新条例の制定によって、仮設建造物を除く建造物の再建は最大で2年間厳しく制限されることとなった(RICE 1995, 17)。

改良地区および道路拡幅区間の指定

　日本政府が新たな法律を策定したおかげで、神戸市は土地区画整理もしくは都市再開発の手法を用いて市内に多くの復興、改良、再計画などにかかわる優先地域を設けることができた。1995年3月21日には、神戸市は24の重点復興地域を設けると発表した。これは、優先的に再開発を行う地区であり、約1,225 haがその対象地域となった。建築基準法第84条に基づく6地区(図4.4を参照)と、18の重篤な被害を受けた地区(図4.6を参照)とを合わせて制定されたものである。この24地区において個人や事業主が建造物の再建を行う場合には、事前に市への届け出が必要とされた。市は、このような制限を設けることによって、ばらばらに復興が進むことを抑止しようとしたのである。とはいえ、1カ月早く指定された6つの特別地区と比較すれば、その制限がおよぶ範囲は狭いといえる。

　しかし、神戸市の都市計画家らは、いかにしてこれだけ多くの優先地区を短期間に選定し得たのであろうか？　指定された地区はいずれも重篤な被害を受け、建造物の復興に向けて支援を必要としていることは明らかであったため、都市計画家が地区を選定するのに苦労はなかったのである(Kinmokusei International Project 1999; 本荘氏へのインタビュー調査による)。当初の計画ではさらに約18の地区が指定されていたのだが、これらの地区では震災以前にまちづくり協議会によって地区の改良事業が行われていたために対象から外された。長田区のインナーシティである真野地区などがこの一例である(第3章を参照のこと)。真野地区では、まちづくり協議会が主導して住環境を整備しており、このような地区は他にもいくつか存在した(清水正裕氏、日本下水道事業団、兵庫工事事務所専門役へのインタビュー調査による、1997年6月に実施)。ま

4.2 地方自治体の行動

図 4.5 神戸市の公式広報誌「まちづくりニュース」(JR 新長田駅再開発を示す)(1995 年 2 月)
資料:神戸市役所提供

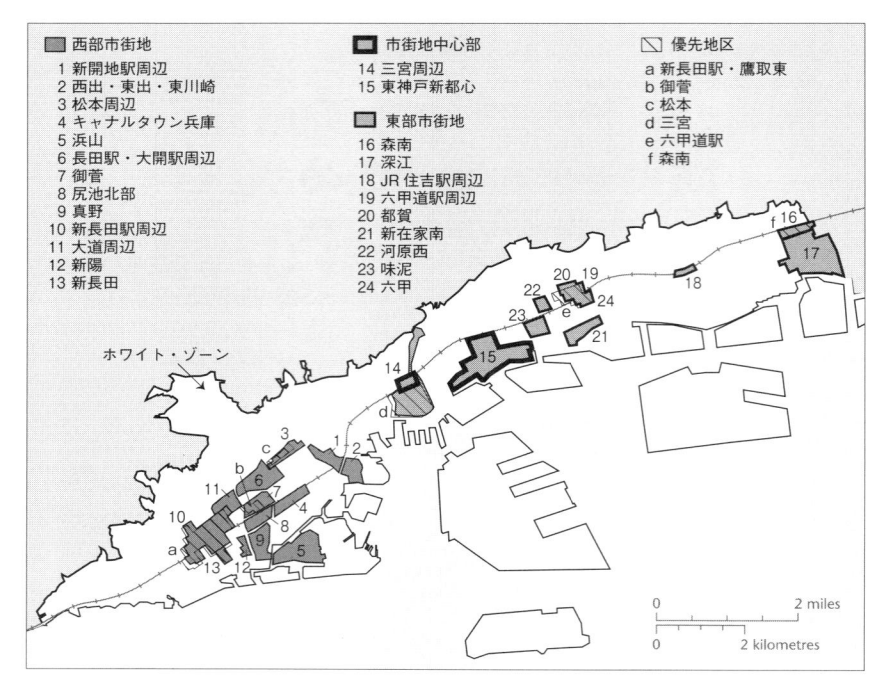

図4.6 神戸市が支援した主な再開発事業の分布
注）1995年の被災市街地復興特別措置法による24の指定地区を示す。
資料：City of Kobe（1995c）より引用

ちづくり協議会が震災後の都市復興においていかなる役割を果たしたのかは、後ほど詳細に検討する。

　1995年の3月に指定された24の重点復興地域のうち、8地区は公共事業によって復興をおこなうこととなった。つまり、土地区画を再区分し、都市基盤を改良し、道路を拡幅し、オープンスペースを設けるための地区になったのである。これは土地区画整理、もしくは都市再開発の手法によって行われることとなっていた。主要な8つの再開発事業は特別な経緯で進められたのだが、公的資金による援助の様子は**表4.4**にその後10年間の経過とともに示されている（これについては後述する）。これらは全て神戸市内の住宅地が対象となっている。

　24の地区を際立たせるのは、三宮の中心商店街および業務地区と、神戸東

4.2 地方自治体の行動　　　123

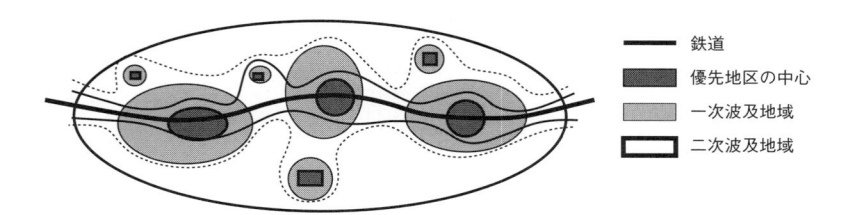

――	鉄道
■	優先地区の中心
▨	一次波及地域
□	二次波及地域

図4.7　神戸市において復興地域に指定された3種の区域の概念図

注）神戸において復興地域に指定された3種の区域は次のとおりである。
1. 法定都市計画事業区域（ブラックゾーン）
   これらの区域は火災と建物倒壊によって甚大な被害を受けたところである。表4.4に示した地域がこれに該当し、下記のグレーゾーンのコア部分をなす。1995年3月17日に復興・再開発事業による土地利用計画が定められた。
2. 任意事業の重点復興地域（グレーゾーン）
   神戸市の震災緊急復興規定に基づいて、重点復興地域として24カ所が指定され、その総面積はおよそ1,225haになる（図4.6参照）。この区域は復興亢進区域と呼ばれることもある。共同再建事業のような計画の場合に特定の指示が出された。こうした再建計画は、追加的な建築計画が出される前に、自治体からの要請により提出される。神戸市は、これらの区域の地元組織から出された建設計画に対して支援を行った。
3. 震災復興促進区域（ホワイトゾーン）
   総面積は約5,887haに及ぶが、これらの区域の復興に際して公的支援は施されなかった。

資料：City of Kobe（1995c）に基づく

部の湾岸部における新市街地（これは、HAT神戸、もしくは神戸ハッピーアクティブタウンとして知られている。詳細については第7章を参照）である。これらは神戸市の戦略上重要な役割を担う地区であったため、集中的に都市計画事業を行い徹底的に改良する地区とされたのである。これとは対照的に、24の重点復興地域の外側にある小規模な地区は、民間資本によって再建された。この場合、復興計画においては主に地元のコミュニティが主体となり、土地区画整理は行わずに元来の土地の区画に従って建物や土地の復旧が進められた。

ブラックゾーン、グレーゾーン、ホワイトゾーン

　被災状況は不均衡に分布しているにも関わらず、市が策定した重点復興地域をみると一定の規則性をもって並べられており、「震災の帯」を想定していたことが明らかである（**図4.6**を参照のこと）。市が重点復興地域を設けて市の予算や国からの補助金による復旧・復興を進めることによって、優先地区の周辺

表4.4 阪神地震による特別措置の対象となった8つの主要地区(ブラックゾーン)

土地区画整理事業

地区名		面積(ha)	計画認可	完了予定(予備段階)	2005年における完成率
森南	1丁目(第一工区)	6.7	1997年9月	2003年2月	100
	2丁目(第二工区)	5.4	1999年10月	(2000年5月)	100
	3丁目(第三工区)	4.6	1998年3月	2003年2月	100
六甲道駅	北	16.1	1996年11月	(1997年2月)	96
	西	3.6	1996年8月	2001年7月	100
松本		8.9	1996年3月	2001年7月	100
御菅	東	5.6	1996年6月	2003年4月	100
	西	4.5	1997年1月	(1998年1月)	100
新長田駅	北	59.6	1996年7月	(1997年1月)	87
鷹取東	第1地区	8.5	1995年11月	2001年2月	100
	第2地区	19.7	1997年3月	(1997年1月)	89

都市再開発事業

地区名	面積(ha)	計画認可	着工	2005年における完成率*
六甲道駅南	5.9	1997年1月~10月	1997年7月	14棟すべての高層ビルが完成し、防災公園を整備中
新長田駅南	20.1	1997年1月~10月	1997年7月	計画された40棟のうち18棟が完成し**、5棟が建設中

* 2005年の1月現在
** 民間資本の建造物を含む
資料:City of Kobe(2005a)より作成

地域に民間による復旧や再建事業を呼び込み、結果として市のほぼ全域で再建事業が行われるように意図されていた。また、24地区には、住宅地に隣接する地元向けの商業地域やコミュニティセンターなどが含まれ、ほぼ全地区が鉄道駅に近接していた。繰り返しになるが、市はまず優先的に復旧をすすめる地域を設け復旧・復興を進めることで、その他の地域にも民間による投資を呼び込みやすくし、それにより市全体に様々な効果が広がることを期待していたのである。別の見方を挙げると、市としては、限られた予算を無秩序にばらまくよりも特定の地域に集中させることで、早急に被災市街地の再建を進めたいと願っていた。都市計画家のNishiyama Yasuo(1997, 2)は、市による一連の事業を東洋医学でいうところの「ツボと経脈」の関係になぞらえて解釈している。つまり、特定の事業が行われる地点(ツボ)は多様な機能が集積するJR鉄道駅

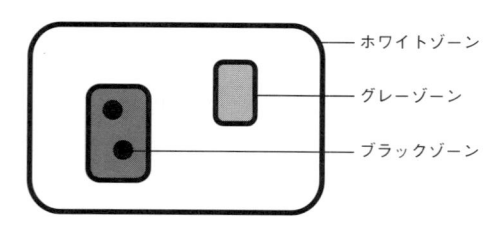

図 4.8 ブラックゾーン、グレーゾーン、ホワイトゾーン

注）ブラックゾーンで必要な費用は公的基金によって賄われ、土地区画整理と都市再開発事業の両方をリードするのは神戸市であった。グレーゾーンでは、地元住民組織からの要求に基づいていくらかの公的基金が投入された。ホワイトゾーンでは、復興に際して公的基金が投入されることはなかった。

資料：Matsumoto(1996)における概念図に基づく

の周辺に置かれ、鉄道の路線がそれらをつなぐ経脈の働きをしていると捉えたのである。図4.7をみると、神戸市における重点復興地域の分布は、目玉焼きのような構造をしていることが理解できるだろう。卵の黄身にあたるのは特に集中的に再建事業が行われる地区であり、白身にあたるのはそれから派生する再開発が行われる地区である（渡辺俊一氏、東京理科大理工学部建築学科名誉教授へのインタビューによる、1996年7月実施）。

再開発にむけた戦略を策定する過程においては、神戸市の都市計画総局は第三の概念を示した。市の条例（震災復興緊急整備条例）に従って、元来の24地区をさらに「ブラック」、「グレー」、「ホワイト」に分類したのである（図4.8を参照のこと）。この区分は、住民参加の度合いや、事業に対して責任をもつ主体の別によって設けられたものである。ブラックゾーン（法定都市計画事業区域、黒地地域／訳者注記）は、建築制限区域の8地区を含み、建築基準法の84条に基づき地区内における建造物の再建が厳しく制限された。これにより、ブラックゾーンの再建には国からの補助金を受けることが可能となり、土地区画整理事業および都市再開発事業や（表4.4を参照）まちづくり協議会によるコミュニティの再建事業に対して（第5章を参照）、補助金を利用して地区の再建が進められた。

ただし、建設省（現・国土交通省／訳者注記）が補助の対象とするのはブラックゾーンに限定されることが暗に示されていた。つまり、2つの優先的再開発地域、別の言い方をすれば戦略的サブセンターや6つの土地区画整理地区（詳細

は、**表 4.4** を参照)が補助の対象とされたのである。ブラックゾーンは、この他にも特別な優遇措置を受け、たとえば、地区内における5千万円までの土地売買の際には税金が免除された(本荘氏へのインタビューによる)。しかしながら、神戸市の都市計画上ブラックゾーンの選定が大変重要であったことや、早急に再建できない諸事情により、地震発生後の再建に向けて動き出すには相当の期間がかかった。詳細な再建計画について市と住民の間で議論している間に、かなりの時間が過ぎていたのである(詳細は第5章で述べる)。その結果、震災後数年が経過しても、ブラックゾーンに指定された地域には空き地や仮設の建造物が残されることとなってしまった(City of Kobe 2005a)。

グレーゾーン(任意事業の重点復興地域、灰色地域／訳者注記)は、ブラックゾーン以外の18地区(重点復興地域、**図 4.7** および **4.8** を参照)を表す。これらの地区では、政府の補助金によって土地区画整理事業や都市再開発が行われるわけではなく、公的資金を使って街区の改良事業や居住環境の復興事業が行われる。しかしながら、これらの事業については、法的強制力であったり国の法律で定められた手法が存在したりするわけではなく、地元住民が地区の復興にかかる公的資金や補助を要求する必要があった。グレーゾーンでは、密集市街地における住宅地の再建事業や、住宅地での包括的な再建事業が主として行われた。グレーゾーンに選定された地区には、震災以前からまちづくり協議会が設立されていたものも含まれていた。グレーゾーンに選定された地区の全体に及ぶ事業に対しては政府の補助金が利用でき、事業費の80％までをそれで補うことが可能であった。しかし、都市計画の専門家や景観コンサルタントを雇って街区レベルの事業を進めようにも、これらに対して市からの経済的援助を受けることはできないため、地元住民が自ら無償で動き事業を進めて行くことが求められたのである。そのため、事業にかかる期間は、ブラックゾーンと比較して長くなる傾向にあった(渡辺氏へのインタビューによる)。

ホワイトゾーンは、**図 4.7** の中で震災復興促進区域(白地地域／訳者注記)と指定されている地区で、合計5,890 haに及ぶ。24の重点復興地域の周囲にあり、地区内の80〜90％が被災した都市的地域である。神戸市東部のほぼ全域がこれにあたる(**図 4.6** を参照)。ここでは、区画が極端に小さく住宅から通りに抜ける通路幅が十分でないものも多く含まれたにもかかわらず、公式に公的

主体からの支援はなされず、再建に向けた動きの大半を住民が担うこととなった。しかし、近隣住民と協力して再建にあたる土地所有者に対しては特別に市からの補助金が支給され、これを利用して都市計画コンサルタントなどを雇う事ができる仕組みとなっていた。大阪に近接し、裕福な居住者が多いという地域的優位性のお陰で、東灘区や灘区のホワイトゾーンにおいては、他の住宅地域よりも復興が順調に進んだ。そのため、これらの地域では震災後の人口回復が早急に進んだ。

　図 4.9 は、1995 年から 2000 年の 6 年間における建造物の被災状況と復興の状況を地図化したものである。神戸市西部の近郊住宅地における被害が最も大きかったことが明らかである。実際のところ、住宅およびその他の建造物の再建は、神戸市東郊の東灘区や灘区から始まった。とはいえ、神戸市東部でも問題なく再建が進められたわけではない。地震発生時、この地域の建造物は劣悪な状態であった。さらに、この地区の土地・家屋は、所有権や賃貸関係等の面で不詳、もしくは既存不適格住宅と判断されるものが多かった。震災から 4～5 年経ってもこれらの地区における再建率は 75％未満であった（**図 4.9**；Kinmokusei International Project 1999 を参照）。

　要約すると、神戸市内の被災地域のうちブラックゾーンに指定されたのは 3％に過ぎず、だからこそ十分な公的資金援助を受けることができた。指定を受けた土地のうち、124.6 ha は 6 つの重点復興地域に指定され、土地区画整理事業によって道路の拡幅、公共施設の改良、公的なオープンスペースの拡充が行われた。25.9 ha は新長田と六甲道地区という戦略的サブセンターでの都市再開発事業に充てられた。2 つのサブセンターでは、低層の住宅や建物を移転させ、中高層の商業施設や住宅が建てられたために、人口や建造物の密度が増すこととなった（**表 4.4** を参照）。ブラックゾーンの周囲には、さらに 18 のグレーゾーンが設定され（計 1,225 ha、神戸市内の被災地域の約 25％）、重点復興地域として地区ごとに再生を目指す事業がすすめられた。ここでは、ブラックゾーンと比較すると地元自治体や行政の介入は限定的であった。神戸市におけるこれら以外の被災地域では、基礎的な公共サービスや道路の修復を除くと、公的な資金を利用した街区の再建・改良事業は限られていた。[15]

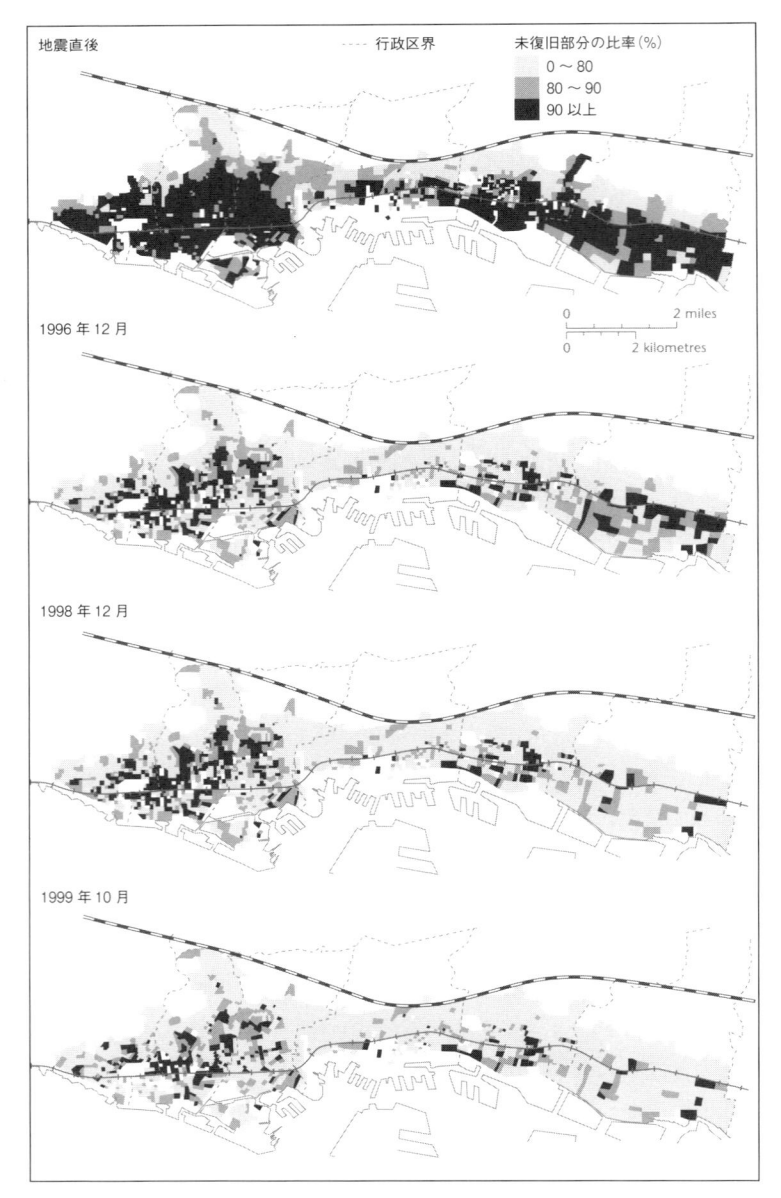

図4.9 神戸市における被害と復旧の状況(1995〜2000年)
資料:Ohnishi(2001)

評　価

　本章では、震災直後から行われた復興計画を詳細に検討した。その成果は、**図2.2**で示した要素3「都市の再機能化に向けて政府や関係各所がとる行動」の枠組みで評価されるだろう。震災直後、政府の対応は成功とはいえないものだったが、その後法律の改正により十分な資金を保証することで神戸市および関西地方の長期的な復興を支えようとした。政府や自治体は、可能な限り短期間に最重要となるインフラを回復させることを確約したのである。個人の住宅や個人に向けたサービスなどの社会的設備に先だって、公共インフラを回復させようとする都市開発のスタイルでは、このような方法が最も適切なものとして評価される。倒壊した高速道路や壊滅状態となった港湾機能の回復に対しては、優先的に経済的支援が差し伸べられ、1997年には政府による一連の事業は完了している。

　神戸市内の被災した住宅地を再建する手法に関しては、議論を重ねるべきであろう。これらに対して国家予算からの支援が与えられることは稀で、政府からの補助金は仮設住宅や、困窮して支援を必要としている被災者を長期的に支えるための公営住宅の建設のために直接投入されたのである。被災した住宅の問題は、各世帯が解決すべきものとされた。政府による「自己回復」の原則にしたがって、神戸市民が期待したのは、被災した住宅を基本的に元の区画において再建することであった。しかしながら、再建にかかる費用が多大な負担であることは想像に難くない。また、住宅の再建が法的にもしくは物質的に困難となったものもあった。たとえば、元の区画が細い通りに面している場合、建築基準法上では不適格とみなされ、木造二階建て住宅を再建しようとしても叶わない。優先的に復興が進められる地区(先述のブラックゾーン、市内の被災地域のうち3％に過ぎない)に限っては、新規の開発に対して公的資金を投入して土地区画整理を行い、都市インフラを改良することが許された。被災者個人に対して再建のための援助を行わないという方針のために、被災した神戸市の大半の地域が「自己回復地域」の扱いを受け、公的な経済援助がないまま自力での再建を余儀なくされたのである(先述のホワイトゾーン、市内の被災地域のうち72％程度)。

第5章　反対運動、住民参加、そしてフェニックス計画

「なぜ、もう少し待ってもらえないのか」「これでは住民不在だ」
——震災後の復興計画に関する神戸市議会に参加した住民、1995年3月14日

　大災害からの復旧の過程においては、論争が起こったり地域の抱えていた問題が表面化したりするものである。つまり、行政と住民との対立が激化したり、復興の手法そのものに対して激しい議論が起きたりするのだ。神戸においてはどのような論争が起こったのであろうか？　まずは、重点復興地域の選定に関する議論が挙げられよう。神戸市は、土地区画整理もしくは都市再開発の手法を用いて、特定の地区に公共事業を集中させようとしていた。重点復興地域の選定や、復興10カ年計画の策定の過程については、議論すべき課題が残されており、適切な手順で進められたのかについて本章で検討していくこととする。

はじめに

　1995年2月28日、神戸市は、24の重点復興地域における再開発事業の詳細を発表した。ここには、道路の拡幅、公共のオープンスペースや災害時の避難場所の設置計画などについて、その詳細が記されていた。容積率を緩和し、住宅や商業施設を含む高層複合ビルの建設を促進する地区についても同様に発表された。先述の通り、神戸市は2月中に広報誌を通じて、8つの土地区画整理および都市再開発の事業計画について市民に周知していた(**表4.4を参照**)。同時に、神戸市はこれらの事業に関する相談室を設けて対応にあたっていた(City of Kobe 1995a)。市は広報誌の中で、災害対策センターを含む大規模な公園をつくること、焼失した商店街を回復させること、住宅建設を盛んにすること、複合ビルの建設を促進すること、地場産業(長田区のケミカルシューズなど)を支える中小企業を元の場所に呼び戻すことなどを約束した(当初の計画には、三宮商業地区における建造物の高さ制限の詳細が決定していなかったため、三宮の

復興案は含まれていなかった)。

　神戸市は、被災した住宅地に情報を提供するための場を設けて市の復興計画を周知し、住民参加を促そうとした。同時に、神戸市の復興計画は市庁舎でも2月28日からの2週間掲示され(これは、1968年制定の都市計画法の取り決めに従ったものである)、3月14日に市役所において住民を交えた公聴会を開くこととなった(付録Cを参照)[1]。

　震災以前からまちづくり協議会が発足していた真野のような地区も市内には多数存在していた。まちづくり協議会を通じて住民の意見を取り入れることも可能であったのに、神戸市が住民の意見を十分に取り入れずに24の重点復興地域の選定を急いだことに疑問を感じる方もいるだろう。筆者が行った市や政府の役人に対するインタビューからは、3つの要因が浮かび上がってきた。

　第一は、被災した地区における無秩序な再建・復旧活動は抑制されるべきであるという都市計画上の暗黙の了解によるものである。無秩序に再建が進められると、街区の改良事業の進行が妨げられる可能性がでてくる。たとえば、17ｍの道路や公的なオープンスペースを作ろうとする場合に問題となる(本荘雄一氏、神戸市企画庁政局企画調整部総合計画課課長へのインタビューによる、2003年5月実施)。市は、重篤な被災地区での再建行為を制限し(1995年2月の発表による)、今後の復興事業を検討するための時間を作ったのである[2]。

　第二は、震災によって、インナーシティの街区整備や都市開発を実施する機会がようやく巡ってきたと考える人々の思惑によるものである。本書の冒頭で引用した、市の都市計画総局に対するインタビュー(1995年夏に実施)からもわかるように、長田区や兵庫区などでは都市再開発計画が持ち上がっては頓挫する状況が50年以上続いてきた。事業規模が大きすぎることなどがその理由であった。そのため、市の都市計画家らが、震災によってこれらの地区を整備する機会を得たと考えても驚くことではない(ここで思い出してほしいのだが、神戸市長であった笹山氏は、市の都市計画総局の出身である)[3]。

　震災以前から神戸の旧市街地を対象にした「再開発事業の青写真」が存在していたからこそ、建築基準法84条の定めに従い地震発生から2週間のうちに6つの地区を選定することができたのだと考えられる。実際、市の都市計画総局が選定した優先地区は、神戸市が震災直前に公表した「第四次神戸市マスター

プラン（基本計画全訂集）」でも取り上げられている。この計画では、神戸市における商業機能の郊外化を進め、郊外のショッピングセンターを中心にした12の商業核を設けるとともに、JR線の六甲道駅と新長田駅とに東西の商業的サブセンターを設けようとしていた（本荘氏へのインタビューによる）。そして、この2つのサブセンターこそが、震災後の包括的な都市再開発事業の対象地として1995年2月に選定されたものであった（**表4.4**を参照）。

さらに、神戸市の都市計画総局には第三のもくろみがあった。つまり予算である。震災以前でも市の財政は逼迫した状況にあったため、震災復興に対して神戸市単独で多額の予算を組むことはほぼ不可能と思われた。そのため、市には、国および建設省（現・国土交通省／訳者注記）の法律や方針の通りに土地区画整理や都市再開発の事業を行うことで、国から最大限の補助金を得る以外に選択肢はなかったのである。市の都市計画総局としては、早急に決断を下し、1995年度の建設省（現・国土交通省／訳者注記）予算に神戸市の復興に関わる費用を確実に組み込みたいと考えたのである（本荘氏へのインタビューによる[4]）。

5.1 住民による反対運動

神戸市は、市の都市計画を進める上で震災がむしろ好機となることを願ってやまなかったのだが、事態はそう簡単には進まなかった。無秩序な再建行為を制限し重点復興地域を早急に設定すべきという各方面からの圧力もあり、市は1968年制定の都市計画法に従い、準備不足のまま都市計画上の手続きを進めてしまった。つまり、2週間というのはこうした手続きを進めるために決められた期間であり、同様に住民や地元の事業主に対して広報誌を通じて事業計画を回覧したり市庁舎に掲示したりして、住民に情報を周知することや、それを明記して公表することも、必要とされる手続きのうちだったのである。

しかし、住民の側に立って見れば、震災後2週間でこのような重要事項を判断できる状況にあるものは少なく、最悪の時期であったと言わざるを得ない。1995年の2月から3月といえば、住民の多くは、避難所や公園などで避難生活を送っていたり、神戸市から他地域へ避難したりしていたからである。このような時期に住民の生活にかかわる重要な決定を行おうとした市に対して、住民は怒りを覚えたのである。そもそも震災以前に公表された都市計画事業に反対

していた住民らにとっては、市が住民との議論を避けて市の望む都市計画事業を進めたいがために工作したとしか思えなかったに違いない。ブラックゾーン（建築制限区域）に選ばれた6地区（表4.4を参照）では、道路の拡張やオープンスペースの確保が行われようとしていたのだが、これはすなわち選定された地区では土地の区画が新たに割り振られ、全ての建物が新たに建築されることを意味した。また、土地区画整理事業によって道路拡幅やオープンスペースの確保を行う際、土地所有者は所有している土地の一部をこれらの事業のために提供することになる。[5] さらには、市の計画では8つの優先地区においては住宅を高層化する案が盛り込まれていた。これらの事業によって、伝統的な街区の景観は全く異なったものになるだろう。低層住宅が建て込み、細い路地がひしめく昔ながらの街並みは、地震やその後の火災による被害を大きくした原因でもあり、震災で完全に崩れ去っていた。昔ながらの街並みは、広い道路、高層住宅、立派な公園へと変わろうとしているのである。

「中心商店街が消えるという市の案には賛成できない。」
「なぜ新長田駅前に広大な公園が必要なのか、理解に苦しむ。」
「事業完了までの期間を問い合わせたが、市の職員は応えてはくれなかった。この事業によって私たちの生活にどんな影響が出るのか、近所の方々にどう説明すればよいのだろうか。」
「市が発行した冊子をみれば、この事業に膨大な時間がかかることは明らかだ。事業が完成するころまで、自分の店は続いていないかもしれない。」（震災で被災した新長田一番街商店街アーケードの店主らの意見、Minami 1995 より）

　神戸市の計画は、より安全な街をつくろうという意図のもとで立案されたのだが、多くの問題を内包していた。市の事業を精査するには、震災後の深い悲しみや絶望のさなかにいる住民にとっては時期早尚であった。昔ながらの商店街にかかるアーケード、細い路地、これらが災害時には最も危険な要素となりうるとはいえ、住民にとっては古い街区を象徴する特徴の一つ一つが郷愁を誘うものであり、これが消えることは悲しみ以外の何物でもなかった。
　3月14日に市庁舎で行われた議会の場で、住民と市政の対立は決定的なも

5.1 住民による反対運動

図 5.1　神戸市役所における抗議行動（1995年3月）
写真：神戸市役所提供

のとなった。200人を超える住民が、被災地域での再区画化や再開発に対する抗議活動に参加した（"Why" 1995; **図 5.1** を参照のこと）。議会において、市の都市計画総局は、再区画化や再開発の必要性を説き、地震や火災に強い建造物（耐震・耐火構造の高層集合住宅など）を建てることでしか将来に向けて安全な神戸をつくる術はないのだと主張した。地元の新聞は以下のように記述している：

「住民らは正午過ぎから、市役所北側の花時計前に次々と姿を見せ、約二百人に。『私たちの意見を受け入れろ』『審議会は決定するな』などと声を上げ、計画の見直しをアピールした。審議会の開会にあたって、傍聴を申し入れたが、市側は拒否。住民らの不満は一気に爆発し、審議室前の廊下では、住民の入室を阻む職員約五十人と、約5時間にわたって、にらみ合いが続いた」("Why Cannot the City Wait？ We Need to Talk"　神戸新聞 1995年3月15日第23面「なぜ待てぬ」「対話を」より）。

抗議運動に参加したのは、市の事業によって直接的に影響を受ける人々の一

部であったが、それでも重要な意味をもった。今回のように住民が自発的抗議を行なうのは、深刻な事態であるとみなされた。日本社会において抗議活動や異議が起きることは珍しく、それをおさめることに慣れていないためである（McKean 1981 などを参照）。

　市の再建計画の策定の過程において住民の意見が取り入れなかったことは重大な問題として捉えられた。被災以前にいた場所の現状を把握している住民はほとんどいなかったのだが、被災者たちが最も傷つきやすい状況にあるときに、彼らを除外して計画が進められたことで問題がより深刻になった側面もあるだろう。長田区に居住するF氏は、「市の再区画事業を聞いたのは、地震から1カ月後でした。まだ、多くの住民は神戸を離れて避難生活を送っている頃です。この事業を行う事で私たちにどんな影響があるのかなど、最初は理解すらできませんでした。地震後に発生した火災の消火活動が迅速ではなく、この地区の住民はないがしろにされているように感じましたし、市に対して不信感を抱きました。こうした状況であったからこそ、あの議会で住民から市に対する批判が爆発したのだと思います。」と述べた（Nakamura 1995b よりの引用）。

　市庁舎における抗議運動に加えて、市の再建計画の公示期間（2週間）には、これまでに前例のない2,400にもおよぶ抗議文が寄せられた（Kodama 1996; Miyamoto 1996b）。抗議の多くは、市と住民との間で十分に議論が行われなかったことと、住民参加のないままに市の都市計画総局が再建計画を作成して議会に提出してしまったこと、そして草案の作成から議会への提出までの期間がたったの3週間と短かったことを問題としていた。住民の多くは、市の計画に反対しており、さらに最終決定までの時間が短すぎることに対して不満をもっていた。また、個別の事業に反対する住民もおり、たとえば、住宅地に17m道路をつくることに反対する意見などがあった（"Innovative" 1995）。

　以上の流れを小括すると、神戸市が大地震発生後の非常事態の最中、道路拡幅やオープンスペース設置のために被災した住民から土地を取り上げ再区画化しようとしていたこと、さらに土地区画整理事業や都市再開発事業を行うなど、住民に犠牲を強いるような手段を用いようとしたことに対して、住民の驚きと怒りが噴出したのである。大半の住民は震災以前に居住していた街にできるだけ早く戻り、被災以前の住宅の場所や形態はそのままに彼らの生活を再建

したいと希望していた。市の計画案の重要性について住民に理解を求めようにも、震災によって住宅も生活基盤も失い怒りに震える住民には、土地区画整理事業や都市再開発事業に協力して彼らの土地や資産を市に差し出す案は非情なものに思えたことだろう。さらには、近年埋め立て地や土地の販売を終えた市が、震災後の都市計画事業を利用して利益を上げようと、株式会社然として（まさに「株式会社神戸」として）暗躍したのだと責め立てる住民もあった。さらに、市の税収を上げるために震災復興に関わる利権を利用したのではないかという指摘もなされた（Sakawa 1997を参照）[6]。

5.2　市の対応とまちづくり計画の起こり

　地元住民の強い反対にも関わらず、笹山市長は、市議会での議論を深めることなく、神戸市都市計画総局の提案通りに指定地区を承認した。依然として、住民による怒りと当初の再建計画に対する反対運動が続いていたが、3月14日の夕方、議会終了後に市長は記者会見を開いた。市長は、再建計画の策定に関して住民の意見が取り入れられていないという批判があることを認めたうえで、「非常時であったため、計画を決定するまでの時間は短かった。しかし、土地の不法占拠などの問題を防ぐためには、早急に計画を策定しなければいけなかった」と述べた（"Why" 1995）。市長は、今後住民との議論を重ねること、土地所有者から市に提供される土地の減歩率をできるだけ小さくすること、市からの情報提供と協議を増やすこと、さらには地区にまちづくり協議会を設立して街区ごとの事業の詳細について住民からの意見を取り入れることを発表した。こうして復興計画策定の第二幕が開いたのである。最初の再開発計画が発表された後、笹山市長は、「住民の合意なくして再開発計画は策定できない」と述べるなど、当初の持論を撤回しようとしているようにもみえた（前掲）。

　市長から発表があった後、市は新たな手法を採用して住民からの合意を得ようと努めた。まず、行政と地元住民間の衝突を鎮めるため、都市再開発事業の対象地区に選定された各地区において、まちづくり協議会に地区住民の総意をとりまとめるように促した。神戸市は過去にもまちづくりの手法を用いて地区計画を取りまとめようとしたことがあったが、震災直後の段階では真野地区の住民協議会など12の住民組織や自治会が機能しているのみであった（**図5.2**と

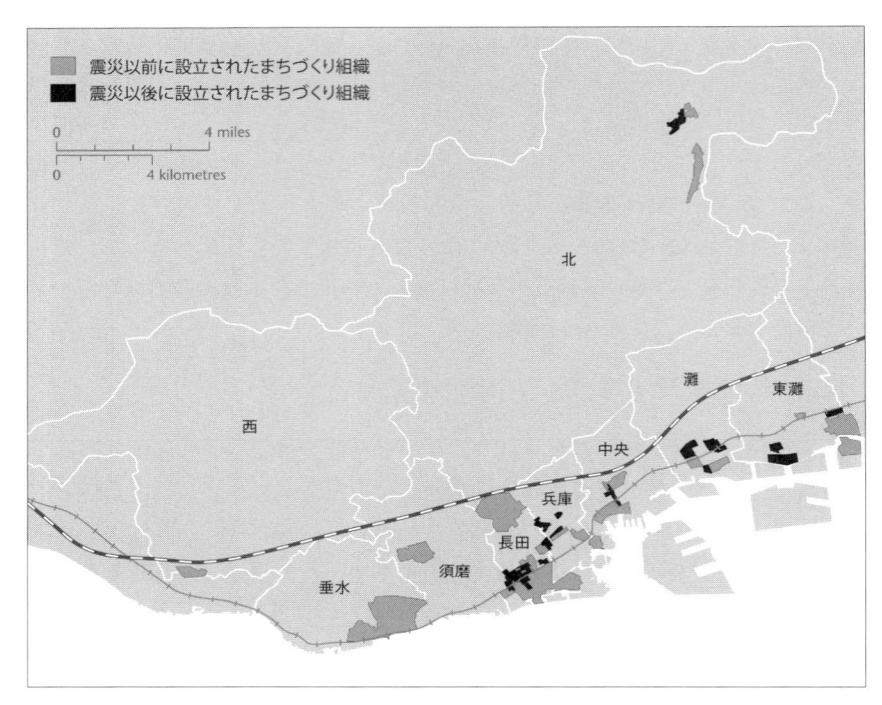

図5.2 神戸市におけるまちづくり組織の分布(2000年)
資料:Ohnishi(2001)

表5.1 神戸市におけるまちづくり組織の概要(1998年)

	1995年以前	1995年以後	合　計
重点復興地域	15	63	78
復興促進区域	5	6	11
その他の地域	8	1	9
合　計	28	70	98

注) 1998年までに解散した組織もある。
資料:Ohnishi(2001)

表5.1を参照)。震災以前には、神戸市内の28の地区でまちづくりに関する協議会等の会合が開かれていた。これらの多くは神戸市中心部もしくは西部のインナーエリアにあり、真野地区におけるまちづくり運動を参考にして設立されていた。地区ごとの詳細な復興計画の策定については住民参加を重視するという市長の強い意見を反映して、まちづくり協議会の数は1996年の夏までに最

5.2 市の対応とまちづくり計画の起こり

大で115に増加した。これには、優先的に都市再生や土地区画整理事業が行われる8つのブラックゾーン以外で設立されたものも含まれていた。[7]

まちづくり事業の一部として、市は都市計画や建築の専門家を協議会の相談役に任命した。地震から12カ月の間に寄せられた相談の数は約500にも及んだ。これにかかった約5億円の大部分は国からの補助金で賄われた（Watanabe 1997）。市はさらに大阪や京都を含む関西圏から、まちづくり事業に精通し経験豊かな民間の建築家らを多数集めた。

地元の建築家や都市計画家、その他の相談役は1995年4月に市の職員と面談した。この中で、優先地区の復興計画で行う土地区画整理事業では2段階アプローチを採用することを決定した。また、市は拡幅する道路や防災拠点となる公園やオープンスペースの場所を**表4.4**に示した地区に選定した。さらに、市の都市計画総局は、幅員16〜17mの道路と新しい公園の場所を決定した。主要地区に居住する住民は、再建計画を検討し、4m以上の幅員をもつ近隣道路の場所を確定するように依頼を受けたのである。近隣道路の建設の際には、住民の土地は10％程度の減歩率で公共用途に使われたが、地区内のインフラの再建にかかる費用は市が負担した。住民はまちづくり協議会に参加し、市が雇った都市計画家らに意見をもらいながら、細かな街区ごとの再建計画をまとめ上げ、近隣道路やポケット公園の場所を決定していった（本荘氏へのインタビューによる）。このまちづくりの手法を用いた地区計画の決定過程については第6章で詳細に検討する。

このようにして、神戸市は、震災以前から取り入れられていたまちづくりの手法を用いて、復興計画の策定に住民を参加させた。住民は居住する街区の再建計画に主体的に関わりたいと望んでいた。市は、住民の希望を満たしてまちづくりの手法による再建計画を進めることで、市と住民の間の対立関係を緩和させようとしていた。

第3の手法として、神戸市は情報公開を促進し、個人や民間資本による再開発事業を促そうとした。重点復興地域には、まちづくり協議会を設けて専門家を相談役に任命しただけではなく、被災地域の各所に現地の調整センターを設け、神戸市内のいかなる地区に対しても要請があれば専門家を派遣した。[8]さらに、市は、ボランティアによる「まちづくりニュースレター」の配布を支援

した(図 5.3)。これらは 1995 年 2 月～1998 年 8 月まで続けられた(Kinmokusei International Project 1999 を参照のこと[9])。

以上をまとめると、3 月 14 日の都市計画に関する議会では、重点復興地域を短期間で確定するために議論がなされたのであるが、その後に起こった出来事は以下のような特徴をもっていた。市長は、住民からの反対運動を受けて、多くの被災者が自らの手で街区を再建したいと望んでいる現状に応えようとした。こうして、住民は自らの意見を活かす機会を与えられたのであるが、このような手法は日本では前例がほぼなかった。市長は官僚によって独断的に都市再開発が進められる日本の伝統的な都市計画の手法[10]を打ち破り、新たなまちづくり手法による復興の道筋を探ろうとしたのであった。

5.3 フェニックス復興計画

震災の翌年、市は災害対策基本法(1960 年制定)に従って、復興 10 カ年計画策定への準備を進めていた(付録 C を参照)。

10 カ年計画の設立に向けて、まず市は 1995 年 3 月 27 日に復興計画ガイドラインを発表した。ガイドラインは、市の復興計画委員会によって審査された。国からの補助金との兼ね合いなどを考慮して修正が加えられていき、神戸市復興計画の最終版は 1995 年 6 月 9 日に公表された。その後、兵庫県は県内の被災地域における大規模な都市再開発計画を集めた、ひょうごフェニックス計画を発表した(Narumi 1996; Hyōgo Prefecture 1996b)。それと同時に、2 つの復興計画の構想が発表されたのだが、その実態は驚くほど巨大なもので、合計 1,680 もの個別の事業が含まれ、その事業総額は 12.1 兆円にも及んだ。この事業には、都市再生事業や都市インフラの復旧に関わるもの(1995 年末までに事業完了予定)、住宅、産業復興、都市インフラの再配置などに関する 3 カ年計画、さらに 2005 年までに完了を予定する長期的復興計画が含まれた。

この 2 つの復興計画の目的を図 5.4 に示した。この計画も日本国内の都市や県がこれまでに折に触れて発表してきた「総合計画」となんら変わりない問題を内包しており(CLAIR 2004)、つまりは事業の詳細ではなく全体的かつ包括的な方向性を示したに過ぎなかった。これらの計画がいかに実行され復興に至ったのかについては、本書の結論章にて議論する。兵庫県によるフェニックス計

図 5.3　地域に根ざしたまちづくりニュース「きんもくせい」(1997 年)
　　　資料：Kinmokusei International Project (1999)

ひょうごフェニックス計画における5つの目標
1. 21世紀に対応した福祉のまちづくり
2. 世界に開かれた、文化豊かな社会づくり
3. 既存産業が高度化し、次世代産業もたくましく活動する社会づくり
4. 災害に強く安心して暮らせる都市づくり
5. 多核・ネットワーク型都市圏の形成

資料：Hyōgo Prefecture Government (1995)

神戸市復興計画における4つの目標
1. 安心して住み、働き、学び、憩い、集えるまち
2. 創造性に富んだ活力あるまち
3. 個性豊かな魅力あふれるまち
4. ともに築く協働のまちづくり

資料：City of Kobe (1995c)

図5.4　兵庫県と神戸市の復興10カ年計画における全体的な到達目標
資料：Hyōgo Prefecture Government(1995)、City of Kobe(1995c)

画を実行するための予算の概要については、**表5.2**を参照いただきたい。この表によると、予算のうち3分の2は都市再開発と都市インフラの再生に用いられることとなる。同様に神戸市の予算をみると、国からの補助金が市の予算の5分の3を占め、また予算の3分の1は市の公債により賄われることとなっている。個別の事業に対する補助金の額をみると、予算の5分の3を上回るものもあった。これは、阪神地震が大震災とみなされたからに他ならない（第2章を参照）。

　フェニックス計画の実行に際して、兵庫県知事の貝原俊民は、経済状態を完全に回復させることが重要であると述べた。「単に1月17日以前の状態に回復するのでは十分ではない。経済復興によって、地域の経済を発展させなければならないのだ。」このように述べることによって、復興計画に含まれる経済復興事業の重要性を一般に知らしめようとしていた。住宅事業とは対照的に、経

表5.2 兵庫復興計画の予算の概要(1995〜2005年)

	(10億円)	(%)
支出区分		
金融政策による政府の支出	2,567.1	40.2
地震関連問題のための兵庫県の財政支出	2,546.0	39.9
神戸市の震災復興支出	1,270.7	19.9
合　計	6,383.8	100.0
神戸市の収入源		
国庫からの拠出金	768.2	61.3
兵庫県からの拠出金	8.9	0.7
市債	407.7	32.5
他の特別収入	0.5	0.0
一般財源	68.4	5.5
合　計	1,253.7	100.0
兵庫県復興(フェニックス)計画事業の分野別支出(当初5年間)		
住宅および福祉	2,100	17.4
文化	200	1.7
産業復興	1,500	12.4
防災システム	300	2.5
都市基盤および公共事業	8,000	66.1
合　計	12,100	100.0
阪神・淡路大震災復興基金 (神戸市および兵庫県による基金)	900	

資料 : Miyamoto(1996b)

済的な事業は、震災前と比較して大きく前進した。観光、ファッション、ハイテク分野、国際貿易については、震災以前と同様に将来的な成長が見込まれる分野として位置づけられた。また、世間の注目を集め、復興を促すような象徴的な事業も提案された。これには、世界保健機構の支部としてWHO神戸センターを設立したり、神戸国際マルチメディア文化都市事業を実施したり、ファッションセンターを設けたり、企業誘致特区を設けたりといった計画が盛り込まれていた。貝原知事は、市と県が連携して経済事業を容易にし、他の復興事業を成功させるべく、国に予算的な支援を求めていく考えを示した("Governor" 1995)。

象徴的な事業に対する住民の反応

短期的な復興事業の時と同様に、長期的な復興事業を示したフェニックス計画についても住民からの反応があった。発表直後、住民参加が不十分であるという批判が殺到した。すでに2つの自治体が、緊急の事態を勘案してそれぞれ

の復興計画を策定したが、そこでも実質的な住民参加を取り入れることは叶わなかった。依然として、神戸市の復興計画策定の過程に関しては、性急過ぎたという意見が圧倒的であった。ただ、多くの住民は未だ日々生きていくことで手一杯で、もとの居住地から仮設住宅へ移った者もいる中で、復興計画に意見したり抗議活動を行ったりする気力や時間のある者はごく限られていた[11]。それにもかかわらず、フェニックス計画は論争の的となった。一方で、フェニックス計画を評価する動きがあったことも確かである。つまり、複合的な神戸市復興計画は震災から6カ月のうちに提示され、また被災地が広域にわたることを広く社会に知らしめたためである。他方で、被災者の多くは復興事業によって気分を害することとなり、特に都市計画事業に対する反対は根強かった（たとえば、トップダウンで行われる広域の都市インフラ復旧計画など）。

では、住民の憤怒を招いた事業とはどのようなものであったのだろうか？ひとつには、短期的な優先復興事業（道路や鉄道網の再建にかかるもの）や被災状態を鎮静させるために行われる中期的な事業（住宅に関するものなど）、市の経済を活性化し都市イメージを回復する目的で行われる長期的な事業が、雑多に列挙されていることに対して議論がなされた。「復興計画は総合的で、震災とは関係ない事業、地震の結果必要となった事業、地震の被害をうけて早急に取り組むべきこととなった事業とがごちゃまぜになっている」という批判が寄せられた（"Plan" 1995, 6）。

特に議論の的となったのは、17におよぶ「象徴的事業」であった（表5.3を参照のこと）。これらは、不死鳥のように震災から立ち上がる市を象徴する事業とみなされた。さらに、都市インフラを強化し、神戸市内の河川沿いにグリーンベルト地帯を設けるなどの、市の防災機能を高めるための事業については、市の経済発展にもつながる革新的な大事業と位置づけられていた。すでに神戸市もしくは兵庫県が提案していたものや（たとえば、空港や企業誘致特区に関するもの）、震災からの神戸復興を記念するための事業も含まれていた。

しかしながら、住民にとっては、巨額を投資するこれらの事業は税金の無駄遣いに他ならなかったのである。特に、被災して避難所や仮設住宅での生活を強いられている住民にとっては、これらは全く自分たちに関係ないもののように思われたのである。フェニックス計画の例としては、「東部新都

表5.3 神戸市復興計画で選定された17の象徴的事業(1995年6月)

防災事業
　・市民のすまい再建プラン
　・安全で快適な市街地の形成
　　（復興区画整理事業や市街地再開発事業）
　・21世紀に向けた福祉のまちづくり
　　（少子高齢化社会に移行することを踏まえた諸施策）
　・安心ネットワーク
　・多重性のある交通ネットワークの形成[1]
　・地域防災拠点の形成
　　（学校や公共施設の耐震強化など）
　・水とみどりの都市づくり[2]
　・災害に強いライフラインの整備

産業振興事業
　・東部新都心(HAT神戸)[3]
　・神戸起業ゾーン整備構想
　　（ポートアイランドの神戸医療産業ゾーンに発展）
　・中国／アジア交流ゾーン
　　（「上海・長江地域との交流」に発展）
　・21世紀のアジアのハブポート(マザーポート)づくり
　・国際性、近代性などの特色を生かした神戸文化の振興
　　（神戸ビエンナーレやデザイン都市づくりに発展）
　・次世代情報通信研究のための基盤整備(KIMEC構想の推進)[4]

長期的事業
　・海につながる都心シンボルゾーンの整備
　　（神戸市の都心中央軸の総合的整備）
　・災害文化の継承
　・災害科学博物館及び20世紀博物館群構想の推進

1) ポートアイランド沖第二期工区に企画された2,500m滑走路を持つ神戸空港を含む。
2) 南北方向に流れる河川の安全性向上に向けた改修、および六甲山系のグリーンベルトシステムを含む。
3) 約10,000戸からなる高層住宅、国際研究センター、アートギャラリーを持つ神戸東部のHAT副都心を含む。
4) KIMEC=Kobe International Multimedia and Entertainment City
資料：City of Kobe(1995c)

心（後に、神戸ハッピーアクティブタウンもしくはHAT神戸計画に改称）」がある。これらは、工業機能に特化していた湾岸部の開発を想定したもので、国際的な研究機関の新設、10,000戸の高層マンションの建築などが含まれていた。[12]

　これに加えて、国および地方の法人税を引き下げる企業誘致特区を設ける構想も象徴的な事業に含まれていたのだが、これは国内外からのハイテク産業への投資を呼び込もうとしたものであった。このほかに、空港計画については、5kmほど沖合の、ポートアイランド第二工区の南部にある272haの人工島上に空港を建設しようとするものである（**表5.3**を参照）。笹山市長は、個人的に

この計画を気に入っていたようで、実のところ震災以前からの肝いり事業であった。空港計画は、大阪大都市圏の南部、大阪湾をはさんで神戸の対岸に関西国際空港が完成した1994年頃から公言されるようになった。市長の目には復興計画の末に莫大な公共事業によって発展する神戸の姿が浮かんだことだろう。この計画には、さらにコンベンションセンター、マルチメディア施設、阪神・淡路大震災記念公園(メモリアルパーク)、20世紀記念博物館の建設計画も含まれていた(**表5.3**を参照)。

住民による批判は、復興計画の大半が国からの補助金頼りとなっている点にも向けられた(Miyamoto 1996a,b)。神戸市復興計画は、11の異なる分野に100以上の事業を含むものであったが、規模が大きく包括的なものであった。その主要な欠点をあげるならば、提案された事業について優先順位を示さなかったことがある。また、予算を確保できない可能性を考慮していなかったことも挙げられる。

神戸市復興計画とひょうごフェニックス計画は、日本の典型的な方法、つまりは総合計画式にまとめられたものであるが、これは1947年制定の地方自治体法に従って要求されるものである(City of Kobe 1995c)。地方自治体法では、地方自治体に都市インフラ整備に関する長期的計画や文化および産業計画などを含む公共事業の計画を設けさせることとしている。このような総合計画においては、多くの長期的な目標が設けられるだけで、特定の優先項目や予算が説明されることはまずない。神戸市の長期的な復興を目指す象徴的な事業について、市政オブザーバーは、震災によって国の補助金が利用できるようになったことに便乗して震災以前から想定されていた事業を、1995年の復興計画としてラベルを貼り変えただけだと記している[13]。

これまで、市の財政では実行できず、また国の予算が優先的に振り分けられることもなかったような大規模な事業を行う好機が、震災によってもたらされたのだと市は考えたであろう。兵庫県の税収は、震災後大きく減少し、1995年度の歳入は1980年代並みに落ち込んだ。神戸市の税収に関してはさらに厳しい状況であった。こうした状況下では、国からの経済的支援がなければ事業を行うことは困難であった。そのため、1995年の夏に提案された復興計画の草案では、具体的な事業完了時期は明記せず、10年以内に事業を完了させる

5.3 フェニックス復興計画

とする期待が記されただけであった。

　ハード面のインフラ整備事業と、ソフト面の福祉事業とのバランスについても批判が向けられた。事業の優先順位や事業遂行にかかるタイムテーブルが示されなかったため、復興事業の費用は、被災した住民および企業が生活や事業を再建するために必要な費用とのバランスを欠いているとみなされた[14]。確かに、復興計画においては、被災者、特に高齢の被災者に対する特別な支援策を優先事項にするとの記述はほぼ見当たらなかった。さらには、被災した高齢者および身体障害者に向けたデイケアセンターや家庭訪問サービスなどの増設にかかる事業は、提案された住宅計画には入っていなかった。同様に、長期的に介護を必要とする被災者に対して介護施設を増設する計画も盛り込まれてはいなかった。もともと日本政府はこうしたサービスは住民自身、もしくは自助団体などによって賄われるべきであるという方針を持っており、国の意向を反映した復興計画に対して神戸市民が不満をもったことは容易に理解できる。住民が暗に恐れたのは、復興計画の優先順位に従って事業が進められるうちに、被災者へのサポートが受けられなかったり仕事を見つけられなかったりという理由から、仮設住宅などから退去した後にもとの場所に戻ることができないのではないかということであった。

　神戸市政に対する住民の怒りは、1995年の夏に行われた都市計画会議の報告書にも見付けることができる。この意見は、その地区の住民が広く共有している意見を代表するものである。「復興のやりかたは全く火事場を狙う泥棒のようじゃないか。普通ならこんな卑劣なまねはできないと思う。もっとも弱く傷つきやすい立場にいる人々を狙うなんて(Kawamura, Hirohara, and Yamashita 1996, 51)。」事実、「火事場泥棒」という喩は、市の都市計画総局員らの心を突き刺し、何年にもわたって苦しめることとなった。

　個別の案件に対する批判もあった。空港計画に関しては、1960年代初頭の住民による抗議運動について言及するものがあった(第7章を参照)。また、環境学者の宮本憲一は、空港の建設計画は神戸市で自家用車依存型社会が継続することを前提につくられていると厳しく批判した。フェニックス計画に対しても、市を東西に横断する既存の阪神高速3号神戸線に加えて、新たに南北に高速道路を建設する案が盛り込まれていたためである。また彼の批判は、広大な

埋立て事業にも向けられた。埋立て事業は日本ではよく用いられるものであるが、六甲山脈を削って海面を埋め立てて空港やポートアイランド第二期工区を造成することは、危険であることは言うに及ばす、都市の持続性や自然環境保護の観点からも賛成できないと強く批判した。それにもかかわらず、市は大阪湾上の埋立ておよび埋立地での空港建設を中核的な事業と位置付け続けた（図3.5を参照）(Miyamoto 1996a, b)。

神戸市の復興計画と兵庫県によるフェニックス計画にも住民の意見を取り入れた部分はあったものの、住民からの反対意見が消えることはなかった。市民の不安や疑念が払しょくされたわけではなかったが、神戸市が最終的な復興計画を公表した1995年7月以降は公式な抗議行動はみられず、計画に反対してきた住民はもはや諦めたようであった。住民はすでに行政に対して懐疑的になっていたのである。というのも、年の初めに公表された重点復興地域やゾーニングの再設定などの際、反対行動を起こしても市には意見を取り入れられず、面目を失っていたからである(Kawamura, Hitohara, and Yamashita 1996)。しかしながら、住民が沈黙していたならば、ジャーナリストや学者、国の役人に住民の意見が届くことはなかっただろう(たとえば、"Plan" 1995, "Out" 1995などを参照)。

5.4 日本政府による事業の見直し

1995年の夏、フェニックス復興計画は、正式に政府の阪神・淡路復興委員会に提出された。委員会は大体の手法および事業計画を承認し、政府に対する資金援助の要請に関する部分の審議に取り掛かった。この中で、委員会は兵庫県と神戸市に対して、復興に関する住民とのコミュニケーションの重要性を指摘した。さらに、委員会は、復興計画の優先順位について以下のように要求した。まず、医療の向上と失業問題緩和のための措置をとり、定住できる住宅のない住民の経済状況を緩和するため、補助付きで公営住宅に入居できるよう調整すること。第二に、将来の震災に備え、阪神圏内で人々の流動性を高めるよう、交通や通信面を総合的に見直すこと。第三に、神戸市は災害に強い都市のモデルとして、緑地帯や公共のライフライン網などを整備すること(Ogawa and Nagano 1995)。さらに委員会は、復旧時期にあたる5年間は政府からの補

助金を利用する計画であったが、国と地方自治体との負担割合などを考慮するためにさらなる検討が必要であると判断した。これは、かなりの開発事業に影響を与えることが予想され、特に2000年以降に開始される長期的復興事業や象徴的事業への影響は必至であった(Shimokobe 1996)。

兵庫県から提案されたうち約600の事業と、神戸市による約1,100の事業について、委員会が異議を唱えた。政府による支援は既に2つの補正予算からなされており、先述のとおり2.5兆円(**表4.2**を参照)と16の既存法を改正したことによるもの(**表4.1**を参照)が含まれる。そのため、十分な措置はすでに執られたものと判断し、震災から5年以降に計画されている(つまり、2000年以降の)事業を行うことは難しくなった。つまり、神戸市による20世紀記念博物館や神戸市の空港計画など長期計画に含まれるものは事実上困難となったのである。

記念事業の一環として、兵庫県は1996年に、地震被害と震災から1年の復興の様子とを展示した。この展示は、神戸市中心部に立地する神戸フェニックスプラザと呼ばれる仮設ビルに設けられた。展示には、被災状況、地震による危険性やそのリスク、阪神圏の将来計画、住民に対する技術的サポートや資源の利用方法などが含まれた。2002年の4月には、神戸フェニックスプラザは、コカコーラによってサッカーワールドカップ2002の宣伝およびチケット販売所に変えられていた(1996年と2002年に筆者自身が観察した結果による)。また、より恒久的な記録として、メリケンパークには被災した埠頭の様子が修理されずに残されたほか(**図5.5**を参照)、フェニックスプラザの功績を継承するために博物館が新設され(**図5.6**を参照)「阪神・淡路大震災記念 人と防災未来センター」として知られている。この施設は、専門家らを対象にした災害管理訓練の施設としても機能しており、HAT神戸事業地区内に位置している("Disaster" 2007)。

市による復興計画の真の目的が、国の予算を利用して神戸市を他都市よりも優位に成長させるための基盤整備を進めることにあるのは、復興委員会も理解するところとなった。神戸市が象徴的な事業として**表5.3**に挙げているものは、まさに市の目的を反映したものであり、これによって国内の広島市や横浜市、東アジアの上海(中国)やソウル(韓国)などの相対する都市に対抗しようとしていたのである。霞が関の役員も当惑し、「混乱に乗じて利益を得ようとし

図 5.5　神戸市メリケンパーク内の「震災メモリアルパーク」(被災桟橋) (2005 年)
写真：D. W. Edgington

図 5.6　HAT 神戸事業による「人と防災未来センター」(2005 年)
写真：神戸市役所提供

ている」と言うものもいたという(Kawamura, Hirohara, and Yamashita 1996, 49)[15]。結果的に、委員会は1995年の最終決定の中で、フェニックス計画に対する経済支援について、少なくとも震災後5年間は必要な経費を政府が支援することにした。空港計画などの長期的な事業は、国による優先的な大規模都市再開発および再生事業のリストに加えられることとなった。これは、国内の市町村で行われる地域計画や巨大事業が掲載されるリストである。1995年7月に復興委員会の第10回会議が行われた後、神戸市の物質的、経済的、社会的な復興への支援策について、委員会は村山富市首相(当時／訳者注記)に報告した。首相は、「阪神大震災に取り組むことが政府の最優先課題である」と述べている("New" 1995)。

　政府が市の復興10カ年計画に含まれる事業に対して経済的な支援を行うかについて、1995年内には明確な回答は得られなかった。震災の翌年になって、ようやく阪神地震による被害に対する政府の認識が変化することとなった。つまり、神戸復興は、国家的な重要課題というよりも地方の問題としてとらえられるようになったのである。これは、政府の長期的な財政不安や1990年代初頭におきた土地バブルの崩壊によって日本の金融市場をとりまく状況が悪化したことによるところが大きい(Masuzoe 2000)。1995年の3月にはオウム真理教による地下鉄サリン事件が東京で起こったこともあり、同年7月に行われた参議院議員通常選挙における与党の主張の中から、神戸復興に向けた政府の支援策は消えつつあった(Blaker 1996)。さらに、国内の他市町村においても政府からの支援を要するような事態が起きつつあった(たとえば、広島の場合、1990年代中盤に地元の造船業やマツダ自動車の工場などが弱体化したために様々な問題を抱えていた)("Winds" 1998)。阪神大震災が起こったこの年、日本中のあらゆる都市が、企業を誘致し地元経済を活性化するための事業を欲していたのである。そのため、政府は「なぜ神戸だけにより多くの予算を振り分けることができようか？ 全ての市町村を平等に支援しなければいけない」という態度をとるようになっていった(神戸市国際交流協会、神戸市シンガポール事務所長　花木　章氏のコメントによる、1996年Moffett誌に掲載)。阪神地方のコミュニティにかかわる有識者たちは、これについて意見を繰り返していた。神戸大学の経済学者である小西康生氏は、「どうして神戸市が政府からの特別支援を期待できようか」

と述べている（"Kobe Still" 1997）。

評　　価

　本章で扱った内容は、第2章で導いた枠組みにおける**図2.2**の要素4、つまり「復興後の都市計画やその成果に対するコミュニティの態度」にあたるものである。本章の分析から明らかになったのは、災害発生後に復旧計画を策定する際にしばしば起こりうる課題、つまりいかに早急に復旧計画を策定するか、またそこに住民の意見をいかに取り組んでいくかについての問題である。神戸市は、手探り状態で復興に向けた動きを開始した。当初は、政府の都市計画や金融制度上の法規に従うべく、あまりにその歩みをせいていた。日本人は役所の決定に従うのが通例であるとはいえ、神戸市の復興計画はすぐにはまとまらなかった。市にしてみれば、これだけの短期間に24の重点復興地域や長期的復興計画を策定する理由は確かに存在した。つまり、無秩序な復旧や再建は避けなければならず、また政府からの予算を得るためには復興計画を策定する期限を守らなければならなかったのである。また、市の議会や職員には、この復興の機会を利用して神戸市を再建したいという思惑もあった。特に、港湾部、都市中心部(三宮商店街)、湾岸再開発地区、さらに焼失した近郊の中心地(新長田および六甲道)を再建し、古くからある住宅地においては新しい防災設備を導入したいという考えがあったのである。

　本章の冒頭で引用した1995年に行った市の都市計画家に対するインタビューでの発話は、神戸市の復興計画の根底にある考え方を的確に表したものであるといえる。つまり、「災害は危険をともなう好機」なのである。神戸は、不安定な市の財政状況のなか、住民による予期せぬ反対運動を受け、さらに巨大事業に対して政府からの理解を得られないという、明らかな困難に直面していた。そのような状況にあっても、東洋のことわざ「災い転じて福となす」の精神が活きていた。災害からの復興を通じて、神戸市はより良い都市となるための歩を進めたのである。市が提案した復興計画は、地元住民の意向を完全に反映したものとは言えないかもしれないが、経済学でいうところの「次善」であったのではないだろうか。日本の福祉制度やインフラ整備の全般において、ソフト面よりもハード面の事業が重視される風潮があるが、都市政策もその例

にもれない。このため、限られた時間と資源のなかで最善を尽くした結果であると考えられる。[16]

　神戸市における長期的な復興事業を進めるにあたって不確定要素が多かったにもかかわらず、震災後の数カ月間、都市インフラの復旧および建造物の再建は比較的順調に進んだ(Hirao 1995a; "Connections" 1996)。付録Aによると、電話は1月31日、ガスは4月11日、水道は4月17日、下水処理は5月1日までに復旧している。地下鉄は1995年の3月中に全線復旧し、阪急や阪神などの私鉄各線が運行する大阪への通勤電車は1995年6月には再開した。阪神地震の後、1,550万立方メートルの瓦礫が残された。公的資金を投入して被災建造物の取り壊しが行われ、1995年の5月までには約80％の被災建造物が取り壊されて移動された。[17]これにより排出された瓦礫の処理は1998年の3月に完了したのだが、震災から3年もの月日を要したのである(付録Aを参照のこと)。神戸を経由して大阪と西日本を結ぶ阪神高速の被災区間の修復は、1996年の9月に完了した。

　阪神地震による被害の程度を考慮すれば、復旧は早急に進んだとみなしてよいだろう。神戸市にとっては、震災後の1年間で成し遂げた復旧、再建、再配置の作業はある種の誇りでもあった(City of Kobe 1995bを参照)。ただし、残念であったのは被災した地区の社会組織や経済状況が十分に回復されなかったことである。再建にかけた1年の間、市や県は、一方で東京の無関心に直面し、他方で被災者の怒りに立ち向かった。依然として、市は、安全対策よりも重点復興地域における道路の拡張やオープンスペースの確保に対して予算を振り分けていた。住民が十分に声を上げることができていたなら、計画を認めないことも可能であったかもしれない。

　震災から約6カ月後に神戸地域の交通網が復旧すると、この地域に居住する人々の生活も容易になっていった。1995年の夏には、大半の鉄道や道路はサービスを再開し、被災した建造物はおおむね撤去された。こうして被災した地域の多くは復旧したのである。復旧の過程において残念であったのは、被災者の日々の生活を取り戻すための方策が十分に練られなかったことである。特別な場合に限っては、阪神・淡路大震災復興基金から借り入れをして、住宅の再建、小規模な店舗や他の地元事業を再開するための費用に充てることが可能となっ

た（City of Kobe 2005a）。しかし、仮設住宅に居住する高齢者の痛ましい状況や、公営住宅の再建計画が遅々として進まないことなどの諸課題は、震災から1年たっても解決されないままであった。同様に、24の重点復興地域における事業計画の見直し、および地域経済の再生といった課題も未解決のままであった。たとえば、10カ年計画の折り返し地点である2000年までに、**表4.4**に示した8つの主要な再開発地区における土地区画の線引きが完了していなかったのである。長期的な復興計画を遂行する際には、最も被災状況の激しい地区をどのように判断するのかが必須の課題となる（"Land-Readjustment" 2000）。当時、最も被災状況が激しいとみなされた地区では、2階建ての仮設プレハブ住宅の建設しか認められておらず、人々は自らの住宅や店舗を再建しようにも制限のあることに懸念を抱いていた（"Reconstruction" 1995）。

　ここまで、**図2.2**に基づいて阪神地震を事例に、被災後の復興の過程を検討してきた。次章からは、具体的なケーススタディを提示する。第6章では、神戸の西郊および東郊にある住宅地における復旧・復興の過程を検討する。

第6章　近隣地区における事例研究

　居住者が感情的に拒絶する状況、あるいは用途地域の見直しで生じる損益にこだわっている状況では、そのような事業(区画整理などの用途地域の見直し)を促進するのは難しい。居住者たちは、用途地域を見直す事業は所有地の一部をコミュニティに提供することであると理解しなければならない。

—— 地元の建築コンサルタント・森崎輝行

　我々は土地所有者からの激励よりも多くの苦情を受けている。そうした状況からすれば、おそらく我々が立案した計画は、彼らの土地を押収する試みであるかのように見られている。しかし、用途地域の見直しは、土地所有者にとっても同じく利点がある。

—— 神戸市都市計画局の公式見解

　本章では、3つの地区の復興事業の10年間の歴史を振り返る。とりわけ、土地区画整理事業や都市再開発事業に応じるよう地元の地主や居住者を説得する際に生じた様々な契機や問題について考察する。事例研究は、全てブラックゾーンすなわち最優先で復興を進める地区に関わっている。一つ目に新長田北地区の土地区画整理事業、二つ目に新長田南地区における都市再開発事業(これらの両地区は神戸市内の西部に位置する)、そして三つ目に神戸市内の東部に位置する森南地区である(**図4.6**を参照)。分析に際しては、これらの近隣地区復興事業に関わるコミュニティ計画家が遭遇した複雑さや多様性だけでなく、これらの地域が地震の前から備えていた条件の重要性にも注意を払う。

　第5章でも示したように、震災後の最初の一年の間、都市当局が着手する再建や改良としての復興計画は怨念の中で始められた。最初に都市計画家たちは、地域住民に対して修正後の道路網、空地や高層建築物の状況を既成事実として提示した。こうした計画は1968年の都市計画法で規定された、最低限の公の参加で作成された[1]。自分たちの視点が無視されていると感じた居住者からの強

い反対を受けて、神戸市は都市復興に際して二段法を導入せざるを得なかったが、これは専門のコンサルタントによって支援された「まちづくり協議会」を立ち上げることを含んでいた。この計画は幅の広いものであった。事実、この協議会は日本における最も集約的な公共参加の試金石となった。一般市民を含む委員会は北アメリカやヨーロッパでは多く認められるものの、日本では例外的なものであった(Sorensen 2002)。

　1995年の春の間、地域市民は欲求不満と怒りを示し続けた。彼らは、地震の年の3月に開催された会合において激しい抗議をしたり、また後には提案に反対する抗議文で、神戸市の再建計画を意図的に遅らせたりした。しかし、夏が終わるまでに、居住者たちがゾーニングの見直しや道路拡幅の利点や難点を考え始めたことと歩調を合わせて欲求不満は減少した。さらに24地区におよぶブラックゾーンとグレーゾーンの重点復興地域において、地域住民たちは自分達の地区の復興に関わる神戸市の計画の特別な連携に関心を持ち始めた。そして、神戸市の支援を受けた建築家や都市計画家が提案した、いかに地域住民の自宅や仕事や生活を再建していくのかについての見解をめぐって懇談を始めた。これらの地域の外にあるホワイトゾーンでは、居住者や商店経営者たちがその地区の再建に際して、自分たちが好きなようにするよう任されることになった。

　神戸市が作成した道路拡幅やオープンスペース創出の計画はまちづくり協議会によって公式のものにされた。まちづくり協議会のいくつかは1995年3月以降に新たに設立されたもので、あるものは地震の前から存在した。地域住民、区の職員によって組織され、コミュニティリーダーによって運営され、1995年にブラックゾーンとグレーゾーンのために設立されたまちづくり協議会は、地方自治体の資金提供を受けた都市計画コンサルタントによって大いに支援された。任命されたコンサルタントは、居住者や地元ビジネスのリーダーたちとともに、1995年夏から1997年半ばまでまちづくり協議会で活動した。つまり、これらの人々は、合意の作成に助力し、さらに復興計画を実行するために要請される複雑な協定の交渉にあたった。

　市内の至る所でまちづくり協議会が直面した2つの主要課題は、居住者と神戸市それぞれが目指す目的のバランスをいかにとるのかということと、タイム

リーな方法でいかに復興作業を実行していくかということであった。元の場所の住宅や工場に戻ることを希望する居住者と事業者に代表される大半の人々にとって、後者(タイムリーな方法で復興作業を実行すること)は、とりわけ重要であった。彼らが暮らす仮設住宅、そして1995年の夏に設立された小工場団地は、どちらも元の場所から広く散在していたからである。しかし、こうしたことに先立って、都市計画家たちは、道路拡幅や神戸の密集市街地のオープンスペースの確保に取り組まなければならなかった。

6.1 神戸市西部の新長田地区の場合

6.1.1 新長田の歴史

　新長田は、長田区[2]にあるJR駅周辺の地区である。明治時代(1868～1912年)の新長田周辺は、明治初期の神戸における市街地のはるか遠方に残る農地だった(図6.1aを参照)。道路は、明治時代末期や大正時代(1912～25年[3])の間に徐々に建設された。そして、当地の農地や水田は高密度な住宅地に転用されていった。小径によって区切られる水田の伝統的パターンは、新たに出現した住宅地のブロック、場合によっては4ｍ未満の道路を決定付けることになった。その後、神戸がその起源である港湾界隈から市街地を拡大し始めるとともに、小さな工場群が長田に設立された。両大戦の間に、この地域は神戸市の一部になり、長田区(図6.1b)と呼ばれるようになった。長田区は、こんにちの神戸市にある9つの中で二番目に古い行政区である。1940年代までに、長田区はブルーカラーが多い地区となった。第二次世界大戦の後、長田区では、土地利用の混在が進んだ。つまり、ケミカルシューズの工場、居住用途、そして従来の小売ショッピングアーケードの混在である(図6.1c)。1990年代、ケミカルシューズを生産する工場群は、中国や他のアジア諸国でより安く生産される製品との競争のために衰退傾向にあった。若い人々が神戸の郊外地域に住宅を求めて転出したため、人口も減少していた。他方、高齢の人々は、商店、木造住宅、そして家賃が安い2階建てのアパート(「文化住宅」と呼ばれる)が密集する当地に残留した。総じて、地域住民の多くが神戸市街地から離れた六甲山系の北側にある郊外住宅地よりも、多くの生活関連機能を備えた当地を好んだ(Shibasaki 1995)。

図6.1a　新長田地区の歴史地図(1899年・明治時代)
資料：地域計画コンサルタントの高田昇氏提供の地図による

6.1 神戸市西部の新長田地区の場合

図6.1b 新長田地区の歴史地図（1924年・大正時代末期）
資料：地域計画コンサルタントの高田昇氏提供の地図による

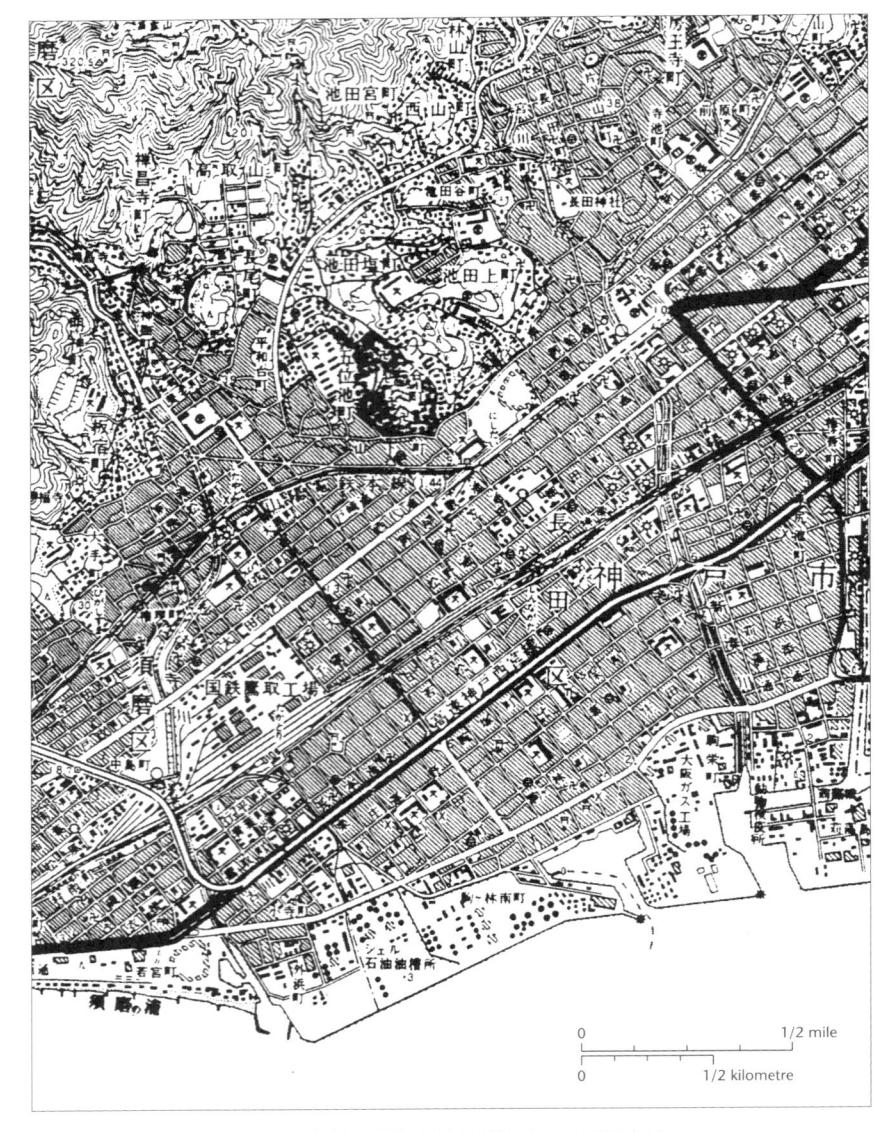

第6章 近隣地区における事例研究

図6.1c 新長田地区の歴史地図(1967年・昭和時代)
資料：地域計画コンサルタントの高田昇氏提供の地図による

6.1 神戸市西部の新長田地区の場合

　神戸市の都市計画家たちは、第二次世界大戦直後に新長田の区画整理を試みていたが、有益なプロジェクトを成功に導くのに必要なコミュニティの合意を得ていなかった(第3章を参照)。これは、建設用地が元来小規模であることなどの理由によるものだった。つまり、互いに意見の一致をみるのが難しい人々の混住という状況があった。それは、第二次大戦中に日本軍によって工場労働者として神戸へ連行された韓国・朝鮮や中国からの労働者とその家族を含む多様なエスニシティの混住、そして住宅と工場の不規則な混在である。こうした理由で、神戸市の都市計画担当者たちは、道路拡幅、そして密集市街地へのオープンスペースの創出を簡単に諦めてしまった。それ以上の計画立案は、しばらく試みられなかった。この地域に割り当てられた1970年の用途地域指定(この年は神戸に最初の用途地域指定がなされた年であった)は、どのような土地利用も許される準工業地域であった。確かに、この種の用途地域指定は、地域の改良あるいは合理化に向けた誘因を提供するという観点からすれば、まさに望ましくないものである(Callies 1994, 1997)。

　1980年代までに、長田区の全域が「インナーシティ問題エリア」と考えられるようになった。それは、人口減少傾向、低下する小売業の売上げ、そして居住者に占める高齢者の割合の高さによるものであった。インナーシティ問題にもかかわらず、長田区では低家賃の住宅供給が豊富にあったため、工場労働者や退職者にとっては魅力的な環境にあった。地震の直前、長田区の住宅は、典型的な高齢者と学生向きのものであり、そこには往々にして労働者階級の移民労働者(彼らは中央区と長田区において10％内外の比率を呈していた)、不法占拠者[4]、そして歴史的にみて差別されてきた人々など、まだ貧しく日本社会に完全統合されないような人々が集中していた(Saito 1995)[5]。これらのあらゆる理由により、神戸市の都市計画家たちは、多くの社会的問題や環境的問題を抱える長田区に関心をもった。また、それだけでなく、狭い家、そして靴や他の工業製品を作る中小工場が現代的な中高層住宅と混在することも計画家たちの関心を誘った。

　認識された問題の一端は、この地域が若い人々や家族を惹き付けて離さない魅力に欠けていたことであった。計画家たちは、1970年代初頭以降は継続して人口が急激に減少しており、地震前の約20年にわたって当地に残った人々

の年齢が上昇してきたと報告した。1990年までに、長田区の人口の16.4％は65歳以上(**表3.1**を参照)だったが、それは神戸市全体のそれが11.5％であったことを十分に上回る数値であった。こうした数値や他の指標に直面して、神戸市の計画家たちは、決定的な介入を施さない限り、長田区の人口高齢化は加速し、雇用機会も減少し続けるだろうと考えた(神戸市企画調整局企画調整部総合計画課長の本荘雄一氏へのインタビューによる。2003年5月)。

衰退に歯止めがかからない長田区の状況に鑑みて、1980年代に神戸市は、ついにJR新長田駅の南北両側の土地区画整理事業に着手した。その目的は、神戸市の長期的な開発における2つのサブセンターのうちの一つとして最終的に出現する新しい業務ハブを形成することであった(他の一つは神戸市東部のJR六甲道駅周辺である。Evance 2002; Funck 2007)。第二次世界大戦直後の当地における原初の区画整理の試みと比較して、この計画は円滑に運ぶようにみえた。1995年の地震の前に、JR新長田駅の南側において古い通りの最初の付け替えが完成した。そして大きな駅前広場が、土地区画整理と都市再開発の組み合わせのもと、新長田駅南口の駅前に配置された(神戸市都市計画局計画部計画課の原正太郎氏へのインタビューによる。1996年6月)。この事業は、新しいデパートを含み、JR新長田駅南口すぐの駅前を更新したものの、長田区の他地区は多くの問題を抱えたままだった。これらの問題とは、消防車や救急車の緊急通行を妨げる標準以下の狭い道路、快適さや避難場所として役立ち緊急時の火災延焼を防ぐオープンスペースの不足、不適切な土地利用の混在(たとえば、木造家屋に隣接する小工場は化学薬品、ゴム、ガソリンを格納していた)、そして極度に低い地震保険加入率などである(**図6.2**を参照)。

JR新長田駅の両側は、地震によって完全に破壊された。住宅と工場の約80％が崩壊したのである。地域内にある450棟程度の製靴工場のうち約85％は、地震によって全壊したか、地震直後の火災で焼失した。実際、通産省の発表によれば、地震前に約5万人を雇用していた工場は、地震によってほぼ完全に生産設備を破壊された("Earthquake" 1995)。

この甚大な損害によって新長田は、建築基準法84条によって復興が厳密に制御されることになっていた6地域のうちの一つに指定された(**図4.4**を参照)。JR新長田駅南側の地域(これは新長田地区全域の約25％に相当する)は、市街地

図6.2 長田区の狭隘路に面した住宅(2005年)
写真：D. W. Edgington

再開発事業と呼ばれたが、この事業は包括的な再開発や用地買収によって神戸市西部のサブセンターの実現をもたらすと期待された(**表4.3**を参照)。新長田地区の残りの部分、すなわちJR新長田駅北側の地区は、土地区画整理によっ

表6.1 新長田北地区の土地区画整理事業の概略

面積	59.6 ha
地震前	
総人口ならびに世帯数	7,587人、3,267世帯
建物総数	2,217戸
地震被害	
全壊	1,580戸
半壊	200戸
損壊率	80%
土地区画整理事業	
最終合意	1997年7月9日 (42.6 ha)
個人所有地の減少(減歩率)	9.0%
主要な地区改良	4.5 m道路と歩行者専用道路、 6 m、8 m、17～30 m幅の新しい道路、 5つの主要公園 (1,100～10,000 m^2)、 5つのポケットパーク
総事業費	約960億4千万円 (9億6,040万米ドル)

資料：City of Kobe (2004b)

て復興を図る地域とされた。このときまでに神戸市は、既に地域コミュニティとともに事業を進める体制を整えていた。

6.1.2　新長田北地区の土地区画整理事業

　地震が発生した際、新長田北地区の事業区域には、約7,600人の居住者、2,200人の地主がいた(**表6.1**を参照)。**図6.3 a**は、地震前の当地が密集市街地であったことを示している。そして当地では、狭い小径(幅が4m未満のものもある)に沿って、主に木造の住宅が建ち並んでおり、それが高層住宅や工場などで区切られるような状況にあった。地震後の数カ月で、家屋を失った地域住民の約半数の者が旧来の土地に短期的な2階建ての住宅(その多くは非永続的なプレハブ構造)を建設するための資金を工面できたが、それは地震後の特別法令を通じて神戸市に認められたものであった。残りの者は、神戸市が建設した遠く離れた場所の仮設住宅で暮らしていた。(少数ながらバラック型の家々が地元野球場に密度高く建っている様子を、**図6.3 b**の右上あたりに見出すことができる。これは地震が新長田北地区にもたらした損害を如実に示している。) 1995年6月に神戸市が当地のために外部の都市計画コンサルタントを任命した後、長田区役所内に拠点を置く公的組織は、30～40世帯を含むブロックごとにまちづ

くり協議会を形成するよう調整に努めた。神戸市による新長田北地区のための原初計画は1995年3月に公表された。そこでは、生活道路の拡幅(幅6mまたは8m)だけでなく、当地区の通過交通のための主要道路(幅14mおよび30m)が明示された。災害が起こった場合に使用できる多くの歩行者専用道路や主な公園も指定された。図6.3cは、地元の敷地境界(詳細は後述)の区画整理の一環として出現した多くのコミュニティハウスだけでなく、神戸市の都市計画家たちの道路拡幅やオープンスペース計画も示している。さらに図6.3dに、新長田北地区のために設立された総計21におよぶ「まちづくり協議会」の分布と名称を示しておいた。

合意形成の問題

神戸市が整えたこれらの諸計画において、計画に携わるコンサルタントの仕事は、各ブロックの協議会とともに生活道路やポケットパーク(オープンスペースの区域)を設計し、さらに神戸市と地元コミュニティ双方の目的のバランスをとっていくことだった。その後、コンサルタントは、地区内の各ブロックの計画を調整し、居住者による意見の一致を経て、市議会が履行する再開発の全計画を提供していく必要があった(神戸市におけるまちづくり協議会の意思決定の詳細についてはEvance 2002を参照)。図6.3cでは、生活道路、歩行者専用道路、主な公園とポケットパークの最終割付けを示した。

新長田北地区では、まちづくり計画を立案していくことが多くの理由で難しいと判明した。最初の問題は、土地所有と居住権の複雑な特性だった。そしてそれらはあらゆる合意形成を妨げ、非常に複雑化したさまざまなブロックを再配置させた。実際、コンサルタントや長田区役所が果たすべき仕事は、日本の法律の下で重要な権利要求ができる地主や借家人の完全なリストを集約することであった。通常では目立たないものの注目しておくべき事象として、新長田地区における高齢者の比率が地震によって崩れたということを指摘できる。法定相続人と後継者は、その時まさに連絡を受けなければならなかったが、彼らの多数は区画整理計画の一部に取り込まれたくなかったか、神戸市へ先祖伝来の土地を売りたくないと感じていた。さらに、全ての所有地において、都市復興の全ての計画を促進する際、土地取引に関わるさまざまな利害関係のもつれがあった。利害関係者には、当然ながら地主が含まれていたが、さらに各々の

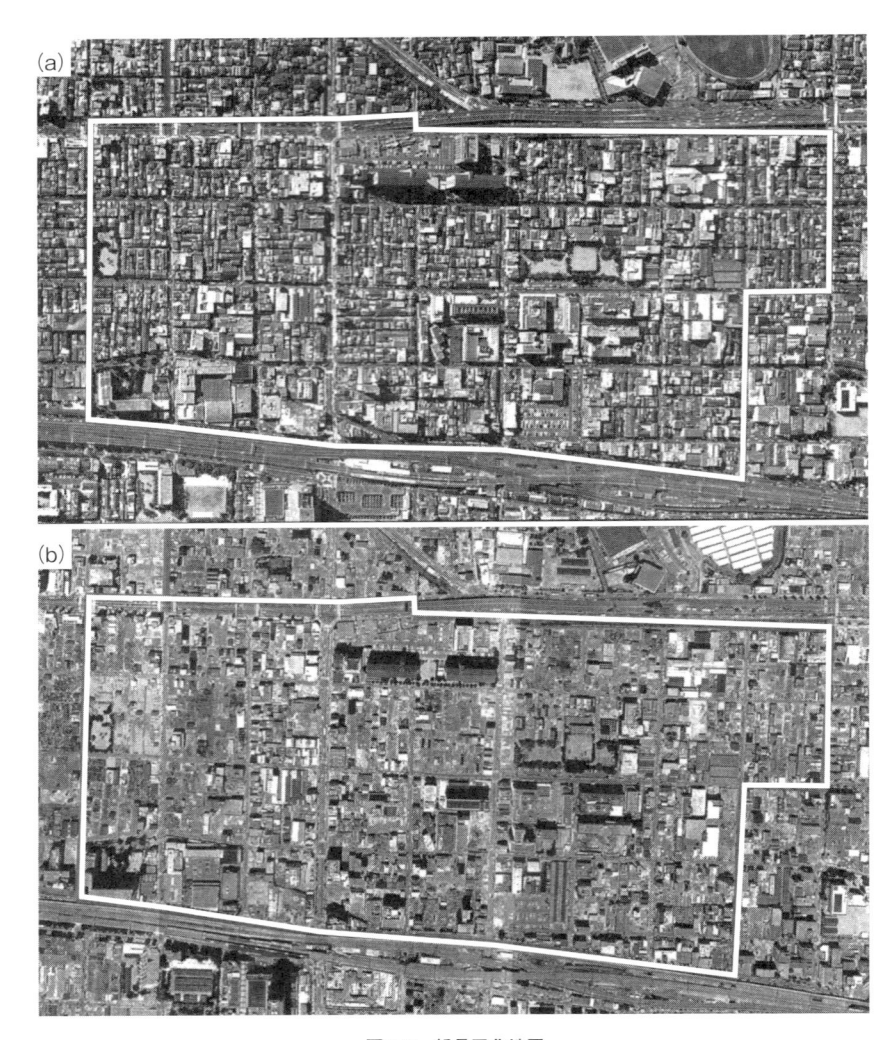

図6.3 新長田北地区

(a) 地震前の新長田北地区
(b) 地震後の新長田北地区
(c) 神戸市による道路拡幅と新しい公園設置を施した新長田北地区の計画
　　（図中の数字の単位はメートル）
(d) まちづくり協議会による新長田北地区の計画
資料：City of Kobe(2004a)

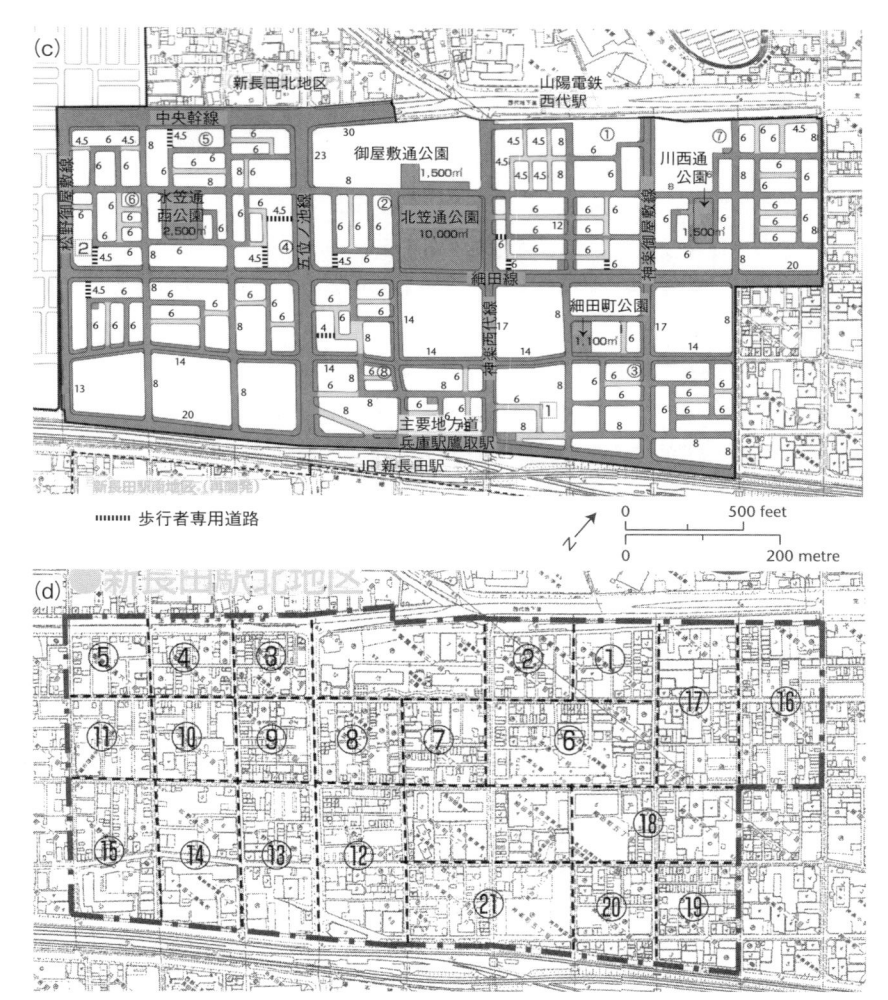

6.1　神戸市西部の新長田地区の場合

(c) コミュニティハウスの名称
　　（居住者と戸数は2003年のもの）
① 東急ドエルアルス御屋敷通（42人、99戸）
② エクセルシティ水笠公園（25人、93戸）
③ バルティーレ神楽の杜（19人、35戸）
④ ルータス水笠（45人、88戸）
⑤ ワコーレシャロウ御屋敷通（20人、73戸）
⑥ ヴェルデコート水笠（19人、73戸）
⑦ グランドーレ大道（17人、34戸）
⑧ シーガルパレス松野通（5人、11戸）

仮設住宅の名称
1 神楽住宅（101戸）
2 水笠西住宅（42戸）

(d) まちづくり協議会の名称
① 御屋敷通1　　⑪ 水笠通6
② 御屋敷通2　　⑫ 松一（松野通1）
③ 御屋敷通3　　⑬ 松野通2
④ 御屋敷通4　　⑭ 松野通3
⑤ 御屋敷通5　　⑮ 松野通4
⑥ 水笠通1　　　⑯ 川西／大道南4
⑦ 水二（水笠通2）⑰ 川西通5／大道通5
⑧ 水笠通3　　　⑱ 細田町4・細田町5
⑨ 水笠通4　　　⑲ 神楽復興
⑩ 水五（水笠通5）⑳ 神楽町4
　　　　　　　　㉑ 神楽町5・神楽町6

敷地において、頻繁に次のようなケースが認められた。すなわち、まず土地の賃借関係があり、そこに建てられた住宅や他の建物を所有する家主が地主とは別におり、さらに最終的にその住宅や店舗を利用する別の人々が存在した。こうしたそれぞれの利害関係者が土地区画整理事業の最終計画に合意しなければならなかった。それゆえコンサルタントの準備作業は、これらの利害関係者の全てとの連絡を要した。地震が生じた1995年に、都心に居住していた彼らの多くが神戸から離れた場所の仮設住宅で暮らしていたため、コンサルタントの仕事は難儀なものとなった。

　新長田北地区で実施された調査によって、一つ目に土地や建物の所有権の組み合わせが多様であるという問題がわかった。住宅地の約22％で、地主、建物所有者、居住者の3者が別個の者であった。また、15.6％の住宅において、地主、建物所有者、借家人の3者が居住者とは別の者であった。そして、宅地の16％では、こうした所有関係が一層複雑であった（大阪にあるコミュニティ計画事務所の所長を務める高田昇氏へのインタビューによる。2003年11月）。もつれた土地所有権と居住権は、戦後間もない頃の神戸市の長田の改善計画を混乱させたが、その同じ問題が震災復興に際して再浮上することになった。それぞれの利害関係者は往々にして進むべき方向について全く異なる見解を持っていたため、どんなに素早く合意を得ようにもそれが難しかった。

　二つ目の問題は、当地に多く存在した未登記の借家人だった。長田区は、全体として借家人の割合が高く、その比率を1990年のデータでみると、神戸市全域の平均数値が6.9％であるのに対して、長田区のそれは16.4％であった（**表3.1**を参照）。日本の借地借家法は、公認されている借家人を占有権の損失から保護していたが、新長田のより貧しい階層の多くの人々が安全なリースがない単に名目上の賃貸料を払っており、新しい建物を占有する形式的な権利を持っていなかった。他の借家人も含むこうした人々は、仮設住宅から早く長田に戻りたかった。しかし、当地に在住する何人かの土地所有者は、借家人の状況についてほとんど関心を持っていなかった。彼らが建物ローンのために土地を担保として使わず、完全な市場価格で賃貸しなかったならば、建物の復興はほとんど叶わなかったであろう。

　三つ目の問題は、長田区における民族的混合だった。当地は、在日韓国・朝

鮮人たちが集中する国内最大の地域社会の一つであった(**表3.1**を参照)。地震の時に、約15,000人の韓国・朝鮮籍の人々、約12,000人の中国籍の人々が長田区で暮らしていた。長田区内のケミカルシューズ生産工場の約85％は、韓国・朝鮮籍の人々によって所有され経営されていた。また、工業の地元労働力は少なくとも3分の1は民族的に韓国・朝鮮籍だった(Kim 1995を参照)。韓国・朝鮮籍の人々は、概して地元の復興に対する態度がより個人主義的な傾向にあったが、とりわけ彼らは歴史的に日本から差別を受けてきた経験があるため、神戸市を疑った[6]。

　四つ目の困難さは、この古いインナーシティ地域の土地利用の混在にあった。そこでは、住宅、商店、中小零細工場が軒を連ねていた。とりわけ論争の的になったのは、ケミカルシューズ工場や他の小規模工場を、既存の混合用途地域ゾーニングのもとで再建できるようにするか否かという問題であった。当然ながら、長田で生活し働いてきた人々は、住宅や商店の不在所有者とは非常に異なった視点を持っていた。不在家主たちは、生産工程で使われる危険な化学化合物や他の原料を判断の材料として、長田にある工場を脅威であるとみなすことが多かった。不在地主や不在借家人たちは、工場のない再開発を望んだ。しかし、工場で働き地元に居住する人々の多くは、工場にとどまって欲しかった。それは地元の商店主にしても同様で、客になってくれる工場労働者の業務を維持して欲しかった(高田氏へのインタビューによる)。

　五つ目に、区画整理事業の履行、とりわけコミュニティのための土地の確保に関しては、激しく異論が噴出することがわかった。神戸市の長田区役所は、仲裁人としてのコンサルタント計画家とともに、新しい主要道路(幅員17m以上)の建設を許可する公的な土地区画整理事業、そして神戸市が当地の計画において描いた公園を実現させなければならなかった(**図6.3c**を参照)。他のブラックゾーンにおける区画整理地域のように、主要道路の拡幅と再調整は神戸市の都市計画担当者によって示された。すなわち、神戸市によって契約された都市計画コンサルタントの援助を得て、近隣地区内の道路や個人所有地の境界線は、広い道路の建設に合わせて再調整された。これは、土地所有者や借家人との詳細な交渉を含んでいたが、その内容は道路拡幅が各ブロックにいかなる影響を与えるかに関するものだった。さらにそれは、インフラストラクチャの

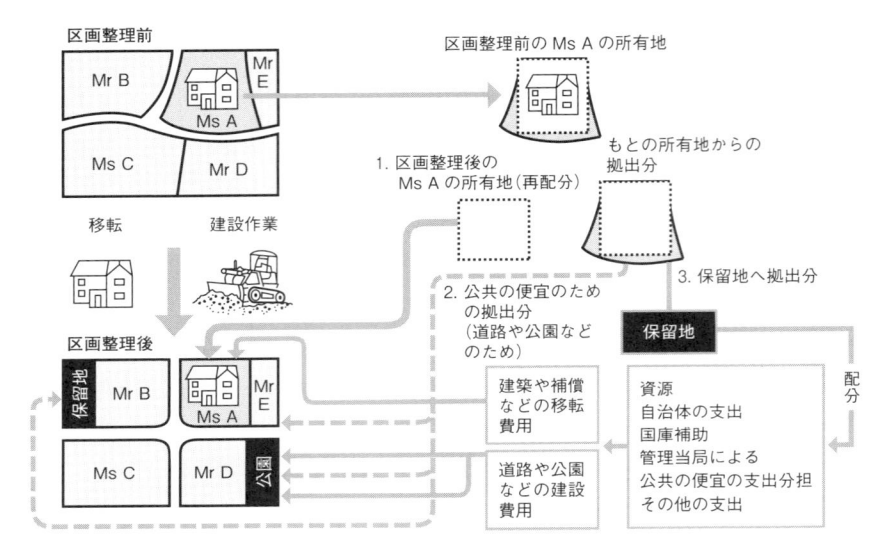

図6.4　土地区画整理の原理
資料：Doebele, Matsubara and Nishiyama(1986)に基づく

改良の代価を払うための減歩率(土地区画整理法のもとで個人の所有地から提供される土地)をめぐる審議を含んでいた。近隣地区で区画整理を適用する場合の略図は、**図6.4**に示した[7]。

　日本の土地区画整理事業は、宅地がより大きな郊外で比較的多く実施された。そして市街地開発事業に関しては、土地価格が時間を経るにしたがって上昇する傾向にあった。実際、戦後の大半の時期を通じて、日本で土地価格が上昇してきたことは、土地区画整理事業に関与する地主にとって重要な財政的刺激となった。なぜなら地主たちは、隣接区域の改善されたインフラストラクチャによって利益を得られるからである。しかし神戸市の事例では、実際に土地所有者たちが自らの所有地からの土地提供(減歩)に異議を唱えた。それは1990年代の初頭に日本の大部分の地価が急激に下落しており、それが1995年以降も継続していたからである(Japan Real Estate Institute 2001)。地震が起こる前、神戸市はいかなる土地区画整理事業であっても、20％から30％の土地提供を土地所有者から受ける意向を持っていた。しかし、個々の用地が狭い長田では

それは不可能であった。そこで神戸市は、コミュニティ内でより迅速な合意を得るために、長田では各々の地主から9％の土地提供を受けることを1995年に決定した。当然ながらこのことは、区画整理後の再配置や市街地のインフラストラクチャ再建に要する高額なコストを、市や国に負担してもらわなければならないことを意味した（高田氏へのインタビューによる）。

　最後（六つ目）に、土地区画整理事業では、その取り組みの結果として再区画され改善された敷地上で、土地所有者は建物を再建できるだろうとの仮定がなされた。通常ならば、道路拡幅やオープンスペースを確保した後でも、列状に建ち並んだ店舗併用住宅を建設するのに十分な土地が残せたかもしれない。しかし、新長田地区では土地区画が非常に小口であったことにより、こうした店舗の再建が実現可能だとは限らなかった。地主の中には、新しいインフラストラクチャを得ることの交換条件として、所有地の9％を提供できない者もいて、彼らは戸建住宅を再建することを期待し続けた。加えて建築基準法は、いかなる復興においても、新しい建造物が少なくとも4m以上は前面道路に接していなければならないことを求めていた。それだけでなく、一般的には再建される建造物の建蔽率が60％未満でなければならなかった。新長田北地区においては、宅地の半分以上が生活道路への接道条件を満たしていなかったため、土地や家屋の所有者たちは従前と全く同様に復興することができなかった。

　これらの問題の一つの解決策は、共同建造物や他の改善の機会を見出すために、コンサルタント計画者が自らの担当ブロックの個々の宅地を検討することであった。建物所有者と借家人は、往々にして2棟以上の長屋（古い木造共同住宅）が建っていた（Evance 2002; Hein 2001）、2つ以上隣接した宅地に建てるコミュニティ住宅（共有権あるいは協調建て替え）と呼ばれる高層アパートのスペースを受け入れなければならなかった。こうした状況のもと、地主や借家人の中には、個々の宅地の所有権を放棄する中で、そこに居住する者の間での同意を得なければならない者もいた。それらは単純に2倍の手間を要したし、共有権を下敷きにした高層住宅での区分所有を受け入れなければならなかった。土地区画整理への参加者たちは、新しくできる建物の土地所有分に応じた床面積や財産権と交換に旧ロットを放棄することになる（図6.5を参照）。その結果、高層コミュニティ住宅（コーポラティブ住宅と呼ばれることもあった）は、低層建

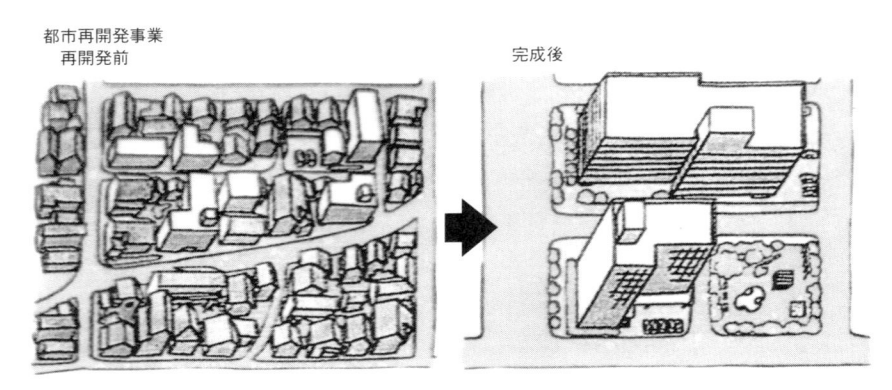

図6.5 共有権あるいはコミュニティ住宅の原理
資料：神戸市役所の資料による

造物からなる古い近隣の都市景観を一変させた(日本においてコミュニティ住宅または共有権住宅を提供する際の原理については図6.5を参照、長田区西部の北野田地区における適用例については図6.6を参照)[8]。

　土地取引の条件がかなった場合、再開発において従前よりも高い密度が創出され、そのスペースを販売して建設資金に充当することもあった。住宅ストックの改善に加え、新しいコミュニティ建造物は、従前よりも占拠する土地が小さいため、それによって道路拡幅や緑地の提供のために土地を提供できた。都市計画コンサルタント高田昇氏は、新長田北地区の土地区画整理事業が地震後のアップグレードにおいて2つのタイプの人々を生み出したと述べる。それは、旧来の居住地を諦めてコミュニティ住宅に住まざるを得なかった人々と、そのようにならなかった人々である。

　これらの理由の全てに関わって、都市計画コンサルタントたちは、1995年夏から1997年夏までの間、新長田北地区の総計20あるいは別個のブロックが同意できる計画を作り出そうとした。そしてさらに、神戸市が実行できる用地合併計画案を提供しようとした。図6.3cは、少数のポケットパークとともに、神戸市によって拡幅された主要道路の間にある生活道路と歩行者専用道(幅員4.5〜6m)の最終提案である。この図はまた、2003年に提示された8つのコミュニティ住宅計画の位置、より恒久的な公営住宅への入居を待つ地域住民が入居

6.1 神戸市西部の新長田地区の場合

a) 事業前

凡例：
- □ 戸建住宅
- ▨ 木造2階建集合住宅
- ■ 鉄筋コンクリート集合住宅
- X 損害を受けた家屋

b) 事業後

凡例：
- ■ 既存建物
- ▨ コーポラティブ住宅
- □ 個人住宅

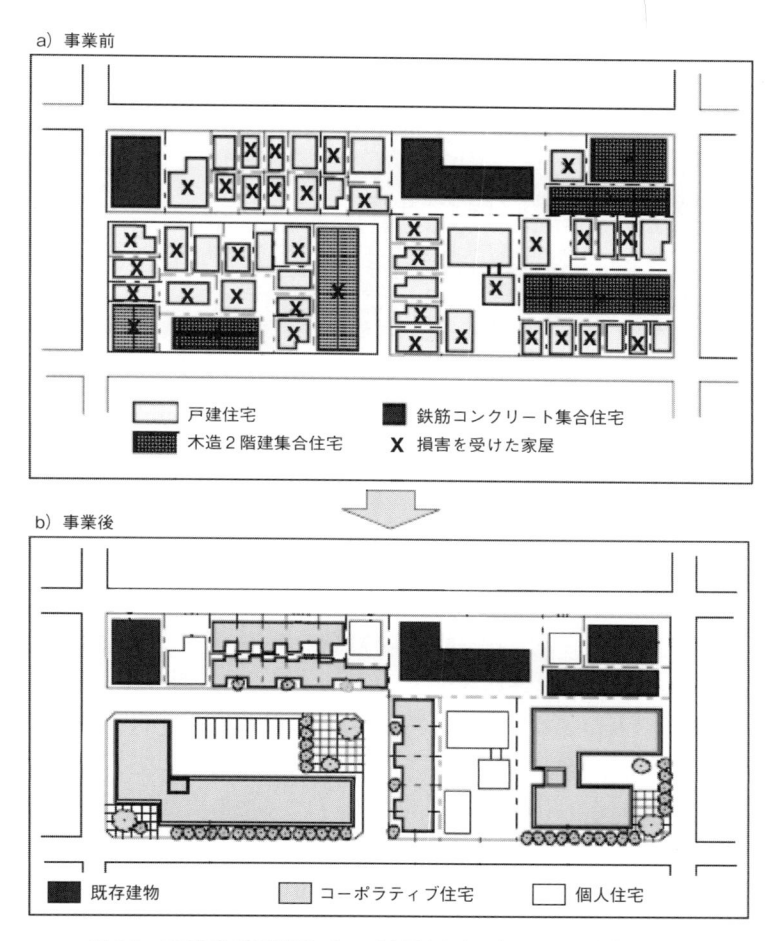

図 6.6　長田区北野田地区において適用されたコミュニティ住宅の原理
資料：Tatsuki(2006)に加筆修正

できる「一時的住宅」開発の場所を示している。

　新長田北地区、そして土地区画整理事業による復興を指定された他のブラックゾーンの再開発は、神戸市内の他の住宅地域の復興に遅れをとった。計画期間中、地域コミュニティで働くために神戸市に雇用されたコンサルタントは、地域住民と土地所有者と夜間や休日に数え切れないほどの会合を持ったと言わ

表6.2 新長田北地区の復興にかかわる年譜

1995年	5月28日	最初のまちづくり協議会が水笠通4丁目で結成される。(まちづくり協議会は、1996年6月までに21地区で結成された。)
	10月4日	19のまちづくり協議会が地元のまちづくり計画を神戸市に提案。
1996年	6月22日	新長田駅北地区連携まちづくり協議会が組織される。
	7月9日	事業計画が神戸市によって認可される。
1997年	1月20日	試験的な区画整理事業が始まる。
	2月28日	新長田東地区、新長田駅、川西通北部、大道の地区計画が認可される。
	3月3日	土地区画整理計画の改訂版が作成される(事業地域の拡大)。
2001年	10月22日	鷹取駅北地区の地区計画が神戸市に認可される。
2002年	4月1日	新長田駅地区東部まちづくり協議会が組織される。

資料：City of Kobe(2004a)

れている。様々なまちづくり協議会の間の全面的な調整は、長田区役所や「まちづくり協議会連合」によって管理された。まさに、一つが全体のために動くという状態であった(高田氏へのインタビューによる)。

事業実施をめぐる問題

表6.2は、土地区画整理の方法のもとでの新長田北地区における計画と復興の略年表である。一旦、地域のための全計画が各々のブロックの居住者と神戸市との間で合意に至ったならば、当該地域のまちづくり協議会と神戸市(基本的には区役所)は計画を実行できる。しかし、再配置に関する意見の一致が1997年に達成された後でさえ、引き続き計画は問題で満ちていた。道路拡幅やオープンスペースの配置は、神戸市によって計画実行されなければならないだろうが、個人住宅の再建は土地所有者によってなされなければいけない。しかも災害後のこうした事業における財政融資は、しばしば利用不可能であったか不適当だった。たとえば、地震に先立って、長田区における木造の賃貸住宅は、副業として個人経営や家族経営の家主によって管理されていることが多かった。既にみたように、これらの多くが不在地主に関連しており、彼らは不動産市場ではとても提供されないほどの低家賃で住宅を提供していた(Hirayama 2000)。災害の後、これら不在地主の多くには、彼らが経営する貸家を再建する資金を調達できなかった。加えて、多くの者がそうであったように、初老の家主たちは、賃貸住宅の再建にほとんど関心を持たなかった。

低金利ローンが再建に利用できるようになった。これらは、さまざまな住宅関連機関によって提供された。たとえば、住宅金融公庫、兵庫県や神戸市を含

む多様な機関がそれである。さらに、阪神・淡路大震災復興基金は、住宅建設のために利子補給を実施した。しかし、高齢の家主たちは、彼らが公債プログラムから補助を受けるために使う信用状態や担保をほとんど持っていなかった。したがって、仮設住宅に住んでいる多くの居住者は何にもまして長田に戻りたかったが、多くの退職者がいることや新規貸し出しが得られないことは、住宅を素早く再建するための資金が準備できない状況を意味していた。

　さらに、合理的な費用で建築が保証できなかったため、神戸市は当地に自ら公営住宅を直接供給することができなかった。そこで、神戸市当局は、地元の地主のためのコミュニティ住宅建設の促進に優先して、貧困な居住者のために六甲山系北側の郊外やウォーターフロントのHAT神戸事業で新しい公営住宅を建設した。何人かの居住者にとって、この種の提案は魅力的なものだった。とりわけ、再建すべき十分な資金を調達できない地主は、公営住宅と交換に神戸市へ土地を売却する決断をした（高田氏へのインタビューによる）。

　新長田北地区における物理的な復興の大半は、1998年から2003年の間に実施された。住宅と店舗の復興は、ブロックごとに地元の状況を反映するような異なる様式の事業を含んでいた。これが時には、全部が住宅用途の地区ではコミュニティ共有権の構築、オープンスペースの周辺では店舗併用住宅の形成を意味していた。他のプロジェクトによる再建は、アパートやマンションの復興を伴い、一つのユニットとしてのブロック全体の復興、さらに個人住宅から高層建築への置き換えを要した。再建における調整を達成するため、地元の「まちづくり協議会」は、しばしば壁の高さや道路からの後退距離について独自の設計ガイドラインを設けた。神戸市は、1998年に全体の設計原理に関する同様の設計案を承認した（高田氏へのインタビューによる）。

　この複雑な計画の緩慢な履行は、2000年になってもJR新長田駅の北側に多くの空地が展開することを意味した。そしてそれは、当地に早く人口を呼び戻すための土地区画整理事業による受け皿の限界を示していた（図6.7を参照）。10年間におよぶ復興計画の中間点で、区画整理の原理のもとでの複雑な換地に足をとられ、多くのブロックが計画途上で頓挫しているようにみえた。「ある居住者が換地を断ると、そこへ移動したいと希望している居住者は身動きが取れなくなり、連鎖反応的に空地が残されるようになる」（神戸市都市計画局区

図6.7 新長田北地区における空閑地（2000年）
写真：D. W. Edgington

画整理部東部都市整備課長の小林文門氏の談話、"Kobe Innovates" 2000）。

　地震の10周年までに、この地区内の個人所有地の約85％は再建された。また、著者による2005年の現地調査によると、神戸市が要請した道路拡幅と新しい公園（**図6.3c**を参照）は、ほぼ全て事業を終えた（**図6.8**を参照）。ブロック全体や個々の土地の再建が遅れているところもあったが、これはインフラストラクチャの改良や空地の景観美化のためであった。有効な地震保険プログラムが無い状態で、多くの地主や借家人が、10周年までに再建を果たせなかった（神戸市都市計画総局再開発部再開発課計画係長の矢島利久氏とのインタビューによる。2005年3月）。完全復旧に向けたコミュニティの望みに関する一層大きな苦悩は、一時期この地区の雇用の半数近くを提供したケミカルシューズ工場が、問屋部門や事業組合の管理部門、そして神戸市が一世を風靡した製靴業のために設けた新しい協同ショールームを除いて、ほとんど全て郊外へ移転してしまったことにあった。

図 6.8　区画整理後の新長田北地区 (2005 年)
写真：D. W. Edgington

表6.3 新長田南地区都市再開発事業の概要

特　徴	・面積：20.1 ha ・地震前の世帯数と人口（1994）：約1,600世帯、約4,600人 ・事業区域に関係する土地所有者：2,126人
復興政策（神戸市）	・防災のインフラストラクチャの準備、および安全で信頼できる市街地の形成 ・住宅、商業、工業の再配置による生活力に満ちた副都心の復活 ・高齢者のための様々な設備を備えた上質な住宅の供給
再開発計画の一部として供給された主な公共施設	・若松公園（1.6 ha） ・五位ノ池地下鉄線（西神・山手線板宿駅付近） ・街角プラザ ・2階の高さで個々の事業部分を接続する歩行者用通路
住宅供給計画	・高層型で約3,000戸の住宅
主な土地利用	・上層階に住宅を備えた1・2階部分の商店や事業所、地下階の駐車場
事業総額	・約2,710億円

資料：City of Kobe（2004a）

6.1.3 新長田南地区における都市再開発事業

20 haにおよぶ新長田南地区の都市再開発事業は、新長田北地区のそれとは相当に異なる復興の道筋をたどった。それは1969年の都市再開発法のもとで実施され、大部分の合意によって約2,100人の土地所有者から神戸市が所有権を買い取った。それは公認された借家人からの建物占有権についても同様だった。[9] この事業の要約は表6.3に示されている。地震の時、JR新長田駅の南側の地域は、オープンプラザ（広場）や新しいデパートの建設を含む、いくつかの変化を具体化していた（図6.9および図6.10を参照）。さらに、JR駅のすぐ近くでは、高層の複合用途ビルが建築中で、しかも新しい地下鉄線（海岸線）が新長田から神戸の商業中心である三宮までを結ぶべく計画されていた（のちにこの路線は2001年に開業されることになる）。駅からさらに離れた南側には、住宅に囲まれた商店街（伝統的なショッピングアーケード）があり、さらに南側では再び商店と住宅の混合地域となっていた（図6.9を参照）。

この地域を破壊した火災と荒廃によって、都市行政の目的は素早く地域を制御することに焦点を定めた。それは、多くの高層住宅の供給による商業と住宅

6.1 神戸市西部の新長田地区の場合　　　　　　　　　　　　　　　　　*179*

新長田駅

ステーション
プラザ(広場)

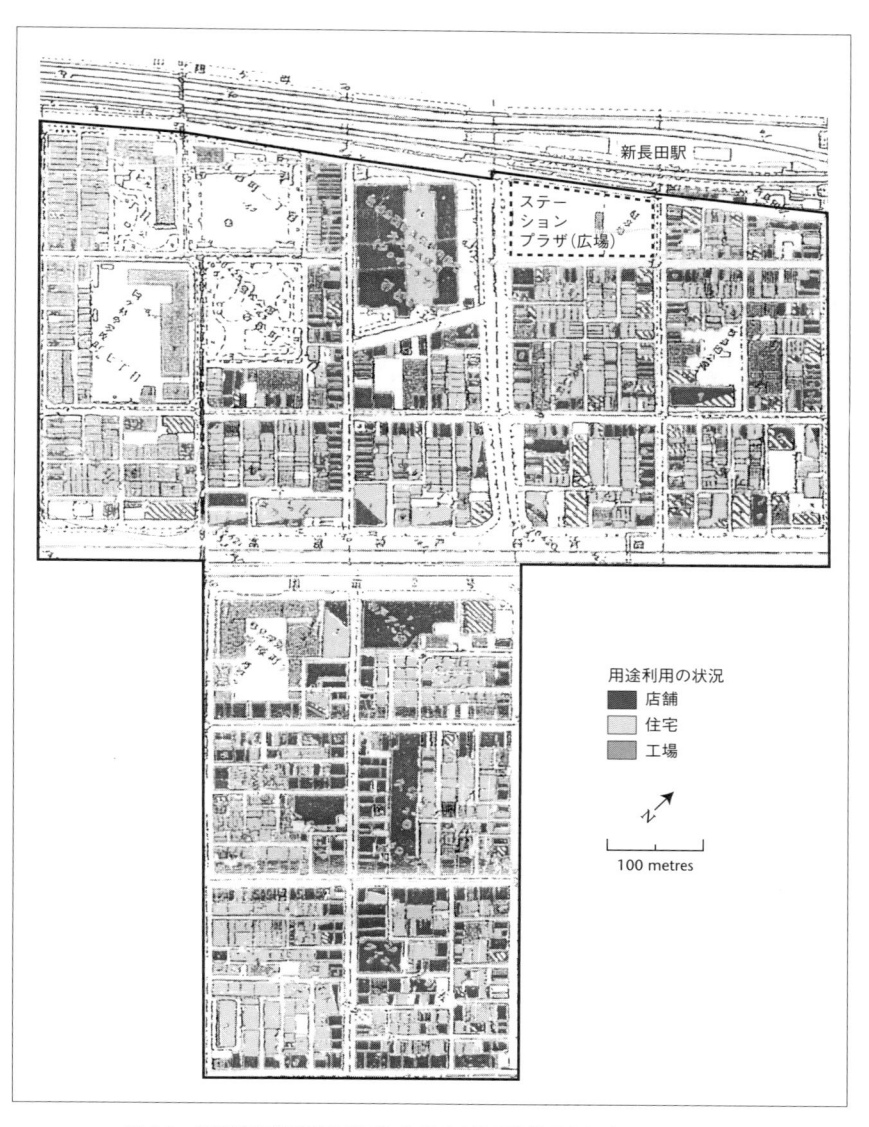

用途利用の状況
■ 店舗
□ 住宅
▨ 工場

100 metres

図6.9　地震前の新長田南地区における土地所有境界と混在した土地利用
　　　資料：高田昇氏提供の地図に基づく

図6.10　JR新長田駅南口の駅前広場(2005年)
写真：D. W. Edgington

の混合開発を含む大胆な副都心再開発計画の実現に向けて、政府からの資金を使うというものであった。そしてこの計画は、新長田南地区の都市景観を、古い商店街を伴ったインナーシティの低層住宅地から、大規模で現代的なショッピングセンターへと変えるものだった。新しいショッピングセンターとは、1階に小売店が、上層階に住宅が入居するタワー型の複合高層住宅である。都市計画家たちは、そのような計画が新長田により明るい印象をもたらし、最終計画の一部として思い描かれた現代的な共同住宅での生活に若い人々や若い家族を惹き付けるだろうと考えた(神戸市都市計画総局再開発部再開発課計画係長の田谷孝壽氏との神戸でのインタビューによる。2005年3月)。

　新長田北地区と同じように、神戸市は地元のまちづくり協議会と一緒に仕事をするコンサルタントを任命した。ゴールは包括的な再開発事業を成し遂げることだったが、これは開発予定地域内の全ての土地を神戸市が買い上げなければならない点で、区画整理事業よりもはるかに高価なものだった。地域住民と

6.1 神戸市西部の新長田地区の場合

商店経営者たちは、彼らの所有地や使用権を神戸市へ売ることを求められ、まちづくり協議会を媒介にして、彼らがいかに住宅や商業スペースのいずれかを最終的な商業・住宅開発で保持できるかについて交渉することになる。

この事業では、多くの商店主たちが都市再開発計画のために地元コーディネーターを務めた。新長田北地区に比べれば、南地区のために予定された最終的な商業開発に関係する地元の合意形成は、はるかに容易だった。その理由は、地震に先立って様々な商店街(つまりショッピングアーケード)を管理するために土地所有権のより頻繁な統合、地域共同事業の歴史があったからである。しかしながら、小売店経営者が地域に残りたい一方で建物所有者がそうでない場合には問題が生じた。たとえば、提案された再開発において、既存の借家人には新しい店舗を使える権利があっただろうか？ まちづくり協議会は、自らが合意形成を成功させる手法になれることを示すために、これらの問題の解決を支援した。コンサルタントと地元協議会は、とどまって営業を続けたい店主と、店をやめたい店主を識別するのを手助けした。そして彼らは、新しい商業計画のための具体的配置についての考えを示した。地震の前から新長田に商店を持っていた人々は、新しい計画で自分の店の位置を選ぶ権利を持っており、このために多くの会合が持たれた(田谷氏へのインタビューによる)。地震前では、多くが路面に展開する旧来のアーケード形態をとっており(たとえば大正筋や昭和アーケード)、これらは地震によって破壊された。そして店主たちは、小売業が高層建造物に入居する形態に慣れていなかった。ある程度の時間が経過した後、全面的な再開発計画は、民間の建築家から提供されるアイデアを使って、神戸市当局によって作られた(**図6.11**を参照)。この計画は、統合された交通や駐車場の計画だけでなく、様々な高層住宅と新しい立体型ショッピングセンターの上階とを結ぶ歩道橋を組込み込んだものだった。

日本における都市再開発事業の原理は**図6.12**に示されている。この手続きは、全ての地主や公認された借家人に財産権を持たせることを可能にするが、減歩率(道を拡幅し、オープンスペースを創出するための土地提供率)についての詳細な交渉を不要にするものである。最終開発で増加した床面積は、事業そのものの費用をまかなうため、民間市場で売ることができる。副次中心である新長田(そして東部の副次中心である六甲道)では、開発が復興計画(1996〜97年)の

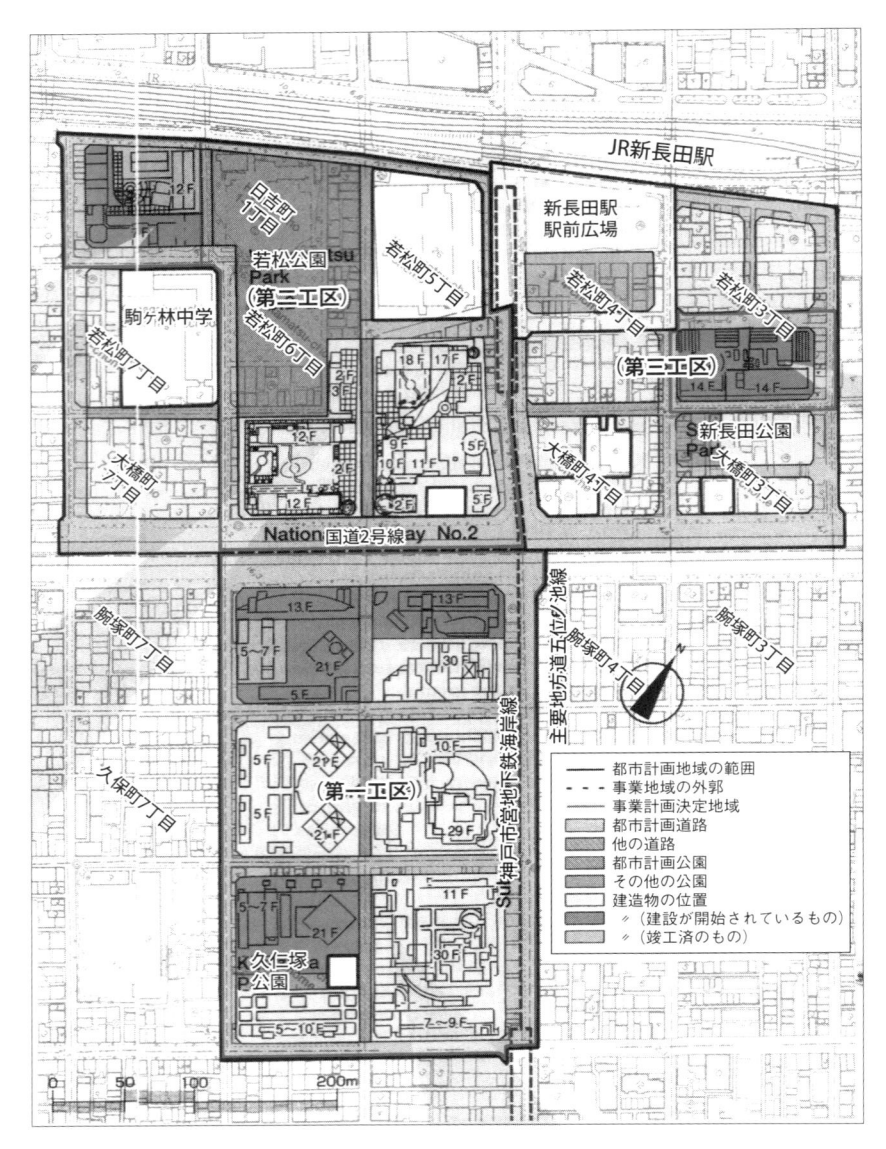

図6.11 神戸市による新長田南地区の再開発計画
資料：City of Kobe(1999)

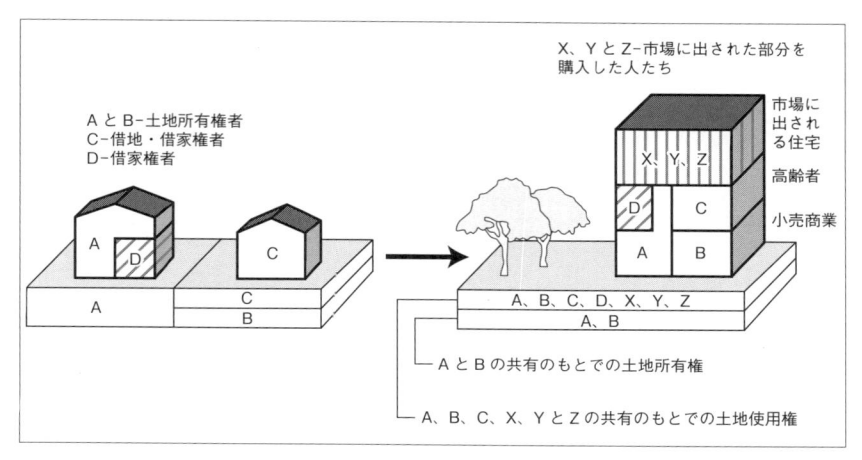

図6.12　1969年の都市再開発法のもとで土地所有権の交換を適用するに際して必要な手続き
資料：Doebele, Matsubara, and Nishiyama（1986）に基づく

2年目までに順調に進んだ。この事業は、新しい道を再調整することや新しい公共インフラストラクチャを地下に設けることを含んでいた。しかし、新長田南地区では、復興過程で多くの課題が現われた。

高さと容積オーバーとの闘い

このプロジェクトの立案の全体にわたって、地元の「まちづくり」計画家たちは、非妥協的な市職員と立腹した従前の居住者との間で自身が引き裂かれるのをしばしば感じた。そして後者（立腹した従前の居住者）は、再開発が進展することを店舗所有者ほど熱望していなかった。神戸市は、再開発のために高層ビルの建設を主張していた。しかし、ほとんどの借家人と住宅所有者は、地震の前にあったような商店街に近い旧来の2階建ての住宅に戻りたがった。神戸市の見通しでは、復興に向けた財政的な実現可能性は、用地買収費用や建設費用を捻出するために復興で建設する高層ビルの余剰部分（床面積）を販売し、その売上益を費用の一部に充当することにかかっていた。その結果、何人かの居住者の意に反して、許可される容積率は地震前の200％から最高700％に引き上げられた（敷地面積に対する延床面積で計算）[10]。最も高い容積率が認められたのはJR新長田駅に隣接するブロックで、そこから南に向かって許容される最高容積率は400％へと推移した。再開発事業の一部として建設された新しい建

図6.13 新長田における高層集合住宅(2005年)
写真：神戸市役所提供

物は、上部が住宅で低層部が商業施設になった高層建造物であった（**図6.13**を参照）。神戸市は、これらの開発の代価を払うために金融市場に市債を提供しなければならず、さらに商業と住宅の複合事業が一段落した時点で、政府から得られる補助金で用地買収と建設の費用を補填しなければならなかった。

地元商店主の再配置

新しい住宅の高さと容積率とは別に、他に2つの重要な問題が1995年から1997年に至る新長田南地区のまちづくり過程で露わになった。最初の問題は、まさに既存の商店主や借家人がいかなる賃貸料でどのように新しい開発で再配置されるのかということだった（KDDRCBA 1996を参照）。地震の前には、多くの商店主が僅かな家賃で店舗を借りて、古い形態の路面店で店を営んでいた。しかし、再開発の完遂によって影響を受ける全ての土地は神戸市が買わなければならなかったため、当地で以前から存在する地主や借家人の権利に基づく保証を拡大する必要があった。新長田北地区で実施された区画整理事業では、こうした特権は商店主たちが自らの土地を所有しているのか、建物を所有しているのかに応じて変えられた。さらに特権を守るための借家人の入居の保証はなされなかった。地主や建物の所有者は、再開発で建設された複合建造物の中で、彼らが期待する店舗や住宅の所有や使用の保証を申し出ることができた。借家人の権利はより小さなものだった。仮に借家人が新しい計画による建物に入居できず移転したならば、彼らは仕事の上で生じる損失の一部の補償を受けることになる。商店主にとって、これは収入上の損失と移転費用への補償を含んでいた。旧来の建物所有者は、新しい高層住宅のユニット（区画）を借り受ける権利を与えられた。しかし、それらは往々にして一層高い市場相場の家賃を支払うために補助金を必要とした。この補助金は神戸市によって提供されたが、それは地方行政に重大な金融緊迫をもたらすことになった。

神戸市は、小規模な家族経営の店舗が市場相場の高額家賃を避けて同じ場所に残りたい場合は、商店ユニットを含む新しい建物において、家賃が路面である1階よりも安い2階や3階に移転しなければならないと伝えた。それとは対照的に、新しい計画に惹かれて新長田の外部から移転してきた商業は、ファストフード店や「より流行を意識した」店舗が含まれていた。多くの場合、彼らは完全に市場相場の家賃を払うことができたため、最も魅力的な1階部分への

図6.14 新長田アスタタウン
(2005年)
写真：D. W. Edgington

入居が認められた(田谷氏へのインタビューによる)。

　全体として、新長田南地区における労働者階級の買物街は、神戸西部のために新しい副都心を築くという都市計画家の望みを補う開発に転換された。10年間におよぶ復興期間が終わり、店舗や小さな工場が建て込んだ密集地に代わって、高級インド料理やベトナム料理のレストラン、ネオンがまばゆい「アスタ(明日の街 Asu town)」と呼ばれるショッピングセンターを備えた20階建ての複合ビルが出現した(図6.14)。地震前に非常に安かった当地の賃貸料は、2005年には神戸市東部の高級住宅地にある商業地のものと大差が無いようになった(田谷氏へのインタビューによる)。不運にも、神戸の密集した都心にある三宮や元町の商業地とは異なり、長田にはこの水準の経済力を持った人口がいなかった。その結果、いくつかの小規模企業は営業破綻し、そのことが2003年に完成をみたアスタ事業の後になって報告された(Johnston 2005)。

高齢者のための設備

　二つ目の問題は、地震の前に当地で暮らしていた高齢者のための住宅、そして彼らが直面した高層住宅で暮らすことの難しさだった。新長田南地区では、補助金が交付される公営住宅は、主に神戸市が供給した高層住宅の少数住戸に限られていた。このようなケースで神戸市は、地震直後に仮設住宅での居住を強いられた長田区の高齢者に優先居住権を与えた(田谷氏へのインタビューによる)。この計画によって、元の近隣住区に戻りたいと思っていて実際にそうできた人々は、おそらく一部であった(大阪のcomコミュニティ計画研究所の代表者である高田 昇氏によれば全居住者の半数)とされる。

　地震の前に2階建て低層住宅で暮らしていた高齢者は、2〜3部屋の高層住宅での生活に適応するのが難しいことに気付いた。高齢者に対してコンサルタントは、多くの会合を持ち、建築模型を使い、多くの完成図を提示して、高層住宅での生活が再開発では唯一実現可能な選択肢であることを伝えた。「最大の問題は、高齢者を説得して、彼らに高層住宅へ移動してもらい、いかにして彼らの誇りを保つかであった」(高田氏へのインタビューによる)。

　高層住宅での生活に直面した新長田の高齢者は、コミュニティ会合のための場所の不足、そして隣人間の交流の欠如が予測されることが問題であると考えた。これらが欠けていることは、彼らにとっては受け入れ難いものだった。高

図 6.15　新長田再開発計画で建設された高齢者住宅（2005 年）
写真：神戸市役所提供

層住宅で暮らしている高齢者への打撃を和らげるため、神戸市は、自らの住宅局が通常なら提供するとは予想できない多くの「追加設備」を含む住戸を限定的ながら供給することにした。これらの改良の多くは、高層住宅での生活環境における高齢者の要求をかなえるために、コンサルタントが高齢者のグループと一緒に催した「ビジュアル化のための訓練」を経て提案されたものである。

　このような「追加設備」の例は、建物の上層階に設けられた庭、そして建物に「生態的な感覚」をもたらすオープンガーデンの緑被を含んでいた。他の計画では、コミュニティスペースが提示された。これは支援ボランティアや彼ら自身の仕事のために住戸の近くに設けられたキッチンや部屋である。そして最終的には、打放コンクリートをできるだけ少なくするような設計がなされ

表6.4 新長田南地区都市再開発事業の年譜

事業認可
1997年2月：地域住民と神戸市による全ての事業認可
事業実施
第1段階　（0.9ha）1997年1月に事業計画決定、1997〜1999年に事業実施
第2段階　（5.0ha）1997年1月に事業計画決定、1998〜2003年に事業実施
第3段階　（8.1ha）1996年10月に事業計画決定、1996〜2003年に事業実施
第4段階　（4.4ha）1997年10月に事業計画決定、1997〜2000年に事業実施

資料：City of Kobe（2004a）

た。Hein（2001）は、高層建物の中の住宅で暮らす高齢者の感覚を呼び覚ますには、ある程度の共有空間を含む下町（古いインナーエリア）の雰囲気を復活させるようにデザインするのが望ましいと述べた。さらに彼女は、建築家の森崎輝行氏の計画を評価した。その計画は、3階部分に共同区域や近隣広場として利用できる魅力的なウッドデッキ、ベンチや広場を配置するというものだった（図6.15を参照）。特注のコミュニティ施設（キッチンや和室のようなもの）を設置した、このような共同住宅は、日本ではほとんど試されていなかった（ただし都市計画家の石井なお子氏による仕事ではこうしたものがみられる。これについてはMurakami 2000bを参照）。これらと他の追加設備が提供され、ほとんどの高齢者は最終的に20階建から30階建の高層住宅で暮らすことに同意した。一般大衆のための住宅市場を基盤としたに住戸は、こうした高齢者向けの住戸よりも上層階で供給された。

　予期されるように、コンサルタントが要求した追加設備は、神戸市住宅管理課によって高価であると考えられた。こうした住宅が市当局によって提供されたか否かに関わらず、その大部分は様々なNPO、ボランティア、まちづくり協議会の代表者との交渉を経て供給されたのが実情である（田谷氏へのインタビューによる）。コミュニティスペースが提供されたところでは、たとえば食事提供計画のような高齢者向けサービスは、高齢者のための便宜提供を専門とする多くのNPOによって維持された。[11]

事業の履行

　表6.4に示した新長田南地区における事業履行の年譜をみると、この大規模再開発事業は1997年に始まって、多くの段階を経てデパートや小規模店舗が

一般向けに開店した2003年に終了したことがわかる。タワー型高層住宅の周囲では、1998年まで様々な建築家や計画家たちが委任されて仕事に携わった。まちづくり協議会の設計コンサルタントやメンバーは、造園、コミュニティエリアや小売空間の配置の様相をめぐって、居住者と店舗経営者との間の協定を促進する多くの場面で重大な役割を果たした。

アスタの商店街は、様々な建築の遅れがあった後に開店した。それは、神戸市がこの事業の他の部分と同じように、分譲住宅部分をいかに早く売ることができるかという影響を強く受けたからである。他に考えておくべき点は、小売事業のための大型店についてであった。つまり、地元企業のダイエーと全国家電チェーン店のケーズデンキは、分譲住宅部分がある程度売れるまで開店しないということだったのである（田谷氏へのインタビューによる）。

全体的にみて、当地都市再開発事業は、都市計画家たちの目的どおりに、新長田南地区を新しいイメージに転換した。おそらくそれは、若者たちを惹きつけて離さないものであった。2005年にあった地震の10周年記念行事までに、20の高層ビルが完成したが、新長田南地区では3棟の高層住宅が完成に至らなかった。この事業がひとたび完了したならば（この本を書いている2008年時点では計画が残っていた）、1,840戸の公営住宅を含む約5,000戸の新しい住宅ができると推測された。新しい住戸の数は、地震の前にあった住戸数を超過することになる。また小売店舗の床面積は、地震前とほぼ同じである（City of Kobe 2005b）。新しい高層住宅にある住戸の約50％は、地震前に当地で住宅を所有していたか借りていた生存者のどちらか、あるいは長田区の他の場所から転居してくる人々に市場価格で提供された。そして残りの50％が、神戸や阪神地域から他の場所へ移動していた人々に提示されることになっていた。新長田で暮らしていた人々の約60％は事業終了後に当地に残りたいと希望し、約40％は当地から転出するという選択をした。この事業による2005年時点の住宅価格は、おおむね神戸市域の東部のそれよりも安かった。その差は、行政域の東西で異なる地域性や魅力によるものだった（田谷氏へのインタビューによる）。

6.2　神戸市東部の森南地区の場合

東灘区の森南地区は、より繁栄した神戸市域の東部にあり、大阪にも近い[12]。

6.2 神戸市東部の森南地区の場合

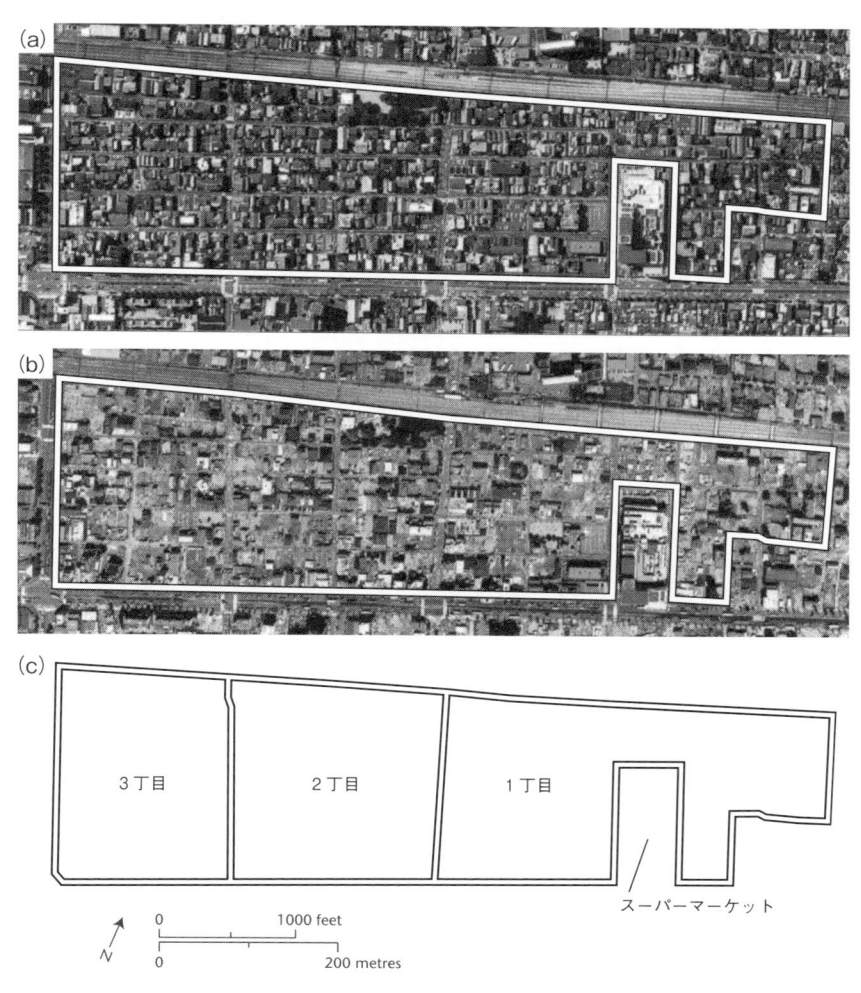

図6.16 東灘区森南地区、(a)震災前と(b)震災後、そして(c)森南町の3つの丁目
資料：City of Kobe(2004a)

地震は当地で1,500戸程度の住宅の約70％を破壊し、81人を犠牲にした。当地の土地区画整理事業は、東西で約800ｍ、南北ではちょうど250ｍの区域で実施された（図6.16ａおよび図6.16ｂを参照）。つまり、すでに熟考した新長田の２地区よりも、当地区は遥かに小さい。しかしながら、はっきりとわかる市

民たちの抗議の程度において、両者は興味深い差異を呈している。森南地区は、神戸市内の24におよぶ重点復興地域の中でも、最も東側に位置する。大阪から神戸に通じる主要幹線として、JR線が地区の北部、国道2号線が地区の南部を通っている（図6.16 aを参照）。当地区には3つのセクション（日本語では丁目）がある。1丁目には地震前に640戸の住宅、2丁目には350戸の住宅、そして3丁目には340戸の住宅があった（図6.16 cを参照）[13]。地震の前、当地区の全域には3,280人にのぼる人々が暮らしていたが、震災直後には人口がその約35％にまで落ち込んだ。

森南地区は、1995年3月、6つのブラックゾーン地区のうちの一つとして1995年3月、神戸市によって土地区画整理事業で改良されるように選定された。（表4.4 aを参照）。地震の前でさえ、この場所は地元道路網の合理化を経験した。1920年代の初頭、地元農民たちが格子状の道路網を築いた。終戦直後の森南地区がまだ主に農地であった頃に、神戸市は幅の広い道路や一般の道を建設するという仕事を続けた。その際、各々の土地所有者は、土地区画整理の理念のもとで、公共用途のために自らの所有地の30％を提供した。その後、都市的な開発は1950年代初頭に生じた。その時点で、格子状の小区画が出現した。そこには、6ｍ幅の一方通行道路、10ｍ幅の2本の道路、より幅が広い南北方向の道路があった（図6.16 aを参照）。

神戸市による計画

森南地区の街路計画が終戦直後に再計画されていたのなら、なぜこの地区が1995年3月に神戸市の都市計画担当者たちによって24カ所の重点復興地域の一つに含められたのだろうか？ 結局、森南地区が都市内のより裕福な地域にありながら重点復興地域に選ばれたことは、新長田の場合と同じく「インナーエリアの市街地の問題」ということに尽きる。そして、その答えは、地元の優先事項よりも既に立案された都市全体の整備目的を果たすために、都市計画家たちが当地の主要国道や公共交通設備を改良する絶好の機会ととらえたからのようにみえる。

森南地区が土地区画整理事業による重点復興地域にリストアップされた大きな理由は、1990年代の初頭にさかのぼる。その頃、神戸市の都市計画担当者

図 6.17　JR甲南山手駅と駅前北口広場 (2005 年)
写真：D. W. Edgington

たちは、森南地区に新しい甲南山手駅を作るようJRを説得していた。その駅舎は、駅の北口に広場を備えて1994年に完成した (**図 6.17**を参照)。駅は災害の時に開業していなかったが、計画家たちは新しい社会資本のある森南地区を良くするためにこの駅を活用したかった。

　森南地区の計画は1995年3月17日に公表された。そこには、東西方向の既存6m幅道路を拡幅し、地区を貫く幅員17mの幹線道路にするという計画があった (**図 6.18**を参照)。この新しい道整の配列は、東から森南地区に入ってくる自動車アクセスを合理化するように意図されたものだった。都市計画家たちの見通しによると、地震は当地区に近い芦屋から神戸に至る東西幹線道路 (山手幹線) を拡幅するための格好の機会と映った。長期的にみて当事業は、1995年の地震で倒壊した高架道路の阪神高速3号神戸線の代替路線を目指していた。既存の山手幹線道路は、建設当初に大阪から伸びたが、森南地区のすぐ東側にあたる芦屋市の西端で切れていた。延長を提案された道路は、大阪から神戸へ

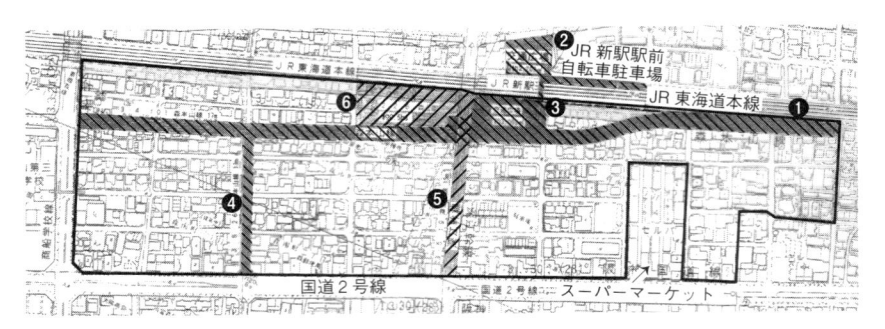

1. 17 m 幅の東西方向道路
2. 駅北口広場 (2,200 m²) と自転車駐車場
3. 駅南口広場 (3,000 m²)
4. 13 m 幅の南北方向道路
5. 15 m 幅の南北方向道路
6. 既存の森南公園 (5,000 m²)

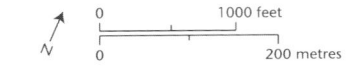

図 6.18　神戸市が 1995 年 3 月 17 日に提示した森南町区画整理の原初計画
資料：City of Kobe (2004a)

表 6.5　森南地区土地区画整理事業の概略

	1丁目	2丁目	3丁目
面　積	6.7 ha	5.4 ha	4.6 ha
地震前 　総人口および世帯数：3,283 人、1,501 世帯 　建物総数：902 棟			
地震による損害 　全壊：523 棟 　半壊：29 棟 　損壊率：60 %			
土地区画整理事業 　最終決定	1997 年 9 月 25 日	1999 年 10 月 7 日	1998 年 3 月 5 日
減歩率：2.5 %			
主な改良	11〜13 m および 13 m の新規道路、2,700 m² のステーションプラザ	6 m、9 m、13 m および 15 m の新規道路	13 m および 9〜13 m の新規道路、5,122 m² の新しい公園
総事業費	約 57 億円 （約 5,700 万ドル）	約 21 億円 （約 2,100 万ドル）	約 23 億円 （約 2,300 万ドル）

資料：City of Kobe (2004a)

の代替アクセスルートとなり、加えて新しく建設されたJR駅まで自動車交通を導くであろう。神戸市は、南から新駅に至る交通を導くために、さらに南北方向の2本の10 m連絡道路を、13 mと15 mに拡幅する提案もした（図6.18を

表6.6　森南地区における復興の年譜

1995年	4月8日	・森南町と本山中町まちづくり計画会議が設立される。
	4月	・地元市民によって研究と集会が持たれる。
	8月24日	・「森南の市民による計画」が神戸市に具申される。
	12月2日	・神戸市が森南地区のための計画に応答し、それを修正。
1996年	5月18日	・土地区画整理に伴う減歩率を2.5％に低減させるための話し合いがもたれる。神戸市が新しい修正計画を提示。
	6月〜8月	・森南地区居住者の意向調査(この時点でまだ30％が地区外に避難したまま)。結果の概略：17.2％が計画を却下、13.3％が計画を受け入れ、41.4％が交渉の継続を希望、12.3％が計画再考を希望、3.0％が一層の交渉に関わりたくない。
	9月22日	・まちづくり協議会が居住者と会合を持ち、行政側と更に交渉を続けていくことをしないと決定。
	12月8日	・森南町1丁目まちづくり協議会が会合を持ち、自らの計画組織を立ち上げること、自分たちの地域に対する行政側の修正計画を認める視点に立つ決議を神戸市に提出。
1997年	1月19日	・森南町3丁目まちづくり協議会が森南町・本山中町まちづくり協議会から分離独立。
	3月10日	・森南町1丁目都市計画グループが第一次土地区画整理計画案を神戸市に提出。
	5月29日	・森南町1丁目都市計画グループが第二次土地区画整理計画案を神戸市に提出。
	6月3日	・神戸市が森南1丁目に対する当初の計画を変更。
	9月5日	・森南町3丁目まちづくり計画グループが都市計画案を神戸市に提出。
	9月25日	・森南町で最初(森南町1丁目)の土地区画整理事業案が完成。
	10月1日	・森南町・本山中町まちづくり協議会が本山中町1丁目のまちづくり要望書を神戸市に提出。
	11月27日	・森南町3丁目・本山中町1丁目に対する神戸市の修正案が再修正。
1998年	3月5日	・森南町で2番目(森南町3丁目と本山中町1丁目)の土地区画整理事業案が完成。
	3月12日	・森南地区で最初となる土地区画整理の仮換地を開始。
	11月25日	・森南第二地区(森南3丁目・本山中町1丁目)で2番目の土地区画整理の仮換地を開始。
1999年	3月9日	・森南町・本山中町まちづくり協議会が神戸市へ第一次街区計画案を提出。
	4月10日	・森南町・本山中町まちづくり協議会が森南町2丁目まちづくり協議会に名称変更。
	7月23日	・森南町2丁目地域に対する神戸市の計画の最終変更がなされる。
	10月7日	・森南町で3番目(森南町2丁目)の土地区画整理事業案が完成。
2000年	5月31日	・森南町2丁目の土地区画整理の仮換地を開始。
2001年	12月19日	・森南町1丁目において公式の都市計画合意に調印。
2003年	2月14日	・森南1丁目、森南3丁目、・本山中町1丁目で仮換地の未了箇所が完成。

資料：City of Kobe(2004a)

参照)。

　神戸市の都市計画担当者たちは、新駅の南側入口に到着する人たちのために、駅の南側にも駅前広場を作るべきであると考えた。上述のとおり、震災時には、駅の北側にだけ駅前広場があった(**図6.18**を参照)。

これらの地区改善は、全て土地の一部を各地主が提供してくれるだろうという仮定に基づいて、区画整理方式によって実施されることになっていた。地域住民が元の地区に残れるように再配置が期待された。**表6.5**は、森南地区の3つの地区（1丁目、2丁目と3丁目）の中で行なわれた土地区画整理事業の特性を示しており、**表6.6**は、これらの事業の年譜である。また他の計画における区画整理は、土地所有者が自分たちの所有地の10％を補償無しで地区の「改良」のために提供することを意味していた。

居住者の反対

地域住民は、都市計画法の下で求められるようなその行動について説明するために神戸市が準備した、1995年2月24日に開催された市役所での一般向けの都市計画会合でこれらの提案を最初に聞かされた。この会合で神戸市の都市計画担当者たちは、道路拡幅とオープンスペース計画は将来の災害を緩和するために長期的視点で行うものであると説明した。神戸市が新しい東西方向の17m道路を提案したことを知って、地域住民は衝撃を受けた。なぜなら、その道路が森南地区を突き抜けて今よりも多くの自動車が往来し、実質的に地区を南北に分断するかもしれないからである（**図6.18**を参照）。地域住民は、森南地区は最初の土地区画整理事業を第二次世界大戦前に終えており、その街路は規則的な格子状で既に幅6mあるということを主張した。住民たちは、神戸市が再び森南地区の設計を変更して、土地所有者から既存の土地の提供を受けるということに狼狽した。実際に彼らは、国道2号線とJR線が既に地区へのアクセスを提供しているのに、なぜ幅17mの余計な道路や新駅の南口広場が必要なのかが理解できなかった。さらに、追加的にオープンスペースを作るという点について、地域住民は初期の区画整理計画において既に市内標準にあたる総面積の3％を満たす0.5haの森南公園で十分であると考えた（Ito 1996）。

地域住民の都市計画への反対は、森南地区のわずか約20％しか災害による被災地区とされなかったという事実で一層強くなった。他の都市や他府県に避難した人々は、もし彼らが新しい都市計画について神戸市当局から説明されても、土地区画整理事業を詳しく検証するのは難しいと感じるだろう。1995年の早春、神戸市中心部への輸送は、まだ震災の瓦礫、交通渋滞や建設工事に

よって、まだまだ難しかった（伊東建築設計代表で地元の活動家でもある伊東朗子氏への森南地区でのインタビューによる、1996年6月）。しかし、神戸市の計画の有効性についてのあらゆる疑問にもかかわらず、新しい計画は1995年3月17日に笹山市長によって承認された。

居住者による計画

　神戸市が立案した復興計画に対する地元の異議申し立ての結果として、森南地区というホワイトカラー主体のコミュニティから指導者たちが現れた。指導者たちには、建築家、銀行家や他の専門家が含まれていた。彼らは、地震前とそれほど異ならない方法で通りを修理する自分たちの計画を設計し始めた。市長から「居住者の合意を得ない地域計画は無かろう」との公開書簡を受け取った後、地域住民は集まって、当初の都市計画案の修正が可能かもしれないと考えた。彼らは1995年3月末日までにまちづくり協議会を設立した。確かに、森南町・本山中町まちづくり協議会は、居住者と神戸市の連絡役として動くために24の重点復興地域の中で最初に組織された協議会だった（"Higashi-Nada" 1995）。

　続いて、森南地区の居住者は、近隣ブロックから47人を選んだ。彼らは、居住者の視点をまとめて、神戸市との連絡役を果たす人々である。1995年4月、このグループの協議会は、地震前に当地区で住んでいたと登録されている全ての世帯に質問状を送り、居住者の考えについての調査を行った（**表6.6**を参照）。

　その結果、たとえ5人中のおよそ4人が災害によって退去を強いられていたにせよ、約90％は当地区に住み続けたいと願っていることが明らかになった。一層重要なのは、その調査によって、人々ができるだけ早く自分たちの元の家を再建したいことがわかったことである。1995年の春、この地域団体は、数多くの地域住民の考えを含む「森南基本計画」を確立した。この協議会は本質的に、基礎的なインフラストラクチャ、通りの幅、そして地域公園やオープンスペースは既に十分であり、当地区を貫く山手幹線道路を拡張する必要はないという見解をとった。さらに地元では、仮に大阪からの新しい幹線道路が少しでも神戸市に入れば、既存の住宅地を通さずに道路を地下化すべきであるという思いがあった。駅前広場に関する居住者のスタンスは、新駅には北口に大き

な広場があるので、JR駅への一層のアクセスを確保するための南口広場の改良は不要であるというものだった(伊東氏へのインタビューによる)。[14]

　地元の活動家である伊東朗子氏は、地域コミュニティによる計画の支持は約75％(約1,500世帯を母数として)であると推察した。かなり多くの居住者が1995年時点では森南地区の外で生活していたため、地区復興の代替計画案が支持されていることを示すのに必要な署名を集めるのに約1カ月を要した。森南地区の復興計画に対する地元の大きな抵抗を仲裁するため、神戸市は居住者と一緒に調停に臨むコンサルタントを送り込んだ(それは「まちづくり法」の下で指定された重点復興地域を辞退したとしての措置であった)。神戸市によって擁護された都市計画専門家は、地域コミュニティの信頼を得られなかった。実際に地域住民は、自らと同じ内部から計画専門家を選んだ。選ばれた計画専門家は、神戸大学の塩崎賢明教授であった。彼は地元のまちづくり協議会を有効に機能させるために、居住者に代わって神戸市当局に金融援助を要請した。この要望は1995年の夏に実現し、居住者は自らの地区の復興を目指して計画を立て続けた(伊東氏へのインタビューによる)。

　1995年7月の始めに、コミュニティリーダーは、さらに地域住民の見解を分析し評価するためにワークショップを組織した(Kaga 1996)。自らが選んだコンサルタントの支援によって、居住者たちは1995年8月に市議会へ居住者の視点を盛り込んだ計画を提出した(**表6.6**を参照)。1カ月後、神戸市は新しい計画について議論するための会合を提案した。しかし当初計画で示された道路拡幅に関しては交渉の余地が無かった。地元のまちづくり協議会は、その会合が市民自身による自らの地域へのアイデアに基づいたものでなければ、その会議には出席しないと断固たる態度をとった。その後、神戸市と地域コミュニティとの間の対立が続いて起こり、どちらの側でもしばらくは仕事が進まなかった。森南地区の土地区画整理事業の行程を記した**表6.6**は、1995年8月から年末までの間、居住者の立案による森南地区の計画に行政側が応答しなかったことを示している。しかし、その数カ月の間に多くの居住者が、神戸市の条例で認可された様式の仮設住宅(その多くはプレハブ構造だった)を建築した。それは、区画整理が始まれば自らが建設した仮設住宅を撤去しなければならないことを知ったうえでの行動だった(伊東氏へのインタビューによる)。

6.2 神戸市東部の森南地区の場合

妥協案

結局、神戸市当局は自らの計画を改訂した。1995年12月、改訂案は地域住民に対して次の方法で妥協を申し入れた。まず、コミュニティからの強い反対の結果、神戸市は、芦屋市からの山手幹線に合流する東西方向の17mアクセス道路を造成する案を取り下げた。実際、当初立案された道路拡幅は、神戸市の計画から除外された。それに代わって、13m幅の東西方向の道路が提案された。この新しい13m道路は、当地区の商業中心の傍らを伸び、芦屋方面から当地区への大きなアクセスをさばき、緊急時の避難経路ともなるものであった。さらに神戸市は、鉄道騒音の緩和のために、JR線の南へ至る12m道路に沿った緑地帯を提案した。新聞の地元面はこの尋常ではない妥協案について次のようにコメントした。「公式に認可された区画整理地区の都市計画道路が見直されるのは本当に例外的なことである」("17 m" 1995)。

1996年5月、こうした動きの一方でこの区画整理事業が研究され、神戸市は妥協案への別次元の提案をした。この計画は、補償無しで（減歩して）手配する土地の比率を下げることを含んでいた。それは、神戸市が市内の他の全ての土地区画整理事業で求めている9.0%に対してわずか2.5%しか要求しないという異例のものである。とりわけ神戸市西部地域にある真野地区や新長田地区の計画案と比較すると、森南町の中の住宅地は、他の地域の住宅地よりも既に約3倍大きかったが、この割引が適用された。この低い減歩率は、震災後の神戸市では例外的だったため、他の区画整理地域の地主からは羨望のまなざしでみられた。このことは、遅れてしまったとはいえ、実は震災前の森南地区が道路拡幅に同意する中で設定されたものだった。この地区では、2.5%以上で減歩される場合、地主には個人的に金銭面での補償がなされた("Reducing Rate" 1996)。このことは、森南地区のインフラストラクチャ改良の達成割合を高めるには、神戸市の予算や政府補助金の直接投入が避けられないことを意味していた（原氏へのインタビューによる）。

オープンスペースについて、神戸市は一層の妥協案を提示した。当初計画では3,000 m^2 だった新駅の南口広場が900 m^2 に縮小された。神戸市による1995年12月の改訂計画で南口広場は、縮小されたとはいえ前年の10月に開業したJR新駅（甲南山手駅）に有用なものとして維持された。この新駅は南北両方から

同じくらいの集客をすると予想されていた。したがって、都市計画家は自分たちの計画に固執した。新駅を利用しやすくするには、直近の近隣地区からの需要に応え、さらに自動車にとっても適切なアクセスが必要であるというものだった(神戸市都市計画局復興区画整理部東部復興土地区画整理課主査の村主清家氏へのインタビューによる)。

　神戸市の妥協案を受け入れる居住者がいた一方、計画に反対し続ける者もいた。こうして神戸市の妥協案はコミュニティを二分した。神戸市が森南地区のために譲歩案を示しても、一貫して市の計画に抵抗する居住者もいた。1996年夏の住民集会では、今後の交渉は全部中止にするという要求があり、何人かの居住者が神戸市に対する行政訴訟を求めた(**表6.6**を参照、"Restration" 1996)。しかし、修正計画を敷地縮小(減歩率)や換地にかかわる詳細な交渉の基盤にしたいという者も地区内にいた。コミュニティの合意がこうして粉砕された結果、3つの異なるグループが出現し、それはやがて1996年秋のまちづくり協議会の分裂に結びついた。やがてまちづくり協議会は、3つの別個の協議会となった。

　新駅(**図6.16**cを参照)のすぐ東に位置する1丁目では、居住者たちが神戸市の土地区画整理計画に対して最初に異議を唱えた。この地区は提案された17m道路で最も多大な影響を受けると思われていたうえ、彼らは減歩率の適用によって自分達の所有地が奪われるのを懸念していた。このグループのメンバーは、1980年代末、この地区に進出した大型スーパーマーケットをめぐって神戸市と既に対峙していた。それが森南地区において居住用ではない最初の土地利用であったためである。しかし驚くことに、1丁目の居住者たちは、神戸市が1996年5月に作成した減歩率2.5％の案を最初に受諾した。数カ月の孤立の後、森南1丁目の居住者は、神戸市当局に対して森南地区の残りの地域とは関係なく、自分たち独自のまちづくり協議会を組織するよう請願した。彼らは、あらゆる大規模な復興から取り残されてしまうのを実感したが、一方で独自に神戸市と交渉することができ、2丁目や3丁目からは独立して自らの土地の復興に向けた戦略を立案できた。事実、1丁目の東部分の居住者たちは、神戸市の都市計画家たちとの交渉の更新を決定した。それは、1996年の12月に森南1丁目のまちづくり協議会が独立してすぐのことだった。この決定は、減

6.2 神戸市東部の森南地区の場合

(a) 1997（平成9）年6月3日（森南1丁目）
  ❶ 駅前広場は 3,000 m² から 900 m² に縮小された。
    400 m におよぶ道路拡幅は見送られた。
  ❷ 幅員 13 m の東西道路
    幅員 11 m の南北道路

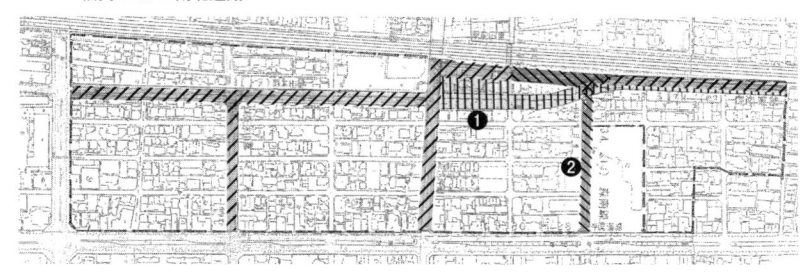

(b) 1997 年 11 月 27 日（森南3丁目、本山中町1丁目）
  ❶ 東西方向のブルーラインは 430 m から 240 m に短縮された。
  ❷ 新しい東西方向道路（長さ 240 m、幅員 9 m）

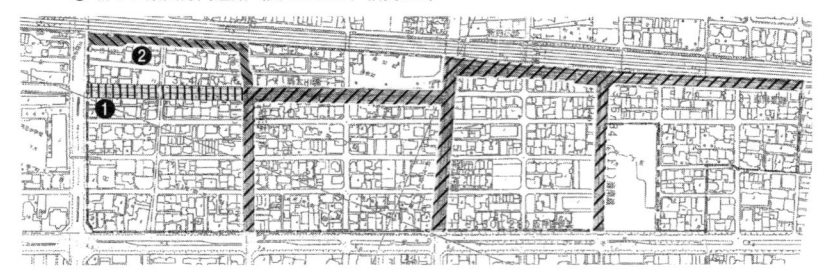

(c) 1999 年 10 月 7 日（森南2丁目）
  ❶ 東西方向の道路敷設は中止された。
  ❷ 新しい東西方向の道路（長さは計画の 240 m から 480 m に延長、幅員 9 m）

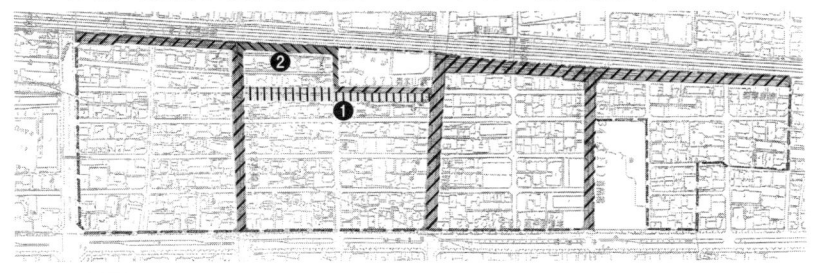

||||| 道路拡幅が見送られた箇所
//// 既に拡幅済みの箇所
\\\\\ 拡幅の見直し、あるいは新しい拡幅箇所

図 6.19　1997 年から 1999 年にかけて修正された森南町の計画
資料：神戸市役所都市計画局都市再開発課提供の資料による

歩や土地提供に対する補償、さらに神戸市が支援するインフラストラクチャの再建の観点からすれば、彼らがなし得る最善の取引として行われた("Agree" 1996)。1997年6月、1丁目の新しいまちづくり協議会は、彼らの地域のために変更された都市計画を承認した(**図6.19** aを参照)。このことは、新しい道路の道幅が17 mから13 mに縮小されることや新駅の駅前広場が部分的に欠けることを意味していた(**表6.6**を参照)。

　同じ頃、地域内の最も西部にある3丁目では、神戸市が道路拡幅のための用地買収に向けた議論を始めた。森南3丁目のまちづくり協議会は、1997年1月に設立され、神戸市との交渉を再開した(**表6.6**を参照)。彼らは、東西方向の道路を北側へ移動させてJR線に沿わせて欲しいとの交渉を行ったが、それは地域を分断しないためだった。森南地区のために神戸市が提示した二番目の妥協案は、東西方向の道路を地区の北西部で再編して拡幅するというものだった(**図6.19** b)。この案は1997年4月に承認された。

　しかし、改定された計画では地域が二分され、地区を通過する交通が増大するという理由によって、提示された変更案は森南2丁目(ここは当該地区の中央部に位置する)の居住者から猛烈に反対された(**図6.19** bを参照)。その後、森南2丁目の居住者と神戸市との会談は、1998年末まで成り立たなかった。ほぼ2年の孤立の後、三番目の妥協案が神戸市から提示された。この計画では、地域住民への衝撃を最小限にするとともに、森南地区中心部に位置する既存の公園の周囲を通って東西方向の交通を流すことが期待された。

　この修正に基づいて、神戸市による当初案が示されてから4年後、ようやく神戸市は森南2丁目から合意を得ることができた(原氏へのインタビューによる)。

　森南地区のための三番目と最終の妥協案は、3つの協議会全てとの交渉や合意の後、神戸市によって1999年10月に全体像が公表された。この案は、東西方向の新しい道路(**図6.19** cを参照)を含んでいたが、敷地境界からの1 mの後退を要するものだった。計画の影響を受ける居住者について調査の後、神戸市による都市計画は1丁目で受理された。それは、森南地区の北西部に9 m道路をつくること、既存の6 m道路の街角剪除(コーナー切り)を含んでいた[15]。さらに神戸市と地域住民は、大きな駅前広場に代えて、将来の災害時に使える送水ポンプ付きの「ポケットパーク」を地区内に散在させることで合意した(**図6.20**

6.2　神戸市東部の森南地区の場合

図 6.20　森南町における「ポケットパーク」の一例（2005年）
写真：D. W. Edgington

図 6.21 森南町における街路の
　　　　改善事例（2005 年）
　　写真：D. W. Edgington

を参照)。

　要約すれば、道路拡幅と森南地区1～3丁目のオープンスペースについての最終案は、当初計画から神戸市側が大きく譲歩したものとなった。最終合意の際、神戸市の都市計画局は、再区画の計画を完了するまで3～4年の歳月がかかると考えた("Last Disaster" 1999、"Last Land" 1999)。

　しかし、こうした妥協は、地震後の神戸市の再興に遅れを及ぼすという犠牲をもたらした。1997年(その頃、既に新長田地区では居住者が自身の妥協案を行政側とともに作り上げていた)までの森南地区の復興にかかわる年譜(**表6.6**を参照)によると、森南地区で唯一1丁目だけが神戸市による再計画案を受け入れたことがわかる。そして、1丁目の居住者は、道路拡幅とインフラストラクチャ整備の代償としての減歩で所有地を削られることについて、行政側との交渉に臨んでいた。たまたま、森南地区は、地元の利害関係者の全てとの交渉に成功した、24の重点復興地域では最後のものとなった("Four" 1999)。森南地区の事例は、神戸の震災復興期間の中では特徴のあるものだった。とりわけ2丁目は、地元住民の抵抗によって土地区画整理事業に長い時間を要した事例である。たとえ当初の土地所有の状態が新長田のそれより遥かに単純であっても、こういうことが起こってしまう。

　阪神地震10周年までに、森南地区の再建はほとんど完了した。しかし、JR新駅には、まだ北口につながる道路と北口広場しかなかった(森南地区の道路をめぐっては**図6.21**を参照)。南口につながる道路の工事は終わっていたが供用されておらず、2005年初頭には景観美化と諸施設の整備が未完成の状態にあった(原氏へのインタビュー、および現地調査による)。確かに、森南地区は、ホワイトカラーの居住者の抵抗、そしてまちづくり協議会の間の近隣地区全体にわたる意見の不一致に影響されて、重点復興地域の中では事業に最長の期間を要した。地域コミュニティの構成員は、地元のインフラストラクチャの修理を完了させて土地の個人所有地を確定するまで、これほど長い時間がかかるとは思っていなかった。同時に、都市計画局は、地元コミュニティとの交渉で自分たちが敗れたと感じていた。彼らは、JR新駅(甲南山手駅)が神戸市における当該地区の発展のための重要な資産となり、それがこの地区に繁栄(ほぼ駅前再開発区域あるいは地元駅周辺の質の向上)をもたらすだろうと信じて疑わなかっ

た。広い道路や広場によるアクセシビリティの向上なくしては、おそらく新駅は衰退を余儀なくされると考たからである。

評　　価

　本章で取り上げた3つの近隣地区における事例研究の評価は、神戸市における地震後の土地利用計画に関わって多くの問題を投げかけている。神戸市の地震前の状況は、どの程度に復興結果へ影響しただろうか。神戸市の都市計画家たちは、地震で露わになった森南地区の復興契機をどの程度に掘り起しただろうか。また、危機の地理的不均衡はどの程度この復興過程に影響しただろうか。これらの事例研究は、**図2.2**に示される研究枠組からの全ての要因が地震後の長きにわたって神戸で広く作動したことを示唆している。

　都市計画のメカニズムに対する既存の姿勢は、おそらく最も重要な決定要素だった。本質的に神戸市の都市計画局は、政府補助金（市内24カ所の重点復興地域計画のための費用で、それは7,600億円以上、米ドルなら約75億と見積もられた。**表4.2**を参照）を最大限にすべく、伝統的な土地区画整理や国の法律の下での都市更新計画を果たした。さらに、神戸市は既にまちづくり協議会との経験があったので、1995年3月に起こった最初の抗議集会に続く居住者たちの怒りを和らげるために、神戸市は重点復興地域のまちづくり協議会を活用した。しかし、このような大規模戦略（多くの建築家や都市計画家の採用を含む）の使用は、以前に試みられたことがなかった。それはまさに神戸市が復興問題の迅速な解決に向けて認識していた機会を逃すことであった。事実、そこで生じる孤立は日本独自のもので、拘りや面子を失わないように配慮する行政側と住民側の要望のために、問題の解決が妨げられた。加えて、こうした調整過程には、神戸市や政府からの相当な支出が必要だった。

　復興へのアプローチに対するコミュニティの姿勢は大きく変わった。また、本章における事例研究によって、新長田地区と森南地区の復興計画の実施にみられる幾多の相違が解明された。新長田地区では、神戸市から任命されたコンサルタントが居住者たちと多くの仕事をした。とりわけ高齢のブルーカラー労働者が中心である地域コミュニティでリーダーシップを提供したことは注目される。「彼らの誇りが転覆されない限り、我々は苦労して導き出された計画に

同意するよう彼らを説得できた」(高田氏へのインタビューによる)。しかし、新長田北地区では、あらゆる再計画や復興への着手に先立って意見の一致を達成するまで多大な時間が必要だった。大量の公的資金がこの地区に投下されたが、土地所有権の複雑さや土地利用の錯綜があったため、計画に至るまでに遅れが生じた。これらの要因は、新長田地区が1940年代末と1950年代に近隣地区改良の当初の試みを排除したことにあった[16]。大きなスケールでみた場合、新長田南地区の復興計画は進んだ。そして、商店街組合の経験は、地元小売業者が戻ってくることを促した。また、新長田地区は、壊滅的な火災が発生したことや、旧来の木造住宅や商店街の大部分が破壊されたため、一層広い範囲で影響を受け、素早い復興事業の進行を避けられないものにしていた。しかしながら、復興計画は、高齢の土地所有者に対して高層の再開発計画案を受け入れるよう説得することに直面した。そして、この問題の交渉と解決には多くの時間が必要だった。

　これとは対照的に、森南地区では、新駅と道路再開発をめぐって妥協が求められたが、これは既存の土地所有権を放棄することに立腹した地域住民にうまく受理してもらえなかった。さらに、主にホワイトカラーからなるこのコミュニティは、神戸市が提供したコンサルタントと同様に、神戸市当局を制御する自信に満ちていた。彼らは長年にわたって自分たちの立場に固執した。そして、この固執は、神戸市の職員が妥協案を巧みに処理するまで当該地区の再建を妨げることになった。結局のところ、妥協案は誰もが喜べないようなものになってしまった。

　神戸市の復興とコミュニティ創造に関するこれらの事例研究から、我々は何を学ぶことができるだろうか。計画策定過程の妥協は、つまるところ居住者たちの反対の声を和らげた。ある面で部分的に仲介者の技術ともいえるが、そこではまちづくり協議会と一緒に仕事をさせるべく神戸市が調達した顧問建築家と都市計画家が活躍した。そして協議会は、当初は計画をめぐって戦ったが、厄介なジレンマや挑戦と比べれば上手く運ぶだろうと期待された交渉を積み重ねた。こうして、やがて実現可能な妥協案が達成された。

　神戸市の主要課題は、都市復興の速度、そして人口と住宅を回復させることだった。土地利用が明確にされるまで、復興への取り組みは妨害された。一方、

住民参加は災害緩和や復興の一部として必要だったが、Evans(2002)が述べたように、神戸市内にあった多くの重点復興地域で実現可能な復興計画が達成されるまでに、高齢の居住者には亡くなった者もいたことに加え、元の近隣地区に帰ることを諦めて郊外の公営住宅で新しい生活を始めた者もいた。

　逆説的に、重点復興地域の外側にある市内の諸地域は、地震から約2年後にあたる1997年までに大部分が再建された。言いかえれば、土地区画整理事業と大規模都市再開発事業は現実として頓挫した。その部分的な理由を列挙すると、神戸市が初期段階で高圧的なスタンスをとったこと、土地区画整理事業を遂行するに際してインナーシティにおける土地所有権が錯綜していたこと、地域住民相互間の協力がうまく運ばなかったこと(とりわけ森南地区において)などがあげられよう。それは意外で皮肉なものだが、地震から5年を経てもなお、重点復興地域(ブラックゾーン及びグレーゾーン)として計画された24カ所の近隣事業は、未完のまま中間で頓挫していた。他方、ほぼ全ての外部地域(ホワイトゾーン)では、新しい道路や広場の造成による災害緩和の小さな改良とはいえ、その大部分が再建された(矢島氏へのインタビューによる)。復興10カ年計画の終了までに、土地区画整理か再開発のいずれかに指定された8つのブラックゾーンのうちの4つ(六甲道、松本、御菅東、鷹取東、**表4.4**を参照)だけが事業を完成させた。[17]

　次章の中で実証されるように、新長田地区は一層迅速に再建され、そして最初の2〜3年以内にその人口水準を回復した。このことによって、地元の小企業、雇用機会、個別世帯の収入に重要な違いが生じた。これが次には、震災後の復興における「まちづくり」型計画の効用に関する一層広範な論点を問いかける。[18] 伝統的な土地区画整理事業は、神戸市外の兵庫県内のいたるところで震災復興として合理的に上手く進められた。たとえば西宮市や淡路島がその好例である(兵庫県県土整備部まちづくり局市街地整備課の谷川俊男氏へのインタビューによる)。しかし、神戸市では、はるかに市街地の密度が高かったため、新しい道路やオープンスペースのために得られる土地の量をめぐって、非常に困難な交渉がなされた。土地区画整理事業と比較して、行政当局による土地の強制収用の協議に向けた都市再開発事業の手法は、より強く、時には一層「残忍な」介在、さらに土地所有権への伝統的な接近を脅かすものと捉えられてい

る(Watanabe 1997)。それにもかかわらず、この手続きは、復興を促進するために重点復興地域の多くで正当化されたようにみえる。なぜならそこでは、より多くの政府からの資金を使えたからである。後日談になるが、特に個々の敷地が非常に多かった場合、また各々の敷地の所有者または賃借人がそれぞれ復興事業を分裂させるほどの強い交渉力を持っていた場合、そこで包括的な再開発手続きが一層多用されていたならば、災害後の復興はより効率的に解決をみたかもしれない。

　最後の問題は、1995年3月の当初計画における24カ所の重点復興地域の外側の広範な領域(つまりホワイトゾーン)についてのものである。本章では、ある重点復興地域とその復興の機会、さらに復興過程で生じたさまざまな制約に焦点を当てた。しかし、兵庫県内の他の被災地区とあわせて考えれば、24の重点復興地域(**図4.6**を参照)の総面積が阪神地域の被災地域の約10％に過ぎないことを銘記しておかなければならない。復興計画では、広範な「空白地域」(つまりホワイトゾーン)は、多数が激しく損壊が生じたにもかかわらず、公的資金の投下対象にならなかった。実際、ホワイトゾーンには、神戸市が指定したブラックゾーン地域よりも一層甚大な損害を受けたところもあった(**表4.4**およびTakada 1996を参照)。24カ所の重点復興地域の外側では、倒壊建物と瓦礫の撤去に関わる実費を除いた復興費用が政府補助金でまかなわれない中、土地所有者は復興資金を自ら調達しなければならなかった。したがって、力のある開発者が関心を示さなかったならば復興(たとえば道路拡幅)がなされた街区はほとんど無かったといえる。しかし、地価下落や地域経済の脆弱化を避けたい傾向があったため、神戸では復興に着手されないケースがほとんどなかった(矢崎氏へのインタビューによる)。本質的に、限られた重点復興地域の外側で暮らす地域住民は、自らの生活を再建しなければならなかった。しかし、こうした復興活動は、景気情勢や非常に複雑な土地所有者と借家人との関係によって厳しく妨げられた。

第7章　象徴的事業と地域経済

> 私は、ほぼ40年間ここで働きました。でも、私が働いていた工場は焼け落ちました。私の失業保険は今月で切れてしまいます。
>
> ──須磨区の58歳女性

　近隣地区の改良に加えて、阪神地震後の復興の時期に、別のタイプの「契機」が神戸市の都市計画家によって考えられた。これは、主要事業へ資金提供するための余剰財源の確保を中心にしたものだった。一連の事業は、1995年の復興計画の重要な特徴だった。ただ、それらが実際に神戸の回復を支援できたか否かについては、多くの問題提起がなされるだろう。この章では、地震の生存者が直面する多くの緊急需要とある面で対立する、経済力の回復を目指した神戸市の「象徴的事業」の立案や実践について考察する。労働省(現・厚生労働省／訳者注記)の統計は、阪神地震の後、11,600人以上が失業し、求職中であった可能性を示唆している。失業保険が終了し、個人貯蓄が減少したのと歩調を合わせ、多くの被災者の生活環境は悪化した("Condo" 1995)。

　都市計画家たちの展望から、神戸市が日本の中で一層強い経済力を備え、中心性をもった国内の他の都市、そして東アジアの港湾都市と競争できる都市として災害から立ち直れるように17項目の「象徴的事業」(**表5.3を参照**)が1995年の復興計画に盛り込まれた。地震のわずか数週間後にあたる、1995年2月、震災復興計画の一部として、神戸市当局は産業復興会議を開催した。参加者には大学や地方産業界関係者だけでなく、神戸市や兵庫県、そして政府関係者もいた。会議の目的は、多様な提案について議論して、それらの資金調達に向けて政府へ提案できるよう準備することだった。それからすぐに設立された産業復興委員会は、全面的な戦略を固めた。1995年6月末、ひょうごフェニックス計画に盛り込まれる詳細な事業が準備され、同月中に公表された。経済再建に向けて同様の考え方を盛り込んだ神戸市独自の復興計画も同じ時期に公表

された。それは、産業振興地域、国際マルチメディア文化都市事業(KIMEC)、大規模な会議センター、そして輸入貿易プラザの提案など、多くの経済促進事業を含んでいた。復興計画のこの次元の主要目的には、神戸の既存企業に先端技術を手ほどきすること、新しい投資に向けた誘因を確立すること、そして高収入をもたらすサービス業(たとえば研究開発部門)を誘致して都市を再建することなどがあった。神戸市は、さらに神戸とアジア大陸、とりわけ発展著しい中国の上海地域との貿易を促進することが重要であると考えた。

本章では、10年の復興期間に「象徴的事業」に関連して出現した、多くの困難な問題を精査する。これらには、資金提供に対する政府の意欲、既存の企業や工場(とりわけ中小企業)の再生に関わる事業の有効性、都市の復興計画の資金調達などが含まれる。これら全ての基盤が、阪神地域(ひいては日本全国の工業地域)にとって、1989年末の国家的な株価バブルの崩壊や1990年代の悲惨な経済状況からの立て直しを図っていくうえで必要だった(Sakaiya 2001)。

7.1 象徴的事業のための資金提供

第5章で議論したように、阪神・淡路復興委員会は、限られた数の象徴的事業の資金提供を得るために、最初は提供元を政府だけに絞り込んだ。さらに、この業務は地震後の最初の5年に限られたものだった。それでも、地方自治体の都市計画家たちは、1995年の復興計画に盛り込まれていた全ての復興事業に向けて更なる財源を確保するには、神戸市や兵庫県が最善を尽くすべきであると感じていた。1990年代は日本にとって低成長経済の時代だった。それゆえ阪神地区では、民間投資を引き寄せる新しい施設の建設のために、多くの限定的な政府資源を確保することが不可欠であった(2003年11月実施の阪神・淡路経済再生機構[HERO]計画及び調整部門の代表であった井上一郎氏へのインタビューによる)[1]。一般的にみて日本の都市は、土地売却や直接的な補助金事業によって国内の個人投資を誘発することを許されていない(債券を通じれば許される)。結果多くの場合においてインフラ整備が、都市が新しい民間投資を促すための唯一の方法となった。こうして、アクセスのしやすさを改善するために高速道路や空港を建築し、開発のために土地を開墾するという主要事業が頻繁に行われるようになった。

7.1 象徴的事業のための資金提供

それゆえ神戸は、景気回復を下支えする新しい事業のために、できるだけ多くの政府資金を得ようと懸命だった。また神戸市は、一層多くの観光客を引き寄せたいと考えたが、提案された象徴的事業(たとえば記念博物館)の多くは、観光客を吸引するためには不可欠なものと考えられた。こうした目的のために、瓦礫から力強く立ち上がる都市にとって「フェニックス」(兵庫県が率先して採用した)のイメージは、非常に重要だった。事実、神戸の笹山市長は、神戸市復興計画の冒頭でこれを強調した。つまり、重要な意味を持つ象徴的事業は、次善の策とはいえ、震災後における神戸の経済問題の解決策として必要不可欠なものだった。

全部で17に及ぶ象徴的事業のうち、特別な「産業振興地域」についての神戸市の提案は、おそらく(少なくとも1990年代半ばの日本においては)最も革新的なものであった。その目的は、国内外の投資を促進し、起業を促すために様々な税制上の優遇措置を与えるところにあった(Maki 1996; HERO 1996b; "Governor" 1995; "Kobe Attracts" 1997)。神戸市は、とりわけ復興プログラムの他の部分が順調に進行するまで、国税や地方税を軽減し、企業行動に対する他の規制を緩和することにより、神戸市にとって重要な利点がもたらされるように当計画を設計した。1995年のその概念では、都市計画家たちはこのゾーン(産業振興地域)をポートアイランド第二期工区の重要な特徴と位置づけたが、神戸市と政府の双方における税収減を埋め合わせるために、約17兆円(1,700億米ドル)の補助金を要求することになった。神戸市は、この地域へ新しい投資や雇用を呼び込むためには、国税と地方税の根本的な免除が必要であると主張した。それにもかかわらず、神戸市にとって、国の税政策や神戸への特別分配にかかわる「一国二制度」的な方法の採用について大蔵省(現・財務省/訳者注記)を説得するのは非常に困難だった。最終的な結論は1996年に出されたが、それは札幌や福岡のような他の地方中心都市も日本の不景気に苦しむ中で、要請に応じて神戸だけに根本的な優位性を与えられないという、中央政府が神戸の請願を拒絶する結果となった("Kobe Unable" 1996; "Kansai" 1996)。こうした論破を受けて、神戸市と兵庫県は、産業振興地域に入ってくる企業に対して地方税を課さないという独自の優遇策を考え出した。さらに神戸市は、事務所スペースを賃貸したり、マーケティング研究を行なう企業のために特別な補助

金を確立した。政府はそれ以上の税の例外措置を講じなかったが、通産省(現・経済産業省／訳者注記)は神戸が提示した全部の概念を促進し、産業振興地域に入居してくる企業が利用できる融資枠の拡大を以って支援した(前掲)[2]。

　神戸は、先端技術、貿易、観光、そしてファッションを基盤とする新しい産業構造の方向へ経済回復を動かすべく、特別な援助を得るために政府相手のロビー活動を続けた。そこで阪神・淡路復興委員会は、1996年2月に解散する前に、国家的優先課題として次の諸点を指定するように政府を刺激した。すなわち、(1)上海－揚子江地域との貿易振興事業、(2)大規模な医療および医療産業開発計画、(3)地域の産業をアップグレードすることに寄与する計画、(4)阪神・淡路大震災を記念する事業(National Land Agency 2000)。その翌年にあたる1997年に政府は、神戸市の経済が復興事業の開始から2年を経ても、最初に期待されたよりもゆっくりと回復していると論評した(HERO 1998a)。そうした状況のもと、阪神・淡路復興対策本部(首相と内閣によって直接リードされた)は、神戸の経済復興を支援するために政府が一層寄与しなければならないだろうと確信していた。

　多くの主要事業が1997年に政府によって承認され、特別再生誘導事業(HERO 1998a)として分類された。これらは、港湾に沿って展開する神戸市東部開発(HAT神戸)やポートアイランド第二期工区の大規模コンベンションセンターを含んでいた。また政府は、さらに神戸大学大学院に新しいマルチメディア研究拠点を設置することを約束した。原則的に政府は、大規模事業を支援することに合意したが、その事業には20世紀博物館、震災記念公園と博物館、海外からの訓練生のためのJICA(国際協力機構)兵庫国際センター、そして兵庫外国人学生ホールの集合体が含まれていた(City of Kobe 2005a)。目標は、復興10カ年計画の枠組みの中にこれら全ての事業を位置づけて実行することだった。また国家的な資金調達についても、神戸ルミナリエに対する支援が得られた。ルミナリエは、地元住民の士気を高め、加えて観光客を吸引するために震災後の神戸市が設計した、繁華街の特別なライトアップの年中行事である(**図7.1**を参照)。復興本部は1998年に、ワールドパールセンターや神戸新産業研究機構(NIRO)を含む一層多くの事業を承認した。また、当初は資金提供を約束しなかったものの、1996年に運輸省(現・国土交通省／訳者注記)は、国内

7.1 象徴的事業のための資金提供

図 7.1　神戸市のイルミネーション事業「ルミナリエ」(2004 年 12 月)
写真：神戸市役所提供

線用の空港を計画するため、神戸にゴーサインを出した(HERO 1997)。総括すると、神戸市は、インフラ整備のハード部分や計画していた象徴的事業のほとんど全てにわたって、支援や資金提供を受けた。

補足的な事業が復興対策本部によって 2000 年 2 月に承認されたが、それは景気回復を支援するための政府による最小限の部分的な資金調達で行うものであった。これらは「靴のまち長田」産業促進事業、ポートアイランド第二期工区における国際ビジネスサポートセンター、そして神戸医療産業振興事業の中核的な部分を占めた(City of Kobe 2005c)[3]。

さらに後の 2002 年、兵庫県と神戸市は、復興 10 年の期間が終わる 2005 年までに神戸や阪神地域の成功を保証する「ひょうごフェニックス計画の最終 3 年プログラム」を策定した。今回、地方自治体の資金は、兵庫県と神戸市によって認証された 23 に及ぶ追加事業やプログラムのために充当された。そこには、大規模な象徴的事業の代わりに、高齢者のための特別のケア、地元近隣

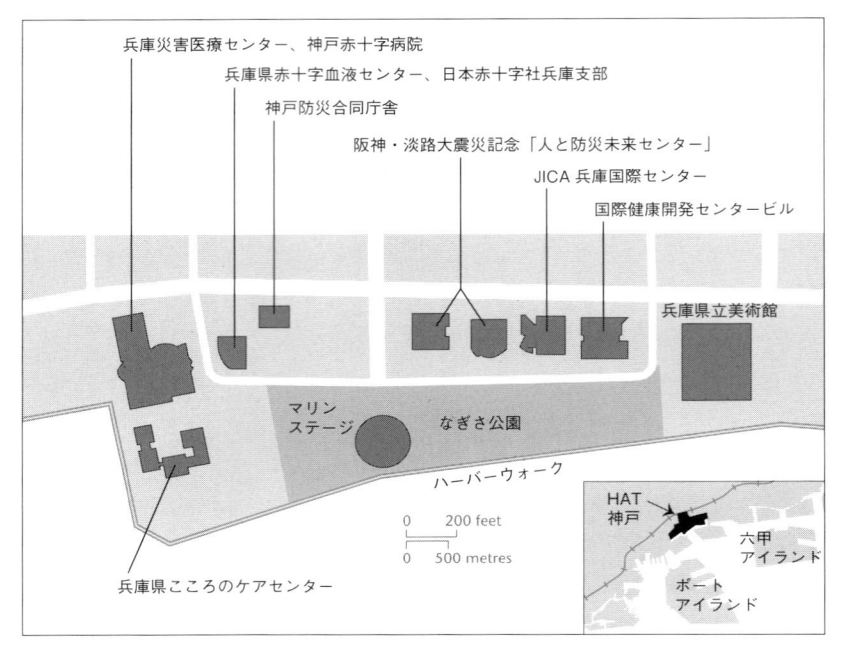

図7.2 HAT神戸の土地利用計画
資料：神戸市役所の資料を加筆修正

地区の再生、そして居住者の生活改善を目指した社会経済的プログラムのような福祉事業が組込まれた。復興計画の後半部分が、1995年3月に指定された重点復興地域外部の市街地に向けた再開発援助のみならず、ボランティアグループや公認NPOへの支援をも含んで「残された問題」として認識され、旧来のインフラストラクチャ整備や住宅計画などのハード面からシフトしたことは重要である。こうした事業の実施には、政府予算ではなく、地元で調達された阪神・淡路大震災復興基金が利用された("Great Hanshin" 2003)[4]。

10年に及ぶ期間が終わるまでに、神戸市の象徴的事業の大半は完成した。そこには、HAT神戸事業、そしてポートアイランド第二期工区の初期事業が含まれていた。さらに、神戸空港はほぼ完成した(付録Aを参照)。これらの主要な3事業の中で、おそらく最も開拓的であったのは、HAT神戸(これは東部ウォーターフロント地区の再開発と呼ばれることもあった)である。この事業

図 7.3　HAT 神戸に建設された高層住宅 (2005 年)
写真：D. W. Edgington

は、中央区と灘区（**図 7.2** と**図 7.3** を参照）で約 120 ha を占めた。地震に先立ってウォーターフロント地域で閉鎖された大規模工場や他の産業設備の土地は約 75 ha の広さがあり、これらは地震後の整地によって統合され、神戸の市街

地を再生するための象徴的事業に使うことができた。この地域では2001年までに、約30,000人に及ぶ被災者や他の居住者のための公営住宅が提供された。HAT神戸には、WHO神戸センターや「人と防災未来センター」のような国際的・研究的施設だけでなく、地元の学校、兵庫県の美術館、震災記念博物館、そして他のさまざまな文化・教育施設が設けられた。こうして新しい都市センターは、約40,000人に仕事を提供するように設計された。こんにちでは、他のアメニティも加わった。とりわけウォーターフロント地域には、延長2.4 kmの散歩道が設けられ、市民や観光客に人気のスポットとなった。この多機能地域で4.4 haを占める「なぎさ公園」は、緊急時に救助材料の分配拠点や避難場所として提供されるという点で港湾地域の災害緩和センターとして役立つことになっている(Port of Kobe 2002)。

1995年の復興計画に盛り込まれた他の象徴的事業、たとえば神戸医療産業開発計画や神戸国際マルチメディア都市構想(KIMEC)のような事業は、10年を経ても完了しなかった。しかし、論争の的になった神戸空港を含む全てが着手され、政府からの資金提供を約束された(詳しくは後述)。より回復が低調だったのは、真珠加工、ケミカルシューズ製造業や日本酒醸造のような、神戸が誇る数多くの地域密着型で小規模な産業である。地震から2005年までの10年間に、とりわけ地域経済や長期的にみた神戸の競争力へのインパクトに関わって、3つの大きな問題が上記の巨大事業を果たしていく中で生じた。第一は、足並みが揃わない企業の回復、そして中小企業(SME)が直面した特別な問題に関係があった。第二は、神戸へ企業を誘致することに関する障害だった。そして第三は、震災後に悪化する都市負債であった。

7.2 神戸の経済、および小企業の苦境

災害は、予想されていなかった程度に神戸の経済を麻痺させた。たとえば、神戸港が復興され大きく改善されたところで、地震が神戸港に痛撃を加えたため、神戸港は完全に回復するには至らなかった。なぜなら、神戸港を使っていた海運業者が、競合する韓国や中国の港湾を使うようになったからである[5]。また、神戸市に本拠を置く主要地方銀行の一つ(兵庫銀行)が1995年に経営破綻した。地震によって、兵庫銀行の借り手の多くが破産者となり、神戸の地価が

下落したため、銀行の不良債権問題が悪化したのである("Condo" 1995)。

地震の後、都市計画家たちや地元ビジネスの関係者は、復興の一部として認められた多くの巨大事業が、神戸の中小企業にとっては僅かな助けにしかならなかったと考えるようになった(2003年11月26日に神戸で実施した、ひょうご経済研究所[HERI]の主任研究員・古田永夫氏へのインタビューによる)。地震が起こったとき、神戸の経済には二重構造があった(これは当時の日本全体に共通することであった)。一握りの大きな会社は、日本の財閥系(複合企業)ネットワークに属しており、それらは懐が豊かだったため、災害からの立ち直りが早かった。こうした企業の例を神戸市内で探すと、神戸製鋼、川崎製鉄そして造船も担う三菱重工などが該当する。これらの企業は、速やかに損失を評価して、自らの修理や再建の方向性を計画立案した。同時に、靴の製造、清酒醸造、そして(近くの淡路島に展開する)旧来の瓦製造に関わる、多くの中小工場の生産や関連サービス業が存在した。これらは、地震によって厳しい影響を受け、完全には回復することができなかった(Maejima 1995; Sumiya 1995)。状況は一層悪くなり、地域経済が空洞化しているかもしれないとの恐れを抱いて、多くの大企業が神戸から出て行った。たとえば住友ゴム工業は、1909年に開設した神戸工場を最初に閉鎖し、およそ840人の従業者とともに、その生産設備(オートバイ用のタイヤとゴルフボール)を愛知県と福島県に移転した(Ashitani 1995)。地元の小売業や観光産業も、災害が引き起こした広範囲にわたる混乱とともに、地元住民が減少して消費者支出が冷え込むという間接損害によって悪影響を被った。

表7.1は、地震後の当初1年の間に、中小の工場、小売業や観光産業が受けた損害を示している。たとえば、ケミカルシューズ生産は前年に比べてマイナス56.8％、日本酒醸造はマイナス8.7％、デパートの売り上げは前年比マイナス45.6％であった。[6] 1995年の終わりまでに再開できた商店街の店舗は76.2％に過ぎなかったが、これは見方を変えると、2,000軒を超える店舗がまだ再開できていなかったことになる。神戸を訪れる観光客の数は半分以下にまで減少し、震災生存者の需要があるにもかかわらず、ホテルの部屋の稼働率は約50％に過ぎなかった(地震の前年の1994年におけるホテルの部屋の稼働率は63％だった)(表7.1を参照)。強く被害を受けた地域の両側で程度は異なったもの

表7.1　神戸経済への損害（1995年）

	1994年	1995年	変化率（％）
ケミカルシューズ生産高	660億円	285億円	－56.89
日本酒生産高	390,000 kℓ	357,000 kℓ	－8.70
5大デパートの売上高	2,559億円	1,390億円	－45.60
1995年における被災商店街の再開率	－	76.2％ (2,281店舗が未再開)	
観光客数	2億4,400万人	1億740万人	－56.00
ホテルの部屋の稼働率	63％	50％	

資料：Takagi（1996）

の、こうした最低の状態から回復率は上向いた。全国のGDPに占める神戸の総合的な占有率は、地元の建設事業による刺激を受けて、1998年には災害前の水準を回復した（Chang 2001）。確かに、被災地域の経済は、1997年までに多かれ少なかれ災害前の状態に回復したように見える。しかし、その後の地域経済は、日本の持続的な景気後退によって、その大部分が成長しなかった（"Kobe: 10 years" 2005）[7]。

　Chang（2001）が着目したように、最も興味深い様相の一つが被災地域を横切って景気回復の差となって現れた。たとえば、1998年の研究では、神戸の外部の郊外行政区や周辺都市は、企業登録数、小売業販売額、そして雇用の面で全国の伸び率を上回っていることがわかった（HERO 1998bを参照）。これらの地域と比べれば、地震による影響を受けた領域の経済的中核地域だった中央区や長田区は停滞しており、同じ時期に地元企業数は26％、小売業の年間売上高は37％、従業員数は30％に落ち込んでいた（この数値は大企業を除外したもので、より小規模な地元密着型の事業所を対象としたものである）。こうした地域的な相違は、建造物や人口の相対的な回復にも反映されており、神戸の東部や北部の行政区では回復が堅調だった。

　別の調査によると、地元の小売業界だけでなく、中小製造業、小規模あるいは家族経営企業が地震によって大きな打撃を受けていた。たとえば、神戸商工会議所による1996年の研究は、商店街の約3分の1、地域密着型の市場のおよそ半分が地震災害で破壊されていたと指摘している。震災の年そして翌年の間に、多くの小企業や店が、テントや一時的なプレハブ建築を拠点として事業を再開した（図7.4を参照）。他のものは悪化する財政問題の影響を受け

図7.4　JR新長田駅南側の腕塚地区の仮設市場「パラール」(1998年)
写真：D. W. Edgington

て、滑らかに回復できず、廃業を余儀なくされた("Retailers Shake" 1997; HERO 1998c)。他の後退部分として、港湾の復興や大規模開発事業を含む、神戸市の本質的な震災後2年間のインフラ再建から、神戸の小企業の大半が省かれてしまったということがある。たとえば、Nagamatsu(2005)は、日本の他の都市(とりわけ多くの建設会社が本拠を置く東京)へ復興需要の大半が溢れ出たと報告している。彼の分析によれば、地震後の最初の5年以内において、建築需要の約90％が被災地から漏れ出している。いわば、巨大事業は神戸の景気回復促進を制限する徴候であったということになる。そのうちの一部は、神戸の地元建設会社が小規模な解体作業の契約を受注して優位に立てたものの、主要事業に携わることはできず、こうした事業の契約を東京本拠の大企業に持っていかれた(Iwamoto 1995; Suga 1995c; Kristof 1995)。

　兵庫県は、公共施設の修理や建設の約46％が1994年から1998年の間に地元建設業者に発注されたと自己評価した。しかし、民間投資についてみると、復興資金総計の約90％が阪神地域から外部に漏れた(Hyōgo Prefecture 2005b)。

地元の失業を緩和するため、公共施設の復興の一部は、地震によって失業した人々のために留保された。つまり、地元の非熟練労働者を作業チームの少なくとも 40％にすることを建設請負業者に求めたが、実際のところ請負業者は倒壊した建物や家屋の解体作業でさえ熟練工を求めたため、地元の労働者の仕事はかなり制限されていた（Ashitani 1995）。

1997 年の間に、インフラの復興に重点を置いた復旧工事の需要は、鉄道、諸設備、高速道路そして神戸港を含めて終了した。回復作業の 3 年目になっても、企業倒産は伝染的だった。このように悪化した倒産の影響は、瓦礫除去やインフラ修理の期間に神戸へ投入される金銭が、東京本拠の巨大資本企業へ流れることにつながった。続けて、都市計画家たちは、行政が努力を集中させるべき神戸での仕事を要求した。これらは、復興計画の下で資金提供されたポートアイランド拡張や空港建設のような大規模建設事業に基づく旧来の市街地開発ではなく、中小企業のために一層多くの援助を求めたものだった（"Unofficial" 1999）。しかし「通常の仕事」は、行政が自らの経済発展のために土地開墾で新しい会社を神戸に引き寄せる復興手段へ努力の大半を注ぎ続けることだった。

地震から 5 年後、神戸市は地域経済が震災前の 80％まで回復したと結論付けた（"Five" 2000）。神戸市の経済的苦境に関するコメントとして、笹山市長は「我々の仕事は、いま仕事を創出し、神戸の経済を汲み上げるために新しい企業や産業を誘致することによって、残された 20％を再建することである」と述べた（前掲）。10 年の復興期間を経ても、とりわけ小企業は完全な回復に至っていなかった。そして、2004 年の調査では回答者の 69％が、販売や利益はまだ地震前の水準を回復していないと答えている（"Kobe: 10 Years" 2005）。

神戸市は、仮設の店舗や工場を建設するための補助金だけでなく、特別な無利子ローンも含む支援システムを開発して、神戸市内の中小企業の苦境に応答した。しかし、援助を必要とした小企業の全てに対して支援することができるほど十分な資金は無く、この資金不足が多くの経営破綻に結びついた（Horwich 2000）。前にも述べたように、政府は個人を対象とした給付や補助金などの公共補填の要請を一貫して拒絶した。そのことは、被災地の地方自治体が、一層多くの抵当貸付システムに基づく中小企業のための条例案を固守する根拠となった。確かに、10 年の復興期間が終わっても、ローン返済の負担は重大な

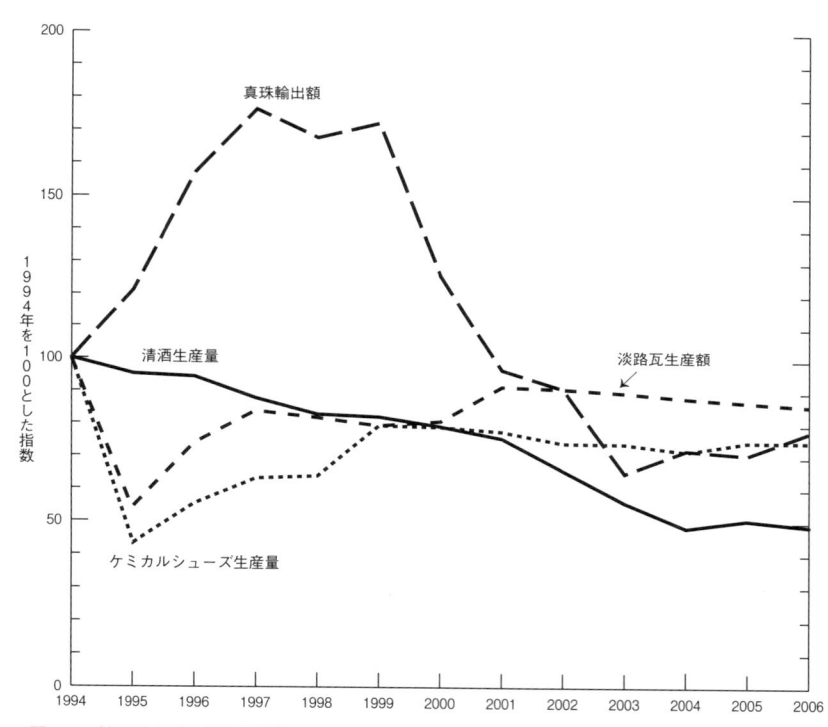

図7.5 神戸市および周辺地域におけるケミカルシューズ、淡路瓦、清酒醸造、および輸出向け真珠の各産業の復旧状況（1994～2006年）
注）1994年を100とした場合の1995年以降各年の指数。
資料：HEROから提供されたデータより作成

問題として残っていたし、神戸の多くの企業が破産に行き着いてしまった（矢島氏へのインタビューによる）。

この間における小企業の回復が遅れたことは、神戸市と兵庫県によって追跡調査された。**図7.5**は、長田区のケミカルシューズ製造業、灘区や神戸に隣接した西宮市の日本酒醸造業、淡路瓦製造業（神戸から近い淡路島で展開する）、そして神戸の天然真珠輸出業に関する地震後の業況について示したものである。この分析によると、1995年の後も生産が地震前の水準に回復していないことがわかる。神戸の真珠加工会社の輸出は2001年まで何とか成長したものの、小規模な工場の状況は芳しくなかった。

2004年と2005年、日本経済は上昇機運を見せ、このことは阪神地域の工業生産にも反映された。つまり、兵庫県の調査によると、製造業は1995年を100とした場合の指数において、2005年7月には111.6の水準を示した。しかし、こうした上昇機運に上手く乗れない産業もあった。日本ケミカルシューズ協会によると、2005年11月現在の生産量は、1994年の同月比でちょうど73％だった。また、灘酒造組合によれば、2005年9月現在の出荷水準を1994年同月比でみた場合、その数値はわずかに49.7％であった。小売店の業況は人口回復に同調して増加したが、この成長は地元の商業地区よりも大規模なデパートによるものだった。兵庫県デパート協会によれば、神戸の都心における2005年9月現在のデパートの売上高は、1994年の同月比で91.5％の水準だった。同じような比較をすると、神戸の地元商店や商店街については、店舗数が2004年6月の水準は81.8％であった。従業員の数は88.9％、ほぼ震災1年前の水準に回復したものの、年間売上高について震災前の67.3％の水準に過ぎなかった(City of Kobe 2005a)。観光に関しては、神戸市のイメージが地震によって悪化した(Shinmura 1995c)。しかし、結局のところ、観光の業況は好転した。つまり、震災後の都市で何が起こったのかをつぶさにみると、復興期の数年間に神戸ルミナリエ(冬季に開催されるイルミネーション)のような新しい行事で観光客が引き寄せられたことがわかる。2003年には神戸を訪問する人々が2,810万人にのぼったが、これを1994年の水準と比較すれば15.2％の増加をみていることになる(City of Kobe 2005a)。

7.3　ケミカルシューズ製造業

長田区のケミカルシューズ産業は、神戸が遭遇した障害を如実に語る一例である。[8] 年商30億円(3,000万米ドル)を超えるケミカルシューズ生産は、神戸最大の産業の一つだった。ケミカルシューズの工場は長田区に集中し、1994年には約450社のメーカーがあったが、この他に補助的な工程をこなしたり、部品や素材の供給を行う約1,600の企業が存在し、在宅で生産に携わるケースもあった。地震が発生したとき、ケミカルシューズ産業には約3万人の人々が従事し、うち1万人が製造、残りの者は素材の供給や卸売に従事していた(Futaba 1996)。また、老夫婦だけで経営されている会社もあった。工場は長田区の全

域にわたって都市計画上の準工業地域に立地し、熟練工を雇用するのに好都合だった。震災前、この産業は、労働力を近くの世帯から供給してもらうだけでなく、多くの小さな工場が相互に近接し依存する関係にあった。たとえば、長田区で暮らす女性が革やゴム靴の部品を切り出す重要な役割を果たし、家族経営の小さな工場群が靴底を作り、別の工場が製造の最終工程を果たすという具合だった。全般的にみて、ケミカルシューズ製造業は、複雑な分業体制に基づく小規模かつ労働集約的な工場群の特性を持っていた（より一般的には工業地理学分野におけるMarshall(1920)で説明されている）。

製造業は、より人件費が安価なアジア諸国との競争に直面したものの、柔軟な生産に頼り、労働力と生産現場が近いことで輸入品に打ち勝つことができた。それにもかかわらず、ケミカルシューズの販売は、ピークであった1969年の1億400万足（1足で1組）から地震直前の1994年には3,100万足に落ちた。地震の前でさえ、若い人々の多くはこの業界への参入、あるいは家族経営の工場を引き継ぐことに関心が無かった。確かに、多くの評論家が、2,000～3,000億円（20～30億米ドル）の損害をもたらした地震を、ケミカルシューズ業界に対する決定的打撃だとみなした。この打撃は、地震で発生した火災を含んでいるが、その火災は長田区のほとんどの産業地域を嘗め尽くした(Sumiya 1995)。

自らの信頼性をかけて、神戸市は象徴的事業以上のものを景気回復戦略に取り込んだ。つまり、復興計画の中にケミカルシューズ産業を盛り込んだ。その目的は、この産業を再建し、国内市場で上手くやっていける革新的な生産の促進によって競争力を発展させることだった（古田氏へのインタビューによる）。この産業の復興に関する詳細な計画は、1995年の地震の後に進化した。最初に神戸市は、ケミカルシューズ業界が業況を回復できるように、また低価格の中古製造機械類に投資できるように、阪神・淡路大震災復興基金から工場と卸売業者の双方に融資を行った。それから神戸市は、長田区の埋立地、そして自らが開発に携わった郊外の工業団地で仮設工場を建造した。日本ケミカルシューズ協会によれば、その212人のメンバーのうち約80％が損害を受けたものの、97％前後が1995年の終わりまでに事業を再開した。それでも、操業度は震災前の水準を満たすには及ばなかった("Synthetic" 1997)。つまり、**図7.5**に示すように、1997年までにケミカルシューズ産業は、震災前の操業度の約

60％にしか回復しなかったし、震災から10年を経ても、回復は震災前の水準のわずか75％にしか達しなかった。

　この産業が直面した困難さの一端は、土地区画整理事業や大規模都市再開発事業が完了するまで、新長田地区周辺において建物新築の一時停止がなされたことにあった（第6章を参照）。より具体的に記すと、450前後に及ぶケミカルシューズ製造工場の多くは、行政側の事業や計画が完了するまで、少なくとも恒久的な形状で元来の場所に工場を再建することができなかった。1996年以降になっても、ケミカルシューズ製造業者は、長田の旧来の労働者を雇用することからほど遠い、プレハブの工場で生産を行っていた。そのうえ、多くの工場は、神戸市が提示する事業計画に不確定要素があったため、彼らの状況を改善するための公的資金融資を受けることに全く関心が無かった。それを逆説的にみると、長田区の土地区画整理事業と都市再開発事業の遅れは、公的融資の供給過多を生み出していた。都市計画の道筋が明確になるまでケミカルシューズ業界は再建に着手できなかったのである（Fukuda 1996）。

　また同じく第6章の中で注目したように、長田区内のまちづくり計画の細かな部分は、ケミカルシューズ産業の将来についての意見対立によって挫折した。長田区の区画整理地区の居住者の中には、ケミカルシューズ工場で働いていて、最終的な再開発計画に工場の存続が盛り込まれることを願う者もいた。そのように考えない地元住民は、ケミカルシューズ産業に関連する長期的な安全上の問題、そして健康に有害なものについて一層の関心を持っており、工場が撤退することを望んだ。しかし、ケミカルシューズ産業が撤退した場合、長田は「ジャスト・イン・タイム」（材料や製品の需要に応じた適時搬出入）や「社会的分業」の製造原理に基づく重要な競争的優位性を失ってしまう。他の主な選択肢は、神戸市自らが六甲山系の北側に位置する西神地区に整備した工業団地であった。ここの賃貸料は低額であったものの、六甲山系を短絡して貫くトンネルが無かったため、輸送費は高額であった。靴の生産にかかわる複雑な製造工程ゆえに、長田に残った部品販売業者は、最終工程で使う部品供給のために工業団地までトラック輸送を余儀なくされる。その輸送には1時間を要したので、必然的に取引コストが急増した。

　このように、長田における復興の遅延は、ケミカルシューズ産業の長期競争

力を破壊した。なぜなら、復興の遅れは工場の再開を遅らせるだけでなく、関連会社が海外との競争で打ち勝つことを一層難しくしたからである。地震直後、神戸の卸売業者は、地元で失われた生産を補うために靴を輸入し始めた。アジアからの輸入靴は往々にして国産のものより安かったため、消費者の地元製品への需要は回復しなかった(Hirao 1995b)。中国が地震の後の復興期間にケミカルシューズの主要製造国・輸出国として台頭し、輸入品による価格競争は1990年代末に激化した。神戸の靴卸売業者は、輸入商品が日本の国内市場でも売れると判断した。靴販売から靴製造業者を追い出すことに代わって、海外生産品による競争が増え、給料支払では賃金カットが強いられた。全体的にみて、日本ケミカルシューズ協会会員企業の雇用者は、地震前には約6,500人いたが、1995年末にはちょうど4,000人に落ち込み、その数は2002年になると3,200人まで減少した。また、同じ期間に、生産額は659億円から513億円(6億6千万米ドルから5億1千万米ドル)に落ち込んだ。こうした生産と雇用における量的な低下は、主に長田在住の女性労働者に影響を与えたが、彼女らの多くは50～60歳代だった(古田氏へのインタビューによる)。

　ケミカルシューズ産業の回復を成功させるには、外国との国際競争を避け、神戸の中でも過敏になっている労働力の再配置を徹底して回避するという経済改革が求められた。加えて、生産性を増加させ、デザインを改善し、長田の適地性を改めてアピールすることが必要だった。それゆえ、産業支援に関する神戸市の最終案は、さまざまな事業を含んでいた。新長田地区(高速長田駅)北側の観光スポットにもなる特別なデザインスタジオは、その好例である。さらに神戸市は、新長田産業組合とタイアップしたデザイン教育によって、アップグレードを図る産業を支援した。たとえば、特別な神戸ブランドや「靴のまち長田」の目印が確立された(図7.6を参照)。こうした試みの全般的な目標は、地元密着型の産業で一層大きな強さを発揮し、靴生産の中で革新を進めることによって国内市場を拡張することにあった(City of Kobe 2005a; "Kobe Plans" 2005)。

　ケミカルシューズ産業に関する事業の多くは、新長田地区の再編計画に含まれていたが、10年におよぶ復興期間に事業が具体化していく中で、現実的な問題が多く生じた。事実、この産業には、合意形成に多くの難点があった。なぜなら、複数の企業組合があり、親会社と子会社が違った見通しをもっていた

図7.6 「靴のまち長田」のデザインショールーム（2005年）
写真：D. W. Edgington

からである。こうした状況は、震災からの素早い回復に向けた潜在能力だけでなく、震災の影響に対する対応力が個々の企業で異なっていたために、地震

後の数年間のうちに事態は一層悪くなった。加えて、既に述べたように、長田の土地区画整理地域の居住者には最終案でケミカルシューズ産業を残して欲しい者がいたし、自らが工場労働者でありながらこの産業から離れたい者もおり、さらにケミカルシューズ産業には長田から完全撤退して欲しいと願う者もいた。つまるところ、労働者、工場所有者と工場施設が隣接することを基盤としていた長田の地域経済体制は、再開するには至らなかった(2003年に実施した高田氏へのインタビューによる)。

7.4 新たな産業や企業の誘致

復興期間中に顕在化した経済的な課題には、神戸の産業構造を変えていくために、新しい産業や企業をいかにして誘致するかというものもあった。既に神戸は、港湾関係の重工業から観光業やサービス業への転換に成功していた。震災の後、神戸はこうした方向性をどのように維持していくかという問題に直面した。

神戸市は、地震の影響を評価しようと、震災直後にミクロ経済学的な研究を始めた。その結果、地震被害に起因する経済的衰微が、都市の経済問題の約20％にしか及んでおらず、40％前後は日本経済、とりわけ1990年代後半の全面的な成長の遅れという一般的傾向を反映したものだった。ただ、神戸市は、後者に関して説明するための政策的な対応策をほとんど持ち合わせていなかった。さらに研究を通じて、神戸に障害をもたらしている残り40％の大部分は、造船、製鋼、そしてケミカルシューズ産業のような「旧来の経済」に依存し続けてきた神戸の産業構造に根ざしていることがわかった(古田氏へのインタビューによる)。こうした研究結果は、神戸市が新しい企業、新たな投資、そして特に先端技術や先進サービス業を誘致する動機となった。なかでも神戸市は、急成長している医療産業、ロボット産業や情報技術(IT)産業にターゲットを定めた("International Economic" 2001)。たとえば、復興計画の下では、貝原兵庫県知事と笹山神戸市長が、ともに健康、福祉、そして環境分野に関する研究開発機能(R&D)の設立をもくろみ、複合タイプの産業(たとえばヘルスケア製品や医薬品)の育成を目標とした。これらの全てが、兵庫県にとってはほとんど初めての試みだった。

これらの成長部門を支援するために、個々の組織は、阪神・淡路産業復興推進機構（HERO）を1995年後半に設立した。その目的は、産業再編成と新たな操業開始を促進し、外部から企業を誘致することであった。3つのプログラムは、全て政府と兵庫県に支援された。阪神・淡路大震災復興基金から提供される低金利ローンや補助金による景気刺激策が考案された。HEROに期待されたのは、起業家と共に仕事をして、キーパーソンのための講習会を組織することによって既存企業の改善を図るだけでなく、海外企業を誘致して新たなベンチャー企業を育成することだった（HERO 1996c）。地元企業に対する直接投資を1996年に始めた兵庫県は、この方法を採用した全国初の地方自治体となった。また、神戸市が新興企業を対象として、起業時に必要となる安価な事務所スペースを提供したのもその一例である。兵庫県と神戸市の戦略は成功したようにみえる。なぜなら、2003年に兵庫県で開設された企業の割合は、全国平均を上回っていたからである（井上氏へのインタビューによる）。

　医療を基盤とする企業の特別な集積についての神戸の計画は、ポートアイランド第二期工区へ企業を誘致することを重視した。最先端の医療技術、新薬や調剤の研究開発に関連する学界での官民協働が想定された。この医療産業ゾーンは、神戸における既存の製薬会社集積地区（神戸には既にアメリカ合衆国のプロクター＆ギャンブルサンホーム日本法人の本拠があった）で建設が計画され、臨床実験、職業訓練と補助、さらに新薬と医療用品に関わる公共部門の研究施設を支援するように設計された。Collins（2008）は、主に神戸市と兵庫県によって提供された寛大な補助金があったがために、多くのバイオ技術関連ベンチャー企業が引き寄せられ当地で開業したと報告した。この目標を達成するために、多くの公的研究施設が新しい埋立地に立地したが、それらには先端医療振興機構も含まれていた（NIRO 2003; "Kobe to Create" 2004; City of Kobe 2005c）。新しい産業集積地の中核的な建物は**図7.7**に示した。これらに関連して、神戸市は20年以内に100社を超える企業を誘致して、8,500億（80億米ドル）前後の年間生産高を計上できる40,000人以上の仕事を創出すべく目標を立てた。このことは、伝統的な市場で先行きが見えない仕事に苦しんでいた神戸にある多くの中小企業にとって、自立を促す利点があると期待された。

　神戸のために再構築と新産業の創出を図るこれら全ての構想やプログラムは、

図7.7 ポートアイランドにおける神戸医療産業開発事業の第二ステージ(2005年)
写真：D. W. Edgington

長期的目標を反映したものだった。計画に携わった人々は、意味のある数の仕事をベンチャー企業が創出するまで、長い時間を要することがすぐにわかった。そこで神戸市は、日本の既存企業が阪神地域に移転できるよう財政的な刺激を提供することも追求した(Kajiki and Segawa 2000)。この目的を達成するために、神戸市と兵庫県は、神戸地域に主な起業家たちを誘致すべく税制上の優遇措置や家賃補助制度を確立した。

　自由民主党によって2001年5月に指名された小泉純一郎首相は、全国規模の都市経済再生の促進に向けて産業地域を提案したが、その2001年に産業地域を設けるという第二の機会(最初の機会は失敗していた)が示された。驚くべきことではないものの、兵庫県と神戸市は、ただちに国によるこの計画を他に先駆けて採用した。新たになされた提案は、1995年のフェニックス復興計画における当初の「免税ゾーン」に比べると、目指すところが非常に異なっていた。小泉首相による構造改革特区は、主に特定の規制緩和を図っており、政府

による免税措置を提供しないという趣旨のもとで推進されたが、他方で地方主導に対応するというものだった(Prime Minister and Cabinet 2003)。

　この計画を受けて、兵庫県と神戸市は、医療やIT部門の戦略的で新しい産業を支援するために、政府規制の特別な減免を提案した。これらの計画は、面倒なビザ規制の無い神戸へ外国人研究者が来られるように立案されたが、それは潜在的な外国人投資家を成長の場へ招くシステムの推進といえよう。神戸市は、自らが目標とする産業へ外資系企業の参加を促すため規制緩和を要求した。そしてそれは、外国人研究者や企業人を迅速に参入させる一般的な「国際経済地区」だけでなく、「先端医療特区」や「国際港湾経済特区」を支援する方策だった(Kobe City Government 2003)。

　神戸市による提案のうちの2つが、2003年に政府によって承認された。第一に、神戸大学とともに「先端医療産業特区」が、ポートアイランド開発の各段階で考えられた。この特区は、産業界と学界が協働する高度な医療技術の研究開発センター計画を促進するであろう(図7.7を参照)。神戸医療産業開発事業によって、神戸大学の研究者は製薬会社などの民間資本の事業計画に参画できるであろうし、民間企業は官僚的形式主義を小さくした国立の検査・研究施設を使い易くなるだろう(Collins 2008)。加えて、海外の研究者が研究所へ着任する際、従来は1年もしくは3年のビザであったものが5年まで滞在できるようになるであろう。さらに、彼らの日本での活動範囲を拡大することができた(たとえばベンチャー企業の設立)。そして、日本の入国管理局は彼らの入国と滞在に一層高い優先権を与えるだろう。

　第二の特区は、国際港湾経済地区に関連して設けられた。この特区では、ポートアイランド、六甲アイランド、三宮の業務地区、そしてHAT神戸が注目された。この地区の目標は、港湾関連企業や外資系企業の誘致によって、港湾や都市周辺地域の再生を促すことだった。神戸市は、自らの経済が完全復調を遂げるには港湾の再生が不可欠であると信じていた。港湾間の競争が激化し、税関は開庁時間の延長、港湾利用者に対する超過料金の減額を余儀なくされるであろう。また、この区域は、海外研究者の日本国内での移動を促し、先端医療産業特区と同様の特権をさらに拡大させていくだろう。

　ここまでに述べた要因によって、神戸市は企業や投資を新たに誘致するこ

とにある程度の成功をおさめた。10年におよぶ復興期間の終了までに、およそ60社のベンチャー企業が立地し、そのうち40社前後が海外の新しい企業だった(古田氏へのインタビューによる)。神戸市のポートアイランド第二期工区(2004年完成)への新規参入者は、神戸国際ビジネスセンター、神戸KIMECセンタービル、理化学研究所発生生物学センター、先端医療センター、そして神戸インキュベーターオフィスを含む、285の特定事業および6つの公共施設に及んだ。しかし、民間からの新たな参入者には、産業振興地域の計画家たちが期待していた新規参入企業ではないものもあった。より正確に記せば、それらは特別措置や低い地方税に惹かれて阪神地区内の別の場所からポートアイランド第二期工区に来た既存企業であった(古田氏へのインタビューによる)。Collins(2008)によれば、100社に及ぶ医療関連企業を誘致するという神戸市の目標は2007年までに達成され、その結果、神戸は日本で最大のバイオ技術および医療機器産業の集積地に成長した。ただ、とりわけ土地や事業活動に向けた公的補助金が2005年以来に縮小された現在、この勢いをいつまで保持できるのか不明瞭なままである。

7.5 神戸空港と神戸市の負債

本章で扱う最終の問題は、再建計画の結果として、神戸市が地震後の10年にわたる高い経費支出を続けて遭遇した難題に関係したものである。神戸市は、象徴的事業だけでなく、大半のインフラの修理、土地区画整理事業、そして都市再開発事業のために、40〜50％の補助金を投入した。それでも、2005年度の歳入と比べれば300億円(3億米ドル)の不足に直面した。兵庫県の地震関連の事業費は、さらに相当な財政負担を強いられた。震災後に都市再開発事業、土地区画整理事業、福祉費用が増加し、公共施設の復興も進めた結果、兵庫県は地震直前の通常の歳入の約150％に匹敵する経費を必要とした(CGAEC 2000)。

神戸市の財政問題は、復興の数年間を通じて、予期しなかった不活発な国家経済によって悪化した。これは、人工島や新空港を含む神戸市の大規模事業の支出の約半額を、税金収益だけでなく長期債券で手当てしなければならないことを意味していた(**表5.2**を参照)。低成長経済によって、日本の全ての地方自

234　第7章　象徴的事業と地域経済

(a) 2001年

市民1人あたり負債額（一般会計、単位：千円）

一般歳入に対する返済額比率（％）

札幌 10.6／仙台 15.3／千葉 16.2／横浜 14.4／川崎 12.7／名古屋 14.3／京都 12.9／大阪 14.6／神戸 24.7／広島 15.1／北九州 9.1／福岡 16.1

(b) 2006年

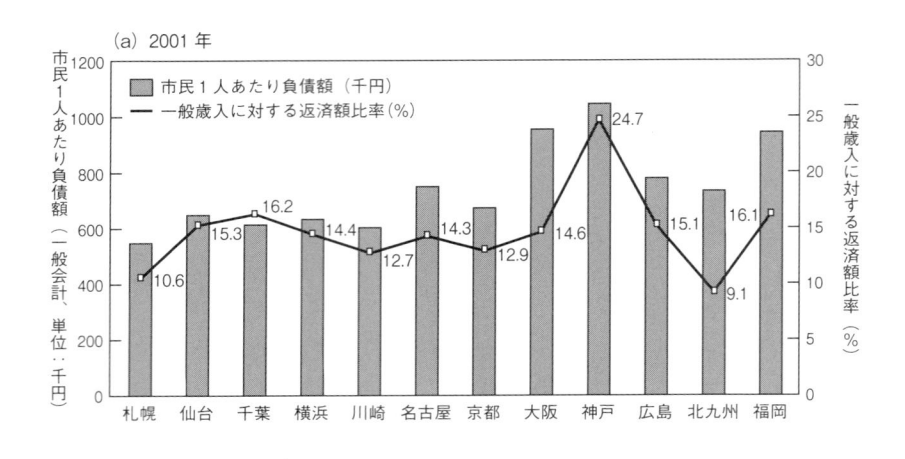

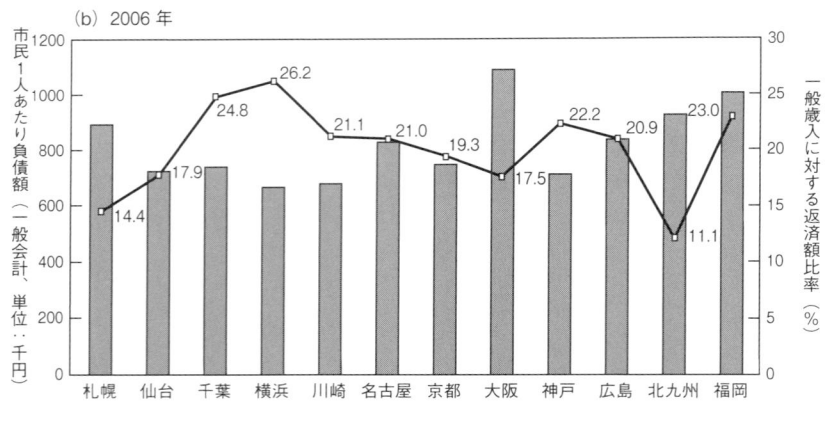

札幌 14.4／仙台 17.9／千葉 24.8／横浜 26.2／川崎 21.1／名古屋 21.0／京都 19.3／大阪 17.5／神戸 22.2／広島 20.9／北九州 11.1／福岡 23.0

図7.8　日本の諸都市の負債状況、(a) 2001年、(b) 2006年
資料：神戸市役所のデータによる

治体は1990年代に債務を負うことになったが、神戸市はこの大部分を占めた（Schebath 2006）。事実、10年を経た復興期間の終わりに、多くの者は、飛び抜けて多額の地方債3兆円（300億米ドル）を抱えた神戸市が破産するのではないかと心配した（Johnston 2005）。確かに、2001年時点の神戸市では、債券弁済に充当する歳入の比率が他の国内主要都市と比較して最も高い24.7％だった

うえ、同じ年に居住者1人あたりでみても最も高い既発債負債を記録した（**図7.8 a**を参照）。5年後の2006年には、神戸市の位置は他の日本の大都市に比べて多少は改善した。居住者1人あたりの負債は少なくなったし、債券弁済に充当される総益比率は、千葉、横浜や福岡のそれよりも少なく22.2％に低下した（**図7.8 b**を参照）。

第3章で指摘したように、神戸の財政問題の多くは地震が生じる前からあり、行政が出資した市街地開発への特別な関与の結果だった。神戸は自らが乗り出して港湾（それは地域経済での重要なインフラストラクチャだった）を開発してきたため、産業とサービス部門の活動に向けた埋立事業のように、その後も他のインフラ計画で同様の公的開発モデルを続けた。多くの評論家が、神戸市が時間とともに「株式会社神戸」の手法にのめり込み始めたことを指摘した。この手法は、公的資金を使って造成した埋立地を販売して多くの収入を得るというものである（Miyamoto 1996a, b）。この方法は、土地の需要が持続的で、事務所スペースも成長し続け、土地価格が継続的に上昇する場合、そして為替変動リスクに対する外債への依存をコントロールできる場合には有効であった。さらに、この方法は、往々にして公共資本と民間資本との共同事業となったが、日本ではこれを「第三セクター」と呼んだ（Kanaya and Ikuta 2003を参照）。土地投機が継続的な利益をもたらした高度経済成長期では、神戸市のような地方自治体においては、こうした方法によって民間部門と共同したさまざまなインフラ計画が展開された。しかし、1990年代になると、これらの好ましい状況は、もはや日本には存在しなかった（Katz 1998）。

それにもかかわらず、地震の後で神戸市は神戸空港やポートアイランド第二期工区の完成などを目指して前進した。市民、関西圏や東京など他所の専門家が、このような開発は資源の浪費であると警告したものの、これらの事業は推進された（Johnston 1999a, b）。たとえば、神戸市はポートアイランドへの投資を回収する際に本質的な難題に直面した。ポートアイランド第二期工区の埋立地は、2005年までに僅か30％しか売れなかったが、同じ時期に神戸市内の他の場所では一層価値のある場所がまだ利用できた。神戸市が提供した補助金交付を受けた新しい会社もあったが、この事業は期待していたほどの企業誘致に至らず一般的にみて失敗だった。場所が不便であったし、全国や地方の経済が

図 7.9 2006 年に開港した神戸空港
写真：神戸市役所提供

不活発だったからである。

　多くの評論家が、再建計画は経済発展へ向けて旧態然としていると指摘した。つまり、この計画は注目すべき巨大事業と言われながら、地域経済への影響がほとんど期待できず、市の財政状況からして厳しい圧力にさらされるという指摘である。これらの巨大事業は、神戸市の職員や政治的リーダーたちが過去の誤りについて反省できていないという印象をも与えた。「神戸市や財界の役員たちは『バブル時代』のハコモノ的な思想に凝り固まっている。しかし、神戸市の市民 1 人あたりの負債は他の国内主要都市も含めた中では最悪で、破産寸前の状況にある。我々は事態が上手く運ぶという非現実的な見込みの中でハコモノを維持していく余裕など無い」("Kobe Airport Too" 1999 掲載の神戸市会議員・粟原富夫の記事による)。

　確かに、負債、さらに資源の重大な不足は、神戸市に他部門でのサービス削減を強いていた。たとえば、公営住宅などで暮らす高齢者の世話をするために雇用された介護職員の数は 1999 年に減少したが、個人に対して居住や生

活に関わる助言を与えるカウンセラーの数についても同様の状況がみられた（Watanabe 2001）。2004年の初頭、神戸市は予算の節減を図るために、公営住宅事業において市が実施している高齢者への毎日の訪問を縮小すると報じた。結果的に、このサービスを受けた人々は2004〜05年度に減少したが、高齢者のうちの1,800〜2,000人は地域の非営利組織のボランティアや福祉事業家に依存したと考えられる（"Kobe to Cut" 2004）。

　負債や重大な財源難にもかかわらず、笹山市長は神戸への貢献を信じて空港建設を進めた（図7.9を参照）。市議会と地元財界は、空港を震災後の経済再建過程における最終事業とみなした（City of Kobe 2003b）。しかしこの計画は、とりわけ市民、神戸内外の財界人、そして外国政府の地方領事館員からの激しい批判に直面した。政府職員からの批判はさらに大きなものだった（Johnston 2001）。大阪の国内線空港（伊丹空港）や関西国際空港ですら十分に利用されていない状況のもとで、多くの者が神戸空港は採算にのるという説明を疑った。再建計画へ神戸空港を盛り込んだ際、神戸空港には少なくとも3,140億円（30億米ドル）を要する予想された。また、既存のポートアイランドから空港までの鉄道路線の伸延も必要だった。この事業に投入する2,100億円（20億米ドル）は市債でまかなわれることになっていた。そして政府資金は、3,020億円（30億米ドル）で計画されていた。

　この外部調達する資金をもとにして、市長と神戸市は、空港建設のために地方税も民間投資も必要としない強気の姿勢を市民に示した。さらに神戸市は、ひとたび空港が完成したならば、民間に販売される土地代金から680億円（6億5千万米ドル）を事業に融資できるだろうと試算した。この見積りは、神戸の埋立地計画での経験に基づいたものだったが、まったく非現実的であると考える評論家もいた。

　地元マスコミが1995年の震災後に行った調査によると、神戸に住む者のおよそ70〜80％が、新空港に重大な疑問や全面反対をにじませた。また、90％の市民が新空港に反対していると主張するグループもあった。それは、神戸の被災者や零細事業主の支援に充当すべき財源を新空港に注入することが、納税者から得た金銭の浪費であるという見地に立っていた（Nakamura 1997）。前にも触れたように、復興計画で最初に空港が言及されたとき、震災前から言われ

図7.10 神戸空港におけるLCC（ローコストキャリア）スカイマークの飛行機（2007年）
写真：D. W. Edgington

てきた騒音や水質汚染などの環境への「負の影響」が懸念された。しかし、神戸市は経済再生を活性化する施設として、さらに将来の災害対策や災害緩和にも必要なものあるとして、空港を重視し続けた（City of Kobe 2003b）。神戸の大企業には、新空港建設を支援する動きもあった。こうした中、運輸省（現・国土交通省／訳者注記）と環境庁（現・環境省／訳者注記）は、実施計画の開始、そして神戸市が管理する国内線空港の建設を1997年に認可した（"Environment" 1997）。

　1998年には、およそ31万人の市民（有権者の約30％）が、空港建設をめぐる正式な国民投票を求める請願書に署名した。この請願は、市長あるいは市議会の議論を経ずに神戸市によって棄却された（"Kobe Airport Too" 1999）。これに抗議する人々は自らの努力を増強し、2000年には新空港問題をめぐって市長をリコールするキャンペーンを正式に始めた（"Protesters" 2000）。しかし、

1998年の市民投票と異なり、この請願は新たに選挙を実施するのに必要な有権者の3分の1に至らなかった(Johnston 2000b; "Airport Enemies" 2000)。結局、笹山市長は2001年選挙で再選を目指さなかった。助役であった矢田立郎は、市議会与党の支援を取りつけて選挙で当選を果たした("Kobe Mayor...", 2001)。空港のための埋立ては同じ年に始まった。10年間に及ぶ復興期間を終えるにあたり、神戸空港は2006年2月に開港すると発表された。**図7.10**は2007年に撮影された神戸空港である。

神戸市は、復興事業の大部分が既に完了したことを認め、地震関連の復興事業費の対前年比が24.1％カットにあたる422億円(4.25億米ドル)減になると公表した。("Quake Reconstruction" 2005)。ただ、空港は引き続き論争の的になっていた。とりわけ、より多くの事業契約によって神戸市が資金調達できるであろうという見通しは、多くの中小企業からは歓迎されなかった。それは、追加負債への支払いのために地方税が増額されるに違いないとの懸念によるものだった(古田氏へのインタビューによる)。

評　　価

地震は、産業構造改革へ挑戦する負担のため、既に1990年代半ばに不安定だった神戸の経済に痛撃を加えた。神戸市は多くの巨大事業のために政府資金を手配し、さらに立地条件を問わない産業を誘致するために一層の努力をしたものの、経済状況は大部分の指標において阪神・淡路大震災から10年を経ても回復しなかった。神戸市は2005年に、景気回復がまだ自らのもつ可能性の80％にしか及んでいないと発表した(矢島氏へのインタビューによる)。これは、日本全体からみれば、低成長あるいは成長が無い長い期間とみなせた。地域市場に頼ったままだった業界は、正常に戻る見通しがほとんど立たないかのようだった。神戸市長田区のケミカルシューズ業界、灘区の日本酒醸造業界、そして地域密着型の淡路瓦製造業界は、景気低迷や中国からの輸入品との価格競争にさらされ続けており、市場の需要も変わっていた(Saito 2005)[9]。

こうした条件の影響は、**図7.11**や**表7.2**に示す地域労働市場のデータをみれば明らかである。これらは、被災地域と兵庫県(淡路島、西宮市や芦屋市などの神戸市外を含む、**図4.1**を参照)の好ましい回復を示している。つまり、被災

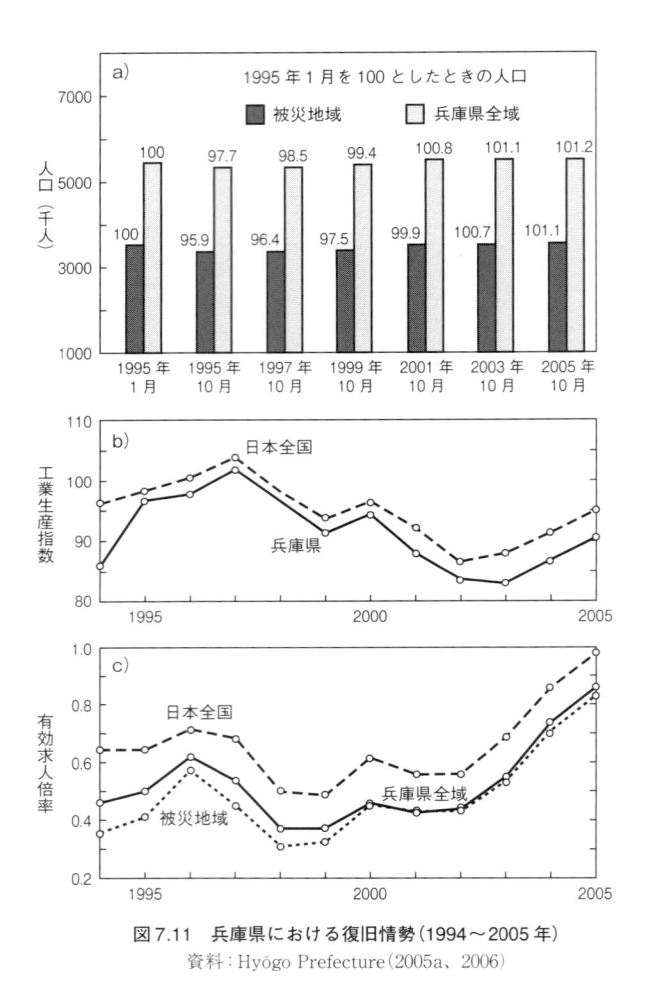

図 7.11 兵庫県における復旧情勢（1994～2005 年）
資料：Hyōgo Prefecture（2005a、2006）

地域や兵庫県の人口は、全体的にみて 2005 年までに地震前の水準に回復した（図 7.11 a を参照）。兵庫県の工業生産に関しても、少なくとも全国水準と同等の回復を示したかのようにみえる。被災地域や兵庫県全体の労働市場も改善され、有効求人倍率は、それが最低であった 1998 年から増加基調で 2004 年に至っており、被災地域全体にわたって雇用の伸びがうかがえる（図 7.11 c を参照）。

表7.2 神戸市および日本の他の主要都市における失業率(%)

	1980	1985	1990	1995	2000	2005
神　戸	3.9	5.0	3.9	4.4	6.4	4.5
日本全国	2.9	2.6	2.1	3.2	4.7	3.7
札　幌	−	−	−	−	5.7	4.3
仙　台	−	−	−	−	5.2	4.3
千　葉	−	−	−	−	4.5	3.3
東京(23区)	−	−	−	−	4.8	3.5
川　崎	−	−	−	−	5.0	3.6
横　浜	−	−	−	−	4.7	3.3
名古屋	−	−	−	−	4.6	3.5
京　都	−	−	−	−	5.1	3.9
大　阪	−	−	−	−	9.1	7.2
広　島	−	−	−	−	4.3	3.2
北九州	−	−	−	−	6.1	4.4
福　岡	−	−	−	−	5.6	4.3

資料：City of Kobe(2005a、2005b、2006)

しかしながら、神戸市だけに注目すると、異なった様子があることに気付く。地震が起きた時、神戸の失業率は25年間にわたって全国平均よりも高かった(**表7.2**を参照)。これは、港湾業界や伝統的産業での人員削減を反映しており、観光業界の発展や新しいハイテク産業の伸びを以ってしても相殺できないほどの損失を意味している(古田氏へのインタビューによる)。地震直後、全国平均の失業率が4.3％だったときに、神戸市のそれは約6.9％であると評定された(ただし、**表7.2**からは読み取れない)。2000年には、失業率は全国平均の4.7％に対し、神戸市で6.4％だった。また、2005年の失業率は、全国平均が3.7％、神戸市が4.5％だった(**表7.2**を参照)。国家経済が「失われた10年間」から再浮揚したのと歩調を合わせ、失業率は2000年から2005年にかけて国内のいたるところで低下した(**表7.2**を参照)。ただ、2000年と2005年の神戸市における失業率を他の国内主要都市と比較すると、近隣の大阪市に次いで2番目に高かったことがわかる(**表7.2**を参照)。

全般的にみて、これらの図表からは、地域経済が緩慢ながら健全な状態に戻りつつあり、多くの事柄がうまく標準にまで戻ったことが読み取れる。しかし、多くの震災生存者たちは、まだ神戸市が破産寸前だった時期に福祉事業を求めた(Uchihashi 2005)。神戸市や財界は、経済が完全に回復し発展した場合、構造改革と新しい産業が重要であるとの意見で一致をみた。それゆえ、新

空港、規制緩和地帯、そして医療研究集積地区が強調されることになった。しかし、こうした動きと並行して、神戸市や財界は日本の他の都市も同じように「ニューエコノミー」産業を誘致するために熱心な活動をしていた。実際、ある評論家は、震災後の再建に焦点を当てた場合、おそらく神戸は人口規模が同程度の地方都市、つまり札幌、仙台、広島や福岡などの各都市と比べて、再構造化事業で一層の遅れを取ってしまうと指摘した。

第8章　結　論

2004年の出来事について振り返ってみると、より優れた情報や対話によって回避できた災害がいくつかある。しかし、何万もの人々にとって、それは知らされないまま突然に到来した。
　　　　――M.ニスカラ、国際赤十字社・赤新月社国際連盟事務局長

阪神大震災に襲われた地域は、復興の過程で学んだ経験や教訓を、道義的に次の世代に伝えていかなければならない。そして将来に起こり得る大災害が及ぼす被害を緩和していくに際して、我々が得た知識を上手く活用していかなければならない。
　　　　――兵庫県庁復興10年委員会事務局『復興10年総括検証・提言報告書』

　2005年1月17日は、戦後の日本の歴史で最悪だった地震の10周年となったことや、また西日本にある港湾都市を復興努力の好例としたことで、神戸にとって記念すべき日となった(World Conference on Disaster Reduction 2005)[1]。ただ、著者が記念日に神戸市を訪れた時、目に見える地震の傷跡を見付け出すのは難しく、神戸市の多くの部分で新しい集合住宅やオフィスタワーが誇らしげに建っていた。神戸市や一層広い被災地の総人口は、遂に地震前の水準にまで回復した。比較的速やかだった道路、建物や港湾施設などの復興は、都市風景を変化させてしまったところがある。この目覚しい復活は、まさにVale and Campanella (2005)が「都市の回復力」と呼んでいるものに該当する。都市の回復力は、焼夷弾の空爆による焼野原からの東京の回復、1945年の原子爆弾攻撃後の広島の回復を思い起こさせた。たとえ、神戸が将来の地震に対して弱点を持ち続けるにしても、神戸を見捨てようと思う者は誰もいなかった。

　2005年には、市内で最も震災が酷かった長田区のような地域でさえ、地震の記憶が一層薄くなったようにみえた。10年の時間が流れ、神戸の現状と震災の関係を識別することは困難になっていた。人口高齢化や産業構造再編のよ

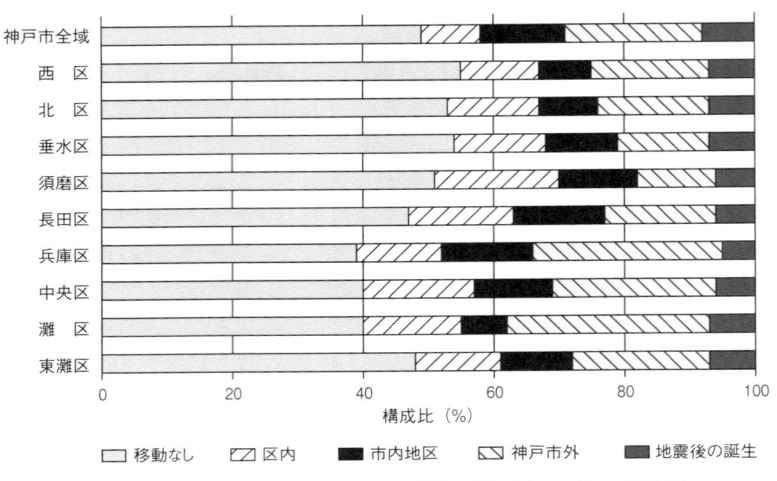

図 8.1 行政区別にみた神戸市民の地震前の居住地（2004 年 11 月現在）
資料：Makino, Ito, and Katoh（2006）

凡例：移動なし／区内／市内地区／神戸市外／地震後の誕生

うな社会経済的状況の変化に歩調を合わせた景気後退の影響が、一層重要なものになっていた。実際、2004 年に兵庫県庁が公表した研究では、地震によって影響を受けた県内 14 の自治体における 1,203 人の回答者の 80 ％は、もはや自らを被災者だと感じないとの回答を寄せた（Jhonston 2005）。2004 年に調査された別の報告書では、神戸市の居住者の 25 ％が 1995 年の地震には直接の経験を持っていないことが判明した。つまり、彼らは地震当時、別の場所で生活していたか、あるいはまだ生まれていなかったということである（図 8.1 を参照）。とりわけ、その調査は、市域東部の行政区（たとえば東灘区や灘区）では、多くの人々が市外から転入してきており、それゆえに彼らは地震に続く数日や数週間に神戸でもたらされた損失についてほとんど知らなかった、と記載した。しかし、2004 年の調査によると、市域西部の長田区や須磨区の大部分の回答者は、地震の前からこれらの近隣に住んでおり、そこで生き残り、残留した人々であった（図 8.1 を参照）。

図 8.1 に示された居住者の諸属性は大変に参考になる。神戸市と兵庫県当局は、完全に復興を遂げた証として、しばしば 2005 年までに被災地が人口回復を実現したことをあげる。しかし、人口増加そのものは、居住地からの

避難を余儀なくされた人々が元の居住地に戻れたということではない。2004年の調査結果にみるように、神戸市には外部から転入してきた者が多くいた。1995年に神戸市外へ避難した人々のうち、どのくらいが元来の居住地に戻ったのか、あるいは戻ることができたのかを明らかにした研究はほとんどない。Watanabe(2001)は、被害を受けた地域で1995年以後に住宅を改築できた者は生存者のわずか約60％、火災に襲われた地域のそれはわずか30％だったことを示した。つまり、残りの生存者は、遠隔地にある公営住宅など、どこか別の場所で暮らしていた。

多くの新しい建物が2005年までに建設されたが、別の視点からすれば神戸の回復はまだ不完全なものだった。大勢のコメンテーターが「80％の回復」と話した。前章で解明したように、神戸港は貿易量がまだ従前の5分の1に満たない回復状態にあり、ブルーカラーの卓越する長田区のように、従前の人口や商業集積に近い状態へ回復しないままの地区が残っていた。他の指標をみても、完全な回復までは長い道のりを要することが明らかだった。2004年11月と12月に実施された、神戸の新しい公営住宅団地の200世帯を対象とした調査では、当時なお入居者の約45％が援助や様々なサポートシステムを受け続けたいと希望していることがわかった。多くの者が、彼らの利息負担が増えず、住宅や小規模企業に向けた特別融資が継続するよう求めた。こうした心配の背景には、阪神地震復興計画に関連した公的補助金の多くが、2005年に終わったということがあった("Most Survivors" 2005)。

結論にあたる本章では、我々が災害後の復興計画を理解するのに際し、そこに深く関連する神戸の事例を考察する。それはまた、他の日本の都市でも役立つ素材となる。最初に断っておくが、この研究は、被災地域の大部分を占め重要な規制が施されなかったグレーゾーンおよびホワイトゾーンでの回復について、ほとんど言及していない。しかし、こうした注意点を踏まえても、神戸の回復過程に関する多くの結論を導き出すことができる。さらに、導出される提案は、災害に見舞われたあらゆる場所で広く活用できる教訓となり得る。以下の本章は、復興努力をめぐる成功と失敗への詳細な注釈から始まる。

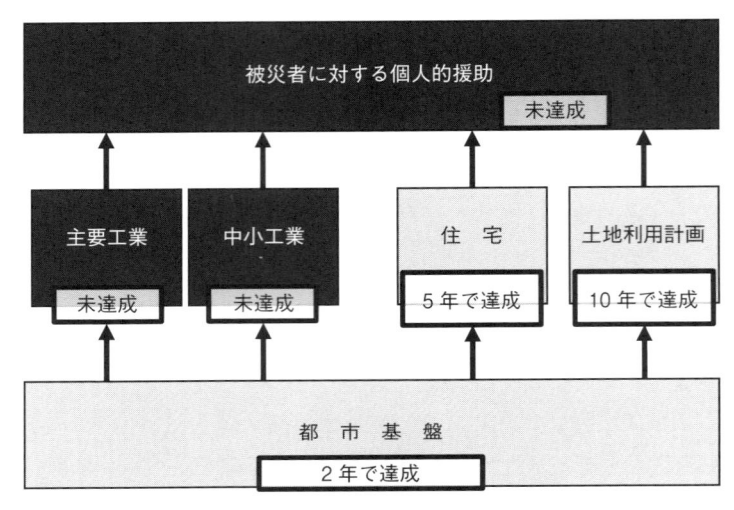

図8.2　神戸市の復興10カ年計画における部門別の達成率
資料：Hayashi(2006)に従う

8.1　復興10カ年計画は成功したのか？

　第2章の中で行った文献レビューでは、主に物的回復、災害前の人口水準と資本の復興に関する先行的な議論を取り上げた。しかし、現代のより多くの展望は、回復が物的な結果だけで論じにくいことを示唆している。それらは、より全体的なアプローチを強調している。そのアプローチは、社会経済的な復興過程を含んでおり、災害後の再建を図るコミュニティ内において、どれだけ異なる立場のグループが行動したのかを強調したものである。したがって、復興は脆弱性を小さくして経済的能力を増強する発展過程として練り直される。この文脈において、復興10カ年計画はいかに進められたのだろうか。

　神戸における復興計画は革新的で、従来の日本における伝統的アプローチを凌駕し、そこでは行政当局の復興計画が公共施設や公益事業の回復に限定された。神戸市と兵庫県が目標にしたおおよその到達点は、物的な回復と被害を受けた市街地の再開発だった。しかし、両自治体の取り組みはそれだけにとどまらず、避難を余儀なくされた居住者への住宅提供、地域経済の再生、そして被

災者への支援にまで及んだ(図8.2を参照)。

インフラストラクチャと住宅

　物的な回復は明らかにかなりの成功をおさめた。神戸市や兵庫県には、比較的迅速に瓦礫の除去を果たせたこと、そして約2年以内に公的なインフラストラクチャを回復させたことなど誇り得るものが多くあった。被災地域の鉄道線の全てが復興開始年の年末までに通常の運行を再開した。都市間を結ぶ神戸の高架高速道路は、2年以内に更新され、主要道路の多くはすぐに修繕された。他方、神戸における個人住宅の復興は、地震保険への加入が不十分だったため思うにまかせず、住宅所有者は自宅の再建に際してローンを受ける必要に迫られた。再建に向けた取り組みの開始が遅れたにも関わらず、被災住宅は5年以内に新しい住宅に建て替えられ(地震前よりも住宅が増えたこともあった)、土地区画整理事業と都市再開発事業は復興10カ年計画の終了までにほぼ完了した。政府や地方自治体は、資金援助、低金利ローン、税金減免でそれらを支援した。神戸空港、ハッピーアクティブ計画、神戸バイオテクノロジークラスターは、フェニックス計画の重要な遺産である。神戸市は、他にも緑化計画や河岸公園の拡充などを含む物的な改良を実施した。2005年初頭、より多くの強化計画が企画されていた。それは、新しく造成されたポートアイランド第二期工区において、健康、バイオ技術、環境技術など、神戸市や兵庫県にとって全てが新しい産業で雇用創出を図るというものだった。

　これらの比較的成功した物的な改造を評価する際に、私は神戸市や政府が「自分たちを正当化したか」あるいは「単に幸運」だったのか、多くの場面を指摘できる。第一に、日本の全ての地方自治体は未来の開発に向けて総合計画を準備し、それを更新し続けていかねばならないという要求があった。地震の直前に神戸市は、長期的総合計画を更新し終えた。その更新に際して、地元住民や実業界との相談がほとんど不要であったものの、更新された計画は1995年末に準備された復興10カ年計画の発射台となった。第二に、政府は数日にわたって自衛隊の十分な配備が遅れたことにより、最初の回復過程で手こずったが、他方で内閣は神戸の再建に向けた意義のある資金で対応するのが素早かった。こうした素早さは、政府による予算案の策定が固まる間に、地方自治体が

計画を準備し実行できる素地となった。また、それは回復の促進に必要な立法上の多くの見直しをもたらした。これらの行動は、全て災害から数週間以内に実施された。また、全般的にみて、政府は地震後10年間にわたって神戸に対する自らの関与を維持し続けた。第三に、神戸市は、計画や開発許可を得る市民を支援するために、また市民たちが自らの土地で住宅再建を図るための特別なアドバイスを与えるために、神戸市自身が都市計画家や住宅の専門家を雇用した。第四に、地方自治体の予算とスタッフは増強されたが、神戸市と兵庫県の双方には、開発事業を管理する長い歴史があった。それらのスタッフには、神戸市の港湾施設を再建する間、この重要なインフラストラクチャ復興の進行を滑らかにすることができる、技術者、建築家や管理者が含まれていた。

　しかし、インフラストラクチャと住宅の再建に関する全ての面が円滑に進むとは限らなかった。また、多くの期待外れもあった。たとえば、仮設住宅プログラムは、とりわけ高齢者と身障者のための適切なコミュニティサービスの提供に関して、多くの管理上の問題に直面した。彼らは、この種の住宅で長い場合は震災後5年間も辛抱する必要があった。統計的にみれば、復興の終了までに整備された住宅の数は、地震前の数よりも多くなった。多くの公営住宅が復興に際して提供されたという事実は高く評価されるべきである。バリアフリー住宅と集合住宅は、復興プログラムの中で広く使用された。しかしながら、神戸市、兵庫県、政府系の住宅・都市整備公団（現・都市再生機構／訳者注記）が都市の周縁部や新たに造成したウォーターフロントでの大規模住宅地開発において、緑地ゾーンを確保しようと先陣争いをしたため、被災者のための公営住宅3年計画の開始が遅れてしまった。確かに、神戸市の「震災の帯」における支援的な住宅の不足は、こうした住宅の建設場所を厳然と分裂させ、多くの高齢生存者の住み替えに多大な不便を強いることになった。彼らの多くは、インナーシティにあった旧来の居住地に戻る機会を失してしまったのである。更に、災害復旧に向けた日本の独自のアプローチゆえに、地域密着型の復旧計画、社会政策、震災生存者への適切な所得援助をめぐって、ハード面でのインフラ事業への明瞭な優先権が存在した。とりわけ、家を失った人々に対する政府の財政的援助は不適切であった。公的資金は、もっぱら緊急避難所から直接的に仮設住宅へ移り、最終的には恒久的な公営住宅へ住み替えていく流れをとった避

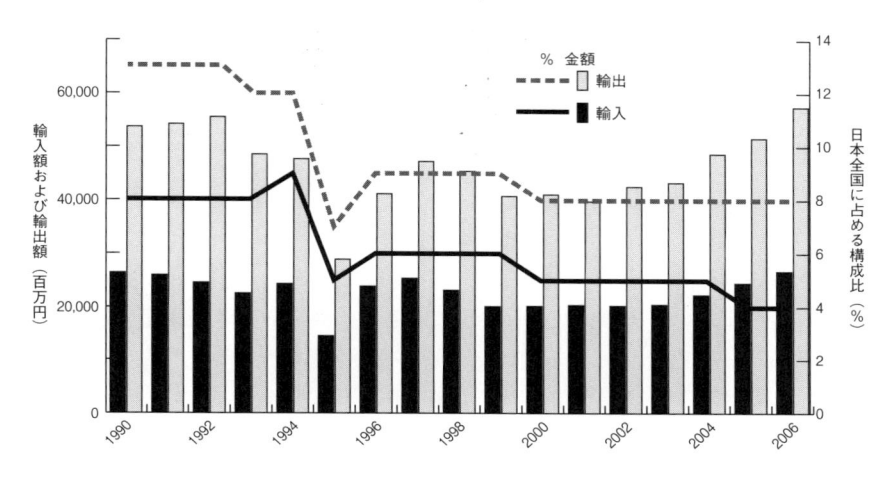

図8.3　神戸港における輸出入の状況（1990～2006年）
資料：神戸市役所提供のデータによる

難民に注がれた。既に述べたように、兵庫県外へ避難した人々、神戸市内のホワイトゾーンにあった家屋や集合住宅を改築した人々は、再建に際して援助をほとんど、あるいは全く受けられなかった。さらに、郊外の新しい公営住宅での高齢者訪問のような、高齢者や身障者への大切なサービスは、ようやく公営住宅計画が着手されてから導入された。つまり、復興開始から10年間、これらの計画は予算削減や資源不足によって危険な状態に置かれていた。[3]

経済と個人の回復

　経済再生と個人の回復の点については、その見通しがより混合されたが、「80％の回復」というイメージが的を射ていたのはこの点に尽きる。たとえば、神戸港は、地震前には日本で最も繁栄した港であったが、この港湾は政府資金を活用して、より強い地震にも耐え得るよう優れた仕様で再建された。しかし、いまだに従前の活動水準には及んでいない。図8.3は、輸出入品の取扱高が1994年以降に劇的な落ち込みを経験し、日本の経済復興と歩調を合わせ、ようやく2003年6月になって地震前の取扱高を回復したことを示している。しかしながら、日本における輸出入貿易での港湾の一般的な占有率は、各々の港

湾で低下して回復に至っていない。

　神戸港は、地震前では世界第6位にランクしていたが、2006年時点では世界第33位に後退した（Chang 2000; American Association of Port Authorities 2007）。

　港湾と都市の他の部分の再建において、主に東京本拠の企業が大規模事業に携ったため、地元の中小企業にはほとんど効果を残さなかった。1990年代の終盤は低成長期であり、日本経済は急落したままの状況にあった。そして復興10カ年計画が終わる頃の回復が見込まれていた。さらに、保険金あるいは政府支払金の不足は、まさに回復と再建に向けての企業や個々の世帯の努力が妨害されることを意味した。神戸では、日本の他の場所と同様に、個人世帯が災害後に回復できる一般的な補償制度が無かった。基本的に、自宅や所得のあてを失った被災者は、ようやく1998年になって一層寛大な被災者生活再建支援法が成立するまで、自力で再建を図った。ローンや他の援助が阪神・淡路大震災復興基金から小企業に与えられたが、これらの資金は彼らの経済活動を迅速に回復させるには不十分だった。

　個人や世帯の回復がどのように扱われたのか、そしてそれがどの程度受け継がれたのかという問題に関しては、さらに精査が必要である。阪神地震の前には、景気回復あるいは個人・世帯の福祉のいずれかについて到達点を定めた地方自治体の復興計画は存在しなかった。そこで優勢だった仮定は、もしインフラストラクチャや住宅が破壊されても、人々は災害による損害を自らの力で取り戻せるだろうというものであった。事実、地震前には、災害指定地域の物的な復興に多くの公的資金を投入することによって、個人や世帯の回復は達成されるだろうとの仮定があった。しかし、筆者が指摘したように、多くの高齢者が地震で壊滅的な衝撃を受けたことによって既存の仮定が覆された。なぜなら災害救助法が成立した1947年以来、日本の社会経済的な状況は大きく変わっていて、高齢の被災者らはその変化した環境の下に置かれており、彼ら自身の生活再建が非常に困難であるとわかったからである。その結果として、神戸における地震の後、日本各地の地方自治体の災害計画において、個人やコミュニティの物的かつ経済的な回復が一層明確な目標となった。

　個々の被災者について阪神地震の長期的な影響を測定するのは困難である。このトピックは統計指標や政府報告書では単純に分析できない。より進化した

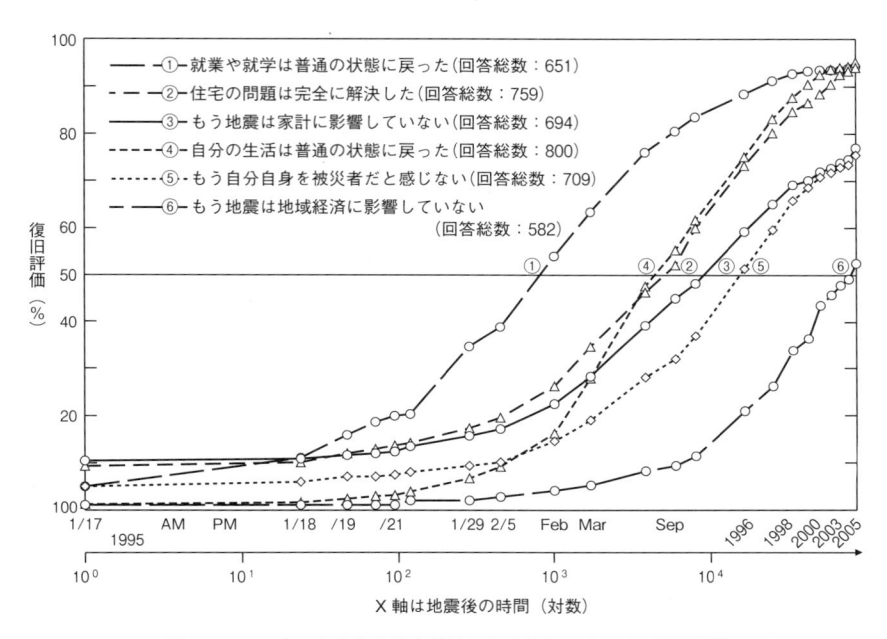

図8.4 2005年になされた研究結果による個人レベルでの復旧評価

注）(a) 1995年の震災における被災者に対し、次の事柄を質問した。「就業や就学は普通の状態に戻った」（回答総数：651）、「住宅の問題は完全に解決した」（回答総数：759）、「もう地震は家計に影響していない」（回答総数：694）、「自分の生活は普通の状態に戻った」（回答総数：800）、「もう自分自身を被災者だと感じない」（回答総数：709）、もう地震は地域経済に影響していない」（回答総数：582）。(b) 結果は項目別に、肯定的な答えが回答総数に占める構成比(%)で標準化している。

資料：Tatsuki(2006)

研究は、家族や個人の様々な経験に焦点を当て、彼らが自分たちの家や仕事をどのように再建したのか（あるいはしなかったのか）について注目すべきである。再生に向けて家族がとった主な手法は何だったのか。阪神大震災による損失を管理しようとする際に、人々はどの戦略に従ったのだろうか。そして、NGOは損害を受けた近隣地区の再生に向けて、どのような貢献をしたのだろうか。

この領域の中で回復結果を測定する予備的な試みは、Kimura et al.(2005)およびTatsuki(2006)によって報告された。これらの学者たちは、阪神地域内で1999、2001、2003、そして2005の各年に無作為抽出による郵送法で調査を実施したが、これら各々の調査では1,000人を超える被災者たちに災害からの回

復についての認識が問い掛けられた。図8.4 は、2005 年の調査において被災者に出されたある質問に対する反応を示している。約半数の回答者が、地震から 1,000 時間（おおよそ 1995 年 2 月）以内に、仕事や学校活動が正常に戻ったと答えた。住宅と家庭経済の問題は、地震から約 10,000 時間（おおよそ 1996 年 12 月）以内に、調査対象となった生存者の半分から解決したとの回答を得た。震災生存者の半数が自分たちの生活は元に戻ったと感じるまでには 2 年を要し、彼らがもはや自分たちは震災の犠牲者ではないと感じるには 10 年かかった。2005 年に実施されたグループ調査では、生存者の半分がもはや地域経済に対する地震の影響は無いと答えるのに丸 10 年を要したことがわかる。調査の結果は、回答者の 90 ％以上が「生活は通常に戻った」と感じたことを示しているが、神戸の住民のうち確実に 5 人に 1 人は 1995 年の災害犠牲者の状態がどこかで続いていると自認していた。この調査チームによる研究は、回答者の心理的な回復レベルは彼らのライフステージや自宅損害の厳しさに応じて異なることを明らかにした。何が個々の被災者の回復に最も影響するのかを尋ねられ、一番目には「住宅」（約 30 ％）が、二番目には「社会的絆」が、三番目には「コミュニティ再建」があげられた（Tatsuki 2006）。

兵庫県の立証報告書『復興 10 年総括検証・提言報告』

　震災 10 周年を迎え、地方自治体は、復興 10 カ年計画について公式に自己評価を行った。とりわけ兵庫県は、復興過程で得た教訓を選り出すために『復興 10 年総括検証・提言報告』（以下、立証報告書）を公表した。この報告書は、保健福祉、社会と文化、産業と雇用、災害軽減、住宅、都市開発とコミュニティ建設などを含む多くのテーマを扱っている。報告書の作成には、市民、NPO、そして地方産業からの助力があった（Hyōgo Prefecture Government 2005b）。その報告書において、市民の生活再建を支援する場面での主要な成果は、従来の支援システムを超える国の機関やメカニズムに依拠したと論じられたが、それらがまさに阪神・淡路大震災復興基金や被災者生活再建支援法（居住の安定支援システムの確立）であった。また報告書によると、積極的に評価できる他の成果は、ボランティアの承認や 1998 年の NPO 支援のための法律の施行であった。[5]

　さらに立証報告書は、「被災地域だけでなく日本の社会全体において、果た

すべき多くの仕事が申し送り事項として残された」と指摘した。これらは、大きな災害に見舞われたコミュニティのための復興支援や金融的保証に焦点を当てた特別な全国立法を含んでいた。さらに報告書は、管理権力を分散するという精神の下で、上記のような法律が地方自治体に多くの役割と責任を与えるべきであると論じた。復旧工事は、政府から標準仕様に合致させることを要求されるべきではない。これをより正確に表現すれば、災害の状況や地域に根差した特徴を考慮に入れて、地方自治体には特別な制度や金融的な保証が与えられるべきである。さらに立証報告書は、復興10年を経ても次のような諸点が最優先課題として残っていると述べた。その諸点とは、独居生活をおくる高齢被災者の支援、コミュニティや神戸市内の地域密着型商店街の再生、個人や事業者向けローンの返済支援、そして住宅や公共施設の耐震性の強化などである。住まいを失った生存者に対する公営住宅への過度の斡旋も、全般的なマイナス要因として言及された。他にも各世帯の資金需要に融通できる住居手当のシステムが必要であるという問題があった。さらに、各々のコミュニティで益々増える在留外国人に関わる課題もあった。それは、災害のあとタイムリーに在留外国人が理解できる支援システムを確立し、迅速で正しい情報提供を行うことであった。

　立証報告書の中で詳述されたものの他にも、多くの未決着の問題に言及がなされた。たとえば、神戸市の負債状況、多くの近隣地域における土地区画整理事業に要する時間の長さなどである[6]。神戸市や他の地方自治体の多くの地域で、移転を余儀なくされた者のために住宅供給を促進する中で、需要以上に住宅建設が行われたり、必要以上の負債が嵩んだりした。その結果、震災復興のために建設されたいくつかの高層住宅は2005年に高い空室率を示していた。これを受けて、神戸市と兵庫県は負債を縮小するために、震災後に建設された公営住宅の払い下げを2005年に始めた（矢島氏へのインタビューによる）。しかし、個人に提供される住み替えや修理向けの資金が不足するという別の問題もあった。復興に向けた融資に関しては、世界的にみて個人加入の保険が最も迅速かつ公正な手段である。したがって、日本の公共政策は、災害保険から保険金を得ることができるように強く促進されなければならない（Comerio 1998）。

神戸は安全な都市なのか？

　国家および地方自治体の見通しから、阪神地震は、神戸の住宅やインフラストラクチャに関する長期的な問題に取り組む契機となった。再設計された都心、HAT神戸ウォーターフロント事業、新長田や六甲道における近郊の結節点などは、かなりの高水準で、六甲山系の北側の新しい住宅団地と同様に、神戸を一層安全な都市に導くものであった。さらに、都市内のライフラインや施設が破壊された失敗を教訓にして、改善されたさまざまな耐震構造システムが、神戸のいたるところで実施された。つまり、港湾設備、鉄道や新空港と同様に、街路、下水道、電気や水道についても再建の一部だった。さらに、緊急必需品の負担を軽く安全にする新システムが実行された。また、消防輸送網が構築された。全国レベルでみると、日本の建築法規は地震を契機として改良された。しかし、これらは大規模建造物を対象にしているだけで、個人住宅を対象にした地震法規はまだ存在しない。しかし、神戸では、多くの死亡者を出す原因となった多数の住宅崩壊があったため、今では耐震構造の住宅や建造物の建設が促進されている。たとえば兵庫県は、個人住宅を耐震補強するため、1996年以降39,000戸の住宅へ補助金を提供した。より古い住宅は、耐震構造とするために優先権を与えられた。2004年以来、学校は耐震改造を施されている (Office of the 10th Year Committee 2005)。さらに兵庫県は、耐震仕様の避難所を公園に建設するために、地震後に多額の投資を行った (Hyōgo Prefectural Government 2005b)。

　これらの改良は、全て地域コミュニティから歓迎された。しかし、多くの疑問が、神戸の経済的・社会的脆弱性による長期的な災害緩和の実現性、そして縮小している都市再開発計画の有効性に関して残る(第6章および第7章を参照)。全国レベルでは、阪神地震の後の復興は、都市政策と都市計画の方法に対する重要なテストとして役立った。それは、日本において、土地区画整理事業と都市再開発事業のモデルとして長らく支配的であったものである。回復へ向けて土地所有者と反対者が共にほとんどいないところでは、市有地を活用したHAT神戸や公営住宅のような事業は比較的滑らかに進む。しかし、土地区画整理事業が複雑になるところでは、多くの者が各々に異なる利権を持っており、解決策に至るまでに相当な時間を要する。地震から10年経っても、神戸市西

8.1 復興10カ年計画は成功したのか? 255

図8.5 新長田地区における狭隘路(2005年)
写真:D. W. Edgington

部のいくつかの地域では、まだ建造物が建っていない区画が残っていた。有効な保険の手立てが無い中で、土地所有者と借家人は往々にして建物の再建ができなかった。インナーシティの西部地域における、この悪化したコミュニティ

問題は、人口減少と人口高齢化に関係のある問題であった。ホワイトカラーが卓越する森南のような地域では、神戸市が策定した再開発計画との矛盾があった。これは、日本特有の状況の中で土地を再配分することの非常に面倒な性質を反映したものだった。

　重点復興地域の外では、公的資金が投入されなかったので、総合計画はほとんど立案されなかった。総合開発地域である新長田南地区から道を隔てた外側でさえ、筆者が2005年に指摘したように、以前と同じような高密度で横町や小径からなる住宅地区が再建された（図8.5を参照）。このように注意してみると、復興が神戸のインナーエリアの脆弱性を軽減したかどうかは不明瞭である。

8.2　神戸の復興には主に何が影響したのか？

　おおまかにみて、Kates and Pijawka（1977）が示した回復の段階的モデルでは、神戸の復興は10年を要するだろうと正確に予言されていた。神戸の事例から得られた多くのものは、復興モデルや理論構築に特別な意味を持っている。一つ目に、概略的な多くの研究には簡単に含められないほど複雑な神戸市の復興計画についての研究ポイントは、Haas and Trainerら（1977）による復興の線形モデルで示された災害復興に少し似ている。とりわけ、10年に及ぶ計画期間内で神戸の復興ペースが相当に変わり、さらにあらゆる一般モデルや年代学では予言できない意外な状況、たとえば土地区画整理手続きが引き起こす再建の遅れが多く生じた。加えて、1995年初頭において神戸の「震災の帯」を対象とした災害後の詳細な計画は、おおむね神戸市におけるあらゆる広域規模の戦略的計画に先行した。政府の財政計画に関して地元の都市計画家に優先権を与えるという試みにおいて、神戸市は多くの復興地域で素早く、ともすれば早すぎるスピードで前に進んだ。そしてその際、長期的なフェニックス計画や1995年後半までの都市全域の復活計画も傍らに置いておかれた。より通常の時代なら、このプロセスは逆に進むのが典型的である。つまり、都市全体に関わる大規模な目的は、個々の事業が識別される前に議論され確立される。さらに神戸市内では、計画策定の過程が高度に競われたが、これはKates and Pijawkaのモデルでは想起されていなかった。また、上で述べたように、回復過程のいくつかの様相は、震災から10年を経ても収束しておらず、本書の執筆時点でま

1. 震災以前の自然環境あるいは経済や人口などの社会的環境
   神戸特有の自然地理学的条件と市街地の分布パターン
   公共開発業者としての都市とその巨大事業の方向付け
   重工業からサービス業の雇用に至る神戸経済の復興
   負債を抱えた都市
   地域コミュニティの急激な高齢化
   多くの脆弱なコミュニティ

2. 地理的な特性とその分布
   震度7の地震
   「震災の帯」を呈した地理的な結果
   激しい損害と地震に続いた火災
   脆弱なコミュニティへの衝撃(インナーエリアや高齢者)

3. 都市の再機能化に向けて政府や関係各所がとる行動
   災害後の混乱
   地震復興予算と新しい法律
   阪神・淡路復興委員会
   仮設住宅および恒久住宅の地理的分布の偏り
   阪神・淡路大震災復興基金
   政府と地方自治体の基金調整(ローンと補助)
   復興計画と指定地域(ブラック、グレー、ホワイトの各ゾーン)
   土地区画整理事業と都市再開発
   神戸におけるボランティア

4. 復興後の都市計画やその成果に対するコミュニティの態度
   居住者の抵抗
   復興過程の錯綜
   まちづくり協議会
   NPO集団

図8.6　神戸市における復興計画の次元

だ進行途上にある。要するに、神戸における研究では、回復過程は単純ではなく、そして線形モデルには完全に合致せず、さらに周期的でもないという他の実証研究の成果が傍証された(Neal 1997を参照)。

　二つ目の諸問題は、上述したモデルの4つの段階を通じて、神戸や一層広い阪神地域における様々なコミュニティの活動が促進されたのか、あるいは抑制されたのかということである。第2章の中で議論した一般的な文脈からすれば、都市災害の後の回復の難しさに焦点を当てた研究の多くは、神戸の復興経験にうまく合致する。阪神地震後の現在の研究では、4つの主な要因が地震後の再

開発の結果に影響することがわかった。4つの要因とは、地震に先立つ神戸の諸条件、災害の強さと地理的不均衡、自治体の努力と自治体間の関係、そして地元コミュニティによる復興計画の受容である。**図8.6**は、この枠組みを単純化し、本研究で扱う神戸に関する要因のいくつかを示したものである。

とりわけ、神戸の事例研究からの結果は、従前から明らかだった経済動向が災害によって一層鮮明になったという観点を肯定する傾向にある。つまり、下降気味の地域経済下にあるコミュニティを災害が襲えば、その沈滞傾向が強調されるであろう。言いかえれば、災害は既存の脆弱性を悪化させる。たとえば、神戸港は地震前に機能を低下させつつあり、復興計画過程の最終局面でさえ1995年の取扱貨物量の80％を回復するのがやっとだった。別の例は、市域の西部に位置していて最も甚大な被害を受けた長田区の失敗である。それは、震災前から長田区を悩ませた人口減少を食い止め、ケミカルシューズ産業を復活させることの失敗である。神戸の経験はまた、居住者たちが従前の状態に強いこだわりを持ち、彼らのコミュニティの物理的な変化に抵抗することを示している。ただ、災害が無くても、変化は必ずや生じたはずである。変化することに反対を唱えた者もいたし、危険を承知のうえで旧来の状態での復興を求めた者もいた。

8.3 危機と復興契機の地理的不均衡

危機をめぐる地理的不均衡

この研究では、地震の後の社会経済的な圧力に対して空間的関係がどのように働くのかに焦点を定めた。このことは神戸では、損傷の分布、被災者の分布、避難所や新しい住宅や新たな投資の観点を提供できる公私両面からの反応において明らかだった。地震の後に生じた危機の地理的な意味は、コミュニティ回復の点から特に重要だった。被災者たちを仮設住宅や公営住宅へ移動させるための手続きは、コミュニティが築いてきた財産を脅かし、人々の日常生活にマイナスの影響を及ぼした。高齢者の比率が高かったことは、この問題を助長した。インナーシティの西部に位置する、長田区と兵庫区の住宅や地元商店の建物は、非常にゆっくり回復していった。なぜなら、そこのコミュニティは震災を受けてバラバラに壊れていたからである。逆に、重点復興地域で出された指

表8.1 行政区別にみた神戸市の社会経済的な指標(1991〜2006年)

指標	インナーシティの行政区						郊外の行政区			全域
	西側			東側						
	兵庫	長田	須磨	東灘	灘	中央	垂水	西	北	
(a) 工業製品出荷額 1993/2006(%)	73.2	48.5	29.2	89.8	184.9	34.8	39.3	135.8	275.3	83.3
(b) 小売売上高 1994/2004(%)	79.4	62.8	85.8	104.7	85.3	74.4	112.5	99.9	95.3	85.8
(c) 事業所数 1991/2006(%)	70.0	42.9	77.9	100.7	75.8	90.4	91.0	118.1	149.8	84.9
(d) 就業者数 1991/2006(%)	78.8	62.3	92.6	104.0	81.8	88.6	113.5	133.2	129.5	93.0
(e) 生活保護受給者数 2006/1994 比率	6,490 1.7	7,275 1.3	4,539 2.2	2,316 2.0	2,323 1.4	5,568 1.0	4,750 2.4	3,615 3.8	3,850 2.1	40,282 1.8

注) 行政区の境界は図1.1を参照。
資料:(a)工業統計調査、(b)商業統計調査、(c)および(d)事業所統計調査、(e)神戸市統計

示は、区画線の変更、道路拡幅やオープンスペースの提供だったので、その実施に時間を要した。復興事業がそこで行われるまで、恒久的な建造物はほとんど建設することができなかったし、実際に1995年震災後の数年間は、新長田の都市景観は仮設建造物と空地が点在するものだった。そして、さらに問題になったのは、重点復興地域の区画線変更が完了するまで、長田区の現地労働者の労働の場であった200を超える工場を再建することができないかもしれないということだった。これは、彼らが職に就くのを遅らせ、それゆえに彼らの生活再建をも遅らせることになった。ここで著者は、阪神地震の結果を結論づけておきたい。それは、神戸のインナーシティ問題、すなわち人口、産業やビジネスの沈滞は、地震が起こる以前の状況に増して悪化したということである。

ここまでの議論を受けて、表8.1では神戸市内の行政区ごとに、地震直前から震災後の復興10カ年計画終了直後までの社会経済的な諸指標を整理した。全般的にみて、分析の結果明らかなったのは、地震が神戸市内の東西格差を拡大させてしまったことである。つまり、2006年時点の製造業生産高は、地震の前に相当する1993年のそれと比べれば、神戸市全域では83.3％だった。しかし、地震や火災によって荒らされた市内西部の長田区と須磨区では、より厳しい縮小幅を示し、それぞれの製造業生産高は48.5％と29.2％であった。垂

水区でも、主な郊外型工場が地震後に閉鎖されたため、1993年時点に比べて2006年の数値は39.3％に激減した。これらとは対照的に、市域東部にある灘区は同じ期間に184.8％の製造品生産高を示し、郊外区である西区は135.8％、北区は275.3％もの実績を残した。小売業の売上高は、神戸市全域では1994年の実績に比べて83.3％までの回復をみせるにとどまった。しかし、市域西部の行政区である兵庫区と長田区は、1995年の震災後における人口減少を反映して、それぞれ72.2％と48.5％の回復に留まり、中央区も34.8％の数値で平均よりも劣る回復数値を記録した。これらに比べて、1995年の震災後に人口増加を経験した市域東部の東灘区は104.7％と僅かながら売上高が増加し、郊外の垂水区でも112.5％の数値が記録された。

表8.1には、事業所と従業員の数の変化に関する数値比較も掲載した。神戸市全域では、1991年に比べて2006年の事業所数（たとえば店舗、オフィスや工場）の数値は84.9％に留まり、最も回復率が脆弱な市域西部では兵庫区の70.0％や長田区の42.9％という数値であった。他方、増加をみた市域東部の東灘区では100.7％、郊外に位置する西区では118.1％、北区においては149.9％の数値が観測された。また、1991年と比較した2006年の雇用者数において、神戸市全域では93.0％までの回復が認められたが、回復が低調な市域西部の兵庫区の数値は78.8％、長田区のそれは62.3％にしかならなかった。逆に増加をみた市域東部の東灘区は104.0％、郊外では垂水区が113.5％、西区が133.2％、そして北区が129.5％の実績を残した。

これらと同様に、福祉給付受給者の1994年から2006年までの変化についても、行政区ごとに追究した（**表8.1**を参照）。予測されるとおり、神戸市全域における福祉給付受給者の数は、被災者が仕事や収入の途を断たれたことが影響して、この期間に1.8倍に膨れあがった。市域西部の長田区は、2006年において最大の受給者数である7,275人を記録したが、増加率は1.3倍であり、市内全体の数値を下回った。しかし、このことについては、1995年以来の絶対的な人口減少を考慮に入れておく必要がある。最大の増加は、郊外に位置する垂水区の2.4倍や西区の3.8倍であるが、これらは少なからず郊外の公営住宅団地へ高齢の居住者が転入したことによっている。他方、市域東部の裕福な東灘区や灘区では、福祉給付受給者の比率が最低のレベルにあった（**表8.1**を参照）。

8.3 危機と復興契機の地理的不均衡　　　　261

　災害前の傾向の持続性を示すことと比べて、神戸の経験は、自治体の支援が貧困層や高齢者へ重点的に向けられる場合でさえ、近隣の相対的な富や貧困が地震後には自身の復興力の優れた予言者となることを示唆している。したがって、市内のいかなる地域も、激しい打撃を受けたものの元来は裕福な市域東部の東灘区ほど印象的な回復をみせていない。その間、労働者階級だけでなく高齢者が多かった長田区は、公共投資がなされたにも関わらず苦闘した。

復興契機をめぐる地理的不均衡
　復興契機の地理的不均衡は、古くから伝わる「禅」の諺によって予告されたように、危機やそれに関連する危険から流れ出した。ある面で、危険から発生したのはまたとない契機であった。地震と火災は、都市計画家が長きにわたって触れることができなかった地区を再区分し、そして不死鳥のように都市を再構築する道を開いた。日本では、基本的なインフラストラクチャ再建事業のための特別予算の交渉機会を持っている都市計画家はほとんどいなかった。神戸市はこうした機会を得たため、現代的な港湾や医療技術のハブとしての相対的優位性を改善できた。神戸市は「より良い都市を作る」ための契機の糸口を開くことができたが、それは笹山市長によって災害前から示されていた都市計画と強いリーダーシップ(それは必ずしも公には完全に支援されたとは限らなかったが)があったからである。神戸市は地震襲来時すでに総合計画を準備していた。その後、1995年6月に復興計画を公表する前に、神戸市は計画目標と事業の再検討や改訂をするだけでよかったのである。市長は、計画目標の多くを維持し続けたが、それには新空港(神戸空港)計画、新長田や六甲道における副都心の開発、さらに六甲山系の北に位置する郊外ニュータウンの建設が含まれていた。この計画は、さらに世界保健機関に対して新しい医学研究の集積地を市内へ誘致することも盛り込んでいた。とりわけ、六甲山系の背後にあたる郊外に保留地を持っていたのは、神戸市にとって幸運だった。これが、復興過程では大変に重要な役割を果たす。なぜなら、住居移動を余儀なくされた被災者を収容するスペースに保留地を提供できたからである。都心へのアクセスが可能な多くの土地をコントロールできた点で、神戸の事例は日本では特殊な事例であると見なすことができる。他のほとんどの都市は、こうした長所を持ち合

わせていない。その取り組みは、まさに旧来の都心と新しい郊外の間の橋渡しとなり、両者の良い関係を促進することになる。

　しかしながら、既存の問題を是正するいくつかの契機は見送られた。たとえば、大きな都市公園や東西を結ぶ地下高速道路のように着手されなかった事業もあった。高齢者、低収入の借家人や外国人労働者のような社会的に脆弱な人々の識別を含めて、事前計画の中で特定の次元は明らかに考慮されていなかった。年齢に応じて仮設住宅や郊外のより恒久的な住宅へ被災者を再配置する際にとられた方法は、このような被災者の長期的な回復に負の影響を及ぼした。振り返ってみれば、第2章の中に織り込んで述べたように、地域レベルの社会計画は、それまでの日本が得意とするところではなかった。市議会は地域の保健、教育や福祉事業を長く扱ってきたがこれらのサービスを規定し資金提供する法律は、その大部分が全国レベルで企画や処理がなされた。地震後の復興における市議会の全面的な柔軟性不足は、本研究の全体を通じて述べてきたことである。それは、地域の需要への足並みを揃えた対応について日本型システムが逆に働いた事例であると言える。日本は、ゆっくりではあるが、都市管理の面で一層柔軟な地方分権システムの方向へ移行しつつある。神戸の復興をめぐる審議は、そうした討論の重要な部分を占めた。

8.4　日本の都市のための教訓

　日本の東京、大阪、川崎や横浜のような工業都市の多くで参考となる神戸の事例研究からの明瞭な教訓がある。これら各々の都市には、神戸市の長田区に類似した古いインナーエリアがあり、同じような規模の地震で生じ得る、経済的脆弱性が共通している。典型的には、これらのインナーエリアは、第二次世界大戦後に、長田区と同じように偶発的に開発され成長を遂げた。こんにち、そこでは複雑な土地利用パターンがみられる。つまり、工場、卸売業、古くて建て込んだ商店街、高密度住宅地区が併存している。東京における墨田区、関西の東大阪のような地区は、居住と産業とが混在する点で複雑である（Itakura and Takeuchi 1980; Takeuchi 1992; Nagao 2000 を参照）。人口と工場の双方とも密度は特に高く、建造物の構造は往々にして標準以下の水準にある。こうしたことが、これらの地域をあらゆる災害による破損に対して敏感にしている。多く

のヨーロッパの都市では、そのような地区は、戦後の再開発計画の部分として整備されることが多かった。しかし日本では第二次世界大戦後にインナーシティの工業地域が拡大した。それ以来、小さく詳細な計画が立案され、包括的な改良がなされた(Edgington 2003)。こうした地域の用途地域指定は主として「準工業地域」であるが、それはあらゆる土地利用や開発ができることを意味し、単に高密度で混在した土地利用を促すことにつながってしまう。

　失われた住宅の補償状況は改善し、家具などの家財だけでなく住宅の修理や再建のための地震保険の支払いは増加したが、地震からの回復はいまだ継続している状況で、今後も公的支援への依存は避けられないようにみえる。新たな都市災害が起こる前に、今まさに集中的な事前計画が、このような土地利用が錯綜した旧来の地域において不可欠である。災害に先立った復興のための計画は、緊急の準備や対応とは随分と異なる。災害からの復旧や長期的な復興を見越して災害前に計画立案を図るのは、比較的新しく力強い概念である(Mileti 1999; ECCAE 1995)。神戸の事例研究から、次の事柄の必要性が強く示唆される。それは、起こり得る災害に備えて一層優れた計画を立案すること、地震や他の大災害に備えて柔軟な事後対応に向けた見通しを持っておくこと、都市の低質な地区を改良する見込みがあることである。より長期的な復旧問題、たとえば災害シナリオを立てておくなどの仮定は、前もって考え抜くことができる。そして、それが災害後の意思決定の効率や質に影響を及ぼすだろう。

　本章の題辞で引用したMarkku Niskalaが示唆したように、行政当局が正確な情報や地元住民との対話を持っていることは極めて大切である(International Federation of Red Cross and Red Crescent Societies [IFRC] 2005を参照)。日本的な文脈においては、ボトムアップ(「まちづくり」型の計画)が、トップダウン(「都市計画」型の計画)で伝えられる情報と同じくらいの価値を持っている。しかし、事前計画の大部分は、従来の日本の都市計画システムによって無視された。そのシステムとは、インナーシティの敏感な密集地区の再生よりも郊外やウォーターフロントにおける大規模インフラ計画に一層の価値を見出すというものである。神戸の事例研究は、コミュニティからの参加がない状態で、復興を政治主導で進めた場合に矛盾を生んでしまうことを強く実証している。いかなる計画も徹底的な議論を経て、コミュニティに同意され、災害が生じる前に

表8.2　日本の都市における災害に弱いコミュニティについての議論で重要な要素

1 復興に向けての財源は何か？
　・公共資本
　・民間資本
　・個人の生活回復のための資本
2 復興にあたって土地利用を変更すべきか？
3 都市をより効率的、魅力的で、競争力あるものにするために協力すべきか？
4 災害に由来する個人や家族の問題をいかに制御すべきか？
　・住宅再建の有用性と費用
　・雇用問題
　・コミュニティの方針の決断
5 災害において弱いのは誰か？
6 災害で直接の被害を受けなかったものの、生命、自宅や仕事が復興過程でひどく分裂する人々は「隠された」災害被害者になるだろうか？
7 ボランティアやNGOの人々はどのように収容されるようになっているか？
8 仮設住宅や公営住宅はどこに建設することができるか？

コミュニティによって受理されなければならない。したがって、都市計画家は、あらゆる災害が起こるかなり前から、信頼を築くためにコミュニティで活動し、開かれた対話を行い、そして非常に脆弱な地域を徐々に改善していく計画に参加しなければならない。神戸の経験を踏まえれば、「災害が生じた後の」計画は、コミュニティの価値観と対立する、単に急き立てられた決定に結びつきやすいことがわかる。

　どのような種類の対話が影響を受けたコミュニティとの間でなされないといけないだろうか。理想的には、災害予報や災害に対する備えだけでなく、災害復興のあらゆる次元が対話には必然的に伴うであろう（**表8.2**を参照）。物的な復興の計画やコミュニティの改良の課題が、そこには含まれる。それをより具体的に列挙すれば、個人の回復や所得援助、社会的に脆弱な人々の識別、仮設および恒久的な住宅の位置選定、そしてボランティアのための支援などである。神戸の真野地区における成果、そしてそこでの行政と居住者との対話は、我々に何ができるのか、我々は何をなすべきかという大切なモデルを提供し続ける。Nakagawa and Shaw (2004) は、復興のグレーゾーンでの成功例として真野地区を記述した。それは、コミュニティに強いリーダーシップがあったこと、さらに地震に先立ってこの近隣地区に水準の高い社会的相互関係があったことを基

盤としている（Yasui 2007 も参照）。真野のような近隣地区には、強いコミュニティ意識、そして地震や同様の災害直後に地元ボランティアから引き出される特筆すべき能力がある。神戸の都市計画家たちはこのことを認識しており、それらが地域コミュニティの持つ積極的な部分を強化するに違いないことを知っている。復興計画は災害に先んじて明瞭な方法で示される必要があるが、それは企業から一番脆弱な居住者までのあらゆる人々がその過程を理解できるものでなければならない。[7]

　細部にわたる多くのものの中で議論が必要なのは、災害発生時の緊急仮設住宅（数年間は仮設住宅の他はなかった）の建設が可能な場所についてである。高密度かつ共有制の新しい「共同の」住宅や複合用途ビルという方法が、道路拡幅やオープンスペースを設ける土地のために採られるかもしれない。他にも次のような諸課題がある。住み慣れた地元を去らなければならない人々、そして公営住宅で暮らさないといけない集団に代表される居住者のために、どのような援助が期待できるか。また、中小企業を支援するための金融的援助はどの程度なされ、住宅向けの融資は提供されるのか否か。さらに、被災者のための雇用や所得援助はなされるのかなどの課題である。復興計画は、自宅が崩壊した人々のローン負担を軽減するためや、土地や建物への課税を軽くするため、そして避難生活を送っている人々に公営住宅を割り当てる手続きのために、作成され説明されなければならない。他にも、地域住民と市議会両者の仲介者としての都市計画コンサルタントの役割を含んだ重要課題がある。景気回復の重要性も、コミュニティと都市全域の土地利用計画に向けて説明と統合をなされなければならない。高度に密集した近隣地区の場合は、コミュニティがどういうタイプの復興「見通し」を支援するだろうか。それは高層コンクリート建造物なのか、あるいは低層の伝統的な木造住宅なのだろうか。これらの考察だけでなく、「柔軟な」コミュニティ支援は、とりわけ高齢者、身障者、そして貧困者に関して重要である。したがって、都市計画家は、住宅と保健衛生のような課題に対応して、こうした人々のために特別な計画を作成しないといけない。高齢者のための包括的なライフスタイル支援が必要とされているが、それは被災者が同じ境遇の人々との関係を維持していけるような、仮設住宅から恒久的住宅への転居に関わる人口移動追跡システムを含んでいる。

都市の環境を増強し、震災後の復興の記念碑として役立つ復興事業は、避けられず必要なものである。復興に関わる都市計画家は、災害がもたらした、アーバンデザインを改善し得る契機を活用すべきであり、より多くのオープンスペースや緑地帯を供給すべきである。そして、もし可能であれば、不利な立場にあるコミュニティへ社会的サービスを提供すべきである。実際に、こうしたことが神戸で行われた。さらに、復興戦略の絵を描く際に、都市計画家は自らの提案を自制すべきではない。たとえば、都市計画家たちは、高架になっている既存の都市高速道路を地下化し、その事業で捻出された空間を活用して都心部の公園を増やそうとも考えただろう（ただこれは、神戸において完全には試みられなかった）[8]。

8.5 世界の都市のための教訓はあるか？

2004年は、その10年間（本書の執筆時点）で悪い方から3番目にあたる719件もの大災害があった。アフリカで進行中のAIDSの悲劇を傍らにおけば、アジアは物的な災害によって最も頻繁に影響を受けた大陸のままだった。インドネシアのアチェの近くに位置するインド洋の海底で生じた地震の後で、2004年12月に大津波が襲来した（IFRC 2005; Tibballs 2005）。神戸の経験は、日本という枠を超えて世界の他の地域のために一層一般的な教訓になると発言したい誘惑にかられる。それにもかかわらず、「2つの災害は似ていない」というのが救援当局者の間に共通してみられる。つまり、災害は大きく異なった環境で生じ、別の状況におかれているという解釈である。それに関連して、Bates and Peacock (1998)は、災害はとりわけ時期と場所が極めて特有であるので、特に広い観点から異なる政治文化を踏まえて、回復の実行や力学を一般化するのは難しいと主張している。災害によって影響を受けた諸都市は、それぞれ神戸とは異なった災害前の状況を踏まえて復興をスタートするであろうし、それらは神戸とは異なった損壊の状況を示し、また外的に異なった政治経済的な環境ばかりか、内的にも異なった社会経済的な環境に直面するであろう。ある意味、全ての災害は確かに「局所的」である。また、この研究で明らかにしたように、日本の公共政策文化、そして都市開発へのアプローチは、神戸において他にない結果を形作った。

しかしながら、Schneider(1995)が記すように、自然災害と回復が全て他にないものならば、災害に対して有効な準備をしたり系統的に対処したりすることができなくなってしまう。確かに、神戸や日本の経験との比較は有益かもしれない。たとえば、日本の「都市計画」（トップダウン）モデル、とりわけ政府による迅速な関与についての肯定的な特徴は、あらゆる場所で教訓となる。神戸の事例では、瓦礫の撤去、インフラストラクチャの再配置、そして仮設住宅、これらが地震後の最初の数カ月で整えられたように、政府は2つの特別予算の枠内で十分な復興資金を供出した。こうした対応は確かに必要なことであった。なぜなら、個人が加入する地震保険からの支払金の不足は、都市復興に向けての個人の資金調達や市場の力が需要に応えるには不十分だったからである。他の管轄に移せる（あるいは移せない）神戸の再建に関する別の明瞭な特徴は、国と地方自治体との間で交渉される取り決めであった。そして、復興事業や提案の審査を担当する阪神・淡路復興委員会が果たした役割は、こうした取り決めを神戸市や兵庫県から発信することであった。他の場合でも考え得る神戸の復興に関する別の特徴は、地域コミュニティで働く指定されたコンサルタントの任用、そして長期的復興で得られた教訓を評価する復興後の確認過程の活用も含んでいる。しかしながら、日本国外の多くの場合では、再開発に向けた法的必要条件が大きく異なるであろう。また、神戸から得られた教訓を見直す場合には、こうした条件だけでなく、他の諸点も覚えておくことが肝要である[9]。

結　語

　阪神・淡路大震災は、それまで利便性や効率性や経済成長を主眼にしていた日本の都市計画が安全性やセキュリティへの配慮を怠ってきたことを日本社会に知らしめて、大きな目覚ましコールとなった。実際、社会で広く認識されていた、日本はとても安全な国であるという概念が厳しく揺さぶられた。地震学の研究は、内陸直下型の地震だけでなく、東海、東南海、そして南海大地震を繰り返してきた日本の地震の傾向を指摘してきた(Rikitake 1976)。どのような方法で、神戸の再建は影響を及ぼしてきたのか、また日本はどのようにその災害管理プログラムを行ってきたのだろうか。都市統治の問題に関して何らかの変化が識別されるだろうか。この本を結ぶに際して、3つの例をあげてみるこ

とにしよう。

　第一に、阪神・淡路大震災以来、政府は災害緩和と地震感応システムに一層多くの資金を投下した。そして、こうしたことは、日本の地方自治体が危機管理のシステムとプログラムを改善させる働きをしてきた（Furukawa 2000；Harada 2004 を参照）。これは日本の主要都市の状況を確かに改善しているかもしれないが、新しいシステムが初めて大規模に試される機会が 2004 年 10 月に日本の農山村地域で発生した。新潟県中越地区で発生した大地震の後の日本政府による緊急対応は、仮に神戸から得られた教訓がなかったと考えた場合よりも、より成功したものとして広い範囲で観察された。とりわけ、中越地震によって被害を受けた村の再建には、さらに全体論的アプローチがあった。そして、その復興過程では、コミュニティへの権限付与や経済的再生を調整する物的な復興に必要な知見が示された。Maki and Hayashi（2005）は、日本の北西部の農山村的地域で発生した 2004 年新潟県中越地震で被害を受けた小千谷市において、こうしたアプローチがどのように適用されたのかを例証した。[10]

　第二に、既に示唆したように、神戸での出来事は、日本における地方分権や中央省庁と市民社会との間にみられる、相対的な勢力均衡についての議論を促した。阪神地震に続いて、NPOは資金調達を支援する特別権限を与えられた。日本の市民社会が阪神地震の後、以前に増して官僚的政治に抵抗し始めたと主張する者もいる。活動実績を蓄積したNPOに対する一般的な市民の認識も、最初は神戸で、続いて全国に広がって変わり始めた。市民の組織は、彼らの一般的なイメージであった「平等権と利他的な考えに妙に取りつかれて一風変わっている、つむじ曲がりのこれみよがし集団の遊び場」（"NGO's" 1996）から変わり始めた。都市統治をめぐっては、「都市計画」と「まちづくり」の間の緊張感が継続しており、神戸は多くのことがらでこうした討論を白熱させた。こんにちでは、都市や近隣の特徴の改善に尽くす何百もの「まちづくり」団体が活動している（Sorensen and Funck, 2007）。

　第三に、神戸の復興は、首都である東京で大災害が生じた場合に実施すべき政府のアプローチを変えさせた。143,000 人の命が奪われた 1923 年の関東大震災のような巨大地震が首都を襲うだろうと専門家が長い間予言してきたこともあって、神戸の荒廃はすぐさま東京の地震準備に向けての警鐘を鳴らし

た（Kato 1995）。政府の地震調査委員会は2004年8月、今後の30年間にマグニチュード7の地震が南関東（東京・横浜地域）で発生する可能性は約70％であると発表した（Nakamura 2005）。仮に神戸の規模の地震が東京で発生したならば、85万の建造物が破壊され、およそ12,000人の人命が奪われるであろう（"Kobe to cut" 2004）。東京の首都機能移転は1960年代から議論されてきた。1990年には、政府の特別研究チームが、地震や他の自然災害からの荒廃を受けにくい新首都を創造することを政府へ提案した（Cybriwsky 1998）。しかし、近年、首都機能移転への反対意見が台頭してきた。それは、もし「大きなもの」が起これば、政府の意向は東京を再建することから逃れられないという考えへの変化である。より正確に表現すれば、おそらく神戸から学び、現在の首都である東京の復興を計画することになる（Watanabe 2006）。

　残念ながら、いつ来てもおかしくない危機への備えをする場面で、神戸が東京や他の日本の都市にいくら情報を提供していても、私たちはそれを完全に理解できないであろう。提供されている情報は、次の地震に襲われるまで認識されないだろうし、そうした危機が精査されることもないであろう。

付　　録

A　阪神地震後の神戸における 10 年間の復興年譜（1995〜2005 年）

1995 年

1 月 17 日　午前 5 時 46 分：リヒタースケール 7.2 に及ぶ大地震が阪神・淡路地域を襲う。テレビ局は、すぐさま全国に向けて緊急ニュースを報道。午前 5 時 50 分：防衛庁長官の玉澤徳一郎が、地震発生を告示。午前 6 時 00 分：NHK で地震を報道。午前 6 時 30 分：首相の村山富市が東京の自宅のテレビ報道で地震発生を知る。同時刻に自衛隊が召集される。午前 7 時 00 分：内閣官房長官の五十嵐広三、2 名の官房副長官であった園田博之と石原信雄が、再度のテレビ報道で地震を知る。午前 7 時 14 分：航空自衛隊から派遣されたヘリコプターが大阪東部の八尾空港を離陸し、神戸や淡路島の損害状況を空から視察（この任務は午前 11 時 06 分に終わった）。午前 7 時 30 分：警察庁が最初の公式災害報告を、村山首相の政務秘書官である園田原三に電話で行う。午前 7 : 30 に地震に関する最初の手短な報告を受け取る一方、村山首相は、地球環境についての会合、そして沖縄の在日米軍の縮小をめぐる協議を後に控え、財界人との朝食会や経済問題に関する定例閣僚会議に出席。午前 7 時 58 分：「間近な場所での鎮火活動」を口実に、48 人の自衛隊員が阪急線の伊丹駅で人命救助を行い（これは午前 9 時 40 分まで続けられた）、さらに神戸に到達。午前 8 時 20 分：206 人の自衛隊員が、西宮市民病院付近の破壊された民家から被災者たちを救助。午前 8 時 26 分：村山首相が総理官邸を出る。午前 8 時 40 分：内閣の連絡担当者が西宮と芦屋に派遣される。午前 9 時 10 分：内閣官房長官の五十嵐が官邸に到着するも、緊急会合は持たれていなかった。午前 9 時 18 分：村山首相がテレビ局や新聞社の記者たちに「事態は深刻さを極めている。国土庁長官を現地視察に派遣するような事態だ」と語る。午前 10 時頃：閣僚が官邸に集まるが、それは緊急事態対応のものではなく、偶然その日に予定されていた定例会合のためだった。その会合で、官房長官の五十嵐は、国土庁長官の小澤潔を即座に被災地へ派遣することを提案。小澤は手帳をポケットから取り出して「ええ、ただ実際には今日いくつかの先約があります」と応じる。この段階では、まだ官邸と兵庫県庁、神戸市役所、兵庫県警との意思疎通が何ら整っていなかった。こうし

なか、兵庫県の貝原俊民知事は自衛隊からの援助を正式に要請。午前10時04分：政府は緊急事態を宣言し、(兵庫県南部地震)非常災害対策本部を立ち上げる。午前10時15分：神戸から約40km西方にある姫路駐屯地の自衛隊員215人が被災地に向けて出発。午前11時10分：自衛隊の大型ヘリコプターが、大阪府の八尾に向けて千葉県の木更津を出発。午前11時15分：政府の非常災害対策本部が初めての会合を国土庁で開催。午後0時07分：政府与党の閣僚会議で五十嵐官房長官が村山首相に対し、警察庁の第一報で死者が203人に上ることを伝達。衝撃を受けた首相は、補佐官たちに命じて、自衛隊を選別して現地へ急送すること、消火ヘリコプターの派遣、被災者向けの一時的な収容設備を設けることを指示。午後1時07分：香川県善通寺の自衛隊員たちが被災地に向けて出発。午後1時10分：自衛隊員たちが救助活動を開始。政府は、130万人に水が行き渡っていないこと、84万5千世帯でガスが使えないこと、260万世帯で停電していること、19万3千世帯で電話が通じないこと、主な公共交通機関、一般道、高速道路、そして病院や診療所が使えないことを発表。午後4時00分：村山首相が地震発生のほぼ10時間後に緊急記者会見を開催し、1923年の関東大震災以降で最悪の都市災害であることを表明。首相はあらゆる救助作業を誓約。死者の数は時間を追って増大し、その伸び幅は時に100人以上に達する。真夜中までに死傷者数は、死者が1,590人、行方不明者が1,017人であると報じられる。

1月18日　午前6時00分：火災が落ち着きを見せる。午前10時30分：厚生省が、全域または部分的に断水している自治体は5市4町で228万人に影響が及んでいると発表。午後10時00分：警察庁が死者は2,594人、行方不明者は881人と発表。大臣が集まり地震の規模について討議。

1月19日　神戸の中心市街地で新たな火災が発生。午前9時16分:25人と捜索犬からなるスイスの救助隊が関西空港に到着。村山首相が神戸を訪れ、被害は想像以上であったと表明。午後3時25分：西宮市の倒壊したマンションの瓦礫の間から52時間ぶりに9歳の男の子が救助される。午後10時02分：政府は村山首相を本部長とする緊急対策本部を設置。午後11時45分：警察庁が死者が4,015人、行方不明者が587人にのぼり、関東大震災以来で最悪の災害であると報告。

1月20日　午前9時30分：兵庫県は、28万3千人の人々が自宅を追われて避難所にいると公表。午前10時07分：新幹線が京都と新大阪の間で運転再開。午前11時30分：兵庫県下の95万世帯で水供給が不足し、85万世帯で暖房や調理のためのガス供給がストップした状態。午後6時00分：気象庁が神戸と淡路

島北部の震度を、日本で最大となる震度7に引き上げ。1949年に震度の階級が1つ加えられて7段階になって以来、初めての震度7認定となる。午後7時20分：東灘区の大規模な地すべりによって、600人の居住者が避難を余儀なくされる。

1月21日　午後3時45分：東灘区の崩壊した家屋の瓦礫の中から106時間ぶりに75歳の女性を救出。彼女は生存者として救出された最後の人物となる。午後5時12分：淡路島の北淡町で震度4、神戸で震度3の余震。

1月22日　夜明けの頃、阪神地域に地震以来で始めての雨。午後11時37分：気象庁が本震から後の余震は1,000回以上で、そのうち有感地震は105回と発表。

1月23日　地震が原因で自宅を追われ避難所（たとえば学校）に避難している者の数が兵庫県下でピークを迎えて316,678人を数える。
・被災地内の小中学校と高等学校およそ440校のうち180校が再開。警察庁は死者の数を5,002人と発表。
・給電が再開。

1月24日　・自衛隊が野営型の仮設浴場を開設、避難している人々にとっては地震以来で最初の風呂となる。
・関西建築士ボランティアグループが家屋の損壊程度を診断するために設立される。

1月25日　・阪神高速環状線が再開。地震に見舞われた地域において、鍵となる動脈交通路の一つが回復。
・阪神地域において、東海道本線が甲子園口と芦屋の間で運転再開。
・かなり大きな震度4の余震が神戸、西宮、そして大阪の一部を襲う。1月17日から数えて116回目の有感地震で、神戸では最大のもの。

1月26日　阪神電鉄が甲子園と青木の間で運転を再開し、地震以来で始めて大阪と神戸の一部が鉄道でつながる。

1月27日　・兵庫県と大阪府の間で分断されていた中国自動車道の区間が再開。
・地震予知連合会が、震度6までの余震がまだ起こり得るという警告を更新。

1月28日　15,000人を超える兵庫県警と自衛隊からの救助隊が被災地域の瓦礫の中を大規模に探索し、夕方までに6人の遺体を発見。

1月30日　・JR山陽本線が完全復旧。
・西宮市立の幼稚園と小中学校が再開。

1月31日　・水供給が再開。
・寒さと闘っている避難民がいるため、天皇と皇后が避難所の人々の慰問で被災地域を訪問。

	・兵庫県の貝原知事が、自宅を離れた人々のために緊急住宅を供給すると公表。
	・死者は5,101人に及び、まだ12人が行方不明。しかし神戸市は、まだおよそ300人の死者を警察に報告することになるだろうと述べる。
2月1日	・阪神電鉄が三宮と高速神戸の間の鉄道シャトル運転を開始。
	・1月17日の地震以来、初めて神戸の中心部にあたる三宮駅に鉄道での乗り入れが可能になる。
	・神戸職業安定所のデータは、関西地域の中小企業で約4,500人が解雇と推定。さらに1,200人分の新規雇用が見送られると予想。
2月2日	・被災者たちが仮設住宅に転居を始める。
	・兵庫県が、地震による損害額を、1994年度国家予算の13％に相当する9.5兆円と報告。
2月3日	・警察による検死なく火葬された人々が犠牲者リストに加えられ、地震による死者が5,243人になる。
	・避難民の生命維持の難しさを強調すれば、1月17日地震からの24人の高齢生存者が都市内の避難所に移ってから肺炎や他の病気で死亡した。医師は、十分な医療サービスを欠いて狭く暖房の無い避難所の生活に起因する病気への抵抗力の弱さから死に至ったと述べる。
	・千葉工業大学の小林一輔教授が、新幹線の高架橋支柱の損壊は建設業者の標準施工規定の無視によって生じた可能性があると指摘。
2月14日	・震災の名称が、阪神大震災から阪神・淡路大震災へ変更となる。
	・神戸市営地下鉄が全線にわたって再建なる。
	・阪神高速3号神戸線（部分）と第二神明道路が復旧。
2月15日	2,100世帯が仮設住宅へ入居。
2月18日	神戸の鉄道の地下部分が復旧。
2月20日	ごみ焼却施設が復旧。
2月28日	被災地の再建資金を含む政府の1994年度補正予算が可決。
3月1日	3月全体にわたって全国各地から延100万人のボランティア（その65％が15〜24歳の若者）が現地入り。
3月16日	・兵庫県阪神・淡路大震災復興本部を立ち上げ。
	・兵庫県が新しい都市開発計画を公表。
	・神戸市営地下鉄が運行を再開。
	・飲料水の供給再開。
4月1日	神戸と大阪の間の鉄道輸送が回復。JR神戸線（東海道本線）が完全復旧。

付　録　A 阪神地震後の神戸における 10 年間の復興年譜（1995〜2005 年）

4月8日	神戸を貫く山陽新幹線が復旧。
4月10日	工業用水が復旧。
4月11日	ガス供給が復旧。
4月17日	・阪神・淡路大震災復興基金を創設。
	・山陽新幹線を含むJR線が運転再開。
4月19日	避難所（たとえば学校）にいる被災者が50,000人を下回る。
5月15日	兵庫県復興フォーラムを開催。
5月31日	下水道が復旧。
6月10日	阪急電鉄、山陽電鉄、神戸電鉄、および阪神電鉄の全線が運行再開。
6月11日	地震のため延期されていた兵庫県と県内5つの自治体で議員選挙が実施される。投票率は極めて低調。
6月21日	・被災者の親睦と交流のため、ふれあいコミュニティセンターが開設される。
	・被災者の心理的回復の支援を目的として、心のケアセンターを設立。
6月22日	神戸新交通（ポートライナー）が部分復旧。神戸市バスが完全復旧。
6月26日	阪神電鉄が完全正常運行を開始。
7月15日	・中国自動車道と名神高速道路が完全復旧。
	・阪神・淡路震災復興計画（ひょうごフェニックス計画）を公表。
7月31日	神戸新交通（ポートアイランドへのアクセス交通であるポートライナー）が完全復旧。
8月20日	・神戸市が市内194カ所で6,672人が生活する避難所（公立学校、市役所、コミュニティセンター、そして公園に設置）の閉鎖を告知。
	・神戸新交通（六甲ライナー）が完全復旧し、六甲アイランドへのアクセス交通が運行再開。
8月30日	兵庫銀行が倒産。
9月	阪神高速5号湾岸線が完全復旧。この時点で大部分の幹線道路と高速道路が修理を終える（1996年9月に完全復旧に至る阪神高速3号神戸線を除く）。
10月	・復興公営住宅への最初の入居申し込み。その後、1997年9月まで他に3回の申し込み機会が設けられる。
	・東灘区でJR東海道本線に甲南山手駅が開業。
11月	31,000世帯（これがピーク）が緊急仮設住宅で生活している状態。
12月	・神戸ルミナリエが初めて開催される。
	・地域産業の復旧支援組織として、阪神・淡路産業復興推進機構（HERO）を創設。

1996年

1月	神戸市が、市役所南側の東公園内に立てる震災犠牲者慰霊碑のための委員会を設置。
3月	・生存者のための緊急設備と食料配布プログラムの大半を継続せず(特例措置打ち切り)。 ・兵庫輸入住宅センターが開業。 ・世界保健機関(WHO)の神戸センターの仮事務所が開業。
4月	・震災後の市民支援サービスの拠点を神戸に開設。 ・湾岸地区にHAT(Happy Active Town)神戸の建設を開始。
7月	・「自然災害に対する国民的保障制度を求める国民会議」が発足。 ・阪神・淡路大震災復興推進センター(フェニックスプラザ)を開設。 ・高齢化社会に適した多様で上質な住宅の供給を目的として、恒久的住宅再配置のための包括的プログラムがまとめられる。 ・兵庫県が、淡路島の北淡町の断層の一部を保存し、博物館と震災記念公園を造成すると公表。 ・六甲アイランドのフェリーターミナルが再開。
8月	ハーバーハイウェイが再開。
9月	・阪神高速3号神戸線が完全再開(最後まで残っていたのは深江と武庫川の間)。 ・フェニックス市民復興ネットワークを立ち上げ。
10月	・高齢者向けの生涯教育プログラムとして「いきいき」クラスがスタート。 ・中突堤の復興事業が完成。 ・ポートアイランドで650万平方フィート(約60万4千平方メートル)の広さを誇る神戸港の貿易ゾーンが、上海揚子江貿易促進事業の中で描かれる。
11月	社会経済復興基金システムの適用が受理される。
12月	「兵庫に帰ろう」計画が公表される。

1997年

1月	・新産業基盤地区の形成を通じた産業復旧の促進に関する法令を強化。 ・神戸起業ゾーン開設。 ・神戸社会経済回復計画が公表される。 ・神戸震災記念コンペにおいて楠田信吾の彫刻"Cosmic Elements"が選ばれる。
2月	・上海揚子江貿易促進事業による最初の貨物船Fortune Liverが神戸入港。 ・「自然災害に対する国民的保障制度を求める国民会議」の署名で約2400万筆を集めて首相へ提出される。

	・社会経済復興に向けた支援プログラム細則が設けられる。
3月	・神戸港が再開。
	・新産業創造研究機構(NIRO)を設置。
4月	災害復興基金としての社会経済回復援助の支払いを開始。
5月	神戸港復興宣言がなされる。
7月	・兵庫県と神戸市に社会経済支援(生活再建支援)委員会が設置される。
8月	高齢者への生活支援としての「生活再建支援」基金が提供され始める。
12月	・阪神・淡路大震災記念研究機構が設立される。
	・山陽自動車道(三木小野IC～山陽姫路東IC)が開業。
	・中年および高齢市民の自給自足支援補助金のための受理がなされる。

1998年

1月	・HAT神戸が竣工。
	・地震災害緩和研究センター(EDM)を開設。さらにHAT神戸ウォーターフロントセンターに理化学研究所も開設。
	・産業復興3年計画の資金支援を拡大。
	・神戸の社会経済的回復計画が考案される。
2月	社会経済復興支援プログラム(「ホップ、ステップ、ジャンプ」再活性化プログラム)が設けられる。
3月	・神戸東部新都心(HAT神戸)が完成。
	・優先3カ年計画(インフラストラクチャ、住宅、産業)を終える。
	・瓦礫処理が終結。
	・阪神・淡路震災復興計画(ひょうごフェニックス計画)の改訂を公表。
	・神戸市が、震災以来、市内で新規に供給された公営住宅は81,500戸にのぼると発表。
	・激震がトルコと台湾を遅い、日本は12,625戸の仮設住宅を提供。
	・ここまでに134,000戸を超える個人向け住宅が神戸で建設される。
4月	・野島断層博物館を含む北淡町震災復興記念公園が開業。
	・兵庫県と四国を結ぶルートを構成する明石海峡大橋が開通(この橋に接続する高速道路を含む)。
	・WHO神戸の恒久的な事務所、ひょうご国際プラザが開業。
5月	議員立法で被災者生活再建支援法が成立。
6月	運輸省が空港島建設のための神戸市の埋立て申請を認める。神戸空港は、総工費50億円、ポートアイランド南側の海上3kmの埋立て地に建設予定で、2,450mの滑走路1本を備えた空港。

7月	・アジア防災センター(ADRC)開設。
	・生活再建補助金の拡充の申請が認められる(支給は1999年11月から)。
9月	・尼崎市で復活バザーが開催される。
	・第二次「兵庫に帰ろう」計画が公表される。
	・重病や自力で介護施設の利用ができない人々のための輸送サービスが、神戸市全域にわたり24時間サービスを開始。
10月	神戸市事務所を中国の武漢に開設。
12月	・神戸市が、市内の仮設住宅で暮らしていた人々の全てが恒久的な公営住宅または個人住宅に転居したと発表。
	・兵庫県が阪神・淡路大震災復興機構の計画を開始する。博物館には、研究センターと科学ライブラリだけでなく、地震の経験を通じた展示品が入る予定。

1999年

3月	・災害管理のための西播磨基地が完成。
	・仮設住宅の使用期限が満了(その時点で2,700世帯が残存)。
	・認知症患者のためのグループホームだけでなく、高齢者のために老人性認知症センターが設けられる。
4月	・地域開発、災害管理計画のための国連センターが神戸市に開設される。
	・地震対策会議(地震から5年目の評価)の地球規模評価が行われる。
	・起業家に援助を提供する地域プログラムを開始。
5月	神戸インターナショナルハウスの再建なる。
6月	仮設住宅を閉鎖(この時点で700世帯が仮設住宅に残留しており、まだ恒久的な住まいを確保していなかった)。
7月	・地震基金委員会が解散。
	・ポートアイランドと神港東ウォーターフロントを結ぶ神戸港島トンネル(海底トンネル)が完成。

2000年

1月	(阪神地域全域の)仮設住宅居住家族が恒久的な住宅に転居を完了。
2月	2000年社会経済復興共同プログラム「住み続けたい街の開発」を開始。
3月	国際造園博覧会「ジャパンフローラ2000(淡路花博)」開幕(同年9月まで)。
7月	・阪神・淡路の復興情報を国内外に知らせる「阪神・淡路を見よう」キャンペーンを開始(2002年3月まで継続)。
	・長田区に見学工房「シュープラザShoe Plaza」とショールームが開業。
11月	阪神・淡路大震災復興計画の5年後促進プログラムを策定。

付　録　A　阪神地震後の神戸における10年間の復興年譜(1995〜2005年)

2001年
1月　　1・17ひょうごメモリアルウォーク2001を開催。
2月　　2001社会経済共同復興プログラム「利用可能な人材を活かし共に活動しよう」が立ち上げられる。
7月　　・神戸国際ビジネスセンター(KIBC)第2期がポートアイランドで開業。
　　　 ・東西方向の地下鉄海岸線が開業。
8月　　・国連人道問題支援事務所(OCHA)が神戸に設置される。
　　　 ・但馬危機管理基地が完成。

2002年
2月　　神戸市民福祉総合計画2010(ともに歩む)を開始。
3月　　HAT神戸フェスティバルを開催。
4月　　・兵庫県立美術館がHAT神戸で開館。
　　　 ・HAT神戸に阪神・淡路大震災記念センターが開館。
　　　 ・震災記念 人と防災未来研究所を設立。
12月　 阪神・淡路大震災復興計画の最終3カ年プログラムを開始。

2003年
7月　　ポートアイランドに先端医療産業特区(第2期)が計画される。

2004年
5月　　本社を東京に置くグローバルウィングス社が、神戸空港の完成時に神戸・上海間を結ぶビジネスチャーター機の運行計画を発表。
12月　 神戸市の人口が1995年1月と同じ水準の150万人に回復。

2005年
1月　　震災10周年評価会議を開催。神戸は国連防災世界会議を誘致。

――――――

資料:インタビュー、新聞報道、公式記録、UNCRD Disaster Management Planning Hyōgo Office(2006) "The Great Hanshin-Awaji Earthquake: Statistics and Restoration Program"

付　　録

B 政府による救援と回復の手立て(1995年)

1月17日　　緊急災害対策本部が東京で初回の会合。
1月18日　　政府の研究派遣チームを東京から神戸へ緊急派遣。
1月19日　　村山首相が被災地へ飛ぶ。
1月20日　・建設省職員が都市復興について議論するため神戸入り。
　　　　　・北海道開発庁・沖縄開発庁長官の小里貞利が震災対策担当大臣に任命される。
1月22日　・政府が神戸に救助本部を設置。
1月23日　・村山首相が国会において、取り得る限りの最善の救助を確信していると発言。
1月24日　・災害救助法(厚生省)が適用される事案として阪神地震を認定。この法律は、雇用創出や復興事業のための政府による特別資金、中小企業へのローン、自宅を失った人々のための公営住宅補助の規約を認めるもの。
　　　　　・弔意金が2,500件を超えて支払われ始め、災害救済ローンは10,000件を超えて適用される。
1月26日　　政府が中央防災会議を招集し、24年ぶりに初めて災害管理政策の徹底的な見直しの実施を決定。
1月27日　　政府のプロジェクトチームが法改正あるいは地震を扱うのに必要な法律についての見直しを行うために会合を持つ。
1月28日　　政府が地震で破壊された家屋の瓦礫撤去のための費用負担を決定。
1月29日　　村山首相が大蔵大臣の武村正義に対し、被災地復興財源として国債を発行する可能性を研究するよう依頼。
1月30日　　自衛隊の部隊が震災で荒廃した地域から瓦礫を動かし始める。
2月4日　　政府が復興対策本部と阪神・淡路復興委員会の立ち上げを決定。
2月5日　　長らく地震に対して安全であるといわれてきた地下鉄トンネルの崩壊を視察した建設省が、地下街の耐震建設基準の全面的な見直しを始める。
2月6日　　地震によって影響を受けた土地や住居のテナントの権利保護を図るため、罹災都市借地借家臨時処理法が兵庫県の10市11町(神戸市を含む)と大阪府の12市に適用される。
2月14日　　阪神・淡路復興委員会によって、住宅問題と瓦礫処理に関する復興計画素案

	が策定される。
2月22日	被災地域の復興に関する法律が国会を通過。
2月24日	阪神・淡路復興委員会によって、経済復旧、雇用、神戸港、都市復興に関する計画が策定される。
2月28日	・上記と同じ機関によって、(全般的な)復興計画、住宅復興計画、瓦礫処理法案が作られ縦覧され始める。
	・地震に見舞われた阪神地域での復興事業に充てるため、90億円を超える1994年度の第二次補正予算が衆参両院を通過。
2月および3月	
	多くの法律が地方自治体への特別な財政支援のために適用される。それは、社会保険支払予約の負担の縮小、中小企業や地震で自宅を破壊された人々を財政的に支援することを狙いとしたもの。
3月10日	阪神・淡路復興委員会が、健康福祉計画、都市計画と神戸港の復興を追加。
3月23日	阪神・淡路復興委員会が、景気回復、雇用創出、健康福祉に関する更なる計画を追加。
4月11日	震災復興支援「宝くじ」が発売される。
4月17日	阪神・淡路復興委員会が、政府、兵庫県、神戸市からヒアリング。
4月24日	阪神・淡路復興委員会が、住宅復興、瓦礫除去、そして神戸港の復興のための緊急法案を提案。
4月26日	大臣の合同会議が、不動産立法や住宅関連法案だけでなく、地震関連の減税についても開催される。
4月27日	自衛隊の部隊が彼らの救援業務を終え、被災地から撤収。
5月17日	1995年第一次補正予算がこの日から19日までに衆参両院を通過。この補正予算案は、阪神大震災の復興費用、緊急災害法案、円高対策法案、緊急犯罪法案、そして他の法案を含んだもので、その総額は2.7兆円に及んだ。
5月21日	仮設住宅40,000戸が発注される。
5月22日	・阪神・淡路復興対策本部が7回目の会合を持ち、復興10カ年計画の基礎概念を作成。
	・災害救援と回復のために1.4兆円にのぼる第二次補正予算が国会を通過。これは阪神地域の復興のための基金の原資となるもの。
6月9日	地震防災対策特別措置法が国会を通過。この法律は、災害予防、避難所、緊急道路、公的施設などに関する地方自治体の財政支援を認めるもので、各々の事業の3分の2または半分を上限に国が費用負担するというもの。
6月12日	阪神・淡路復興対策本部が、都市地域の復興についての計画を審議。

6月19日　阪神・淡路復興対策本部が、包括的な交通及び情報通信システムの計画を審議。
7月10日　阪神・淡路復興対策本部が、復興10カ年計画について審議。
7月18日　阪神・淡路復興対策本部が、復興10カ年計画の修正案を提案。
10月30日　政府の阪神・淡路復興委員会が最終会合を持つ。

資料：Matsuoka(1995); Ogawa and Nagano(1995); Fukunaga(1995); フィールドワーク

付　録

C 地方自治体による主な復興活動（1995年）

1995年

1月20日	神戸市が、公園、駐車場や学校校庭にプレハブ構造の緊急仮設住宅を建設し始める。
1月23日	優先復興を見極めるための被災地域のリストが神戸市によって作成される。
1月25日	2年以内に港湾機能を回復させるため神戸港復興促進会議が設立される。1987年に完成したメリケンパークの損壊を受けた岸壁の一画は、地震の記憶を留めておくために損壊した状態を維持されることになる。
1月26日	・神戸市が震災復興本部を設置。 ・神戸市復興計画が公表される。
1月27日	・神戸市が被災者からの仮設住宅入居申し込みの受付を開始。 ・神戸市が重点復興地域を明示。
1月30日	兵庫県副知事の芦尾長司が、損害を受けた都市のインフラストラクチャの再建費用のための特別立法を要請。その見積額は8兆5,500億円。
2月1日	神戸市内の6地区が建築基準法第84条の下で「建築規制区域」となる（隣接する西宮市の2地区も同様）。
2月5日	・神戸市が、建築規制区域を扱った「震災復興まちづくりニュース」の第1号を発行。 ・兵庫県が「産業復興会議」を編成。 ・神戸市が罹災証明（被災者特定のための証明書）の申し込み受付を開始。この証明は、見舞金の請求、無償や低額家賃の住宅に入居する際に持っておく必要のある書類。 ・神戸市が地震で深刻な損壊を受けた建物の総数は市内で94,109棟であると発表。そのうち全壊建物は54,949棟、半壊建物は31,783棟。
2月7日	神戸市が復興計画委員会を設置。
2月8日	神戸市が復興条例のために自らの計画を収集。
2月11日	・兵庫県が阪神・淡路大震災復興本部を設置。 ・神戸大学名誉教授の新野幸次郎を議長として、第一回都市復興戦略委員会（フェニックス委員会）が開催される。

2月16日	・神戸市震災復興緊急整備条例が公表される。
	・神戸震災復興緊急規制が施行され、復興促進区域および重点復興地域を指定。
2月17日	神戸市が、建築基準法84条に基づく「建築規制区域」指定の締切日を延長。
2月19日	神戸震災復興緊急規制を特集した「震災復興まちづくりニュース」の第2号が発行される。
2月23日	6つの規制区域の都市計画を特集した「震災復興まちづくりニュース」の第3号が発行される。
2月28日	神戸市復興計画を縦覧開始(3月13日まで)。
3月8日	神戸市が震災復興のための9,100億円を盛り込んだ1995年度予算を編成。
3月11日	兵庫県が阪神・淡路大震災復興本部を設置。
3月14日	神戸都市計画審議会が市役所で開催される。審議会は地域住民からの抗議の中で復興計画を承認。
3月16日	兵庫県議会が都市計画について審議し、新たな都市開発計画を作成し公表。
3月17日	・神戸都市復興計画を制定。復興促進地区が発表され、24を数える重点復興地域を明示。
	・24箇所の重点復興地域を特集した「震災復興まちづくりニュース」の第4号が発行される。
	・神戸市と兵庫県が長期的復興計画の目的を公表。当初3年間の計画は3月末までに仕上げ、10年全体の計画は7月末までに完成を見込む。
3月27日	神戸復興計画検討委員会が復興のガイドラインを公表。
3月30日	兵庫県フェニックス委員会が『阪神・淡路大震災からの復興』を提出。
4月15日	30人からなる「まちづくりコンサルタント」チームが神戸市によって組織される。
4月29日	パートナーシップのもとでの協働再生のための促進会議が、地域コミュニティ開発組織が共同して神戸で開催される。
6月30日	神戸市が復興計画を公表。
7月7日	住宅復興に関わる緊急3カ年計画を策定。12,500戸の新しい住戸が建設され、うち8,500戸は公営住宅。
8月20日	・兵庫県が総額17兆円の復興計画(フェニックス計画)を採択。
	・いまだに住む場所が無い人々の抗議の中、神戸市が緊急避難所(公立学校、市役所、コミュニティセンター、公園に設置)の閉鎖を公表、この時点で194箇所の緊急避難所で6,672人の人々が生活。
9月30日	西宮市が市内にある全ての避難所を閉鎖。

付　録　C 地方自治体による主な復興活動(1995年)

11月　　　インフラストラクチャ優先復興3カ年計画を承認。
―――――――――

資料：Ogawa and Nagano(1995)；フィールドワーク

注　釈

第1章　序　論

題辞: Government of Japan, *Disaster Management in Japan* (Tokyo: Director General for Disaster Management, Cabinet Office, 2002), 20.

1) リヒタースケールは地震の大きさを示す単位である。この場合の地震のエネルギーは震央で発生するものである。日本語では通常、リヒタースケールよりも地震の強弱を「震度」で表すことが多い。震度は任意の場所での地震の強さを示すもので、それぞれの場所にいる人々が実際に感じる地震の強さに基づいている。日本の気象庁は当初、阪神地震の強さは当時最高レベルの震度6（現地調査無しで発表できる最高震度／訳者注記）と発表したが、のちに神戸におけるこの数値を「激震」に該当する震度7に修正した（Taniguchi 1995aを参照）。地震の発生源（震源）は、おおよそ地表から14km、淡路島の北端に近い野島断層であると推定された（図1.1を参照）が、この断層は淡路島から神戸市を経て六甲山麓に至るものである（Britton 1995; City of Kobe 1996）。

2) 日本の気象庁は、数日以内にこの災害を"the 1995 Southern Hyōgo Prefecture Earthquake"（平成7年兵庫県南部地震）と命名した。しかし、報道関係者は、この災害を表現する際に、むしろ曖昧な地域名称である「阪神」を使い始めた。このことで、震央に位置する淡路島北部のコミュニティや自治体首長が不快感をあらわにした。結局、1995年2月、政府はこの災害を"the Great Hanshin-Awaji Earthquake Disaster"（阪神・淡路大震災）("Great Hanshin Earthquake" 2007）とした。

3) 阪神大地震は日本の自然災害史上で最も大きな経済的損失をもたらした。日本では1923年の関東大地震（横浜や東京を中心とした地震）以来の最も甚大な被害を与えた地震となった。地震から27日後にあたる1995年2月14日、日本の国土庁は地震による被害総額は9.6兆円にのぼると公表した。この発表を受けて同年4月5日、兵庫県は県内の被害総額だけで9.9兆円になると発表した。間接的な地震被害の損害額は、被災地域で日本の工業生産が分断されたことを含んでいた。たとえば、トヨタ自動車やマツダ自動車などの大企業は、部品調達を下請けでの製造やそこからの輸送による「JIT（ジャスト・イン・タイム）」に依存していた。これらの部品供給メーカーのいくつかは阪神地域で操業しており、地震によって操業を停止したところもあった。これらの下請け会社の地震による損害は、日本のあらゆる場所にある大手

自動車メーカーの生産効率の良さを阻害する恐れがあった("Financial" 1995)。被害が公的に述べられたため、損害の総額が10兆円(当時のレートで約1,000億ドル)におよぶことは、地震による史上最悪の経済的損失総額であるととらえられた。多大な財産や業務の損失によって、大災害に対する脆弱さの露呈を一層注意深く検討するという面で、この出来事は世界中の経済プランナーや経営者の目を覚まさせるのに役立った。

4) 阪神地震の震動や工学に関する研究は、Canadian Association for Earthquake Engineering (CAEE) (1995)、Holzer(1995)、United Nations Centre for Regional Development(UNCRD) (1995)、そしてKohiyama et al.(2003)の報告に含まれている。建造物の損害や災害からの即時復旧の諸相に焦点を当てた研究としては、Menoni(2001)、Hashimoto(2000)、そしてHengjian et al.(2003)の例がある。Comfort(1988)、Beaumann(1998)、そしてTierney and Goltz(1997)は、都市の早期復旧についての報告をしている。震災後の住宅問題に言及した研究にはHirayama(2000)のものがある。地震の経済的影響を扱った研究は、Chang(2000, 2001, and 2003)やHorwich(2000)を参照されたい。Chang and Nojima(2001)、Hein(2001)、そしてEvans(2002)は、神戸における交通システムや近隣地区の再建に関する諸相を扱っている。Shaw and Goda(2004)、Funk(2007)、そしてYasui(2007)は、ボランティアや地域に根ざした非営利組織(NPOs)が果たす役割について研究している。Takeda, Tamura, and Tatsuki(2003)は、地震の生存者たちそれぞれの必要物を精査している。Olshansky, Johnson, and Topping(2006)は、1994年のカリフォルニア州ノースリッジと神戸との興味深い比較研究を世に問うている。本書の脱稿後、10年間におよぶ復興に関わった日本の社会科学者たちによる有益な論考を収録したJournal of Disaster Research (2, nos. 5 and 6, 2007)の2つの特集号が発行された。

第2章　地震と都市復興

題辞: J.E. Hass, R.W. Kates, and M.J. Bowden, eds., *Reconstruction Following Disaster* (Cambridge, MA: MIT Press, 1977), xv.

1) 地震被害の社会経済的側面に関しては、以下の文献を参照のこと: Alexander (1993), Arnold(1993), Bolin(1994), Earthquake Commission and Center of Advanced Engineers (ECCAE) (1995), Eadie(1996), Maxwell (2002), Tyler, O'Prey, and Kristiansson(2002), Chen(2005)。

2) Chang(2001)は、Kates and Pijawka(1977)が示した4段階の復興過程モデルを用いて、神戸における被災後の復興に必要な期間を示そうと試みた。その結果、災害直後の非常時は約6週間であり、この期間を過ぎると避難所で夜を明かす住民は激

減したという。また、この頃までには不明者の捜索や救助がほぼ完了し、水道などのライフラインも回復した。続く回復期は地震発生後の約22週間継続し（これは、Kates and Pijawka のモデルよりもかなり早い）、この期間に神戸・大阪間の鉄道が再開した。次に、復旧期であるが、Chang は大半の被災住宅が再建された1998年に完了したとしている。しかし、1998年を復旧期の終了とするか否かは議論の余地がある。なぜなら、詳細は本書で後述するが、1998年の段階では、仮設住宅に避難した高齢者が必ずしも適切な住宅を再建できたとは言えないからである。この他にも、土地区画整理事業や広域の再開発事業の施行区域にあったコミュニティに関係する問題があることも忘れてはならない。Kates and Pijawkaモデルの最終段階である復興期については、後の章で検証する。

3) 総務省統計局は、1960年から「人口集中地区（Densely Inhabited District, DID）」を設けている。これは、市区町村の境界内において人口密度が1km^{2}あたり4,000人を超える基本単位区が隣接し、さらに隣接する単位地区内の人口が5,000人以上である地域を指す。さらに、人口集中地区のうち各地区の境界を越えて連続している人口集中地区は「連合人口集中地区」と定義されており、東京大都市圏などがこれにあてはまる（Statistics Bureau, Ministry of Internal Affairs and Communications 2002 を参照）。

4) 阪神地震以前の日本における復興政策は、災害を契機として関連法案が制定されるという方式によって発展してきた。1947年に制定された災害救助法と1961年に制定された災害対策基本法とは、互いに関連しあう法律である。前者は、地方自治体に対して被災者が求める援助等を供給するように示したものであり、後者は、地方自治体に対して災害対策の基本方針、災害時に必要とされる体制を確立するように求めたものである（National Land Agency 1999）。また、災害対策基本法は、伊勢湾台風（1959年）を契機に策定されたため台風への対策に主眼が置かれている（Relief Division, Social Welfare and War Victim's Relief Bureau 2004）。さらに、阪神地震を契機として、第三の法律となる「被災市街地復興特別措置法」が制定された（1995年）。これは、国および地方公共団体に対し、被災後迅速な復興計画の策定を求めたものであるが、復興計画の策定に際しては地域コミュニティの意向を取り入れ地域の理解と協力を得ることや、対象地域の活性化にも配慮することなどが明記されている。また、復興計画の策定には2年間（訳者調整）の猶予が与えられている（Palm and Carroll 1998; Harada 2004）。

5) 首都東京に行政機能が集中する中央集権体制を敷いている日本においては、地方自治体は主に中央政府の意向を受けて諸事業を執行するのが通例である。政府と地方自治体の関係性は、政府が強い決定権を有する公共事業関連費用が政府から地方自

治体へと複雑かつ多様な経路を通じて流れてきた歴史によって作り上げられてきた (Edgington 2004)。Palm and Carroll(1998)は、日本の復興計画策定は階層的(トップダウン)な性格を有し、アメリカの方式と比較すると日本の特性が際立つと述べた。アメリカも日本も震災対応については階層的な構造を有しているものの、アメリカの緊急対応機関は被災地での救援活動に際して比較的自由な意思決定を行うことができる。一方で日本の場合、政府からの指示があるまで、現場の作業に取り掛かれないことが多い。こうした状況への反省から、過去数十年にわたって地方分権の議論がなされるようになってきた(「地方の時代」などとも言われる)。しかしながら、この議論はまだ新しいもので、地方自治体にこれまで以上に意思決定権を持たせるため、1995年に地方分権推進法が成立したばかりであり、現在もまだ議論の最中である(Barrett 2000)。

6) 土地区画整理事業のメカニズムをシンプルに述べるなら、自治体と土地所有者(地主)とが開発資金と開発によって生まれる利益とを分担する方法であるといえるだろう。日本においては地価が高く土地所有制度が複雑であることなどから、土地区画整理を行う際にも従前の土地登記原簿が保持される。土地区画整理事業が行われることによって、区域内の都市インフラが改善され、計画的に道路を配置できる。それにより、土地区画整理事業が行われた地区の価値が高められることとなり、土地所有者は利益を得ることができる。一方の自治体は、(新規に道路やオープンスペースを建設する場合と比較して安価であるため)都市インフラの整備や区画の整備を最低限の費用で行う事が出来る。かつて関東大震災によって被災した後には、東京や横浜は土地区画整理事業によって回復した(Koshizawa 1996)。同様に、都市再開発事業や、再開発事業の際に行われた土地所有権の移動もまた、成功手法として復興計画を支えたのである。しかしながら、これらの事業を実行するためには、地主が元来所有していた土地面積のうち最大10％程度を公共用地のために提供せねばならないという問題がある。このようにして得られた公共用地は、道路拡幅の他、オープンスペースや商業用地の造成などに使われる。このような土地面積の減少や土地の寄付は「減歩(げんぶ)」と呼ばれる(Satoh 1986)。

第3章　神戸と阪神地震

題辞: H. Kaji quoted in R. Kaji et al., *A Call to Arms: Report on the 17 January 1995 Great Hanshin Earthquake*, Discussion Paper no. 95-2 (Nagoya UN Centre for Regional Development, 1995), 1.

1) 日本の阪神地域は、大阪府と兵庫県南部からなる。関西地域は、兵庫、大阪、京都、奈良、和歌山、滋賀、福井の府県から構成される。地域計画の歴史、および大阪の

近年の開発についてはEdgington(2000)を参照。
2) 阪神地域は著しく工業化したところであるが、一方で良質な住宅地域としてのイメージを備えている。しかし、この後者については大阪や神戸へ乗り換えなしで通勤できる両都市間の細長い地域に限られる。両世界大戦の間(1918～39年)、この地域には、良く知られたTanizaki(1957)の小説(谷崎潤一郎の『細雪』)に描かれたような日本の豪商、神戸の貿易商などが豪勢な大邸宅や良質な住宅を構えていた。第二次世界大戦後、こうした大邸宅やその敷地の多くが、再開発されて分譲マンションとなった。
3) 1980年代、長田区の南部に位置する真野地区(1994年における人口は約7,000人)は、地元のまちづくり協議会を立ち上げた。この協議会は、地元住民が際限なく拡張する工場に抗った1960年代から1970年代初頭にかけての長い政治的闘争の成果だった。時間とともに「まちづくり協議会」は、神戸市長からの支援を獲得した。その結果として、真野地区は1982年に独自の都市計画規則を作り上げることができた。これらは地域の改善に向けて多くの制限を提供することで、全国一律の都市計画立法、そして特別区域に指定する条件を克服したといえる(Sorensen 2002を参照)。それらは法的な力を持つには至らなかったが、真野の規則は住宅と工場のために改善された構築基準に落ち着いた。さらに、それらは、道幅や地域環境の向上に貢献した。真野地区は、工場跡地に公営住宅と地区公園遊園地を購入するための公的資金を獲得することができたのである(City of Kobe 1997)。
4) 損害は、震央から約35km離れた大阪でも記録された。しかしながら、政府は兵庫県(特に神戸、尼崎、明石、西宮、洲本、芦屋、伊丹、宝塚、三木、川西の10市、および淡路島にある津名、淡路、北淡、一宮、五色、東浦、緑、西淡、三原、南淡の10町)のみに災害救助法を適用した。それでも、その再建計画の一部として、兵庫県は、これらの傷ついた都市や町の遠方に位置する県内地域でも復興計画を支援した(City of Kobe 1996)。
5) 神戸で6,200人にも及んだ犠牲者の主な死因は、古い木造家屋の崩壊によるものであった。およそ10万戸の建物が全壊し、さらに10万戸程度の建物が半壊した(表1.1)。なぜなら、地震が午前6時前に起こったため、多くの人々がまだ就寝中で、倒壊した家屋の下敷きになったからである。都市直下型地震によって倒壊する古い家屋の損害は世界の至る所で一般的である。日本において、政府は、1981年に全国に普遍的かつ厳密な建築法規を設けた。阪神地震で倒壊したほとんどの建造物は、この法規の導入以前に建てられたものであった(Comerio 1998)。
6) 即時的な回復時期に、高速道路と新幹線によって通常は支えられている東西方向の長距離輸送サービスは、一時的に大阪の伊丹空港と関西国際空港からの空輸によっ

注　釈

て代替された。道路と鉄道のネットワーク、大阪と神戸を結ぶ大動脈である阪神高速3号神戸線の橋脚の崩壊は、新幹線や港湾でも同様であった。これらの損害総額は約10兆円に上ると試算された(Hyōgo Prefecture 1996a)。大阪・神戸間の旅客鉄道輸送サービスは、一時的にバスで代行された。しかし、道路交通が著しく混雑していたために、バス代行サービスは、通常の輸送量65万トリップ(1回の連続した移動を地理学、都市工学や交通工学では1トリップと数える/訳者注記)の約50％にあたる35万トリップにしか至らなかった(Asano 1995)。

7) およそ65haの市街地の約6,000戸の家屋が破壊して炎上した。大半の火災は、地震当日の午前中に鎮火した。しかし、地震を原因とする炎は、地震から10日以上経った1月26日まで神戸に残っていた(Nagano 1995)。

8) 政府が、その影響下にある神戸市と兵庫県からの要求を待たずに、自衛隊(SDF)を動員するべきだったことは広く支持された。しかし、その時点において日本の自衛隊を制御する法律は、危機的状況下における自衛隊動員のための許可は県知事からの要請によって開始されるべきであると強調していた。地震の後になっても、まだ兵庫県からの要請は来なかった。その時までに、神戸への道路は完全に交通渋滞していた。僅かな陸上自衛隊の部隊は、地震当日の午後1時ごろに神戸にようやく揃い、地震から6時間を超える時間を経て、自衛隊は救援と救助作業を始めた。社会民主党(SDPJ)の党首である村山富市首相は、自衛隊をフル勢力で動員する覚悟を決めていなかった。なぜなら、ちょうど地震とその直後に先立って、社会民主党は、日本の戦後の憲法の下での自衛隊の合法性を認識することを拒んでいたからである。このような反自衛隊的なスタンスは、平和主義に対する関与を超えて、さらにその遂行としての軍国主義的な日本に対する後悔の念の表明として、長らく社会主義者によって支持されてきたものである。救援が遅れた他の要因は、地震直後の警察の非能率さによるものである。たとえば、兵庫県警本部は地震の際に建築中で、被害を受け傷ついたポートアイランドに置かれていた。こうした不便さに加えて、地震は島(ポートアイランド)と本土とを結ぶ橋を倒壊させた。更に悪いことに、1時間以上にわたって電話の交換機が機能しなかったのである(Soeya 1995; Tierney and Goltz 1997)。

9) 支援の多くの申し出は、外国政府によってなされた。たとえば、1995年1月17日にアメリカは、地震学の専門家を急ぎ派遣することや、在日米陸軍によって緊急必需品を供給することを申し出た。日本は地震学の専門家、毛布、飲料水、テント、防水シートや簡易構造のベッドを受けとった。同日にスイスは、25匹の捜索犬と一緒に50～60人の人員を含む救助隊の派遣を申し出た。少し遅れた後、日本政府は25名の救助隊メンバーと12匹の捜索犬を受理した。スイス隊は、1月19日

に到着して9人を発見し、1月23日に帰国した。1月19日、フランスは、6トンの防災用品と一緒に60人の人員の特別災害救助隊を派遣することを申し出た。日本はフランスの災害救助隊を受け入れた。フランス隊は1月21日に到着し、2人を発見、1月25日に帰国した。英国は、1月20日に国際救助隊(材料、毛布、テントを含む)の増強を提案した。さらに英国は、ボランティアの医療隊を急送し、必要とされる品物を提供した。日本は18,150枚の毛布、ビニールシート、496のポリタンク、500セットのプラスチック製テーブルウェア、包帯やガーゼ35ロールと3トンの衛生用品を受け取った(Nishimura and Chiba 1995)。

10) 地域住民と都市行政の間で不信が硬直した例は、災害を生き残った在日外国人の状況に関係があった。たとえば、神戸の西部地域の救助活動は、市内の大きな韓国・朝鮮系コミュニティ(その構成員に公的支援を受けたくない者がいた)によって妨害された。多数が、彼らの暮らす近隣地区へ警察や消防士が入ることを拒んだ。1923年の出来事を考えると、彼らの懸念は理解できた。関東大震災に苛立った日本人の暴徒が数千人におよぶ朝鮮民族をリンチし、日本人の暴徒は朝鮮民族が放火したり水道設備に毒を入れているとの噂を地震の後に流したからである(Ryang 2003)。神戸の他の外国人たち、つまりベトナム人、インドネシア人、中国人、そしてブラジルやペルーから来た労働者たちは、わずかしか日本語を話せなかった。地震の後、これらの人々は、大きな救援センターから離れ、互いに身を寄せ合ってより小さな緊急避難所に滞在したがった。さらに彼らの生存を複雑にしていたのは、何人かの外国人は滞在に必要なビザが切れていて、日本での滞在を阻止されないように援助を申し出ることをためらったのである。結局、外国人たちは、警察によって日本からの退去を支援されて、仮に日本に滞留する有効なビザがなかったとしても拘留されなかった。しかし、多くの外国人が1995年や1996年の間、地区公園で生活していた("Many" 1995; Shibasaki 1995; Suga 1995a; "Evacuees" 1995; Velasquez 1995; Nakamura 1996)。

11) たとえば、阪神地震(1995年3月6日時点)で亡くなった人々の約53％は60歳以上だった。また、生活保護を受けていた人々は、それを受けていなかった人々より5倍もの大きな死亡率を示した。しかし、この状況の別の側面は、大災害によって何らかの影響を受けた世帯の45％に60歳以上の世帯主がいたということ、他方で40歳未満の世帯主は僅か10％であったということである。ほとんどの死が家屋の崩壊と火災によるものであったが、それは驚きではなかった。なぜなら、前のカテゴリーの54％は災害前に木造の住宅やアパートで暮らしていたからである("Most Kobe-Quake" 1995; Suzuki 1995)。住宅への損害をまとめると、1950年代以前に建築された木造長屋や低層で安普請の住宅の約60％が地震や火災によって全半壊して

いた(Yano 1998)。

12) 神戸市は、不承不承に学校に設置していた緊急避難所を8月中に閉鎖した。なぜなら、これ以上学年の開始をまちまちに(地区によって違う状態に)させたくなかったからである。なお、日本の新学年は通常4月1日に始まる。さらに神戸市は、地震によって住まいを失った6,600人以上の避難民への無料食事サービスを終了した。この決定は地震の216日後に下されたが、行政が避難民が直面している現実を無視していると多数の者が主張した。確かに、異議を唱えたのは神戸市の決定にも関わらず避難所に滞留していた人々である。なぜなら他に住まいを見つけられないために避難所にいる者もいたからである("Kobe 'Closes'" 1995; Hay 1995c)。

13) その際、いくつかの市中銀行は、政府が後援する住宅金融公庫と歩調を合わせて、1年から3年に及ぶ住宅ローンの返済猶予や返済期間延長を提示した。現実として地震保険を使えた者はほとんどいなかった("Owners" 1995)。

14) 阪神地震の後、兵庫県もまた大きな住宅ローンの負担を受けた被災者のために住宅救済保険システムを提案した。強力な権限をもつ大蔵省(現・財務省/訳者注記)は計画に反対した("Group" 1996)。結局、国会は被災者生活再建支援法を承認したが、それは地震や洪水によって住居を破壊された被災者に対して制限のある交付(上限100万円、約7,600米ドル)を行うというものである。この法律は悲劇から4年以上を経た1999年、ようやく制定をみた。法案は消費者と労働組合グループの全国会議から提出された。政府とりわけ大蔵省(現・財務省/訳者注記)は「政府は被災者に非常食ばかりか仮設住宅も既に提供している。そのうえ援助金が加えられることになれば、それは多重の利益となってしまう」、さらに「公金を提供してもそれが復旧に使われるかどうかは定かではない」と述べて、提案に強く反対し続けた(Yoshizawa 1999)。しかし地震の後、まだ一般市民の住宅再建に必要な資金が不足しているとの叫びが噴出していた。これを受けて、政府は法案を可決した。しかし、災害後の金銭的支援として認められたのは、当初は家具や他の生活用品への支出だけであった(Shiozaki and Karasaki 1999; Yoshizawa 1999)。この資金計画は、2003年に住宅支援を一層サポートするために改善されが、それは全壊あるいは激しく損壊を受けた住宅を再建し修理するための、また賃貸住宅で暮らす人々への家賃補助の支援で、金額は500万円程度(約50,000米ドル)であった("Fund" 2003)。

15) 1995年の夏に始まった仮設住宅は、住まいを失い自分で住宅を見つけられなかった人々約240,000人を対象として無料で提供された。これらの仮設住宅群は、災害救助法に基づく政府資金を活用し、兵庫県によって建設された。この法律は、政府が率先して被災者に有形財とサービスを提供するという原理に基づいており、金銭的な援助を与えるものではなかった。これとは対照的にアメリカにおける同様の政

策では、復興活動の一部として連邦政府や州の予算を直接的に災害被災者に供与するという方針が採られている(Comerio 1998; FEMA 2000 を参照)。災害救助法の下では、避難所は大災害から1週間以内に設置されることになっていた。そして移動を余儀なくされた被災者のための仮設住宅(一般的にプレハブ住宅)は、20日以内に建てられることになっていた(Britton 1995 を参照)。また、仮設住宅は、最長2年間まで被災者に提供することができた。しかし、台風や洪水による従前の災害とは異なり、損害の厳しさや規模のために神戸ではこの予定表を達成することができなかった(Takagi 1996; Miyamoto 1996b)。

16) 「孤独死」として知られる、仮設住宅で高齢者が一人で亡くなってしまう問題は、六甲アイランド、兵庫区、東灘区、そして神戸の東方に位置する芦屋市に建設された仮設住宅群において、1995年6月に浮上し始めた(Kadoya 2005)。兵庫県警察によると、独居生活をしていた65歳以上の高齢者およそ290人が、1995年9月末日までに孤独死しているのを発見された。震災後10年間でみれば、地震から生き延びた560人もの独居高齢者が兵庫県内の仮設住宅や公営住宅の中で孤独死していた。公営団地へ移動する高齢者が遭遇した問題は、住宅担当職員と福祉支援職員との間の共同作業の不足、そして高齢者や他の脆弱な人々の世話にあたれる強い自治会の欠如だった("Quake Survivor" 2005)。孤独死と関連する問題に向けて、神戸市は少し遅れて(1997年早々に)社会経済的再生計画を立てた。それは、高齢者や身障者の支援に関わるボランティア活動に加えて、高齢者に対する特別支援、デイケアサービス、家事支援、そして在宅訪問、そして特別在宅看護やケア用品・設備の提供を含んでいた。主な目標点は、高齢者や身障者がより自立自活できるのを助けるために、在宅支援サービスの水準を1994年に比べて2倍に増強することであった(Craft 2000)。

17) 仮設住宅で暮らしていた人々の問題は、災害から5年の間、UNCRD Disaster Management Planning Hyōgo Office 国連地域開発センターの兵庫オフィス(2003)が報告した市民復旧計画の中で時おり記録された。仮設住宅で暮らす人々へのインタビューでは、人々が仮設住宅での日常生活において問題と感じることが尋ねられた。これらの記録は、支援サービスの不足、職場から遠く離れ全く新しいコミュニティで暮らすこと、市役所との貧弱な連絡網など、被災者が我慢してきた多くの苦難が注目された。その結果、高齢者は最も高い水準の苦痛を感じており、自分たちの将来を案じていることがわかった。

18) 仮設住宅群のうちのいくつかは、阪神地震で使用された後に移設され、1999年のトルコにおけるマルマラ地震、同年の台湾における集集(集集鎮)地震で再び組み立てられ再利用された(Maki 2006)。

19) 公営住宅群は、住宅・都市整備公団(HUD、現・UR＝都市再生機構／訳者注記)のような機関によって建設された。HUDは長らく高密度の都市住宅の供給に関わってきた組織である(Waswo 2002)。仮設住宅において年老いた低所得者が自分の資産で住居を見つけられないであろうことが明らかになってから、HUDの関与は1996年の見直しを経て増大した。加えて、非常に低所得な者に対しては、神戸市住宅供給公社が家賃減額措置を施した。この場合に、神戸市の新しい公営住宅では、通常は60％であるところを、より大きな80％の中央政府からの補助金を受け取った(Beaumann 1998)。

20) 移動を余儀なくされた人々の再居住における避難決定、政策、そして計画やその有効性についての更なる分析はHirayama(2000)によって行われている。同氏によると、地震による低所得者や高齢者のための公営住宅は、居住者の元来のコミュニティから彼らを分離させたということである。批評家のうちの何人かは、地震直後の政府からの金銭的援助があれば、生存者の仮設住宅群の物的援助よりも生存者の生活を回復するには一層有益だっただろうと述べた。このことについては、HIC (Habitat International Coalition、国際居住連合) (1996)を参照のこと。しかし、仮設住宅群という物的援助に対立するものとしての生活資金援助が生存者の生活回復に対して一層有益だったか否かについては議論がある。日本政府は、物的援助は金銭的援助よりも明らかに有益であると信じたが、それが被災者にとって不適切だったこともあり得る。さらに、もし生存者が金銭的援助を受けても、需要増により急騰した住宅市場のために震災後の神戸で住宅を見つけることができなかったかもしれない。全てを勘案すれば、より適切な戦略は、おそらく地震の被災者に金銭か仮設住宅のいずれかを選んでもらうことだったであろう。

21) 1995年と2005年の間に阪神間の地域は、新しいマンション建設による人口増加を記録した。たとえば、神戸市の東に位置する芦屋市は105.4％、西宮市は110.8％、そしてそれに近い宝塚市は106.6％の人口増加を経験した(City of Kobe 2005a)。

第4章　復興計画の策定と復興への対応

題辞：C. Eadie, *Kobe Eight Months After: Images of the Interim City*, EERI Special Earthquake Report (Oakland: Earthquake Engineering Research Institute), 5.

1) 1961年に制定された災害対策基本法の中で、通常の災害と定められたものに対しては、政府が公共事業として投入可能な額は全予算の60〜80％とされている。また、重篤な災害については、同70〜90％であり、地元の公共施設や体育館、教育施設を再建する際に、予算の3分の2までは政府からの経済支援を受けられる。公団住宅など公営の住宅団地の再建についても、4分の3までの援助を受けられる(通

常の災害と認定されている場合には、同3分の2まで)。("Government Declares" 1995)。
2) 日本の法律においては、災害対策本部の役割は、国や地方の省庁をとりまとめ、地元の復興計画に基づいて災害対策や復興事業を進めることにある(Hashimoto 2000)。
3) 阪神・淡路復興委員会の主たる役割は、地元自治体による復興計画を検討し、政府からの予算との調整を行うことにあった。省庁間の調整を行うのは本災害に限っての臨時の対応策であり、復興に対応するために包括的で独立した組織を設けることはなかった。本対応策のメリットは以下にあげることができよう。まず、委員会の設置および解散が容易にできること、さらに関係各所を巻き込んで対応できることである。地元自治体の主導権を尊重することができるというのも利点であろう。これは、1990年代初頭に日本で進められた地方分権化の動きに適合するものである(Sorensen 2002を参照)。しかしながら、この手法には難点があることも事実である。たとえば、既存の対応策に縛られない斬新な手法を導くことは難しい。つまり、既存の法律や手法に従って復興計画を策定せざるを得ないのである。復興事業を提案するような主導的な役割を担うつもりはないという政府の意図がよみとれる(Nagamatsu 2005)。
4) 震災によって生じた大量の木材やコンクリート、ブロックなどの瓦礫は、地元自治体や個人が処理できる量をはるかに超えていたため、国による瓦礫処理の方針が示された。被災した建物の撤去や瓦礫の処理は、その危険性と再建への妨げになるという二つの要因から急務とされた。過去の事例では、被災した家屋や店舗の処理は、その所有者に任されてきた。地元自治体は、震災瓦礫を工業廃材として処理し、国はこの処理にかかる費用の50％を補助した。阪神地震のあと、政府は自衛隊による瓦礫撤去の特例をつくった。それまで自衛隊は、人命救助のみにかかわっていたが、本災害による建造物への被害の大きさを考慮して、1995年の春まで阪神圏に残って被災建造物の撤去や、瓦礫の輸送作業に従事した("Government to" 1995)。
5) 先述のとおり、神戸における唯一無二の経済インフラである港湾地帯が、今回の震災により重篤な被害をこうむったのである。被災状況を概観すると、186ある公共の埠頭のうち177は倒壊したり3mほど陥没したりしたため、震災後2年にわたって利用停止となった。震災以前、神戸港は日本でも有数の港であったため、神戸港の復興こそが地元経済再生に向けた最重要課題とみなされた(Suga 1995b)。震災の影響により、神戸港は事実上2年間閉鎖され、1990年代末まで輸送貿易は再開されなかった(Chang 2000を参照)。
6) 詳細については第7章で述べるが、神戸市や兵庫県などの地元自治体もまた、地方債を発行して、多額の復興費用を負担した。結果として、神戸市の1995年度の予算は、33.3％上昇した。地元からの税収は震災により約30％減少したため、これ

を補うために前年比で約4倍の債券を発行し、さらに震災関連以外の経費を縮小した。詳細については後述するが、市の予算を削減するために震災に関係のない都市インフラ整備事業が削られる中、神戸空港の建設案だけは残された。初年度の復旧・復興関係予算の内訳をみると、大半は仮設住宅、震災瓦礫の処理、市の避難所で避難生活を送る人々の食費、そして港湾機能の回復に利用されている。容易に想像がつくことだが、港湾機能の回復は市にとって特に重要な優先課題であった("Kobe announces" 1995; Kanemitsu 1995)。

7) 都市インフラの再建を求める声が高まるにつれ、震災復興対策本部の役割が重要になっていった。たとえば、水道、電気などの都市基盤の復旧に加え、電力、電話、ガスなどを供給するためのトンネルの新設など基盤整備事業への期待も高まっていた。後々、震災復興対策本部の助成を受けて、神戸市内の河川沿いにはグリーンベルトが設けられたり、公営住宅が建築されたりした(Ministry of Land, Infrastructure, and Transport 2005)。特に、運輸省(現・国土交通省/訳者注記)は港湾機能の復旧事業の多くを担当し、その総額は2,500億円にものぼり、これは政府が支出した復興関連予算の4分の1を占める(Shiozaki 2005a)。高速道路網や新幹線路線を回復させるなかで、構造的、技術的な基準を向上させるべきだという要求がうまれ、政府に対して建造物を建築する際の安全基準を厳格化ように求める圧力が高まっていった。こうして、新たな建築基準が求められるようになり、改正建築基準法が2000年から施行されることとなった(Building Center of Japan 2005)。

8) 日本赤十字社などの地元自治体が管理する団体を経由して、被災者の多くは世帯あたり25万円の義捐金を受け取った。これとは対照的に、1993年に北海道で起こった地震による被災者は民間・公共から合わせて420万円を受け取っている。それまでの被災地と比較すれば、神戸は民間から多額の義捐金を受け取ったのではあるが、一人当たりの配当は取るに足らない額であったと言わざるを得ない(Saeki 1996)。

9) 被災後の救済策として講じられる税金免除、住宅補助(家賃の無料化もしくは低賃料住宅への入居)、ローン期限の延長などの措置を利用するためには罹災証明書が必要であるが、阪神地震の被災地に居住している外国人にとってはこれが悩みの種となった。罹災証明とは、地震などの大規模自然災害によって被災したことを証明するもので、被災地の自治体によって発行される。証明書を発行する際には、被災の程度についての評価を受ける必要が有るため、発行までに時間がかかる。店舗経営者も、被災者に向けた特別ローンを利用する際にこの証明書が必要となる(Fujikawa 1995)。震災からの復興期間の外国人や在日韓国人をめぐる問題については、Takezawa(2008)を参照のこと。

10) 650億円程度と規模は小さくなるものの、同様の基金が1991年に設立されている。

この基金は、雲仙普賢岳で起きた大噴火による被災者を救済する目的で設立されたものである。この噴火により数百戸の住宅が倒壊した(Suga 1995b)。

11) 震災後、阪神・淡路大震災復興基金に加えて、新聞や日本赤十字社などを経由して補助金が集められ、世帯あたり30〜40万円が支払われた。1993年の奥尻地震や1991年の雲仙普賢岳噴火など、過去の災害時には被災者は100万円程度を受け取っている。日本政府は、震災からの復旧のために3.8兆円を費やし、緊急の人命救助やライフラインの復旧に当てていたが、日本の法律では個人への資金提供を禁止している(Moffett 1996)。

12) 日本政府は、これまで、地震によって被災した都市を再建するための組織を中央に設けてきた。たとえば、1923年の関東大震災の際には、東京と横浜の復興を指揮する特別機関が作られた(Seidensticker 1990)。

13) 神戸の三宮商店街では、短冊状の建造物を建設しないよう市が制限を設けている。細く長い短冊状の建造物は地震があった際に被害を受けやすいと想定されたためである。同様に、市は建蔽率や高さの制限ついても明記している("Innovative" 1995)。

14) 日本における公的な包括的都市再開発事業の大半は、以下の3つの段階から構成されている。第一には、1970年に制定された建築基準法第84条にのっとり、包括的な都市再開発事業を行う予定の地区においては、(計画以外の)新規の建築行為が禁止される。第二に、優先的地区が設定される。第三に、関連法規に基づいて、土地区画整理もしくは都市再開発の手法によって地区内の建造物の再建が行われる。兵庫県がとったアプローチも同様のものである。まず、84条に基づく建築制限を、西宮市には2月1日、芦屋市、宝塚市、北淡町には2月9日に行った。これらはすべて震災派生の日にさかのぼって適用される。神戸市以外にも、兵庫県は84条に基づく再開発事業を以下のように決定した。芦屋市：西部事業(21.2 ha)、中央(13.4 ha)。西宮市：森具(10.5 ha)、阪急西宮北口駅周辺(34.6 ha)。宝塚市：仁川駅スクエア(1.6 ha)、売布神社駅スクエア(0.9 ha)、宝塚駅スクエア(0.9 ha)。北淡町：豊島(20.5 ha)。神戸市の5地区に加えて、以上の地区を合せた13地区が選定された(254.3 ha)(兵庫県県土整備部まちづくり局市街地整備課の谷川俊男氏へのインタビューによる、2003年11月25日神戸市にて実施)。

15) 神戸市以外での復興の過程を議論したもの(たとえば、芦屋市、西宮市、尼崎市、淡路島など)には、Kishi(1995)、Kinmokusei International Project (1999)があるので参照のこと。

第5章　反対運動、住民参加、そしてフェニックス計画

題辞：1995年3月14日に行われた震災後の復興計画に関する神戸市議会を見学した住民

が、5時間におよぶ議論の膠着状態に対して怒りと失望をこめて語った言葉("Why Cannot the City Wait? We need to Talk."1995; 1995年3月15日神戸新聞第23面「なぜ待てぬ」「対話を」より)。

1) 1968年に改正された都市計画法においては、用途地域や再開発の計画を新たに設ける際には必ず一般に公表し2週間にわたって住民からのコメントを受け付けなければならないとされている。この法律の下で、日本の都市計画における住民参加はむしろ制限されているのである。コメントを受け付けた後、地元の議会で都市計画案が審議され、その場では住民からのコメントも審議の際の判断材料の一つとして用いられる。しかしながら、市は住民からのコメントを受け付ける必要があるから受け付けているに過ぎず、これらは単に参照される材料に過ぎない。法律上、コメントへの対応は求められていないのである (Sorensen 2002)。

2) 神戸市の都市計画総局は、住民からの復興計画に対する抗議が続けば、市内の密集市街地を再建する千載一遇のチャンスが水の泡と消えてしまうのではないかと懸念した。実際、震災後の6ヵ月間において、市や県の予想した通りには被災地域の再建は進まなかった。それは主に経済的要因によるもので、住民や商店主らは再建費用を確保できずにいた。建築基準法第84条に基づいて行った市の厳しい決断について、多くの識者たちは不要であると判断していた。1995年2月に新たに施行された被災市街地復興特別措置法の影響も大きかった。新法では、84条に基づいて優先的に復興がなされるべきと市が決定した地区について、最大2年間建造物の再建を規制できる。現実的には、震災から6ヵ月の間に住宅を再建する術を有していた住民はごく限られていた。震災後の混乱が収まり、情報不足が解消され、住民と市政の間にあった復興計画への参画意思のギャップが縮まる数ヵ月を待ってから復興計画が策定されればより良い結果となっていたのではないか (Kodama 1996)。

3) 笹山幸俊市長は、政治家になる以前に神戸市の都市計画総局で活躍していた。戦後の市の復興計画にかかわり、市の都市計画総局長にまで上り詰めている (本荘雄一氏へのインタビューによる、2003年5月に実施)。

4) 神戸市の都市計画家によると、震災直後の混乱状態にある1995年1月20日に建設省 (現・国土交通省／訳者注記) の土地区画整理課の課長らが東京から神戸市庁舎を訪れたという。そして、国と市の間で、復興資金をめぐる交渉が進められた。建設省の基本的な立場は、日本の都市計画における地方自治体の役割についての一般的な傾向を反映して、国は市からの要求に応じて復旧を支援するというものであった。この場で特に時間を割いて話し合われたのは以下の2点であったとされている。土地区画整理事業を行う地区を決めるかどうか、そしてより積極的に土地買収を行って復興事業を進めるかどうかである。重点復興地域は3月17日までに選定される

注　釈

　　べきとの意見が建設省の役人から市に言い渡されたという。これは、1996年度の予算審議に間に合うよう、建設省の都合で決まった日程に過ぎない（本荘氏へのインタビューによる）。
5) 土地を提供するというのは語弊がある。神戸の土地所有者にも土地区画の正式な概念が理解されずに伝わったようである。先述の通り、土地区画整理事業を行う際には、個人が所有する土地を集めて、その後再分配する必要がある。再分配の際には、その地区のインフラやサービスを市が格上げしたうえでもとの土地と等価交換されるというのが基本概念である。ただし、等価交換の際には、土地面積が事業前よりも減少する所有者が出てしまうことは避けられない。通常、この事業は所有者の意志に基づいて行われ、事業を行うことでその土地の価値を高めることが目的とされる。神戸市が1995年に復興計画案を公表したとき、将来的な災害に備えるという目的のために、市に自分の土地の一部を提供することになると考えた住民が多かった（東京理科大学・渡辺俊一教授との談話による、1996年7月・東京にて）。
6) 同様の抗議運動は、兵庫県内の西宮市、芦屋市、宝塚市の住民からも起こった。芦屋市では、道路拡張に反対する住民が市を相手取り訴訟を起こす騒ぎとなった（"Citizens" 1995a, b）。
7) これほどの範囲にわたってまちづくり運動を支援した例は、日本で類をみないものであった。これは、トップダウン式の都市計画手法が瓦解のときを迎えたことを象徴する出来事であった。この動きがピークを迎えた1996年の夏には、市は115のまちづくり協議会の設立を支援し、相談役となる都市計画家や建築家をそれぞれに配置した（Watanabe 1997を参照のこと）。
8) Maki (2006)によると、地元の都市計画家によって街区の復興計画案や、被災したマンションの建替計画案などが合計350件ほど提案され、市からこれらの事業に支払われたのは7,500米ドル程度に上ったという。また、街区全体のデザインガイドラインを設けたり、街区の詳細な配置案を策定したりするために、15,000米ドルほどの予算が組まれた。さらに、被災したマンションの再建案を策定するための予算として、最大30,000米ドルが用意された（合計で420件以上）。
9) これらのニュースレターを配布したのは、合計で100件を超える復興事業があるなかで、それぞれの事業の進捗状況などを互いに理解しあう必要があったためである。また、地元住民の多くは未だ避難所におり（後に市によって埋立地や郊外に建設される仮設住宅へ移ることになる）、ニュースレターはこうした住民への情報提供の役割も担っていた。その内容は、各地区の復興事業の詳細、家屋の再建の様子、ボランティアの活動、まちづくり活動に関する集会の様子、住宅事業、マンションの改修など多岐にわたるものであった（"Owners" 1995; Kinmokusei International Project 1999

などを参照)。

10) こうした懐柔策にもかかわらず、住民から市政に向けられる「悪意」は震災後1年以上経っても変わらなかった。当時、神戸市の助役(副市長)を務めていた山下彰啓氏は市議会の長として、住民からの抗議を一身に受けることとなってしまった。市議会での反対運動に加え、1995年には市の復興計画を差し止めるよう住民から提訴された。山下氏は、震災から1年立った日、自ら命を絶った。おそらく、復興に関する業務の重圧によるものであったと推察される。しかしながら、笹山市長はこうした難局をなんとかくぐりぬけ、震災から2年の後、物質的環境が復興の兆しをみせるなか、市長選での再選を果たした("Kobe Mayor Sasayama" 1997)。

11) 住民参加が少ない日本の状況を鑑みて「コミュニティ開発の推進」や「神戸の魅力復活」などの提言が(市の復興計画に取込まれるか否かは別として)なされた。詳細については、"Building a New Kobe"(1996)やCGAEC (2000)を参照のこと。これら数多くの提言は街区レベルでの復興計画に取り入れられたものの、フェニックス計画に取り入れられたのはごくわずかである。

12) HAT神戸は、湾岸部の東部新都心のことで、以前は川崎製鉄や神戸製鋼などの工業用地として利用されていた。1990年代初頭、震災が起こる以前にこれらの企業はこの地から撤退しており、市ではこの跡地に新たに工業機能を集積させる計画を立てていた。震災後、跡地利用計画は変更され、公営住宅や公共施設を建設し、民間の施設を誘致することとなった(本荘氏へのインタビューによる)。

13) 神戸市の主たる総合計画は、1994年末に市が作成し、震災直前の1995年初頭に議会に提出され承認を得るだけという状態になっていた(本荘氏へのインタビューによる)。

14) 公共事業の重要性は、兵庫県に提出されたフェニックス計画の予算内訳を見れば明らかである。港湾部の復興を含む公共事業に8兆円、住宅供給に2.3兆円、工業機能回復のために1.5兆円、その他の事業に5,000億円であった(Ikeda 2005)。神戸市の震災後の財政状況を分析してみると、10年間の復興期の間に住民の福祉のために使われたのは全復興予算のうちたったの8%程度であったのに対し、港湾機能の回復を含む都市インフラの復旧に35%、土地区画整理や再開発手法を用いた復興事業やHAT神戸、公営住宅、公園および道路の建設には57%もの予算が割かれている(Shiozaki 2005a)。

15) 日本の業績機能の中心地が東京の霞ヶ関である。英国・ロンドンの「ホワイトホール」や、米国・ワシントンの「インナーベルト」に当たる場所である。

16) 「次善」の一般的な考え方は、現実の不確定要素が多い中で最善の状況を目指して公共政策を決定しようとするが、時として最善ではない結果に至る場合があるとい

うものである(Lipsey and Lancaster 1956 を参照)。
17) Watanabe(2001)は、被災住宅の撤去や瓦礫処理に対しては日本政府からの支援があっても、住宅の修繕に対する補償はごくわずかであると指摘している。その結果、たとえ居住可能な状態にあっても、住宅を修復するよりも取り壊す選択がなされることもしばしば確認される。

第6章　近隣地区における事例研究

題辞: Morisaki Teruyuki, in A. Nakamura, "Resistance Seen Yielding: District Coping with Kobe Rezoning," *Japan Times*, December 21, 1995, 3; Official in Kobe's Urban Planning Department, in T. Shinmura, "Kobe Phoenix Rising, But Ashes Remain," *Nikkei Weekly*, July 10, 1995b, 16.

1) 1968年施行の都市計画法では、計画変更を市民に通知する通常の手続きに4つの段階が設けられている。第一段階において公的計画は、予定される道路拡幅やオープンスペースの手配を明示のうえ、行政当局の組織内で準備されている。神戸市の場合では、この計画が1995年1月に準備された。そして1995年2月に一般へ公開されるようになったが、それまでは一般人が深く関わっていなかった。第二段階において居住者たちは、市役所職員から説明を受け、ちょうど2週間にわたって計画を検討する。第三段階として、居住者たちは、2週目の終わりまでに意見を述べる必要がある。第四段階において公的計画は、神戸市の都市計画審議会によって調査される。その後、計画案は市議会の投票を経ずに最終承認のため市長に送られる。神戸市当局は、居住者たちが「早く立ち上げて素早く取り組む」という復興計画を望んだ場合、この法律の厳密な手続きに従う以外に選択の余地はないと感じていた(神戸市企画調整局企画調整部総合計画課長の本荘雄一氏へのインタビューによる。2003年5月)。建設省は一連の土地利用計画を承認し、土地区画整理と適切な法律の下で提供される再開発(たとえば幅が6m以上の主要道路、主要なオープンスペースや公園のための土地)に必要な予算の50％以内を提供する準備を整えた。

2) 新長田の2つの地区に関する次のセクションの中のコメントは、都市計画家の高田昇氏(京都の立命館大学准教授で大阪のコミュニティ計画研究所「Com Plan」所長)から著者に提供されたものである。インタビューは1997年7月と2003年11月に実施した。高田教授は1995～97年に新長田北地区の街区のうちの一つにおいてコンサルタントを務めていた。他の情報は、長田区役所から任命された都市計画家によって1996年6月に提供された。

3) 日本における明治時代と大正時代とは、明治天皇(1867～1912年)と大正天皇(1912～26年)それぞれの在任期間を指す。

4) 第二次世界大戦の後、空襲で自宅を失い生き延びた人々は、いかなる既存の住宅でも不法ながら居住することを許された。時間の経過とともに、賃貸料を支払わなくてもそのような住宅で暮らせるという世帯の居住権は、政府によって保護されるようになり、土地所有者は再開発をしたいと思えば、不法占拠者を立ち退かさずに別に土地を買わなければならなかった。神戸市の中心部にある行政区は、地震の生じた時までに不法居住者の大部分を収容していると見なされていた(高田氏へのインタビュー、1997年)。
5) 長田区には、神戸市内で最も貧しい地区の一つである同和地区がいくつかあり、彼らの多くが地元の工場で雇用されていた(Velasquez 1995)。同和地区の人々をめぐる議論、そして彼/彼女らが日本の社会の中で直面した差別については、Neary (1997)を参照のこと。
6) 1995年、長田区のアジア人たちが「アジア町」の概念を提案した。その概念は、合成製靴産業で働く非日本人労働者とともに、韓国・朝鮮人、中国人、ベトナム人が携わる産業、さらに新長田北地区の居住者にみられる種々の文化に基盤を置くものだった(Sakane 1995; Tada 1995; Takezawa 2008)。結局、この創造的な事業は縮小化し、第7章で扱う長田製靴業デザインビルに収れんした。
7) 土地区画整理の本質的な特徴は、交換のシステム、減歩での貢献の概念に基づく土地共有(つまり補償無き奉納)にある。土地区画整理の利点を列挙すると、直接的な公共投資無しで都市のインフラストラクチャが改善されること、地主と借家人が再区画された土地に戻れること、個別交渉を通じるよりも土地利用転換が容易に行えることなどがあげられる(Minerbi et al. 1996)。各々の土地区画整理事業では、道路拡幅やオープンスペースのために私有地を削減することが最大の問題点となる。指定された重点復興地域のインフラストラクチャ復興の大部分は、政府補助金で取り組まれたが、事業の代価を支援するよう求める土地も稀にあった。土地区画整理では、換地後の土地価格評価、計画変更、土地の再配分、あらゆる建物の除去、そして当該地区から転出した人々からの土地購入など、全てが1セットになった非常に複雑な管理手順が必要である(Sorensen 2002)。
8) 区画整理事業をめぐる細かな交渉において神戸市は、再配置の実践の一部として自身の土地を失った地主のために、しばしば「コミュニティ住宅」を組織しなければならなかった。この種のコミュニティ住宅には、政府補助金を使用して神戸市から融資がなされたが、ひとたび行政の管理のもとに住宅が建設されると、それはあたかも公営住宅であるかのように感じられる。他方、地震と区画整理事業によって立ち退きを余儀なくされた入居者の場合、提供し得る唯一の解決策が公営住宅であったが、その公営住宅が供給された場所は長田区から1時間ほどの距離にある、買物

や都市施設の利用に不便な郊外だった。多くの住戸が積みあがった高層住宅での生活を高齢者が受け入れるのは難しかった。彼らは、しばしば地上から約20階の建物に移動しなければならなかった。都市計画コンサルタントの高田氏は、新長田北地区には解決を要するこのような問題が約20ケースあると報告した。解決に向けて長い時間をとった各々の事例で、多くの問題の調節がなされた。都市計画がピークであった期間(1995〜97年)、高田昇氏は、週末には会合に3回以上参加することが多かったと語った。一層複雑な事例では、地主が新たに建設された高層住宅に借家人が入居することに同意しても、借り手や公認借家人の側が同意しないということがあったようである。そうした事例では、後に個々の借家人の居住権を地主が買取ることしか袋小路から出る術がなかったと考えられる。新しい高層住宅に同意しない借家人がいても、地主側の「支払い」によって、個々の街区レベルでみた区画整理事業は前進することができた。しかし、区画整理計画事業に賛同しない地主(あるいは公認借家人)から行政当局が土地や居住権を買取らなければならないこともあった。また、不在地主にとっては、下落を続ける地価が問題になった。しかし、1990年代末まで地価は一層下落する見通しがあり、新長田地区の資産家が行政側に自らの所有地を売却することに前向きになったため、土地区画整理事業は進展した(2003年における高田氏へのインタビューによる)。

9) 行政側には、都市復興事業でさえ、自らの土地の利権獲得に拘る地主や公認借家人との交渉に臨むことが期待された。実際、仮にある事業で地元の地主の90%が所有地を売却することに合意すれば、同意しない者が少しいても、行政側は地域住民のための土地を確保するために強制執行が可能になる(Hein 2001)。

10) Hein(2001)は、この事業における神戸市の介在の大きさが最終計画で住民参加の水準を抑制したと主張している。しかし神戸市は、高層のタワー型住宅の当初の高さ(当初は29階建で提案された)に対する市民の反対に応じてある程度の柔軟性を示した。これは、建物の高さを13階に抑制することや、5階建だけからなる別ブロックの実現に結びついた(2005年3月に実施した神戸市都市計画総局再開発部再開発課民間再開発係長の矢島利久氏へのインタビューによる)。

11) 新たな住宅において高齢者にサービスを提供する、神戸市とNPOとの間の契約は、1998年に可決された特別な全国立法(特定非営利活動促進法、通称NPO法)の後でしか許可されなかったことを覚えておきたい(Yamaoka 2005)。しかしながら、公営住宅における「共同スペース」の最初の使用は、2000年に新長田地区で進められていた住宅事業の第一波として神戸市で試みられたものである。仮設住宅事業で生じた問題を回避するための他の革新的なものには、グループでの申請の促進がある。それゆえに、仮設住宅で暮らしていた人々は、2〜10人が互いに隣接して新しい住宅

で暮らせるように申し込むことができた。その意図は、地震被害を受けた被災者たちが3年ほど仮設住宅に住んでいる間に育んだ連帯感を活用することであった。さらにペットと一緒に暮らせる住戸も提示された。ペットと暮らせる住宅では、脱臭のためのメカニズムや他の装置も完備していた（"Variety." 1997; Arita 2003）。

12) 森南地区に関するこのセクションのための情報は、2名の都市計画家と地元の建築家・活動家である伊東朗子氏へ1996年6月に実施した森南地区でのインタビュー、神戸市都市計画局復興区画整理部東部復興区画整理課主査の村主清家氏へ1997年6月に神戸で実施したインタビュー、さらに神戸市都市計画総局再開発部再開発課民間再開発係長である矢島利久氏に対して2005年3月に神戸で行ったインタビューによる。またItō（1996）を参照。

13) 日本の都市の主な近隣地区は、それぞれchōme（丁目）に分割され、各々の丁目は通常1ダース以上の街区から構成される（"House Adress in Japan" 2005）。

14) 市民による計画の他の詳細部分は、フェンスに囲まれた唯一の広場の代わりに多くのより小さな公園を造成するというものだった。さらに、彼らの計画では、将来の災害時に必要な備品を格納するため自治会倉庫の建設、通過交通に向けたアクセスの除去、自動車の速度抑制の履行、公園を相互に結ぶ木を敷き詰めた道、街路と建物との境界を壁から開放的な空間に変更すること、盆踊り（伝統的な真夏の踊り）や神社の祭礼のような伝統行事のための場所の準備などが提案されたが、これらは自治組織を育むためのものであった（"Basic Plan of Moriminami" Kaga 1996の中での議論による）。

15) 2002年の終わりに、森南1丁目の居住者たちは、自らが立てた地域計画ガイドラインと土地利用規制について神戸市と交渉に臨んだが、これは1980年代以来、長田区の真野地区に存在したものと類似していた（City of Kobe 2002を参照）。

16) 土地所有権の複雑さの問題は、家屋密集地域の所有者の権利の問題を際立たせる。その問題は、日本における既存の家屋密集地域で本質的な変化が生じることを非常に困難にするというものである。新しい法律は、古い木造家屋と火災の延焼を促してしまう建物の除去促進を目指して、1997年5月に制定された。それでも、土地区画整理や都市復興計画とは別に、多くの老朽化した木造家屋や標準以下の通りがある地域を改良するための有効な手立てはまだ存在しない（高田氏へのインタビューによる、2003年）。

17) より早く再建された重点復興地域ブラックゾーンの一例は、素早く復興を達成した須磨区の鷹取地区である。鷹取地区は、地震の前でさえ近隣地区を改善する際、居住者自らが主導権を取ったことで際立っている（Nakamura 1995b）。鷹取東地区は1995年11月にその計画を完了し、1999年12月に土地区画整理の手続きの下で

土地交換の最初の指示を終え、2001年2月に最終の再配置に至った（表4.4を参照）。対照的に、本質的な利害衝突が、六甲道の再開発事業、すなわち神戸東部の主要な副次的地域中心と駅前事業で生じた。ここでは、新長田と同じように、都市再開発計画で商業や居住のスペースを従前に増して創出し、加えて迅速な事業促進を図るために、地震前よりも高密度の計画案が提示された。しかし、この地区に向けて提案された30階建のタワー型高層住宅の高さは、地域住民にとっては重要な意味を持っていた。提案された建物の高さを縮小することに加えて、神戸市の都市計画家は、当初は南北方向配置であった公営住宅の建設方針を東西方向配置に変更しなければならなかった。さらに、副次的な地域中心である六甲道のために計画された大きなオープンスペースは、その大きさと形状を変更した。このオープンスペースは、再開発地区の外側からの人々に駅へのより良いアクセスを可能とし、彼らをより快適にするためのものであった。高田氏（2003年のインタビュー）によると、当地では新長田よりもむしろ多くの利害衝突があったようである。それは、当地の地域住民やコミュニティリーダーが主にホワイトカラー労働者（銀行家や建築家のような）だったため、自分たちの意見を「まちづくり」コンサルタントや行政側に表明する時、より自信に満ちていたからである。神戸市の六甲道地区における地元の専門家や率先して行動したまちづくり協議会については、Evans（2002）やFunck（2007）の記述がある。

18) ここで、様々な見解があるようにみえる。たとえばWatanabe（1997）は、次のような主張をしている。つまり、かなり長い審議を経たとはいえ、任命されたコンサルタントに率いられるまちづくり協議会とともに、土地区画整理の二段階モデルは、地元コミュニティに受け入れられるのに有効だった。これは、森南2丁目の地域コミュニティの場合では一層当てはまっていたかもしれない。そこでは、地域コミュニティがまちづくり協議会で一緒に働くことを試みた。しかし、地震から4年後にあたる1999年まで、活発な回復計画は無かった。さらにWatanabeは、こうした後退にも関わらず、因習的な地方自治体のリーダー（県議会議員や市会議員）に加えて既存の近隣組合（自治会や町内会）が、事業を促進するのに必要な役割を果たしきれず、区画整理事業や都市再開発事業の複雑な技術的手順を扱いきれなかったと記している。またWatanabeは、雇われたコンサルタントの役割は重大だったことを強調し、1995年から1997年までの復興のために雇用された多くの民間部門の建築家や都市計画家の努力なしでは、さらに地域コミュニティで催された数えきれないほどの週末会合なしでは、事業の進行は一層遅れただろうと強調している。Hein（2001）は、長田（そしてさらに六甲道）の包括的な都市再開発事業の場合では、建造物をめぐる環境が高層化したものへ完全に転換し、それが地域社会のネットワーク

を厳しく分裂させた(ある面で破壊した)とみている。また、多くの人々が他の地域からこの事業に加わったため、真の市民参加は困難であるとわかった。ただ、都市再開発事業と比べれば、旧来の居住者が近隣に留まることができたため、区画整理事業はそれほど破壊的でないと判明した。ある程度まで、このことは、多くの入居者がインナーシティから去らなければならなかったにせよ、既存コミュニティを維持する手助けとなった。Evans(2002, 462)は、神戸市におけるまちづくり協議会の活用に関して一層悲観的な見方をしている。それは、形成されたグループが地域住民を大きく失望させ、それらが行政側によって「自分たちの描く到達点や協議事項に導く住民団体や市民グループ」とみなされたというものである。著者はこれが真実ではないかと考える。森南地区は別として、市民グループは、主に利害対立を管理し、かつ行政当局に対する居住者の反対を吸収する働きをした。実際、市民グループは、従来の「トップダウン」(都市計画スタイル)の計画案の作成を支援し、できるだけ迅速かつ円滑に復興事業が進むのを可能にした。しかしながら、まちづくり協議会は、とりわけ共同ビルをどのように使っていくか、共同アパートの内部をどのように調整していくか、さらに公園や他のオープンスペースの造園をどうするのか、これらに居住者が幾らかを提言できるフォーラムであったとみなすことができる。共同あるいは協力による再建は、非常に狭くて小さな建造物からなり公道へのアクセスが困難なインナーシティの復興にかかわる問題を克服するのに有効な方法だった。「まちづくり」をめぐる調整は、個人所有地や所有権を提供し合うことで、居住者たちが復興に関わっていくことを可能にしたといえる。

19) ホワイトゾーンの中の多くの地域もまた、実際の再建を妨害した利害対立が続いたため、復興計画の実行に苦闘した。たとえば、所有地の財産権、小さ過ぎる住宅地、適切な道路アクセスをめぐって利害対立があった。これらは、財政問題および(または)土地所有者が借家人に提示した代替地への不満があった場合のみならず、継承条件(たとえば世帯主が地震によって死亡した場合)でも複雑になったであろう。入居者の居住権を保護する国の財産法(1921年の借地法、1921年の借家法)は、神戸の再建における処理コストを増加させた。住宅地区には多くの利害関係者がいたため、これらの法律は、土地の僅かな部分にでも何らかの利権を持つ全ての人々(たとえば、入居者、転借人や所有者)に対して彼らが交渉に臨める権利を与えた。したがって、復興を開始するにあたって、開発者はこうした各々の利害関係者から許諾を得なければならなかった。しかし、彼らのうちの多数は、あくまで一層好都合な条件で持ちこたえたかった。日本の法律の下では、部分的に損壊した集合住宅の再建でさえ、少なくとも5分の4の所有者の同意が必要だった。また、集合住宅の再建が達成された場合、共に復興計画を進めていくことを拒絶した所有者から、残留

する大多数の者が所有権を買い取るという仕事に直面した。したがって、ホワイトゾーンが復興を本質的に完成させるまでに、約2年半の歳月を要したが、市街地には空地が点在していた("Condo" 1995; Hirao 1995c; Oakes 1998)。Funck(2007)は、須磨区および東灘区のホワイトゾーンで活動する自発的なまちづくり協議会を観察した。それによると、その多くは地震の前から活動していた。また、地震の後の道路建設、そして閑静な住宅地区に集合住宅が建設されることに抗議することを主目的に結成された組織もあったようである。さらに、地域の景観関係事業に関心をもつ組織もあった。

第7章　象徴的事業と地域経済

題辞: Comments by a 58-year-old woman from Suma ward, in S. Hirao "Greater Quake Still Altering the Landscape." *Japan Times*, December 19, 1995, 3.

1) 1990年代の低成長期間は、日本の「失われた10年間」として知られている(Masuzoe 2000 を参照)。
2) 日本の通商産業省(MITI: Ministry of International Trade and Industry)は、改称した2001年以降、経済産業省(METI: Ministry of Economy and Trade and Industry)と呼ばれるようになった。
3) これらの中核設備は、生物医学に関わる研究および技術開発部門、そして医療業務サポートセンターを含んでいた(City of Kobe, International Division, 2005)。
4) 神戸の公的資金に対する高い依存について、1900年代の初めに生じた地震と火災の後のサンフランシスコの場合と比較してみると興味深いことがわかる。Kates and Pijawka(1977)は、「新しいサンフランシスコの建設は基本的に自己資金だった」と述べている。約50％の資金が火災保険から、1％が公的補助金の救済資金から、残りは民間資本からだった。政府の貢献は高く見積もっても1％に過ぎなかった。
5) 神戸港の復興工事は、多少なりとも1997年に終了したが、船舶の入港トン数は地震の前の80％にしか満たず回復しなかった。たとえば、1998年10月における神戸港からアジア各国への輸出量は対前年比で24.3％の減少をみた。その一要因は兵庫県の地域経済や地元の輸出品産業が地震の損害を受けたことである。また別の要因として、かつて神戸港を利用していたコンテナ貨物が地震の後に他の港湾を利用するようになったことがあげられる。なぜなら神戸港が保持してきた設備が損害を受け、その操業改善や高速道路の回復が遅れたからである。依然として神戸港は、コンテナ輸送の約30％、全ての海外貿易の20％以上の出入口として日本最大の港湾だったが、シンガポール、ホンコン、台湾の高雄、さらに韓国の釜山との競争によって、貿易にかかわる取扱量は相対的に低下した(Mitsueda 1995)。地震によ

る神戸港への影響についての一層詳しい説明については、Hirao(1995d)、"Harbor" 1995; "Japan's" 1996; "Kobe Harboring" 1996 および Chang(2000)を参照。

6) そごう、阪急、大丸などの神戸にある大手デパートは、地震の影響をとても強く受けた。そごうは、三宮にある旗艦店を完全復旧する必要に迫られ、阪急や大丸も一時的に店舗閉鎖に追い込まれた。スーパーマーケットチェーンのダイエーは、1995年に初の赤字を計上して破産の危機に直面し、地震の翌年になって経営再建された(Shiratori 1995 を参照)。

7) 逆説的にみれば、日本の1990年代を通じた景気低迷は、神戸のいくつかの企業に打撃を与えたが、成功し続けた企業もあった。つまり、1999年の調査によると、現地企業の64.2％が地震前に比べて売り上げ不振に陥っているが、22.7％の企業は、主な市場が神戸に制限されておらず、新事業技術を素早く採用したため、営業成績は逆に地震前よりも良くなっていた。実際、神戸市は、地震の影響を受けた中小企業には2つのタイプがあることに気付いた。第一に、製品市場が全国あるいは輸出主体の企業は業況が改善された。それらの企業は、生産現場と輸送の接続(たとえば港湾を通じた)への損害を確かに受けたものの、発展途上の市場を抱えていたがために、それほど厳しく地震の影響を受けなかった。第二に、その市場が阪神地域に限られた企業は、消費者と工業製品需要の損失によって非常に大きな影響を受けて苦境に立たされ、操業を停止した企業もあった。主な課題は、1995年の震災後の経済需要を安全・安定化することだった。要するに、神戸の経済活動において懸念された衰退の一端は、地震が神戸に与えた悪影響、すなわち人口の絶対的減少による地元での需要縮小、さらに人口が地震前の水準に遅々として回復しないという損害によるものだった。しかし、神戸の課題は1990年代後半の日本の景気減退の結果でもあった("Kobe's Recovery" 2000; "Five" 2000)。

8) ケミカルシューズ産業のルーツは、神戸のゴム産業に求められる。第二次世界大戦の戦前・戦中に、神戸は天然ゴムの主要な輸入港として機能した。その結果、長田区は、軍事用のゴム靴、タイヤそして他のゴム製品を生産する小さな工場の集積地となった。戦後数年の間、長田の靴メーカーは布靴を生産したが、彼らはその後、新しい合成靴物質を開発し、それが後にケミカルシューズ生産につながった。製靴業は、主にアメリカへの靴輸出が急増したために、1960年代末の高度経済成長期に急成長した。しかし、1973年の石油危機は、長田区の産業に強烈な打撃を与えた。こんにち、ケミカルシューズを販売する際、革靴と比較すれば価格上の優位性がある。さらにケミカルシューズには、革靴では難しい多様な色やデザインで作れる利点がある。それらは中国や韓国から輸入された靴よりも高価であるが、日本人消費者は、それらが快適さやデザインで勝っていると考えている("Synthetic" 1997)。

9) 日本酒の生産は、ビール、ウイスキーや焼酎(サツマイモ、米、ソバから蒸留される澄んだリキュール)との競争によって、1990年代を通じて低下した。同様に、真珠の輸出や瓦の生産も、10年ほど前から代用品に市場占有率を奪われた(阪神経済研究機構[HERT]の研究員を務める水上潤氏との談話による)。

第8章　結　論
題辞：Markku Niskala, Secretary General, International Federation of Red Cross and Red Crescent Societies, in *World Disaster Report* 1996 (Bloomfied: Kumarian, 2005); Hyōgo Prefecture Government, Office of the 10th Year Restoration Committee, *Report of the 10-Year Reconstruction: Overall Verification and Recommendation: Summary Edition*. (http: www.relifeweb.int/rw/RWFiles2006.nst/FilesByRWDocUNIDFileName/RMOI-6LK4HC-Hyogo-jpn-31jan.pdf/$File/hyogo-jpn-31jan.pdf)

1) 皮肉にも、国連の後援を受けて神戸で開催された阪神地震10周年記念日の会合は、2004年12月に津波がもたらした東南アジアの更に激甚な災害によって暗い影を落とされた(Ueba and Ihara 2005)。

2) 都市計画に向けた日本の伝統的アプローチの一つの否定的な結果は、地方自治体が復興計画を担当しているということである。ただ、伝統的アプローチは、事案が生じたときの復興契機の先取りによって、比較的「特別な」方法でのみ対応できる。これは、主として日本の計画調整の自由度の無さ、地方自治体のための真の自治の不足、そして中央官庁に適用される大規模な「ハードウェア」事業に関する硬直化した補助金システムに依拠する。加えて、「自力更生」が最良のアプローチだという見地に立って、政府は個人への援助に「及び腰」だった。しかしながら、政府は復興の場面で、こうした自力更生の伝統的な原則を、阪神・淡路大震災復興基金の支援によって、伸ばせるところまで伸ばした。さらに、土地区画整理事業と都市再開発事業を実施するにあたって、復興事業を完成させるために、地主には特別の配慮(たとえば森南地区での減歩を2.5％にまで縮小したこと)がなされた。他方、政府からの支援には限界があった。神戸市に特別産業振興地域を設けるための最初の提案は拒否された。生存者の多くに適切な福祉事業が行き渡っていなかったことに加え、公的資金を活用して再計画に着手できた正規の都市再開発・区画整理地区は被災地域のわずか4％に過ぎなかった。

3) 公営住宅事業による住居で暮らす多くの独居高齢者の苦境もまた、災害がもたらした負の遺産である。神戸市内の公営住宅居住者の総数の30～40％が高齢者であると推測される。高齢者の孤独死や自殺という大きな悲劇は、震災10周年記念に際

してメディアが報道し続けた。関西大学社会学部教授の松原一郎氏は、公営住宅で暮らす高齢者の見過ごせない主要な3つの問題があると結論を下した。その3つとは、管理やセキュリティにおける放漫さ、住宅と社会福祉との間の協調不足、そして生存者のための強靭な組織が公営住宅に無いことである（"Quake Survivor" 2005）。

4) 確かに、再開発や再調整を経た地区の外側の地域コミュニティ（グレーゾーンやホワイトゾーン）において災害緩和や予防政策がどのように組織したか調べる一層の研究が望まれる。また、こうした地域でNPOやボランティアが果たした役割をさらに調べることが求められる。多くの生存者が隣人、コミュニティ、そして人々のニーズに委ねられたNPOの手で、1995年の震災のときに倒壊家屋から救出された。ただ、長期的な回復においては、これらのグループが果たす重大な役割が十分に理解されない。神戸の復興事業が被災者の日常生活にいかなる影響を及ぼしているのかについても精査が必要である。1990年代末に仮設住宅から移動した多くの人々は、仕事を見つけることができなかったため、2005年までに自らの生計を回復できていなかった。さらに彼らは、新しい居住地で隣人との関係を築くのに苦労した（Johnston 2005）。

5) 立証報告書は、被災者に対して国による課税免除が与えられたと肯定的に記した。さらに、緊急住宅の入居基準を一層緩和し、また低収入の被災者に対して公営住宅の家賃減免をするために、地方財政は拡張された。地方自治体レベルでは、高齢者が助け合って生きていけるように、「お年寄り見守り」システムと共同住宅システムが始められた。他の領域では、神戸の産業振興地域のための提案についての好意的なコメントが報告書に記された。産業振興地域には、後に高度医療産業特別ゾーンを含む構造改革特区に選抜された、特別領域が含まれている。この報告書は、先進的な2段階からなる地域計画と土地区画整理システムの道筋を留意のうえ記したが、その第一段階は広域的な視点から道路拡幅や主なオープンスペースについての枠組みを設けることであり、第二段階はより地域密着的な視点で道路や公園の配置を考えることであった。新事業としては、神戸ルミナリエ点灯事業が冬季の神戸における観光集客ハイライトのうちの一つとして、しっかりと確立されるようになったことが注目される。ルミナリエは、災害後の士気を上げるのに多大な貢献を果たした（Hyōgo Prefecture Government 2005b）。

6) 市民の手で公表された多くの報告書は、兵庫県や神戸市によってなされた5年ないしは10年の評価に対して批判的だった。これらの報告書では、公共工事の予算に比べて、住宅問題や個々の生存者の生計のための資金が不足していることに注目していた。これらに関しては、Assessment Report Announcement Committee (2001)、Shiozaki, Nishikawa and Deguchi (2005) を参照のこと。

7) French(1995)は、地震前にあらかじめ復興計画を立てておくことの最大の難点は、損害を予言するのが非常に難しいことであると記した。地震の衝撃についての精巧なモデリングでさえ、被害パターンには大きな任意の要素があるように思える。つまり、損害の正確な広がりは、地震のサイズや震源の位置に応じて異なる。神戸の経験は、災害前の人口統計学的傾向が、阪神地震の後でも持続しているだけでなく、政府援助が貧困層と高齢者に向けて不釣り合いになされたにせよ、上記の傾向が近隣地区の相対的な富や貧困を反映する優れた予言者であることを示唆している。

8) 1923年の関東大震災の後に、横浜市は街路から瓦礫を取り去り、山下公園を造成した。そこは80余年を経て市民が海に浮かぶ船を散歩しつつ見ることができる場所である。関東大震災の後に復興担当の職員であった後藤新平は、わずか1日で復興に向けた大胆な計画を準備したと言われていた。彼は、ヨーロッパの流儀に則った首都を再建するため、瓦礫だらけの広大な土地を買い切るよう帝国政府に要求した。結局のところ、それほど野心的でない計画が進んだものの、後藤の見通しは公園と並木道で維持されており、それらは1920年代の東京に異国情緒を添えるものだった(Koshizawa 1995, 1996)。

9) 他方、日本型モデルの一部分は、他の国々においてはそれほど適切ではないと思われる。たとえば、阪神地震の後で応用された(そしてこの研究の全体にわたって言及してきた)日本の伝統的アプローチの難点は次のようなものである。つまり、まだ復興を任された状況にある地方自治体は、災害が発生した時点で、とりあえず復興計画を立案するという比較的特別な方法で反応せざるを得ない(上部機関からの指示を待っていたのでは間に合わない)。神戸市には、自らの計画ビジョンを作り上げる権限が与えられたものの、日本の立案手続きの硬直性は復興のさまざまな方法を厳しく抑制した。こうした制約には、地方自治体のための真の自治の欠如、そして政府省庁による大規模な「ハードウェア」事業用の厳密な補助金システムの不足が含まれていた。さらに、神戸で適用されたある解決策、たとえば地震による被災者のための仮設住宅を建設するために既存の近隣公園を使うことは、おそらく欧米の価値観(条件)には適合しない。さらに日本には、地震の危険性をカバーできる適切な自家保険システムが十分に普及していない。日本で大地震が生じた場合には、影響を受けた国民に対して政府が直接的に財政援助を行う準備がまだできておらず、被災地を正常に戻す作業が問題なく進むとは考えられない。

10) 神戸の災害が極めて深刻であったにもかかわらず、日本の地震に対する備えがパッチワークのように多種多様のままであることを、多くの研究が示した。国土交通省によれば、国内の4,400万戸の家屋の約30%が、まだ現在の耐震基準を満たせていない(Nakamura 2005)。

文　献

"17 Meter Road to Be Reviewed." 1995. *Asahi Shimbun*, December 3, 5. In Japanese.
"12,000 Could Die in Tokyo Quake." 2004. *Daily Yomiuri Online*. http://www.yomiuri.co.jp/dy.
"About One of Five Buildings in Central Kobe Were Damaged Beyond Repair." 1995. *Mainichi Daily News*, January 26, 3.
"Agree or Disagree? Negotiation Is in Its Final Stage." 1996. *Sankei Shimbun*, April 13, 3. In Japanese.
"Airport Enemies Fail to Oust Kobe Mayor." 2000. *Japan Times*, May 22.
Alexander, D. 1993. *Natural Disasters, Wellington After the Quake: The Challenge of Rebuilding Cities*, 47–54. Wellington: Earthquake Commission and Centre for Advanced Engineering. London: UCL.
American Association of Port Authorities. 2007. *Port Industry Statisics*. http://www.aapa-ports.org/Industry/content.cfm?ItemNumber=900.
Anderson, M.B., and P.J. Woodrow. 1989. *Rising from the Ashes: Development Strategies in Times of Disaster*. Boulder: Westview.
Apter, D.E., and N. Sawa. 1984. *Against the State: Politics and Social Protest in Japan*. Cambridge, MA: Harvard University Press.
Archer, R.W. 2000. Urban Redevelopment with Landowner Participation Using the Land Pooling/Readjustment Technique. In *Planning for a Better Urban Living Environment in Asia*, ed. A.G.-O. Yeh and M.K. Ng, 252–77. Aldershot: Ashgate.
Arita, E. 2003. "High-Rise Denizens Wage Effort to Regain Sense of Community." *Japan Times Online*, December 31, 2003. http://www.japantimes.co.jp.
Arnold, C. 1993. *Reconstruction After Earthquakes: Issues, Urban Design and Case Studies*. Report to the National Science Foundation. San Mateo: Building Systems Development.
Asano, M. 1995. "Characteristics of the Southern Hyōgo Earthquake: Damage to Urban Facilities." *The Wheel Extended* (Special Issue: Earthquakes and Urban Transport) 92 (July): 2–9.
Ashitani, T. 1995. "Jobless in Kobe: New Fears for Post-Quake Residents." *Mainichi Daily News*, May 19, 12.
Asian Urban Information Center of Kobe. 2003. "Feature: Population Ageing." *AUICK Newsletter*, No. 40. http://www.auick.org/publications/apc_index.html#040.
Assessment Report Announcement Committee. 2001. "The Great Hanshin Earthquake: Citizen-Centered Assessment on Rehabilitation." http://www.geocities.jp/sinsaikoe/

indexeng.html.
Awotona, A., ed. 1997. *Reconstruction After Disaster: Issues and Practices*. Aldershot: Ashgate.
Barrett, B.F.D. 2000. "Decentralization in Japan: Negotiating the Transfer of Authority." *Japanese Studies* 21: 33-48.
Barrett, B.F.D., and R. Theriwel. 1991. *Environmental Policy and Impact Assessment in Japan*. London: Routledge.
Barton, A.H. 1969. *Communities in Disaster*. New York: Doubleday.
Bates, F.L., and W.G. Peacock. 1998. "Long-Term Recovery." *International Journal of Mass Emergencies and Disasters*: 349-65.
Beaumann, C. 1998. *The Challenge of Land Use Planning After Urban Earthquakes: Observations from the Great Hanshin Earthquake of 1995*. Oakland: Earthquake Engineering Research Institute.
Berke, P.R., J. Kartez, and D. Wenger. 1993. "Recovery After Disaster: Achieving Sustainable Development, Mitigation, and Equity." *Disasters* 17: 93-109.
Birch, E.L., and S.M. Watcher, eds. 2006. *Rebuilding Urban Places After Disaster: Lessons from Hurricane Katrina*, 132-48. Philadelphia: University of Pennsylvania Press.
Blaikie, P., T. Cannon, I. Davis, and B. Wisner. 1994. *At Risk: Natural Hazards, People's Vulnerability and Disasters*. New York: Routledge.
Blaker, M. 1996. "Japan in 1995: A Year of Natural and Other Disasters." *Asian Survey* 36: 41-52.
"Bleak Housing Outlook." 1996. *Japan Times*, May 8, 3.
Bolin, R. 1994. *Household and Community Recovery After Earthquakes*. Program on Environment and Behavior, Monograph no. 56. Boulder: Institute of Behavioural Sciences, University of Colorado.
Bolin, R., and L. Stanford. 1998. "The Northridge Earthquake: Community-Based Approaches to Unmet Recovery Needs." *Disasters* 22: 21-38.
Britton, N. 1995. "The Great Hanshin Hyōgo-Ken Nanbu Earthquake of Southern Hyōgo Prefecture, Japan, 17 January 1995: Emergency Management Implications of Kobe City." Full Field Study Report, March 12-24, 1995. Wellington: Emergency Management Office, Wellington City Council. Mimeo.
"Building a New Kobe: Reflecting the Voice of the Citizens." 1996. *Wheel Extended* 94 (February): 19-24.
Building Centre of Japan. 2005. http://www.bcj.or.jp/en/03/01_03.html.
CAEE (Canadian Association for Earthquake Engineering). 1995. *The Hyōgo-ken Nanbu Kobe Earthquake of 17 January* 1995. Vancouver: CAEE.
Callies, D. 1994. "Land Use Planning and Control in Japan." In *Planning for Cities and Regions in Japan*, ed. P. Shapira, I. Masser, and D.W. Edgington, 59-69. Liverpool:

University of Liverpool Press.
———. 1997. "Urban Land Use and Control in the Japanese City: A Case Study of Hiroshima, Osaka, and Kyoto." In *The Japanese City*, ed. P.P. Karan and K. Stapleton, 134-55. Lexington: University Press of Kentucky.
Cannon, T. 1994. "Vulnerability Analysis and the Explanation of 'Natural' Disasters." In *Disasters, Development, and Environment*, ed. A. Varley, 13-30. Chichester: Wiley.
"Care for Weak and Foreign Survivors." 1995. *Daily Yomiuri*, February 5, 7.
Carr, L.J. 1932. "Disaster and the Sequence-Pattern Concept of Social Change." *American Journal of Sociology* 38, 2: 207-18.
Case, R. 2004. "Natural Hazards in Japan." *Geographical Review* 17: 32-35.
CGAEC (Committee for Global Assessment of Earthquake Countermeasures). 2000. *Summary of Assessment Recommendations*. Kobe: Hyōgo Prefectural Government.
Chang, S.E. 2000. "Disasters and Transport Systems: Loss, Recovery, and Competition at the Port of Kobe After the 1995 Earthquake." *Journal of Transport Geography* 8: 53-65.
———. 2001. "Structural Change in Urban Economies: Recovery and Long-Term Impacts in the 1995 Kobe Earthquake." *Kokumin Keizai Zasshi: Journal of Economics and Business Administration)* 183, 1: 47-66.
———. 2003. "Transportation Planning for Disasters: An Accessibility Approach." *Environment and Planning A* 35: 1051-72.
Chang, S.E., and S.B. Miles. 2003. "Resilient Community Recovery: Improving Recovery Through Comprehensive Modeling." In *Research Progress and Accomplishments 2001-2003*, 139-48. Buffalo: Interdisciplinary Center for Earthquake Engineering Research.
Chang, S.E., and N. Nojima. 2001. "Measuring Post-Disaster Transportation System Performance: The 1995 Kobe Earthquake in Comparative Perspective." *Transportation Research Part A* 35: 475-94.
Chen, B. 2005. "'Resist the Earthquake and Rescue Ourselves': The Reconstruction of Tangshan After the 1976 Earthquake." In *The Resilient City: How Modern Cities Recover from Disaster*, ed. L.J. Vale and T.J. Campanella, 235-53. Oxford: Oxford University Press.
"Citizens Protest Rezoning of Four Cities." 1995a. *Daily Yomiuri*, March 16, 2.
———. 1995b. *Japan Times*, March 16, 2.
City of Kobe. 1992. *The City of Kobe*. Kobe.
———. 1995a. "Disaster Rehabilitation." *Machizukuri News* no. 2, February 19. Mimeo in Japanese.
———. 1995b. "Disaster Rehabilitation." *Machizukuri News* no. 3, February 23. Mimeo in Japanese.
———. 1995c. "Kobe City Restoration Plan" (abridged).

———. 1995d. "The Kobe City Restoration Plan and the Establishment of a Safe City." Mimeo.
———. 1996. "The Great Hanshin-Awaji Earthquake Statistics." May 1996. Mimeo.
———. 1997. "Towards Bright and Livable Town Building: Mano District Town Building Agreement."
———. 1999. "Restorative Post-Earthquake Urban Redevelopment Projects." Redevelopment Division, Urban Planning Bureau.
———. 2002. "Moriminami Township 1-chōme District Planning Agreement: Striving for a Wholesome and Appealing Town Where Good Residential Areas. Match a Vibrant Township." Moriminami Township 1-chōme District Planning Conference.
———. 2003a. "The Great Hanshin-Awaji Earthquake Statistics and Restoration Progress." Mimeo.
———. 2003b. "Outline of Kobe Airport." Airport Project Office.
———. 2004a. "Striving for Safe and Comfortable Urban Development: Earthquake Disaster Reconstruction Land Readjustment Projects, Collaborative Urban Development." Urban Planning and Housing Bureau (in Japanese).
———. 2004b. "Kobe: An Exciting Place to Work and Live."
———. 2005a. "The Great Hanshin-Awaji Earthquake Statistics and Restoration Progress." September 1.
———. 2005b. "The Progress and Projects of Reconstruction During the Past Ten Years Since the Earthquake Disaster." Mimeo in Japanese.
———. 2005c. "Kobe Medical Industry Development Project."
———. 2006. *City of Kobe Web Site*. In Japanese. http://www.city.kobe.jp/cityoffice/06/013/tokei/pdf.
———. Various years. *City of Kobe Web Site*. In Japanese. http://www.city.kobe.lg.jp/.
City of Kobe, International Division. 2005. "Overview of Kobe." http://www.city.kobe.jp/cityoffice/17/020/projects.htm.
Cochrane, H. 1997. "Forecasting the Economic Impact of a Midwestern Earthquake." In *Economic Consequences of Earthquakes: Preparing for the Unexpected*, ed. B.G. Jones, 22-248. Buffalo: National Center for Earthquake Engineering Research.
Collins, S. 2008. "Knowledge Clusters and the Revitalization of Regional Economies in Japan: A Case Study of the Biomedical Industry in Kobe." *Prometheus* 26: 111-22.
Comerio, M.C. 1997. "Housing Issues After Disasters." *Journal of Contingencies and Crisis Management* 5: 166-78.
———. 1998. *Disaster Hits Home: New Policy for Urban Housing Recovery*. Berkeley: University of California Press.
Comfort, L.K., ed. 1988. *Managing Disaster: Strategies and Policy Perspectives*. Durham: Duke University Press. .
"Connections" (newsletter of the UN Human Information Network for Disaster Manage-

ment in Asia and the Pacific). 1996. *Hanshin Recovery Ontrack* 1: 1, 12.
CLAIR (Council of Local Authorities for International Relations). 2004. "Local Government in Japan." http://www.clair.or.jp/e/forum/pdf/en2004.pdf.
"Condo Rebuilding Fraught with Obstacles." 1995. *Japan Times*, February 7, 2.
Craft, L. 2000. "Japan's Nonprofits Carve Out a Space of Their Own." *Japan Times*, September 28.
Cuny, F.C. 1983. *Disasters and Development*. New York: Oxford University Press.
Cybriwsky, R.A. 1998. *Tokyo: The Shogun's City at the Twenty-first Century*. New York: Wiley.
Dearing, J.W. 1995. *Growing a Japanese Science City: Communication in Scientific Research*. London: Routledge.
"Deregulation Is Best Way to Rebuild Quake-Hit Areas." 1995. *Asahi Evening News*, July 31, 6.
"Disaster Reduction and Human Renovation Institution." 2007. http://www.dri.ne.jp/english.
Doebele, W., J. Matsubara, and Y. Nishiyama. 1986. "Conceptual Models of Land Readjustment." In *Land Readjustment: The Japanese System*, ed. L. Minerbi, P. Nakamura, K. Nitz, and J. Yanai, 81–96. Boston: Oelgeschlager, Gunn, and Hain.
"Down and Out in a Kobe Park." 1995. *Asahi Evening News*, May 3, 1, 4.
Drabek, T.E. 1986. *Human System Responses to Disaster: An Inventory of Sociological Findings*. New York: Springer.
Drabek, T.E., and G.J. Hoetmer, eds. 1991. *Emergency Management: Principles and Practice for Local Government*. Washington: International City Management Association.
Dudasik, S. 1982. "Unanticipated Repercussions of International Disaster Relief." *Disasters* 6: 31–37.
Dynes, R.R., and K.J. Tierney, eds. 1994. *Collective Behaviour and Social Organization*. Newark: University of Delaware Press.
Eadie, C. 1996. *Kobe Eight Months After: Images of the Interim City*. EERI Special Earthquake Report. Oakland: Earthquake Engineering Research Institute.
"Earthquake Shatters Myth of Invincible Infrastructure." 1995. *Mainichi Daily News*, February 14, 6.
ECCAE (Earthquake Commission and Centre for Advanced Engineering). 1995. *Wellington After the Quake: The Challenge of Rebuilding Cities*. Wellington.
Edgington, D.W. 1994. "Planning for Technology Development and Information Systems in Japanese Cities and Regions." In *Planning for Cities and Regions in Japan*, ed. P. Shapira, I. Masser, and D.W. Edgington, 126–54. Liverpool: Liverpool University Press.
——. 1998. "The Geography of Confidence and Uncertainty: Kobe After the Hanshin

Earthquake." In *Confidence and Uncertainty in Japan: Proceedings of the Tenth Annual Conference of the Japan Studies Association of Canada,* 1997, ed. M. Donnelly, 210-31. Toronto: University of Toronto-York University Joint Centre for Asia Pacific Studies.

———. 2000. "City Profile: Osaka." *Cities* 17: 305-18.

———. 2003. "Japan Ponders the Good Life: Improving the Quality of Japanese Cities." In *Japan at the Millennium: Joining Past and Future,* ed. D.W. Edgington, 193-221. Vancouver: UBC Press.

———.2004. "Local Government Fiscal Relationships and Regional Equalization." In *Understanding Japan: Essays Inspired by Frank Langdon,* ed. L.T. Woods, 59-86. Vancouver: Centre for International Relations, University of British Columbia.

Edgington, D.W., T. Hutton, and M. Leaf. 1999. "The Postquake Reconstruction of Kobe: Economic, Land Use, and Housing Perspectives." *Japan Foundation Newsletter* 27, 1: 13-15, 17.

Ellson, R.W., J.W. Milliman, and R.B. Roberts. 1984. "Measuring the Regional Economic Effects of Earthquakes and Earthquake Predictions." *Journal of Regional Science* 24: 559-74.

"Environment Agency to Back Kobe Airport." 1997. *Japan Times,* March 3, 2.

"Evacuees in Parks to Face Off Against Kobe City." 1995. *Daily Yomiuri,* June 21, 11.

Evans, N. 2002. "*Machi-zukuri* as a New Paradigm in Japanese Urban Planning: Reality or Myth?" *Japan Forum* 14: 443-64.

Fainstein, S.S. 1994. *The City Builders: Property, Politics, and Planning in London and New York.* Oxford: Blackwell.

Farrell, W.R. 1995. "Comment: In Times of Crisis." *Look Japan,* May, 16-17.

FEMA (Federal Emergency Management Agency). 2000. *Hazards, Disasters, and the U.S. Emergency Management System: An Introduction Session 6: Fundamentals of U.S. Emergency Management.* Washington: Emergency Management Institute.

"Financial Reverberations Felt." 1995. *Asahi Evening News,* February 17, 3.

"Five Years After Great Hanshin Quake Kobe Continues Process of Recovery." 2000. *Japan Times,* January 17, 3.

Foster, H.D. 1980. *Disaster Planning: The Preservation of Life and Property.* New York: Springer.

"Four Years Passed and the Last Land Readjustment Starts." 1999. *Kobe Shimbun,* October 8, 28. In Japanese.

French, S.P. 1995. "Planning for Reconstruction: Opportunities and Constraints Facing Wellington." In *Wellington After the Quake: The Challenge of Rebuilding Cities,* 47-54. Wellington: Earthquake Commission and Centre for Advanced Engineering.

Friesma, H.P., J. Caporaso, G. Goldstein, R. Lineberry, and R. McCleary. 1979. *Aftermath: Communities After Natural Disasters.* Beverly Hills: Sage.

Fujikawa, T. 1995. "Nature of Japanese Bureaucracy Hinders Ability to Conduct Coordinated Relief Effort." *Nikkei Weekly*, January 30, 8.

Fujimori, T. 1980. "Hanshin Region." In *An Industrial Geography of Japan*, ed. K. Murata and I. Ota, 81–90. New York: St. Martin's.

Fukami, T. 2000. "The Urban Renewal Projects in Japan: Nonresidential Projects." In *Planning for a Better Urban Living Environment in Asia*, ed. A.G.-O. Yeh and M.K. Ng, 278–96. Aldershot: Ashgate.

Fukuda, M. 1996. "Rezoning Delay Stalls Kobe Reconstruction." *Nikkei Weekly*, July 1, 4.

Fukunaga, H. 1995. "Natural Disaster, Unnatural Consequences." *Tokyo Business* 63, 4: 4–7.

Fukushima, G. 1995. "The Great Hanshin Earthquake." JPRI Occasional Paper no. 2. San Francisco: Japan Policy Research Institute. http://www.jpri.org.

"Fund to Help Disaster Victims Rebuild." 2003. *Asahi News Service*, 18 July, http://www.asahi.com.

Funck, C. 2007. "Machizukuri, Civil Society, and the Transformation of Japanese City Planning: Cases from Kobe." In *Living Cities in Japan: Citizens' Movements, Machizukuri and Local Environments*, ed. A. Sorensen and C. Funck, 137–56. London: Routledge.

Furukawa, S. 2000. "An Institutional Framework for Japanese Crisis Management." *Journal of Contingencies and Crisis Management* 8: 3–14.

Futaba, K. 1996. "Economic Reconstruction Focused on Local Industry, United Nations Centre for Regional Development." In *Innovative Urban Community Development and Disaster Management*, ed. United Nations Centre for Regional Development, 143–44. UNCRD Proceedings Series No. 13. Nagoya: UNCRD.

Geipel, R. 1982. *Disaster and Reconstruction: The Fruili, Italy, Earthquakes of 1976*. Boston: Allen and Unwin.

———. 1991. *Long-Term Consequences of Disasters: The Reconstruction of Friuli, Italy, in Its International Context, 1976–1988*. New York: Springer.

Gillespie, D.F., and R.A. Colignon. 1993. "Structural Change in Disaster Preparedness Networks." *International Journal of Mass Emergencies and Disasters* 11: 143–62.

Gillespie, D.F., R.A. Colignon, M.M. Banerjee, S.A. Murty, and M.E. Rogge. 1993. *Partnerships. for Community Preparedness*. Boulder: Institute of Behavioral Science, University of Colorado Press.

Godschalk, D.R., T. Beatley, P. Berke, D.J. Bower, and E.J. Kaiser. 1999. *Natural Hazard Mitigation: Recasting Disaster Policy and Planning*. Washington: Island.

"Government Declares Kobe a Disaster Zone." 1995. *Mainichi Daily News*, January 25, 1.

Government of Japan. 2002. *Disaster Management in Japan*. Tokyo: Director General for Disaster Management, Cabinet Office.

"Government to Cover Cost of Removal of Quake Debris." 1995. *Daily Yomiuri*, 29

January, 1.
"Government Will Set Up HQ Instead of Independent Rebuilding Agency." 1995. *Mainichi Daily News*, February 4, 2.
"Governor Sees ¥12 Trillion Going for Quake Rebuilding." 1995. *Japan Times*, July 18, 6.
"Great Hanshin-Awaji Earthquake Reconstruction Fund/Hyōgo Prefecture/Kobe City." 2003. In *Creative Reconstruction from the Great Hanshin-Awaji Earthquake: Phoenix Hyōgo 2003*. Kobe: Great Hanshin-Awaji Earthquake Reconstruction Foundation/Hyōgo Prefecture/Kobe City.
"Great Hanshin Earthquake." 2007. http://en.wikipedia.org/wiki/Great_Hanshin_earthquake.
"Group Demands Compensation for Quake Damage." 1996. *Mainichi Daily News*, June 23, 20.
Guillain, R. 1981. *I Saw Tokyo Burning: An Eyewitness Narrative from Pearl Harbour to Hiroshima,* trans. W. Byron. London: John Murray.
Haas, J.E., P.B. Trainer, M.J. Bowden, and R. Bolin. 1977. "Reconstruction Issues." In *Reconstruction Following Disasters*, ed. J .E. Hass, R. W. Kates, and M.J. Bowden, 25–68. Cambridge, MA: MIT Press.
Haas, J.E., R.W. Kates, and M.J. Bowden, eds. 1977. *Reconstruction Following Disaster*. Cambridge, MA: MIT Press.
Hadamitzky, W., and M. Spahn. 1981. *Kanji and Kana: A Handbook and Dictionary of the Japanese Writing System*. Rutland, VT: Charles E. Tuttle.
Hadfield, P. 1991. *Sixty Seconds that Will Change the World: The Coming Tokyo Earthquake*. Boston: Tuttle.
Hamano, T. 1995. "The Great Quake and Volunteers." *Journal of Japanese Trade and Industry* 14, 3: 42–43.
Harada, T. 2004. "Recovery and Reconstruction: Towards Disaster Resilient Communities from Lessons Learnt in Japan." http://unpan1.un.org/intradoc/groups/public/documents/APCITY /UNPANOI9556.pdf.
"Harbor Business Drifting to Asian Ports." 1995. *Nikkei Weekly*, June 5, 1, 9.
Hashimoto, N. 2000. "Public Organizations in an Emergency: The 1995 Hanshin-Awaji Earthquake and Municipal Government." *Journal of Contingencies and Crisis Management* 8, 1: 15–22.
Hay, C. 1995a. "Foreign Survivors of Kobe Quake Still Face Housing, Cash Woes: Hotline." *Japan Times*, August 6, 3.
——. 1995b. "Evacuees Fight to Remake, Remain in Kobe Neighbourhood." *Japan Times*, October 1, 3.
——. 1995c. "1,000 Cling to First Refuge: Quake's Homeless Lament Options." *Japan Times*, December 22, 3.
Hayashi, H. 2003. "The Needs of Holistic Approach-Lessons from Hanshin-Awaji Earth-

quake." Distaster Prevention Research Institute, Kyoto University.
―. 2006. "Strategy for Holistic Recovery: Lessons from Past Disasters." Disaster Prevention Research Institute, Kyoto University.
Hein, C. 2001. "Toshikeikaku and Machizukuri in Japanese Urban Planning: The Reconstruction of Inner City Neighborhoods in Kobe." *Jahrbuch des Deutschs Institut für Japanstudien* XIII: 221-52.
―. 2003. "Rebuilding Japanese Cities After 1945." In *Rebuilding Urban Japan After 1945*, ed. C. Hein, J.M. Diefendorf, and Y. Ishida, 1-16. Houndmills: Palgrave MacMillan.
―. 2005. "Resilient Tokyo: Disaster and Transformation in the Japanese City." In *The Resilient City: How Modern Cities Recover From Disaster*, ed. L.J. Vale and T.J. Campanella, 213-34. New York: Oxford University Press.
Hein, C., and P. Pelletier. 2006. "Introduction: Decentralization and the Tension Between Global and Local Urban Japan." In *Cities, Autonomy and Decentralization in Japan*, ed. C. Hein and P. Pelletier, 1-24. London: Routledge.
Hengjian, L., M. Kohiyama, K. Horie, N. Maki, H. Hayashi, and S. Tanaka. 2003. "Building Damage and Casualties After an Earthquake." *Natural Hazards* 29: 387-403.
HERO (Hanshin-Awaji Economic Revitalization Organization). 1996a. "Earthquake-Induced Unemployment Subsistence Loans." *Economic Revitalization* 1 (Spring): 12.
―. 1996b. "Toward an Attractive Complex for New Industries." *Economic Revitalization* 3(Autumn): 4-5.
―. 1996c. "Official Supports Back Enterprise Startups and New Business Initiatives." *Economic Revitalization* 2 (Summer): 8-9.
―. 1997. "Ministry of Ttansport Approves Establishment of Kobe Airport." *Economic Revitalization* 5: 10.
― 1998a. "Government's Hanshin-Awaji Reconstruction Headquarters Approves Three Additional New Industrial Structure Formation Projects." *Economic Revitalization* 8: 8.
―. 1998b. "Interim Report on Uneven Rates of Economy Recovery." *Economic Revitalization* 8: 14-17.
―. 1998c. "New Perspective of Revitalization of Urban Retail Markets." *Economic Revitalization* 7: 2-8.
―. 2004. "Port Island." Mimeo.
Hewitt, K. 1997. *Regions of Risk: A Geographical Introduction to Disasters*. Harlow: Longman.
HIC (Habitat International Coalition). 1996. "Still Waiting: Housing Rights Violations in a Land of Plenty: The Kobe Earthquake and Beyond." Amsterdam.
"Higashi-Nada/Moriminami Area Machizukuri Committee Was Organized." 1995. *Asahi Shimbun* (Kobe Hanshin edition), April 13, 2. In Japanese.

Hirao, S. 1995a. "Some Upgrades Questioned: Most Earthquake Repairs on Track." *Japan Times*, December 20, 3.
———. 1995b. "Great Quake Still Altering the Landscape: Employees Reel as Industry Limps into Uncertain Future." *Japan Times*, December 19, 3.
———. 1995c. "Consensus Elusive as Kobe Neighbourhoods Try to Rebuild: Collective High-Rises Weighed Amid Codes." *Japan Times*, May 14, 6.
———. 1995d. "Kobe Port Tries to Regain Stature." *Japan Times*, July 16, 3.
Hirayama, Y. 2000. "Collapse and Reconstruction: Housing Recovery Policy in Kobe After the Hanshin Great Earthquake." *Housing Studies* 15: 111-28.
Hogg, S.J. 1980. "Reconstruction Following Seismic Disaster in Venzone, Fruili." *Disasters* 4: 173-85.
Holzer, T.L. 1995. "The 1995 Hanshin-Awaji (Kobe), Japan, Earthquake." *GSA Today* 5, 8: 153-56, 165, 167.
"Homeless in Japan Find a Place in Cities' Public Parks: Long Economic Slump, Tolerance Allow Shantytowns to Take Root." 2003. *Wall Street Journal*, June 18.
Horwich, G. 2000. "Economic Lessons of the Kobe Earthquake." *Economic Development and Cultural Change* 48: 521-42.
"House Addresses in Japan." 2005. http://www.everything2.com/index.pl?node_id=1099909.
Hyōgo Prefecture Government. 1995. "Outline of the Hanshin-Awaji Earthquake Reconstruction Plan: Beyond the Great Hanshin-Awaji Earthquake." Kobe.
———. 1996a. "Reconstruction of the Areas Affected by the Great Hanshin-Awaji Earthquake." Kobe. Mimeo.
———. 1996b. "Phoenix Hyōgo: Reconstruction from the Great Hanshin-Awaji Earthquake. For Hyōgo in the 21st Century." Kobe.
———. 2005a. "Creative Reconstruction Following the Great Hanshin-Awaji Earthquake." March 18. Kobe.
———. 2005b. *The Report of the 10-Year Reconstruction: Overall Verification and Recommendations. (Summary Edition)*, The Office of the 10th Year Restoration Committee. http://www.reliefweb.int/rw/RWFiles2006.nsf/FilesByRWDocUNIDFileName/RMOI-6LK4HC-hyogojpn-31jan.pdf/$File/hyogo-jpn-31jan.pdf.
———. 2006. "Hyōgo Prefecture Statistics." Kobe.
Igarashi, T. 1996. "The Great Hanshin Earthquake and the New Rule." *City Planning Review* 200-1: 121-29. In Japanese.
Ikeda, K. 2005. "Finances of Restoration and Reconstruction." In *Lessons from the Great Hanshin Earthquake*, ed. Y. Shiozaki, E. Nishikawa, and T. Deguchi, 5. Kobe: Hyōgo Research Center for Quake Restoration.
Ikeya, A. 1995. "Quake-Bond 4. Issues Set at ¥1 Trillion." *Nikkei Weekly*, February 20, 2.
"Innovative City Planning Needed." 1995. *Daily Yomiuri*, February 19, 6.

"International Economic Forum in Kobe. Hyōgo-Kobe Strives to Become an International Economic Hub: Medicine and Distribution from the Core." 2001. *Nikkei Weekly*, October 29, 5.

International Federation of Red Cross and Red Crescent Societies. 1996. *World Disasters Report 1996*. New York: Oxford University Press.

――. 2005. *World Disasters Report 2005: Focus on Information in Disasters*. Bloomfield: Kumarian.

Ishida, Y. 2003. "Japanese Cities and Planning in the Reconstruction Period: 1945-55." In *Rebuilding Urban Japan After 1945*, ed. C. Hein, J.M. Diefendorf, and Y. Ishida, 17-49. Houndmills: Palgrave MacMillan.

Ishinomori, S. 1988. *Japan, Inc.: Introduction to Japanese Economics: The Comic Book*. Berkeley: University of California Press.

Itakura, K., and A. Takeuchi. 1980. "The Keihin Region." In *An Industrial Geography of Japan*, ed. K. Murata, 47-65. London: Bell and Hyman.

Itō, A. 1996. "The Decision to Keep Living." *Community and Urban Design* 1: 90-91. In Japanese.

Iwamoto, Y. 1995. "Contractors Jostle for Kobe Contracts." *Nikkei Weekly*, March 27, 9.

Japan Real Estate Institute. 2001. *Urban Land Price Index and National Wooden House Market Value Index*. Tokyo.

"Japan's Ports Act to Stop Business Drift." 1996. *Nikkei Weekly*, June 2, 20.

Jō, T. 1995. "Government Learns Quake Lessons Hard Way." *Asahi Evening News*, February 17, 2.

Johnston, E. 1999a. "Kobe Recovering Four Years After Quake: Direction of City's Future Under Debate." *Japan Times*, January 17, 3.

――. 1999b. "Kobe Inc. Machine Needs Oil." *Japan Times*, January 17, 3.

――. 2000a. "Kobe Closes Last Quake Shelter." *Japan Times*, January 17.

――. 2000b. "Protesters Step Up Kobe Airport Campaign." *Japan Times*, January 17, 12.

――. 2001. "Kobe Remembers '95 Quake, But Focus Shifts to Moving On." *Japan Times*, January 18. http://www.japantimes.co.jp.

――. 2005. "City's New Face Conceals Unhealed Wounds, a Sense of Communities Lost." *Japan Times*, January 18, 1.

Jun, J., and D.S. Wright, eds. 1996. *Globalization and Decentralization: Institutional Contexts, Policy Issues, and Intergovernmental Relations in Japan and the United States*. Washington: Georgetown University Press.

Kadoya, Y. 2005. "Kodokushi-Solitary Death." In *Lessons from the Great Hanshin Earthquake*, ed. Y. Shiozaki, E. Nishikawa, and T. Deguchi. Kobe: Hyōgo Research Center for Quake Restoration. http://www.shinsai.or.jp/hrc-e/publish/lessons_ghe/lghe08.html.

Kaga, Y. 1996. "Moriminami District's New Community Development Council." In *Innovative Urban Community Development and Disaster Management*, UNCRD Proceedings, Series no. 13, ed. UN Centre for Regional Development, 221. Nagoya: UNCRD.

Kaji, H., et al. 1995. *A Call to Arms: Report on the 17 January 1995 Great Hanshin Earthquake*. Discussion Paper no. 95-2. Nagoya: UN Centre for Regional Development.

Kajiki, K., and N. Segawa. 2000. "Foreign Firms Come Home Again." *Nikkei Weekly*, January 17, 8.

Kamel, N.M.O., and A. Loukaitou-Sideris. 2004. "Residential Assistance and Recovery Following the Northridge Earthquake." *Urban Studies* 41: 533-62.

Kanaji, N. 2005. "How Comfortable Was the Temporary Housing?" In *Lessons from the Great Hanshin Earthquake*, ed. Y. Shiozaki, E. Nishikawa, and T. Deguchi. Kobe: Hyōgo Research Center for Quake Restoration.

Kanaya, T., and M. Ikuta. 2003. *Japanese Experiences in Private Participation in Infrastructure: From the Third Sector to the PFI Method*. Tokyo: Japan Economic Research Institute.

Kanemitsu, K. 1995. "Kobe Presentation." In *Wellington After the Quake: The Challenge of Rebuilding Cities*, 201-4. Wellington: Earthquake Commission and Centre for Advanced Engineering.

"Kansai Calls for Deregulation to Help Rebuild Kobe." 1996. *Japan Times*, February 10, 12.

Karasaki, T. 1995. "Group Striving to Halt Quake-Related Suicides." *Asahi Evening News*, July 28, 6.

Kates, R.W. 1977. "Reconstruction Following Disaster." *Natural Hazard Observer* 1, 4: 5.

Kates, R.W., and D. Pijawka. 1977. "From Rubble to Monument: The Pace of Reconstruction." In *Disaster and Reconstruction*, ed. E.J. Haas, R.W. Kates, and M.J. Bowden, 1-23. Cambridge, MA: MIT Press.

Katō, H. 1995. "In Wake of Horror: Japan Begins Rebuilding, Ponders the Next One." *Nikkei Weekly*, January 23, 1, 19.

Katz, R. 1998. *Japan, The System That Soured: The Rise and Fall of the Japanese Economic Miracle*. Armonk: Sharpe.

Kawamura, S., M. Hirohara, and A. Yamashita. 1996. "The Composition of the Kobe Reconstruction Plan." *Community and Urban Design*, 1: 48-51. In Japanese.

KDDRCBA (Kunizuka District Disaster Recovery Community Building Association). 1995-97. "Kunizuka 6 Community Building News." Kobe: Morisaki Architect. In Japanese.

Kikumoto, Y. 2005. "Public Aid for Individuals." In *Lessons from the Great Hanshin Earthquake*, ed. Y. Shiozaki, E. Nishikawa, and T. Deguchi. Kobe: Hyōgo Research

Center for Quake Restoration.
Kim, Y.M. 1995. "A Korean Perspective." Japan Policy Research Institute Occasional Paper no. 2. San Francisco.
Kimura, R., H. Hayashi, S. Tatsuki, and K. Tamura. 2005. "Clarifying the Life Reconstruction Processes of Victims of the 1995 Hanshin-Awaji Earthquake on the Psychological Timeline." Paper presented at the 1st International Conference on Urban Disaster Reduction, Kobe, January. http://www.seis.nagoya-u.ac.jp/reo/051CDR_Reo_ppt.pdf.
Kinmokusei International Project. 1999. "Key Terminology in Restoration from Hanshin Earthquake Disaster" (English version). http://www.gakugei-pub.jp/kobe/key_e/index.htm.
Kishii, T. 1995. "The Incremental Approach on Kukaku-seiri Projects." Paper presented to the 8th International Seminar on Land Readjustment and Urban Development, November 7-9, Kobe. Mimeo.
"Kobe: 10 Years After the Nightmare." 2005. *Nikkei Weekly*, January 17, 3.
"Kobe Airport to Officially Open in February 2006." 2005. *Japan Times*, January 5, 5.
"Kobe Airport Too Pricey, Suit Claims." 1999. *Japan Times*, September 2, 4.
"Kobe Announces Largest Budget Ever: Fiscal 1995 Spending Program Will Cover Quake Related Expenditures." 1995. *Daily Yomiuri*, March 9, 6.
"Kobe Attracts Entrepreneurs for Its Revitalization." 1997. *Japan Times*, February 6, 8.
Kobe City Government, International Economic Development Division. 2003. "Kobe Business Portal Site." http://www.hyogo-kobe.jp/english/best/incentive/shinsyutu.html.
"Kobe 'Closes' Shelters, Ends Quake Meals." 1995. *Japan Times*, August 21, 1, 2.
"Kobe Harboring Great Hopes for Rebuilt Shipping Facilities." 1996. *Nikkei Weekly*, June 2, 20.
"Kobe House Toll at 35 Percent." 1995. *Asahi Evening News*, February 7, 5.
"Kobe Housing Open to Unregistered Foreigners." 1995. *Daily Yomiuri*, March 2, 3.
"Kobe Innovates to Rebuild Itself, Lure New Firms." 2000. *Nikkei Weekly*, January 17, 8.
"Kobe Mayor Sasayama Re-elected to the Third Term, Pledges to Rebuild His City." 1997. *Kippo News*, November 11. http://www.kippo.or.jp/KansaiWindowhtml/News/1997e/19971111_NEWS.HTML.
"Kobe Mayor Won't Seek Re-election." 2001. *Japan Times*, July 28.
"Kobe Plans Drive to Improve Image of Local Shoes." 2005. *Yomiuri Shimbun*, February 7, 18.
Kobe Ports and Harbors Office, Kinki Regional Development Bureau, Ministry of Land, Infrastructure and Transport. 2005. *Kobe Port: The Past, the Present, and the Future*. http://www.pa.kkr.mlit.go.jp/kobeport/en/pdf/thepastthepresentandfuture.pdf.

"Kobe Seeks Disaster Victims' Fund to Cover Home Loans." 1995. *Daily Yomiuri*, May 31, 2.
"Kobe Still Feels Quake's Financial Aftershocks." 1997. *Nikkei Weekly*, January 20, 5.
"Kobe to Create a Medical Industry Zone." 2004. *Japan Times*, September 28.
"Kobe to Cut Visiting Service for Elderly." 2004. *Daily Yomiuri*. http://www.yomiuri.co.jp/dy.
"Kobe Unable to Sell Tokyo on Economic Zone Plan: Lack of Justification Cited." 1996. *Japan Times*, January 31, 3.
"Kobe's Population Tops Level Before '95 Quake." 2004. *Japan Times*, November 6.
"Kobe's Recovery at 80 per cent, But New Industries Still Scarce." 2000. *Japan Times*, January 17, 12.
Kodama, Y. 1996. "The Plan of the City Area Reconstruction: The Desire and Reality." *Community and Urban Design* 1: 52–55. In Japanese.
Kohiyama, M., N. Yamashita, T. Sato, Lu Hengjian, N. Maki, S. Tanaka, and H. Hayashi. 2003. "Expansion of the Nishinomiya Built Earthquake Database." *Natural Hazards* 29: 501–22.
Koshizawa, A. 1995. "The Postquake Opportunity for Planning Model Communities." *Japan Echo* 22, 2: 32–35.
———. 1996. "The 1923 Great Kanto Earthquake Tokyo Reconstruction Plan: Its Significance and Heritage." *Wheel Extended* 95 (May): 2–9.
Kotaka, T., and D.L. Callies, eds. 2002. *Taking Land: Compulsory Purchase and Regulation in Asian-Pacific Countries*. Honolulu: University of Hawaii Press.
Kristof, N.D. 1995. "The Quake That Hurt Kobe Helps its Criminals." *New York Times*, June 6.
Kumagai, Y., and Y. Nojima. 1999. "Urbanization and Disaster Mitigation in Tokyo." In *Crucibles of Hazard: Mega-Cities and Disasters in Transition*, ed. J.K. Mitchell, 56–91. Tokyo: United Nations University Press.
Kuroda, T. 2005. "Local Communities Destroyed by Temporary Housing Policies." In *Lessons from the Great Hanshin Earthquake*, ed. Y. Shiozaki, E. Nishikawa, and T. Deguchi. Kobe: Hyōgo Research Center for Quake Restoration. http://www.shinsai.or.jp/hrc-e/publish/lessons_ghe/lghe21.html.
Kusachi, K. 1995. "An NGO Report from the Disaster Stricken Area of Kobe." In *Comprehensive Study of the Great Hanshin Earthquake*, ed. United Nations Centre for Regional Development, 179–85. Nagoya.
"Land-Readjustment Plans Make Slow Progress." 2000. *Nikkei Weekly*, January 17, 8.
"Last Disaster Land Readjustment Project Starts." 1999. *Mainichi Shimbun*, October 3, 8. In Japanese.
"Last Land Readjustment District Moriminami Starts Its Project." 1999. *Daily Yomiuri*, March 10, 2. In Japanese.

"Legacy Of Hanshin Quake: Elderly Feel Bite of Loneliness in Kobe." 2001. *Japan Times*, January 13.
Lindell, M.K., and R. Perry. 1992. *Behavioural Foundations of Community Emergency Planning*. Washington: Hemisphere.
Lipsey, R.G., and R.K. Lancaster. 1956. "The General Theory of the Second Best." *Review of Economic Studies* 24: 11–32.
Maejima, S. 1995. "Kobe Manufacturers Race to Recover." *Asahi Evening News*, May 31, 6.
Maki, F. 1996. "A Solid Base to Promote Private Enterprise." *Economic Revitalization* 1 (Spring): 1–3.
——. 2006. "Lessons From Past Disasters: Japanese Experience, Kobe and Beyond." Kyoto University. http://www.geolab.chl.state.ms.us/state_conf_2005/APA%20Disaster%20Recovery%20Workshop/3.NMaki-KobeRecovery.pdf.
Maki, N., and H. Hayashi. 2005. "How Can Stakeholders' Visions for Rebuilding a Community Be Compiled into a Plan?" *Journal* of *Natural Disaster Science* 27: 59–65.
Makino, M., K. Itō, and Y. Katoh. 2006. *The Vulnerability Context of Natural Disasters —Lessons from the Great Hanshin-Awaji Earthquake*. Kobe: School of Economics, University of Hyōgo.
"Many Government Tiers Hurt Quake Response." 1995. *Asahi Evening News*, February 3, 5.
Marshall, A. 1920. *Principles* of *Economics*. London: Macmillan.
Massard-Guilbaud, G. 2002. "Introduction: The Urban Catastrophe — Challenge to the Social, Economic, and Cultural Order of the City." In *Cities and Catastrophes: Coping with Emergency in European History*, ed. G. Massard-Guilbaud, H.L. Platt, and D. Schott, 9–42. Frankfurt am Main: Peter Lang.
Masuzoe, Y. 2000. *Years of Trial: Japan in the 1990s*. Tokyo: Japan Echo.
Mather, C., P.P. Karan, and S. Iijima. 1998. *Japanese Landscapes: Where Land and Culture Merge*. Lexington: University of Kentucky Press.
Matsumoto, N. 1996. "Restoration from the Earthquake Disaster: The Rebuilding of Kobe." Paper presented at the 18th Pan Pacific Congress of Real Estate Appraisers, Valuers, and Counselors, Sydney. Mimeo.
Matsuoka, I. 1995. "Why SDF Did Not Charge to the Rescue." *Nikkei Weekly*, January 31, 6.
Maxwell, K. 2002. "Lisbon: The Earthquake of 1755 and Urban Recovery Under the Marques de Pombal." In *Out of Ground Zero: Case Studies in Urban Reinvention*, ed. J. Ockman, 20–45. Munich: Prestel Verlag.
May, P.J. 1985. *Recovering From Catastrophes: Federal Disaster Relief, Policy, and Politics*. Westport: Greenwood.
May, P.J., and W. Williams. 1986. *Disaster Policy Implementation: Managing Programs*

Under Shared Governments. New York: Plenum.

McCormack, G. 2001. *The Emptiness of Japanese Affluence*, rev. ed. Armonk: Sharpe.

McKay, G. 2004. *Tracy: The Storm That Wiped Out Darwin on Christmas Day, 1974*. Sydney: Allen and Unwin.

McKean, M.A. 1981. *Environmental Protest and Citizen Politics in Japan*. Berkeley: University of California Press.

Menoni, S. 2001. "Chains of Damage and Failures in a Metropolitan Environment: Some Observations on the Kobe Earthquake in 1995." *Journal of Hazardous Materials 86*: 101-19.

Mileti, D. 1999. *Disasters by Design: A Reassessment of Natural Hazards in the United States*. Washington: Joseph Henry.

Miller, R. 2002. "Out of the Blue: The Great Chicago Fire of 1871." In *Out of Ground Zero: Case Studies in Urban Reinvention*, ed. J. Ockman, 46-61. Munich: Prestel Verlag.

Minami, S. 1995. "Protests Abound over Kobe Rebuilding Plan." *Asahi Evening News*, March 1, 1.

Minerbi, L., P. Nakamura, K. Nitz, and J. Yanai, eds. 1996. *Land Readjustment: The Japanese System*. Boston: Oelgeschlager, Gunn, and Hain.

Ministry of Economy, Trade and Industry (formerly Ministry of International Trade and Industry). Various years. *Census of Commerce*. Tokyo: METI.

——. *Census of Manufactures*. Tokyo: METI.

Ministry of Internal Affairs and Communication, Statistics Bureau. Various Years. *1995 Population Census*. Tokyo: MIC. http://www.stat.go.jp/english/index.htm

Ministry of Land, Infrastructure, and Transport. 2005. "Information About Rokko Mountain Range Green Belt Plan." http://www.rokko.kkr.mlit.go.jp.

Mitsueda, H. 1995. "Harbor Business Drifting to Asian Ports." *Nikkei Weekly*, June 5, 1, 9.

Miyamoto, K. 1996a. "Problems with the Reconstruction Plan for the Hanshin-Awaji Area." In *Innovative Urban Community Development and Disaster Management*, ed. UNCRD, 31-40. Nagoya.

——. 1996b. "Learning the Lessons of Disaster." *Japan Quarterly*, January-March, 6-19.

Moffett, S. 1996. "Rebuilding Blues: A Year After the Great Quake, Kobe Remains Shaken." *Far Eastern Economic Review*, January 18, 52-53.

Moriguchi, K. 2005. "Kobe Reconstruction Office Opens." *Japan Times*, January 27, 2.

"Most Kobe-Quake Dead Were Crushed." 1995. *Japan Times*, December 4, 4.

"Most Survivors Still Want Aid: Poll." 2005. *Japan Times*, January 18, 3.

Murakami, A. 2000a. "Tent City Gone But Common Bonds Remain." *Japan Times*, January 9.

——. 2000b. "Collective Housing Pushed for Seniors Living Alone." *Japan Times*, October 1.

Murakami, H. 2002. *After the Quake*, trans. J. Rubin. New York: Vintage.

Murakami, S. 1996. "Ready or Not: How Prepared is Japan for the Next Major Quake?" *Look Japan* (February): 10-12.

――. 2005. "Control of Fires in the Inner *City*." In *Lessons from the Great Hanshin Earthquake*. Kobe: Hyōgo Research Center for Quake Restoration.

Murphy, R.T. 1996. *The Weight of the Yen: How Denial Imperils America's Future and Ruins an Alliance*. New York: Norton.

Nagamatsu, S. 2005. *Economic Recovery After the Great Hanshin-Awaji Earthquake of 1995: A Review of Labor and Financial Markets*. Kobe: Disaster Reduction and Human Reduction Institution. Mimeo.

Nagame, Y. 1995. "Socio-Economic Background." In *Comprehensive Study of the Great Hanshin Earthquake*, ed. UNCRD, 1-5. Nagoya.

Nagano, Y. 1995. "Fire Damages." In *Comprehensive Study of the Great Hanshin Earthquake*, ed. UNCRD, 107-26. Nagoya.

Nagao, K. 2000. "Rediscovery of Industrial Districts in Japanese Metropolitan Areas: An Examination of Higashi-Osaka City." *Osaka City University Economic Review* 35, 2: 37-46.

Nakagawa, Y., and R. Shaw. 2004. "Social Capital: A Missing Link to Disaster Recovery." *International Journal of Mass Emergencies and Disasters* 22: 5-34.

Nakamura, A. 1995a. "Postquake Home Quest a Quandary: Evacuees Want Upgrades but Reluctant to Surrender Location." *Japan Times*, June 18, 3.

――. 1995b. "Resistance Seen Yielding: District Coping with Kobe Rezoning." *Japan Times*, December 21, 3.

――. 1996. "Vietnamese Still Struggling: Quake Unsettled Refugee Community." *Japan Times*, December 14, 3.

――. 1997. "Kobe Residents Oppose Airport: Money Should Be Spent on Quake Survivors, Critics Say." *Japan Times*, March 2, 3.

――. 2000. "The Need and Development of Crisis Management in Japan's Public Administration: Lessons from the Kobe Earthquake." *Journal of Contingencies and Crisis Management* 8, 1: 23-29.

――. 2005. "Quake-Preparedness a Patchwork Effort: Older Communities Know Their Vulnerabilities, Make Own Efforts to Address Them," January 21, 3.

Narumi, K. 1996. "*Japan Times* Rebuilding Plan of Hyōgo Prefecture After the Earthquake: Its Planning Process and Problems." *City Planning Review* 200-1: 15-20. In Japanese.

National Land Agency. 1999. "Japan Country Report." http://www.adrc.or.jp/countryreport/JPN/JPNeng99/Japan99.htm#_Toc494259269.

――. 2000. "Great Hanshin-Awaji Earthquake Research Paper." http://www.hanshin-awaji.or.jp/kyoukun/eng/index.html.

Neal, D.M. 1997. "Reconsidering the Phases of Disasters." *International Journal of Mass and Disasters* 15: 293–64.
Neary, I. 1997. "Burakumin in Contemporary Japan." In *Japan's Minorities*, ed. M. Weiner, 50–78. London: Routledge.
"New National Disaster Plan Is Endorsed." 1995. *Japan Times,* July 19, 1, 2.
"NGOs: Healing, Teaching, Nurturing." 1996. *Look Japan,* February, 4–9.
NIRO (New Industry Research Organization). 2003. "Kobe Robot Technology Project." Kobe.
Nishikawa, M., and M. Murahashi. 1999. "An Analysis of Relationship Between Land Readjustment Projects and the Earthquake Damage of Kobe City." *City Planning Review* 221: 79–84. In Japanese.
Nishimura, K., and H. Chiba. 1995. "Nothing Shakes Hope." *Look Japan,* May, 5–10.
Nishiyama, Y. 1997. "How the Restoration Plan was Made." *CPIJ Newsletter,* December 16, 1–2.
Noh, T., and J. Kimura. 1990. *Japan: A Regional Geography of an Island Nation,* 2nd ed. Tokyo: Teikoku-Shoin.
North, S. 2000. *Cultures of Complaint in Japan and the United States.* Working Paper no. 17, Center for Working Families, University of California, Berkeley. Mimeo.
Oakes, M.J. 1998. "Shaky Recovery: Three Years After a Devastating Earthquake, Kobe Is Still in Ruins. Why Can't Japan Cope With Disasters?" *Reason.* http://reason.com/9801/fe.oakes.shtml.
Ockman, J., ed. 2002. *Out of Ground Zero: Case Studies in Urban Reinvention.* Munich: Prestel Verlag.
Office of the 10th Year Restoration Committee. 2005. "Report of the 10-Year Reconstruction Overall Verification and Recommendations" (summary edition). Kobe.
Ogawa, Y., and Y. Nagano. 1995. "Reconstruction." In *Comprehensive Study of the Great Hanshin Earthquake,* ed. UNCRD, 201–15. Nagoya.
Ohnishi, K. 2001. "Earthquake Recovery and Activities of the Machizukuri Organization in Kobe." http://www.efca.be/downloads/archive/34abafbd-1eaa-4ee7-af8c-a194cb2aadae.ppt.
Okuno, N. 1995. "Earthquake Insurance: Dwelling Risks in Japan." *Japan Update* 44 (May): 8–9.
Oliver-Smith, A. 1991. "Successes and Failures in Post-Disaster Resettlement." *Disasters* 15: 12–23.
Olshansky, R. 2002. "Planning for Disasters." *Journal of the American Planning Association* 68: 453–54.
———. 2005. "How Do Communities Recover from Disaster? A Review of Current Knowledge and an Agenda for Future Research." Paper presented at the 46th Annual Conference of the Association of Collegiate Schools of Planning, Kansas City,

October 27. Mimeo.
Olshansky, R., L.A. Johnson, and K.C. Topping. 2006. "Rebuilding Communities Following Disaster: Lessons from Kobe and Los Angeles." *Built Environment* 32: 354-74.
"Out of the Ashes: Governor Kaihara's Phoenix Project." 1995. *Look Japan,* May, 9-10.
"Owners' Rights Among Issues to Be Resolved Before Rebuilding Condos." 1995. *Mainichi Daily News,* February 5, 12.
Ozerdem, A., and T. Jacoby. 2006. *Disaster Management and Civil Society: Earthquake Relief in Japan, Turkey, and India.* London: Tauris.
Palm, R., and J. Carroll. 1998. *Illusions of Safety: Culture and Earthquake Hazard Response in California and Japan.* Boulder: Westview.
Pelling, M. 2003. *The Vulnerability of Cities: Natural Disaster and Social Resilience.* London: Earthscan.
Pekkanen, R. 2006. *Japan's Dual Civil Society.* Stanford: Stanford University Press.
Petak, W.J. 1985. "Emergency Management: A Challenge for Public Administration." *Public Administration Review* 45: 3-7.
"Plan to Rebuild Quake-Stricken Region Needs Tighter Focus." 1995. *Nikkei Weekly,* June 25,6.
"Police Decide to Aid Illegal Foreigners." 1995. *Daily Yomiuri,* January 26, 1.
Port of Kobe. 2002. http://www.city.kobe.jp/cityoffice/39/port/port/shisetsu_e.htm.
Prater, C.S., and J. Wu. 2002. "The Politics of Emergency Response and Recovery: Preliminary Observations on Taiwan's 9/21 Earthquake." *Australian Journal of Emergency Management* 17: 48-59.
Prime Minister and Cabinet. 2003. "Headquarters for the Promotion of Special Zones for Structural Reform." http://www.kantei.go.jp/foreign/policy/kouzou2/index_e.html.
"Protesters Step Up Kobe Airport Campaign." 2000. *Nikkei Weekly,* January 17, 4.
"Quake Reconstruction Cut by 24.1 per cent." 2005. *Asahi Shimbun,* February 22, 20.
"Quake Survivor Dies Alone: Body Found 20 Months Later." 2005. *Asahi Shimbun,* January 15, 24. In Japanese.
Quarantelli, E.L. 1989. "Conceptualizing Disasters from a Sociological Perspective." *International Journal of Mass Emergencies and Disasters* 7: 243-53.
Raphael, B. 1986. *When Disaster Strikes: A Handbook for the Caring Professions.* London: Hutchinson.
"Reconstruction Delays Are Adding to Anxiety of Earthquake Victims." 1995. *Nikkei Weekly,* February 27, 2.
"Reduction Rate Is Going to Be 2.5 per cent, Which Is Much Lower Than the First Plan." 1996. *Daily Yomiuri,* May 19, 3. In Japanese.
Relief Division, Social Welfare and War Victim's Relief Bureau. 2004. *Disaster Relief Law.* Tokyo: Ministry of Health, Labour and Welfare.

"Restoration Projects Came Between Residents." 1996. *Kobe Shimbun*, December 9, 5. In Japanese.

"Retailers Shake Quake, But Sales Haven't." 1997. *Nikkei Weekly*, January 20, 8.

RICE (Research Institute of Construction and Economy, Ministry of Construction). 1995. "White Paper on Construction in Japan 1995." Tokyo.

———. 1996. "White Paper on Construction in Japan 1996." Tokyo.

Rikitake, T. 1976. "Recurrence of Great Earthquakes at Subduction Zones." *Tectonophysics* 35: 335–62.

Rossi, P.H., J.D. Wright, and E. Weber-Burdin. 1982. *Natural Hazards and Public Choice: The State and Local Politics of Hazard Mitigation*. New York: Academic Press.

Rozario, K. 2005. "Making Progress: Disaster Narratives and the Art of Optimism in Modern America." In *The Resilient City: How Modern Cities Recover From Disaster*, ed. L.J. Vale and T.J. Campanella, 27–54. New York: Oxford University Press.

Rubin, C.B. 1985. "The Community Recovery Process in the United States After a Major Disaster." *International Journal of Mass Emergencies and Disasters* 3: 9–28.

———. 1991. "Recovery From Disaster." In *Emergency Management: Principles and Practice for Local Government*, ed. T.E. Drabek and G.J. Hoetmer, 224–62. Washington: International City Management Association.

Rubin, C.B., with M.D. Saperstein and D.G. Barbee. 1985. *Community Recovery from a Major Natural Disaster*. Program on Environment and Behaviour, Monograph no. 41. Boulder: Institute of Behavioral Science, University of Colorado.

Ryang, S. 2003. "The Great Kanto Earthquake and the Massacre of Koreans in 1923: Notes on Japan's Modern National Sovereignty." *Anthropological Quarterly* 76: 731–48.

Saeki, Y. 1996. "Kobe Citizens Cling to Symbols of Hope." *Nikkei Weekly*, January 15, 9.

Saitō, J. 2005. "Firms Claw Back to Pre-Quake Levels." *Asahi Shimbun*, January 18, 24.

Saitō, M. 1995. "The Great Hanshin Earthquake '95." *Mainichi Daily News*, January 31, 3.

Sakane, K. 1995. "Ethnic Minorities Push Own Kobe Reconstruction Plans." *Daily Yomiuri*, July 20, 3.

Sakawa, S. 1997. "Roles of the Community Building Council from a Viewpoint of Power and Flexibility of the 17th March Urban Planning Decision." In *Final Report*, ed. Research Workshop for the Great Hanshin-Awaji Earthquake Recovery, 25–27. Tokyo: Japan Real Estate Research Workshop. In Japanese.

Sakaiya, T. 2001. "Rebuilding the Japanese Economy for a 'Knowledge-Value' Society." *Japan Quarterly* 48, 2: 3–8.

Samal, K., M. Shibalal, P. Nilakantha, and M. Srikanta. 2005. *State, NGOs and Disaster Management*. Jaipur: Rawat Publications.

Samuels, R.J. 1994. *Rich Nation, Strong Army: National Security and Ideology in Japan's Technological Transformation*. Ithaca: Cornell University Press.

Satō, S. 1995. "Yakuza Headquarters Gets into Disaster Relief Act." *Mainichi Daily News*, January 29, 2.

Satoh, T. 1986. "Land Readjustment Problems in Implementation and Representation." In *Land Readjustment: The Japanese System: A Readjustment and a Digest*, ed. L. Minerbi, P. Nakamura, K Nitz, and J. Yanai, 150-59. Boston: Oelgeschlager, Gunn, and Hain.

Schebath, A. 2006. "Financial Stress in the Japanese Local Public Sector in the 1990s: Situation, Structural Reasons, Solutions." In *Cities, Autonomy and Decentralization in Japan*, ed. C. Hein and P. Pelletier, 101-27. London: Routledge.

Schencking, J.C. 2006. "Catastrophe, Opportunism, Contestation: The Fractured Politics of Reconstructing Tokyo Following the Great Kanto Earthquake of 1923." *Modern Asian Studies* 40: 833-74.

Schneider, S.K 1995. *Flirting with Disaster: Public Management in Crisis Situations*. Armonk: M.E. Sharpe.

Schwab, J., K.C. Topping, C.C. Eadie, R.E. Doyle, and R.A. Smith. 1998. *Planning for Post Disaster Recovery and Reconstruction*. Chicago: American Planning Association.

Schwartz, F.J., and S.J. Pharr. 2003. *The State of Civil Society in Japan*. Cambridge: Cambridge University Press.

Seidensticker, E. 1990. *Tokyo Rising: The City Since the Great Earthquake*. New York: Alfred A. Knopf.

Shapira, P., I. Masser, and D.W. Edgington, eds. 1994. *Planning for Cities and Regions in Japan*. Liverpool: Liverpool University Press.

Shaw, E., and K. Goda. 2004. "From Disaster to Sustainable Civil Society: The Kobe Experience." *Disasters* 28, 1: 16-40.

Shibasaki, K 1995. "Koreans, Vietnamese Pick Up the Pieces in Nagata Ward." *Daily Yomiuri*, 14 February, 1, 3.

Shimizu, H. 1997. "For Area's Sake Makers, A Sour Taste Lingers." *Nikkei Weekly*, January 20, 8.

Shimokobe, A. 1996. "Rebuilding Kobe: The 'Impossible' Dream." *Japan Echo* (Spring): 48-52.

Shinmura, T. 1995a. "Emergency Reconstruction Proposals Draw Fire." *Nikkei Weekly*, January 30, 1, 2.

——. 1995b. "Kobe Phoenix Rising, But Ashes Remain." *Nikkei Weekly*, July 10, 1, 16.

——. 1995c. "Renascent City Struggles to Lure Tourists." *Nikkei Weekly*, July 10, 16.

Shiono, K. 2000. "Japanese Laws for Relief and Reconstruction." In *Proceedings of the International Workshop on Comparative Study of Laws of Earthquake Disaster Preparedness and Reduction in China and Japan*, ed. W. Xu, Q. Hu, and L.S. Gu, 116-34. UNCRD Research Report Series no. 40. Nagoya.

Shiozaki, A., and T. Karasaki. 1999. "Disaster Relief Bill Fails to Pass in Diet." *Asahi Evening News*, June 19, 5.

Shiozaki, Y. 1996. "Temporary Housing as a Base to Reconstruction." *City Planning Review* 200-1: 46-50. In Japanese.

———. 2005. "Infrastructure-Oriented Restoration Reconstruction." In *Lessons from the Great Hanshin Earthquake*, ed. Y. Shiozaki, E. Nishikawa and T. Deguchi. Kobe: Hyōgo Research Center for Quake Restoration.

Shiozaki, Y., E. Nishikawa, and T. Deguchi, eds. 2005. *Lessons from the Great Hanshin Earthquake*. Kyoto: Creates-Kamogawa.

Shiratori, Y. 1995. "Kansai Stores Climb Out of Quake Pit." *Japan Times*, May 30, 6.

Smith, K. 1996. *Environmental Hazards: Assessing Risk and Reducing Disaster*, 2nd ed. London: Routledge.

Soeya, Y. 1995. "What Were They Waiting For?" *Look Japan*, April, 19.

Sorensen, A. 2000. "Land Readjustment and Metropolitan Growth: An Examination of Land Development and Urban Sprawl in the Tokyo Metropolitan Area." *Progress in Planning* 53, 4: 1-113.

———. 2002. *The Making of Urban Japan: Cities and Planning from Edo to the Twenty-first Century*. London: Routledge.

Sorensen, A., and C. Funck. 2007. "Living Cities in Japan." In *Living Cities in Japan: Citizens' Movements, Machizukuri and Local Environments*, ed. A. Sorensen and C. Funck, 1-36. London: Routledge.

Statistics Bureau, Management and Coordination Agency. 1982. "1980 Population Census of Japan Part 2, #28 Hyōgo-Ken." Tokyo.

———. 1992. "1990 Population Census of Japan Part 2, #28 Hyōgo-Ken." Tokyo.

Statistics Bureau, Ministry of Internal Affairs and Communications. 2002. "Historical Statistics of Japan." http://www.stat.go.jp/english.

Statistics Bureau of Japan. Various years. *Establishment and Enterprise Census*. Tokyo: METI.

Stratton, R.M. 1989. *Disaster Relief: The Politics of Intergovernmental Relations*. Lanham: University Press of America.

Suga, M. 1995a. "Unregistered Foreigners Shy Away from Quake Relief." *Asahi Evening News*, March 15, 4.

———. 1995b. "Quake Is Raising Kobe Budget." *Asahi Evening News*, March 9, 6.

———. 1995c. "Kobe Yakuza Find Gold in the Rubble." *Asahi Evening News*, March 26, 6.

Sumida City. 1991. "Sumida City Disaster Prevention Center: Disaster Prevention Information System." Sumida, Disaster Prevention Section, Community Development Department.

Sumiya, F. 1995. "Earthquake Aftermath: Survival of Biggest Roles Among Ruined Firms." *Nikkei Weekly*, February 2, 1, 8.

Suzuki, K. 1995. "Casualties." In *Comprehensive Study of the Great Hanshin Earthquake*, ed. UNCRD, 42-47. Research Report Series no. 12. Nagoya.
"Synthetic Chemical Shoes." 1997. *Japan Market News*. http://www.ibpcosaka.or.jp/network/e_tradejapanesemarket/footwear/sy_shoes97.html.
Tada, S. 1995. "Kobe Situation for Foreigners Improves." *Daily Yomiuri*, July 20, 6.
Takada, S. 1996. "Reconstruction as a Community Development Process." In *Innovative Urban Community Development and Disaster Management*, ed. UNCRD. UNCRD Proceedings Series no. 13, 223-31. Nagoya.
Takagi, M. 1996. "Social, Economic, and Administrative Issues." Kobe, Disaster Prevention Division. Mimeo.
Takeda, J., K. Tamura, and S. Tatsuki. 2003. "Life Recovery of 1995 Kobe Earthquake Survivors in Nishinomiya City: A Total-Quality-Management-Based Assessment of Disadvantaged Populations." *Natural Hazards* 29: 565-83.
Takeuchi, A. 1992. "Activities of Small-Scale Industries in Japan Through Inter-Enterprise Cooperation." *Research Report, Nippon Institute of Technology* 21: 283-92.
Takezawa, Y.I. 2008. "The Great Hanshin-Awaji Earthquake and Town Making Towards Multiculturalism." In *Multiculturalism in the New Japan: Crossing the Boundaries Within*, ed. N.H.H. Graburn, J. Ertl, and R.K Tierney, 32-42. New York: Berghahn Books.
Taniguchi, H. 1995a. "Earthquake and Seismic Intensity." In *Comprehensive Study of the Great Hanshin Earthquake*, Research Report Series no. 12, ed. UNCRD, 15-21. Nagoya.
——. 1995b. "Building Damages." In *Comprehensive Study of the Great Hanshin Earthquake*, Research Report Series no. 12, ed. UNCRD, 59-74. Nagoya.
Tanimura, P.H., and D.W. Edgington. 2001. "National-Level Economic and Spatial Planning in Japan." In *National-Level Planning in Democratic Countries: An International Comparison of City and Regional Policy-Making*, Town Planning Review Special Study no. 4, ed. R. Alterman, 197-218. Liverpool: Liverpool University Press.
Tanizaki, J. 1957 [1948]. *The Makioka Sisters*(原題：「細雪」), trans. E. Seidensticker. New York: Alfred A. Knopf.
Tatsuki, S. 2006. "On the Role of Civil Society for Long-Term Life Recovery After the Kobe Earthquake." Department of Sociology, Dōshisha University. http://tatsuki-lab. doshisha. ac. jp/~statsuki/papers/RebuilidingKobe/US_Presentation(March_2006) (v11).pdf.
Terry, E. 1998. "Two Years After the Kobe Earthquake." In *Unlocking the Bureaucrat's Kingdom: Deregulation and the Japanese Economy*, ed. F. Gibney, 231-42. Washington: Brookings Institution Press.
"Thousands Still Feeling Effects of Quake" (editorial sampler). 1997. *Japan Times*, Feb-

ruary 9, 20.

"Three Months After Quake." 1995. *Asahi Evening News.* April 20, 2.

Tibballs, G. 2005. *Tsunami: The World's Most Terrifying Natural Disaster.* London: Carlton.

Tierney, K.J. 1989. "The Social and Community Contexts of Disaster." In *Psychosocial Aspects of Disaster,* ed. R. Gist and B. Lubin, 11-39. New York: John Wiley and Sons.

Tierney, K.J., and J.D. Goltz. 1997. "Emergency Response: Lessons Learned from the Kobe Earthquake." Preliminary Paper no. 260. Disaster Research Centre, University of Delaware, Wilmington.

Tierney, K.J., M.K Lindell, and R.W. Perry. 2001. *Facing the Unexpected: Disaster Preparedness and Response in the United States.* Washington: Joseph Henry.

Tokyo Metropolitan Government. 1995. "Tokyo and Earthquakes." TMG Municipal Library no. 29, Tokyo.

Tyler, M.B., K. O'Prey, and K. Kristiansson. 2002. *Redevelopment After Earthquakes.* Portola Valley: Spangle Associates.

Uchida, T. 1995. "Economic Effects." In *Comprehensive Study of the Great Hanshin Earthquake,* ed. UNCRD, 193-99. Nagoya.

Uchihashi, K 2005. "Poor Kobe Quake Victims Fall Through the Cracks." *Asahi Shimbun,* January 22, 25.

Ueba, H., and H. Ihara. 2005. "Disaster Meet Opens in Kobe." *Daily Yomiuri,* January 19, 1.

UNCRD (United Nations Centre for Regional Development). 1995. "Comprehensive Study of the Great Hanshin Earthquake." Research Report Series no. 12. Nagoya.

UNCRD Disaster Management Planning Hyōgo Office. 2003. "From Disaster to Community Development: The Kobe Experience." Kobe.

——. 2006. "The Great Hanshin-Awaji Earthquake: Statistics and Restoration Progress." Kobe.

"Unofficial Kobe Airport Vote Initiated." 1999. *Japan Times,* July 12.

Vale, L.J. 2006. "Restoring Urban Viability." In *Rebuilding Urban Places After Disaster: Lessons from Hurricane Katrina,* ed. E.L. Birch and S.M. Watcher, 149-67. Philadelphia: University of Pennsylvania Press.

Vale, L.J., and T.J. Campanella, eds. 2005. *The Resilient City: How Modem Cities Recover from Disaster.* Oxford: Oxford University Press.

"Variety of Housing to Be Offered for Kobe Earthquake Victims." 1997. *Kippo News,* February 25. http://www.kansai.gr.jp.

Velasquez, G. 1995. "Relief of Foreign Victims." In *Comprehensive Study of the Great Hanshin Earthquake,* Research Report Series no. 12, ed. UNCRD, 217-22. Nagoya.

Walsh, J. 1996. Kobe: One Year Later, *Time,* January 22, 28-33.

Waswo, A. 2002. *Housing in Postwar Japan: A Social History.* London: Routledge.
Watanabe, R. 2001. "Supplemental Report from a Victim's Point of View on 'Reply to List of Issues by the Government of Japan': Question 30, Answer 1-6, The Great Hanshin-Awaji Earthquake." http://www.portnet.ne.jp/~vivo/report/report.html.
Watanabe, S. 1997. "Kobe Disaster Recovery and Community Building: Implications for Urban Planning." In *Real Estate Studies Research Workshop for the Great Hanshin-Awaji Earthquake Recovery: Final Report,* 8-10. Tokyo: Japan Research Estate Studies Research Workshop. In Japanese.
Watanabe, S.J. 2006. "Tokyo: Forged by Market Forces and Not the Power of Planning." In *Planning Twentieth Century Capital Cities,* ed. D.L.A. Gordon, 101–14. London: Routledge.
———. 2007. "*Toshi Keikaku* vs Machizukuri: Emerging Paradigm of Civil Society in Japan, 1950-1980." In *Living Cities in Japan: Citizens' Movements, Machizukuri, and Local Environments,* ed. A. Sorensen and C. Funck, 39–55. London: Routledge.
Waugh, W.L., and R.J. Hy, eds. 1990. *Handbook of Emergency Management: Programs and Policies Dealing with Major Hazards and Disasters.* New York: Greenwood.
Weiner, M., ed., 1997. *Japan's Minorities: The Illusion of Homogeneity.* London: Routledge.
"Why Cannot the City Wait? We Need to Talk." 1995. *Kobe Shimbun,* March 15, 23. In Japanese.
"Winds of Change at Mazda." 1998. *Chugoku Shimbun,* February 4. http://www.chugoku-np.co.jp/MAZDA/2/e980204.html.
Wisner, B. 1998. "Marginality and Vulnerability: Why the Homeless of Tokyo Don't 'Count' in Disaster Preparations." *Applied Geography* 18: 25–33.
Wisner, B., P. Blaikie, T. Cannon, and I. Davis. 2004. *At Risk: Natural Hazards, People's Vulnerability, and Disasters,* 2nd ed. London: Routledge.
Wood, C. 1992. *Bubble Economy: The Japanese Economic Collapse.* London: Sidgwick and Jackson.
World Conference on Disaster Reduction. 2005. Press release: "World Conference on Disaster Reduction Opens in Kobe." UN/ISDR 2005/2, January 18. http://www.unisdr.org/wcdr/media/pressrelease/PR-200502-WCDR-opening.pdf.
Yamaoka, Y. 2005. *Japan's New NPO Law.* http://www.nira.or.jp/past/publ/review/98autumn/yamaoka.html.
Yano, K. 1998. "Social and Economic Maps for Reconstruction Assistance." In *Lessons from the Hanshin/Awaji Earthquake and the Prospects for Reconstruction,* ed. Ritsumeikan University Earthquake Disaster Reconstruction Research Project, 312-24. Tokyo: Yūhikaku. In Japanese.
Yasui, E. 2007. "Community Vulnerability and Capacity in Post-Disaster Recovery: The Cases of Mano and Mikura Neighbourhoods in the Wake of the 1995 Kobe Earth-

quake." Ph.D. thesis, School of Community and Regional Planning, University of British Columbia.

Yomiuri Shimbun, ed., 1996. *Chronicle: The Great Hanshin Earthquake*. Osaka: IBH.

Yoshiyama, T. 1995. "Slow Quake Response Shows Urgent Need for Sweeping Reform." *Daily Yomiuri*, January 27, 3.

Yoshizawa, A. 1999. "Kobe Earthquake and Disaster Relief Bill." Paper in Committee on Co-operative Communications "Seminar on Lobbying." August 29, Quebec City.

日本語ターム小辞典

※この日本語ターム小辞典は、原著ではGlossary of Japanese Termsというタイトルで掲載されている。原著では冒頭近くに配置され、著者（D. W. エジントン）が抽出したものである。本書（日本語版）の本文は読みやすさを重視したため、直訳的な「日本語ターム小辞典」通りに翻訳していない箇所もある。海外研究者の感覚を理解するために、また原著を読む場合に有用であると訳者が判断して掲載した。ただし、原著では表記がアルファベット順だが、本書は日本語書籍であるため50音順に並べ替えている。なお、一部は「索引」と重複しているものがある。

いきいき	let's live
駅前	area immediately around a local railway station
海岸線（地下鉄）	Kobe's coast line subway
火事場泥棒	thlet at a fire
株式会社「神戸」	"Kobe Inc."
我慢	endure
換地	land substitution (in a land readjustment project)
共有権／協調建替え住宅	community house
区画整理	land readjustment
ケミカルシューズ	chemical shoes
建築が制限される区域	areas where construction is restricted
建築基準法	Building Standards Law, 1970
減歩率	amount (or ratio) of an individual plot reduced in a land readjustment project to provide public infrastructure
甲南山手駅	Konanyamate station
神戸市震災復興緊急整備条例	Kobe Earthquake Disaster Reconstruction Emergency Ordinance
心の	(lit.) of the heart
孤独死	solitary death, or death in isolation
再開発	urban redevelopment project
酒	Japanese rice wine
仕方がない	it can't be helped
下町	older inner-city area
借地／不在地主	absent landlords
借家／不在借家人	absent tenants
重点復興区域	Priority Reconstruction Zones
重点復興地域	Intensive Restoration Zones
商店街	traditional arcade shopping centre
神戸市再開発条例	Kobe City redevelopment ordinance
新幹線	rapid ("bullet") train
震災復興区域	Earthquake Disaster Reconstruction Promotion Area

震災復興住宅整備緊急3カ年計画震災復興緊急整備条例	three-year emergency housing plan
震災復興促進区域	Earthquake Disaster Promotion Region
震度	Japanese scale for measuring earthquakes
政令指定都市	designated cities
総合計画	comprehensive local government plan
第四次神戸市基本計画全訂集	Kobe's Fourth Master Plan
地方(の)時代	age of the local
畳	straw mats
丁目	section of a neighbourhood
ツボと経脈	spots and linkages (in oriental medicine)
土建国家	state as builder
都市計画	town planning
都市計画法	City Planning Law
年寄り	seniors
長屋	traditional single-family row house (wooden)
阪神・淡路大震災	the great Hanshin-Awaji Earthquake Disaster
被災街地特別復興措置法	Devastated Urban Areas Reconstruction Special Measures Law
被災市街地復興特別処置法	Spatial Measures for Recovery of Disaster Areas Law
被災者再建支援法	Socio-Economic Rehabilitation Aid for Victims Law
広場	open plaza
富国強兵	wealthy nation, strong army
復旧	recovery
復興	reconstruction
復興基金	reconstruction fund
復興計画	reconstruction plan
ふれあい	community
文化住宅	Japanese wooden tenement housing
平成七年兵庫県南部地震	the 1995 Southern Hyōgo Prefecture Earthquake
補助金	private relief funds
まちづくり	city building
まちづくり協議会との連携による住宅および住環境の整備	housing environment improvement in cooperation with the "machizukuri" council
見舞金	condolence money
木賃	older-style multifamily rental house with shared facilities
ヤクザ	criminal gangs
罹災証明	victim identity certificate of damage after a large-scale natural disaster

索　引

※多く出現するものについては各章などのセクションごとに初出のものだけを記している場合がある。

略　語

FEMA／47　Federal Emergency Management Agency（USA）、連邦緊急事態管理庁（アメリカ合衆国）

HAT／99, 145, 175, 214, 216　Kobe "Happy Active Town"（Kobe Eastern Town Development）、神戸ハッピーアクティブタウン（神戸東部新都心開発）

HERI／219　Hyōgo Economic Research Institute、ひょうご経済研究所

HERO／112, 212, 230, 275　Hanshin-Awaji Economic Revitalization Organization、阪神・淡路産業復興推進機構

IT／229　information technology、情報技術

KIMEC／212, 218, 233　Kobe international multimedia and entertainment city、神戸国際マルチメディア都市構想

METI／308　Ministry of the Economy, Trade, and Industry、経済産業省（2001年1月6日～／訳者注記）

MITI／308　Ministry of International Trade and Industry、通商産業省（～2001年1月5日／訳者注記）

NGO／77, 86, 251　non-government organization、非政府組織

NIRO／214, 277　New Industry Research Organization、新産業創造研究機構

NPOs／45, 46, 77, 216, 252, 268, 287, 304, 311　not-for-profit organizations、非営利団体

OCHA／279　UN Office for the Coordination of Humanitarian Affairs、国連人権問題調整事務所

RIKEN／233, 277　Rikagaku Kenkyusho（generally translated as Institute of Physical and Chemical Research）、理化学研究所（物理学・化学の専門研究所／訳者注記）

SDF／76, 291　Self-Defence Forces、自衛隊

SDPJ／291　Socialist Democratic Party of Japan、社会民主党（社民党）

SME／218　small- and medium-sized enterprises、中小企業

WHO／143, 218, 276, 277　World Health Organization、世界保健機関

人　名

Alexander, D.（アレクサンダー, D）／43
Awotona, A.（アウートナ, A）／48
Barrett, B.F.D.（バレット, B.F.D）／53
Bates, F.L.（ベイツ, F.L.）／266
Bowden, M.J.（ボウデン, M.J.）／37, 40
Campanella, T.J.（カンパネラ, T.J）／243
Chang, S.E.（チャン, S.E.）／101, 220
Cochrane, H.（コクラン, H）／47
Collins, S.（コリンズ, S）／230, 233
Eadie, C.（イーディー, C）／103
Edgington, D.W.（エジントン, D.W.）／3
Fernandez, T.（フェルナンデス, T.）／11
Funck, C.（フンク, C）／55
Furukawa, S.（古川俊一）／50
Geipel, R.（ガイペル（ギーペル）, R）／39, 48, 102
Godschalk, D.R.（ゴッズチョーク, D.R.）／47
Haas, J.E.（ハース, J.E.）／37, 40, 41, 48, 256
Hayashi, H.（林　春男）／40, 110, 268
Hein, C.（ヘイン, C）／189
Hirayama, Y.（平山洋介）／68, 78, 79, 98, 101
Hogg, S.J.（ホッグ, S.J）／39

索　　引

Hutton, T.(ハットン, T)／3
Itō, K.(伊藤国彦)／101
Kates, R.W.(ケーツ, R.W.)／37-40, 43, 46, 74, 81, 92, 103, 256
Katoh, Y.(加藤恵正)／101
Kimura, R.(木村玲欧)／251
Leaf, M.(リーフ, M)／3
Maki, N.(牧　紀男)／268
Makino, M.(牧野松代)／101
Miles, S.B.(マイルズ, S.B)／101
Mileti, D.(ミレーティ, D)／40
Nagamatsu, S.(永松伸吾)／221
Nakagawa, Y.(中川裕子)／264
Neal, D.M.(ニール, C.M.)／39
Nishiyama, Y.(西山康雄)／124
Niskala, Markku(ニスカラ, マルック)／243, 263
Olshansky, R.(オルシャンスキー, R)／3, 7, 48
Peacock, W.G.(ピーコック, W.G.)／266
Pijawka, D.(ピジャウカ, D)／38, 39, 43, 46, 74, 81, 92, 256
Quarantelli, E.L.(クアランテリ, E.L.)／41
Rossi, P.H.(ロッシ, P.H.)／45
Schencking, J.C.(シェンキング, J.C.)／51
Schneider, S.K.(シュナイダー, S.K.)／267
Shaw, R.(ショー, R.)／264
Sorensen, A.(セレンセン, A.)／55
Stratton, R.M.(ストラットン, R.M.)／47
Takagi, M.(高木雅章)／86
Tatsuki, S.(立木茂雄)／251
Theriwel, R.(セリウェル, R)／53
Trainer, P.B.(トレイナー, P.B.)／256
Vale, L.J.(ヴェイル, L.J.)／243
渡辺玲子(Watanabe, R.)／245
Weber-Burdin, E.(ウェーバー・ビュルダン, E.)／45
Wisner, B.(ウィズナー, B)／54
Wright, J.D.(ライト, J.D.)／45
粟原富夫／236
伊東朗子／197
井上一郎／212
貝原俊民／63, 142, 229
梶　秀樹／59, 73
小泉純一郎／231

後藤新平／51, 312
小西康生／152
小林文門／176
佐々波秀彦／11
笹山幸俊／10, 35, 117, 137, 146, 197, 213, 222, 229, 237, 239, 261
塩崎賢明／198
下河辺淳／98, 103
高田昇／175
田谷孝壽／180, 187
谷川俊男／208, 298
谷崎潤一郎／290
友金宏一／71
林　清隆／11
原正太郎／162
古田永夫／219
本荘雄一／70, 72, 83, 99, 117, 120, 126, 132, 133, 139, 162
宮崎辰雄／66
宮本憲一／147
村上春樹／3
村主清家／200, 305
村山富市／76, 104, 151, 271, 272
森崎輝行／155, 189
矢島利久／176, 305
矢田立郎／239
矢野桂司／11
山下彰啓／301
渡辺俊一／11

一般項目

あ　行

アーバンデザイン／266
アーバンリゾート開発計画／9, 66
芦屋市／294
アスタ／187

意思決定／263
医療産業ゾーン／230
インナーサバーブ／27
インナーシティ／34
インナーベルト／301

索　引

失われた10年間／308

大きな平衡装置／102
大阪大都市圏／146
オープンスペース／156

か　行

街角剪除／202
カウンセリング／86
家屋密集地域／305
霞ヶ関／301
仮設公営住宅／81
仮設住宅／83
家族経営企業／220
株式会社神戸／66
カルチャーショック／86
瓦礫処理／302
関東大震災／27
官僚的政治／268

危機管理／76
危機の地理的不均衡／30, 34, 74, 78, 99, 102, 206, 258
企業誘致特区／143
既存不適格／57
北区／97, 101, 260
狭隘路／70
強制執行／34
強制収用／208
巨大事業／221
緊急三カ年計画／92
緊急必需品／254
緊急避難所／81
近隣道路／139

空間構造／42
空室率／253
空洞化／101
区画整理／64
靴のまち長田／227
グレーゾーン／123, 156

経済復興事業／142
ケミカルシューズ／62
研究開発機能／229

建築基準法／90, 118, 129
建築基準法第84条／118, 120, 125, 132, 162, 298, 299
現物支給／82
減歩率／137, 170

公営住宅／91
公営住宅団地／245
郊外ニュータウン／261
抗議運動／136
恒久的住宅／102
構造改革特区／231
高層共同住宅／92
高層マンション／100
公的資金補助／92
公的補助金／245
高度医療産業特別ゾーン／311
甲南山手駅(JR)／193, 199, 205
神戸空港／67, 218, 233
神戸港／218, 245, 249
神戸国際ビジネスセンター／233
神戸国際マルチメディア文化都市事業／143
神戸市基本計画全訂集／69
神戸市住宅供給公社／295
神戸市震災復興本部／104
神戸市復興計画／10
神戸市復興計画検討委員会／104
神戸新産業研究機構／214
神戸バイオテクノロジークラスター／247
高密度住宅地区／262
公有地／87
港湾関連産業／61
コーポラティブ住宅／171
国際経済地区／232
国際港湾経済特区／232
国際ビジネスサポートセンター／215
国際マルチメディア文化都市事業／212
国土交通省／63
国家非常事態救援資金／83
孤独死／89
コミュニティ住宅／303
コミュニティスペース／188

さ　行

災害管理プログラム／267
災害犠牲者／252
災害救助法／83
災害指定地域／250
災害シナリオ／263
災害対策基本法／140
災害保険金／82
災害予報／264
在留外国人／253
サブセンター／133
産業構造再編／243
産業振興地域／212, 311
産業復興会議／211
三宮／122, 232, 298

自衛隊／76
事業者向けローン／253
資金調達／267
地震感応システム／268
地震調査委員会／269
地震保険／28
地場産業／131
JICA 兵庫国際センター／214
社会経済的再生計画／294
社会経済的状況／244
社会的絆／252
社会的サービス／266
社会的相互関係／264
社会民主党 (SDPJ)／291
借地借家法／168
ジャスト・イン・タイム (JIT)／226, 286
住宅救済保険システム／293
住宅供給公社／92
住宅情報センター／99
住宅ストック／93
住宅・都市整備公団／94, 248
重点復興地域／116, 131, 139, 152, 156, 192, 206, 258
住民協議会／138
自由民主党／231
10 周年記念行事／5, 190
首都機能移転／269
準工業地域／161, 263

象徴的事業／144, 211
消防輸送網／254
所有権／168
自力更生／310
震央／21
震源／21
人口高齢化／243
震災孤児／86
震災生存者／248
震災の帯／74, 248, 256
震災復興住宅整備三ヵ年計画／92
震災復興対策本部／104
新設住宅着工件数／92
新長田駅 (JR)／133, 162, 178, 180, 183, 221
新長田北地区／164, 180, 207
新長田地区／35, 157, 206
新長田南地区／178

須磨区／75, 97, 101, 259

生活道路／165
政府支払金／250
政令指定都市／63
世界保健機関／261
全体論的アプローチ／268
先端医療振興機構／230
先端医療特区／232
占有権／168

た　行

大規模都市再開発事業／226
第三セクター／235
耐震構造／254
耐震補強／254
高田　昇／187
鷹取東地区／305
宝塚市／295
WHO 神戸センター／143, 218
垂水区／97, 101, 259
タワー型高層住宅／190
単身高齢者／86
単身身障者／86

地域計画ガイドライン／305
地域密着型商店街／253

地域労働市場／239
地区公園／69
治水・治山事業／73
地方債／68
地方自治体法／146
地方の時代／289
地方分権システム／262
中越地震／268
中央区／85, 93, 101, 217, 260
中央省庁／268
中小零細企業／34
中小零細工場／169
中心商店街／134
抽選システム／92
長期市債／34
長期助成金／90
長期的総合計画／247
長期的復興／6
地理的不均衡／7, 30, 34, 61, 74, 78, 81, 92, 99, 102, 117, 206, 258, 261

追加ローン／82
通商産業省／308
ツボと経脈／124

低金利ローン／247
低家賃公営住宅／97
低家賃住宅／92

道路拡幅／156
特定非営利活動促進法／304
特別経済支援／108
特別再生誘導事業／214
都市計画システム／33
都市計画総局／132
都市再開発事業／55, 56, 125, 136, 137, 155, 178, 181, 233, 247, 254, 298
都市再生機構／248
都市再生綱領／31
土地区画整理事業／55, 102, 125, 136, 155, 164, 191, 199, 226, 233, 247, 253, 254
土地バブル／151
土地利用規制／305
独居高齢者／27
トップダウン／54, 77, 263, 289

取扱貨物量／258

な 行

内閣総理大臣／104
内陸直下型／267
長田区／27, 75, 101, 259
長田製靴業デザインビル／303
長屋／79
なぎさ公園／218
灘区／93, 101, 217, 260
灘酒造組合／224
南海大地震／267

新潟県中越地区／268
西区／97, 260
西宮市／295
日本型アプローチ／35
日本型システム／262
日本型モデル／35
ニューエコノミー／242

は 行

ハーバーランド／67
ハコモノ／236
バス代行サービス／291
HAT神戸／99, 145, 175, 216, 218, 232, 277
ハッピーアクティブ計画／247
阪神・淡路経済再生機構／212
阪神・淡路産業復興推進機構／230
阪神・淡路大震災記念 人と防災未来センター／149
阪神・淡路大震災復興基金／99, 175, 252, 298
阪神・淡路復興委員会／104, 212, 214, 267, 280, 296
阪神・淡路復興対策本部／214
阪神高速道路／75

東灘区／27, 75, 93, 101, 260
被災者生活再建支援法／250, 252
人と防災未来センター／218
兵庫外国人学生ホール／214
兵庫区／70, 97, 101, 260
ひょうご経済研究所／219
兵庫県警本部／291

兵庫県デパート協会／224

ファッションセンター／143
フェニックス計画／7, 131, 140, 211, 231, 247, 256
フェニックスプラザ／149
複合用途ビル／265
福祉給付受給者／260
副都心再開発計画／180
不在地主／174
復興計画ガイドライン／140
復興契機の地理的不均衡／30, 34, 117, 258, 261
復興10カ年計画／6, 131, 140, 151, 208, 246, 252, 281
物理的復興／33
ブラックゾーン／123, 155
ブリティッシュ・コロンビア大学／3
ブルーカラー／61
文化住宅／157

ベイサイド開発計画／66
平成7年兵庫県南部地震／286
ベンチャー企業／230

包括的復興計画／31
ポートアイランド／61, 67, 232
ポートアイランド第二期工区／67, 233, 235, 247
ポートピア／66
ホームヘルパー／86
北淡町／298
ポケットパーク／165
歩行者専用道路／165
補償金／109
補正予算／109
ボトムアップ／54, 263
ボランティア／47, 77
ホワイトカラー／100
ホワイトゾーン／123, 156
ホワイトホール／301

ま　行

マスタープラン／64, 70
まちづくり協議会／69, 137, 156

真野地区／69, 118, 264
マンション／175

見舞金／109
民族集団／43

無作為抽出／251
無利子ローン／222

メリケンパーク／149

木造アパート／79
木造長屋／97
木賃／97
森南基本計画／197
森南地区／35, 190, 206

や　行

家賃減額措置／295
山手幹線／193

輸入貿易プラザ／212

ら　行

ライフライン／25, 254

リーダーシップ／261
罹災証明書／297
立証報告書／253
リヒター値／21

ルミナリエ／214

六甲アイランド／61, 67, 232
六甲道駅(JR)／118, 133, 162

わ　行

ワールドパールセンター／214

訳者あとがき

　既に阪神・淡路大震災から15年を過ぎた2010年の晩秋、訳者の一人である香川の自宅にカナダから一つの書籍小包が届いた。それが、文部省（現・文部科学省）在外研究員として香川が滞在したブリティッシュ・コロンビア大学で教鞭をとるD. W. エジントン先生から贈られた本書の原著であった。香川はそれをゆっくり読み始めたものの、2011年3月11日に東日本の広範囲を襲った大地震と大津波に衝撃を受け、読むのを一時止めてしまった。少し落ち着いてから続きを読み始め、全体をザックリと読み通した頃には、既に2011年も盛夏を迎えていた。

　日本全体が東日本大震災に大きな衝撃を受け、いつしか1995年の辛く悲しい出来事は影が薄くなりかけていた。東日本大震災を軽視しようという気持ちはさらさらないが、知識と事前の備えがあれば相応に軽減が可能な津波災害とは異なり、突然に建造物の崩壊が生じる直下型大地震は、仮に襲われれば逃げようがない恐るべき災害のはずである。このように考えるうちに、香川は自分のフランチャイズの地理学界で有数の査読雑誌である「人文地理」誌上で、本書の原著 *Reconstructing Kobe: The Geography of Crisis and Opportunity* の文献解題をしてみようと決意した。精読ではないものの全体の把握はできていたので、解題の執筆は比較的スムースに進めることができた。その解題で香川は『よみがえる神戸――災い転じて福となす地理学――』というふうにタイトルを意訳した。日本語版（本書）を読破すれば、この訳は当たらずも遠からずであるのがおわかりいただけると思う。

　香川は、この解題の原稿を、のちに共訳者となる久保へ添付ファイルで送った。本書の原著者であるエジントン先生は我々共通の恩師の一人であるからである。「素晴らしい本なので日本語版を出したいが、自分の能力では一冊の書籍を翻訳するのが難しく残念だ」とのメッセージも添えた。それを読んだ久保から香川に宛てて「私も参加するので一緒に翻訳しましょう」との返信がすぐに届き、我々は2011年の秋から翻訳を始めた。互いに他の仕事も多く抱えていたため翻訳は遅々として進まなかった。

そうした折々にエジントン先生は急かすでもなく、我々のことを心配してくださった。私の英語力が決して高くないことが、時間を要して当然という納得を生んだのかもしれない。ようやく原稿の仕上がり時期が見通せるようになってきた2012年の初夏、香川がお世話になっている海青社の宮内社長から、日本語版の出版を引き受けるとの嬉しい内諾を得ることができた。海青社には心から感謝申し上げなければならない。

　翻訳を進めていくうちに、我々は数々の困難に直面した。英語で表記された日本の法律や条例、国から地方自治体や第三セクターにいたる機関や組織の名称、職名や人名など、1件を調べるのに数日を要したことも珍しくない。また、こうした調査では神戸市役所、兵庫県庁、そして各地の自治会の皆さまからも多大な手助けをいただいた。感謝の言葉は記すと平板になるが、我々はお世話になった方々に対し、本書を以って精一杯の御礼に代えたいと思っている。

　翻訳は、できるだけ原著に忠実に、なおかつ日本語としての読みやすさにも可能な限り配慮しながら進めたつもりである。原著でのささやかな記載ミスなどは原著者とのEメールのやり取りやバンクーバーに出向いての議論で解決し、日本語版（本書）では正しい記述に置き換えている。また、日本語に翻訳した場合に不適切な表現になる箇所については、訳者間で合議のうえ翻訳文の表現を工夫した。しかし、我々にとっては初めての本格的な書籍翻訳であるため、至らない部分が残っているかもしれない。推敲とチェックは惜しまなかったつもりであるが、大著であるうえ対象が日本国内の問題であるため、誤りに気付く方もおられよう。再版のチャンスがあれば改善していきたいので、読者諸氏には忌憚のないご指摘をお願いしたい。

　本書の刊行に際し、内容が一層わかりやすく伝わるよう工夫したタイトルは、サブタイトルが解題（「人文地理」63-6、2011、pp. 556-557.）のそれとは異なっている。タイトルは最終的に香川が決めたので、邦題をめぐる責任は全て香川にある。

　本書における翻訳担当は、次の通りである。タイトルとサブタイトル：香川、日本語での出版に向けて：久保、謝辞：香川、目次と図表一覧：香川、序文：香川、第1章：香川、第2章：久保、第3章：香川、第4章：久保、第5章：久保、第6章・第7章・第8章：香川、付録（A〜C）：香川、日本語ターム小辞典：香川、索引：香川、図表タイトルと図表内の文字：香川、カバー折込推薦文：久保、

人名・組織名等の用語確認と全体調整：香川、翻訳事項確認のためのフィールドワーク：香川。また、各々の翻訳担当部分についての訳責は、それぞれの担当者にある。

　なお、最善を尽くしても判明しなかった漢字表記についてはカナで、本文中の引用文献記載については、文献表と照合する利便を考慮し、あえてアルファベット表記のままにしている。また、原著では兵庫県南部地震がHanshin (Kobe) Earthquakeと略記されている箇所が多いが、このような略記は直訳表現した。さらに索引については、日本語版の読者の便宜を高めるため、原著でリストアップされたものによらず、和訳から索引用に抽出しなおした。

　末筆ですが、兵庫県南部地震（阪神・淡路大震災）で犠牲になられた皆さまのご冥福を祈りますとともに、かけがえのない肉親や知人を亡くされた皆さまに衷心よりお悔やみを申し上げます。阪神・淡路大震災からの復興経験は、仮設住宅で旧来のコミュニティを維持するなど、少なからず東日本大震災からの復興にも役立っています。本当に怖い直下型巨大地震に備え、我々には阪神・淡路大震災の経験からまだまだ多くを学びとる責務があります。本書がその一助になれば、著者、共訳者ともに自らの仕事をようやく労えると思っています。

　そして、東北地方太平洋沖地震（東日本大震災）の被災地には、別行動ではありますが、著者と共訳者の全員が入り、被災地で学ばせていただいたことを自らの仕事に活かし、社会へ還元すべく日々努力を重ねています。現場では、辛く悲しい事実に直面することもしばしばありますが、著者のエジントンは環太平洋造山帯にある地震リスクの高いバンクーバーで災害への備えを説き、香川は教員養成の現場で防災教育へ積極的に関わっています。また久保は、新しい職場で防災教育活動への決意を新たにしています。我々の取組みはささやかなものですが、その影響を僅かでも受けた学生諸君が我々とともに防災教育や災害復興の前線に出て社会貢献を果たしてくれれば、それが阪神・淡路大震災と東日本大震災で苦難に直面された皆さまへの支援の一つになると信じています。

　　　　著者と共訳者を代表し、万葉の里・木津川市の自宅書斎にて
　　　　　　　　　　　　　　　　　　　2013年12月　香川貴志

【著 者】

デビッド W. エジントン (David W. Edgington)
ブリティッシュ・コロンビア大学地理学部教授（カナダ）
1950年英国生まれ
モナーシュ大学大学院(Ph.D.)（オーストラリア）
主著　（単著）'City Profile: Osaka.' *Cities* 17, 2000, pp. 305-318.
　　　　　　　'The Japanese Innovation System: University-Industry Linkages, Small Firms and Regional Technology Clusters,' *Prometheus* 26, 2008, pp. 1-20.
　　　　（共著）'Local Development in the Higashi Osaka Industrial District', *Japanese Journal of Human Geography*（人文地理）63-6, 2011, pp. 507-525.

【訳 者】

香川 貴志 (KAGAWA Takashi)
京都教育大学教育学部教授
1960年 香川県丸亀市生まれ
立命館大学大学院文学研究科地理学専攻博士後期課程単位取得退学、文学修士（立命館大学）
主著　（単著）『バンクーバーはなぜ世界一住みやすい都市なのか』ナカニシヤ出版、2010。
　　　（共編著）『ジオ・パルNEO──地理学・地域調査便利帖──』海青社、2011。
　　　（共著）'Research Trends in Japanese Urban Geography since 1980,' *Japanese Journal of Human Geography*（人文地理）64-6, 2012, pp. 497-520.
本書での担当箇所：邦題（和文タイトルとサブタイトル）、目次、図表一覧、序文、謝辞、第1章、第3章、第6章、第7章、第8章、付録（A〜C）、日本語ターム小辞典、索引、図表（写真を含む）タイトルと図表内の文字、人名・組織名等の用語確認と全体調整、翻訳事項確認のためのフィールドワーク

久保 倫子 (KUBO Tomoko)
岐阜大学教育学部助教
1981年 茨城県水戸市生まれ
筑波大学大学院生命環境科学研究科（一貫制博士課程）地球環境科学専攻修了、博士（理学）（筑波大学）
主著　（単著）「幕張ベイタウンにおけるマンション購入世帯の現住地選択に関する意思決定過程」、人文地理61-1, pp. 1-19. 2010.
　　　（共著）'Transformation of the Housing Market in Tokyo since the Late 1990s: Housing Purchases by Single-person Households', *Asian and African Studies* 15-1, pp. 3-10. 2011
　　　　　　　'The Relationship between Community Support and Resident Behavior after the Tohoku Pacific Earthquake: the Case of Hitachi City, Ibaraki Prefecture.' In Neef, A., and Shaw, R. eds. *Risks and Conflicts: Local Responses to Natural Disasters*. 2013. pp. 11-42. Emerald Group Publishing Limited.
本書での担当箇所：日本語での出版に寄せて、第2章、第4章、第5章、カバー折込推薦文

Reconstructing KOBE
The Geography of Crisis and Opportunity

よみがえる神戸
危機と復興契機の地理的不均衡

発 行 日	2014 年 1 月 17 日　初版第 1 刷
定　　価	カバーに表示してあります
著　　者	デビッド W. エジントン
翻　　訳	香 川 貴 志
	久 保 倫 子
発 行 者	宮 内　　久

海青社　Kaiseisha Press
〒520-0112　大津市日吉台2丁目16-4
Tel. (077) 577-2677　Fax (077) 577-2688
http://www.kaiseisha-press.ne.jp
郵便振替　01090-1-17991

● Copyright © 2014　● ISBN978-4-86099-293-4　C3025　● Printed in JAPAN
● 乱丁落丁はお取り替えいたします

本書のコピー、スキャン、デジタル化等の無断複製は著作権法上での例外を除き禁じられています。本書を代行業者等の第三者に依頼してスキャンやデジタル化することはたとえ個人や家庭内の利用でも著作権法違反です。

◆ 海青社の本・好評発売中 ◆

自然災害地研究　被災地域からのメッセージ
池田 碩 著

日本は「自然災害」多国——大国であり、我々は様々な自然現象やその猛威と共に生活して行かねばならない宿命にある。自然の猛威に対し、我々はどのように準備し、被害を軽減させるべきか。過去の調査をもとに考察する。
〔ISBN978-4-86099-290-3/B5判/価格未定/2014年2月刊〕

台風23号災害と水害環境
植村善博 著

2004年10月20日に近畿・四国地方を襲った台風23号の京都府丹後地方における被害状況を記載し、その発生要因と今後の対策について考察。さらに、今後の減災への行動に役立つよう、住民、行政への具体的な提言を示した。
〔ISBN978-4-86099-221-7/B5判/103頁/本体1,886円〕

ジオ・パルNEO　地理学・地域調査便利帖
野間晴雄ほか4名 共編著

地理学テキスト「ジオ・パル21」の全面改訂版。大学、高校、義務教育を取り巻く地理学教育環境の変化、IT分野の格段の進歩などを考慮した大幅な改訂・増補版。地図や衛星画像などのカラー16ページ付。
〔ISBN978-4-86099-265-1/B5判/263頁/本体2,500円〕

日本文化の源流を探る
佐々木高明 著

ヒマラヤから日本にいたるアジアを視野に入れた壮大な農耕文化論。『稲作以前』に始まり、焼畑研究、照葉樹林文化研究から、日本の基層文化研究に至る自身の研究史を振り返る。佐々木農耕文化論の金字塔。原著論文・著作目録付。
〔ISBN978-4-86099-282-8/A5判/580頁/本体6,000円〕

地図で読み解く 日本の地域変貌
平岡昭利 編

古い地形図と現在の地形図の「時の断面」を比較することにより、地域がどのように変貌してきたかを視覚的にとらえる。全国で111カ所を選定し、その地域に深くかかわってきた研究者が解説。「考える地理」の基本的な書物として好適。
〔ISBN978-4-86099-241-5/B5判/333頁/本体3,048円〕

日本のため池　防災と環境保全
内田和子 著

阪神大震災は、防災的側面からみたため池研究へのターニングポイントでもあった。また、近年の社会変化は、ため池の環境保全・親水機能に基づく研究の必要性を生んだ。本書はこれらの課題に応える新たなため池研究書である。
〔ISBN978-4-86099-209-5/B5判/270頁/本体4,667円〕

ネイチャー・アンド・ソサエティ研究 第1巻
自然と人間の環境史
宮本真二・野中健一 編

自然と社会の関係を地理学の視点からとらえるシリーズ。2014年3月刊行予定。序章 人はいかにして住まうか／第Ⅰ部 環境史と居住史／第Ⅱ部 人為改変／第Ⅲ部 天変地異と対処／第Ⅳ部 地理学と環境研究の今後
〔ISBN978-4-86099-271-2/A5判/頁未定/予価3,800円〕

ネイチャー・アンド・ソサエティ研究 第2巻
生き物文化の地理学
池谷和信 編

日本を中心としてアジア、アフリカ、南アメリカなど、世界各地での生き物と人とのかかわり方を、生物、生態、社会、政治経済という4つの地理学的視点から概観し、生き物資源の利用と管理に関する基本原理が何かを問う。
〔ISBN978-4-86099-272-9/A5判/374頁/本体3,800円〕

ネイチャー・アンド・ソサエティ研究 第3巻
身体と生存の文化生態
池口明子・佐藤廉也 編

自然と社会の関係を地理学の視点からとらえるシリーズ。2014年3月刊行予定。序章 ヒトの生存環境と文化生態／第Ⅰ部 食と生存／第Ⅱ部 身体適応と文化／第Ⅲ部 成長とリプロダクション／第Ⅳ部 世帯人口と環境利用
〔ISBN978-4-86099-273-6/A5判/頁未定/予価3,800円〕

ネイチャー・アンド・ソサエティ研究 第4巻
資源と生業の地理学
横山 智 編

「生業」をキーに、その背景にある歴史的、空間的、文化的な文脈を考慮しつつ、何が資源と見なされ、だれが資源にアクセスでき、そして資源の価値はいかに変化してきたのか、世界各地の事例から明らかにする。
〔ISBN978-4-86099-274-3/A5判/350頁/本体3,800円〕

ネイチャー・アンド・ソサエティ研究 第5巻
自然の社会地理
淺野敏久・中島弘二 編

「自然」を環境や食も含む広い意味で捉え、強者と弱者が対立するケース、利害関係者が協調して新たな価値を創造するケース等、様々な人と自然の関係を詳細なフィールド調査に基づき明らかにする。
〔ISBN978-4-86099-275-0/A5判/315頁/本体3,800円〕